KB075034

90년대

깊고도 가벼웠던 10년간의 질주

90년대

척 클로스터만 지음
임경은 옮김

THE NINETIES

1990

온워드

멜리사, 사일러스, 호프에게.
그리고 지미 마이어스(1989~2020)와
J. 토머스 키드(1953~2020)를 기리며.

일러두기

- 각주는 모두 지은이의 것입니다.
- 옮긴이 주는 '옮긴이'로 표기했습니다.
- 단행본은 『』로 표기했습니다.
- 신문과 잡지 등의 정기간행물은 《》로 표기했습니다.
- 논문, 신문 기사 등의 짧은 텍스트는 「」로 표기했습니다.
- 영화, 음악 등 비텍스트 작품은 〈〉로 표기했습니다.

이를테면 자동차처럼

모든 현대적인 것들은

언제나 존재해 왔지

그저 산에 숨어 기다렸다가

적절한 때가 오기만 기다렸을 뿐

—비요크Björk, 〈The Modern Things〉 (1995)

들어가는 글

1990년대는 1990년 1월 1일 시작됐을 것 같지만 실제로는 그렇지 않았다. 우리는 문화적 인식에 따라 시대를 10년 단위로 구분하지만 문화는 물리적 시간에 맞춰 흐르지 않는다. 사실 1950년대는 1940년대에 시작되었다. 1960년대는 존 F. 케네디 대통령이 1962년 달 탐사 계획을 발표하면서 시작되었고, 1970년 5월 켄트 주립대학교 시위대에 대한 총격 진압 사건으로 끝났다. 1970년대는 1969년 앨터몬트Altamont 공연(록 밴드 롤링 스톤스Rolling Stones가 개최해 30만 명이 참가한 페스티벌로 경호를 바이커 갱단이 맡으면서 사망자가 발생했다. - 옮긴이) 다음날 시작되어 1980년 〈아메리칸 지골로American Gigolo〉가 개봉하며 끝났다. 1960년대와 1970년대가 동시에 5개월간 있었던 셈이다. 1989년 11월 베를린 장벽이 무너졌을 때까지만 해도 영원할 것 같았던 1980년대는 서서히 안락사의 단계에 접어들기 시작했다. 완전히 숨을 거두기까지는 2년이 더 걸렸지만 말이다(1991년 소련이 해체됐다. - 옮긴이).

우리는 가까운 과거에 대해 은근히 후진적이라고 생각하는 경향이 있다. 역사학자 브루스 슐먼Bruce J. Schulman은 저서 『1970년대The Seventies』에서 "대부분의 미국인은 70년대를 유독 잊기 쉬운 10년으로 여긴다"라고 서술하고 "이보다 잘못된 생각은 없다"라고 덧붙인다. 저널리스트 데이비드 할버스탬David Halberstam은 저서 『1950년대The Fifties』의 첫 문장에서 60년대가 생생히 움직이는 컬러 영상으로 대변된다면, 50년대는 아무래도 일련의 흑백 사진으로 기억될 수밖에 없다고 언급한다. 그는 이 때문에 50년대가 "더 느긋하고 나른한" 시대였다는 환상이 사람들의 기억에 영원히 남게 되었다고 주장한다. 우리가 기억하는 세계와 실제로 있었던 세계 사이에는 언제나 간극이 존재한다. 1990년대가 복잡한 이유는 그 시대의 주요한 환상이 곧 기억 그 자체이기 때문이다.

미국의 90년대에 대한 정형화된 묘사를 보면, 이 시기 전체가 그런지grunge 문화로 점철된 무사태평한 시절처럼 보인다. 물론 이 묘사는 불완전하다. 그렇다고 마냥 틀린 것도 아니다. 90년대 문화는 미디어의 영향과 자의식적 경향이 강했지만, 인터넷이나 소셜 미디어에 의해 편향되거나 왜곡되지는 않았다. 궤적을 정확하게 추적할 수 있었기 때문이다. 90년대의 대부분 의미 있는 순간은 아무 의미 없는 무수히 사소한 순간과 함께 통째로 비디오테이프에 녹화되었다. 이렇게 녹화된 기록은 그 순간을 비교적 온전하게 담았다. 그러나 당시 넘쳐나던 그 자료들은 수명이 짧았고, 언제든 구할 수 있는 성질이 아니었다. 모든 기록은 현재 진행형의 형태로만 남았다. 예컨대 〈사인필드Seinfeld〉는 90년대 거의 내내 최정상의 인기를 누렸고 텔레비전 시트콤의 역사에 한 획을 그은 작품이었다. 사람들의 언어를 바꿔 놓았고, 코미디 감성의 전환을 이루었으며, 어떤 에피소드를 무작위로 꼽아도 2019년 〈왕좌의 게임Game of Thrones〉 마지막 회보다 더 높은 시청률을 자랑했다. 그러나 한 번 놓치면 끝이었다. VHS 비디오테이프에 직접 녹화하지 않는 이상 다음 여름에 재방송될 때까지 기다려야 했다.

그마저도 놓치면 NBC 방송국의 맨해튼 본부나 로스앤젤레스 지국에 있는 기록 보관소로 가서 8mm 비디오테이프를 특별히 요청하는 수밖에 없었다. 물론 이 정도로 TV 프로그램에 많은 관심을 쏟는 경우는 드물었기 때문에 이러한 불편함을 걱정하는 사람은 없었다. 설사 이토록 TV 프로그램에 집착하는 사람이 있었다 해도 90년대라면 남 앞에서 그렇지 않은 척할 것이다. 집에 텔레비전이 없다고 둘러대는 편이 더 나을 테니 말이다.

바로 이것이 어떤 인물이나 사건보다 90년대의 생활 방식에 더 지대한 영향을 미쳤다. 너무 애쓰기를 거부하겠다는 태도 말이다. 90년대는 미국 역사에서 개인적, 정치적 참여가 여전히 선택 사항으로 여겨지던 마지막 시기였을 것이다. 현대 담론을 지배하는 극단적 분열이라는 문제는 이미 그때도 꽤 진행 중이었지만, 주로 학계에서의 학설 대립 수준에 머물렀을 뿐이었다. 돌이켜보면 확실히 마음 편히 살 수 있던 시절이었다. 핵무기가 있었지만 핵전쟁 걱정을 할 필요는 없었고, 인터넷 등 떠밀리듯 도입되었지만 아무리 생각해도 경탄스러울 뿐 걱정할 이유가 없었다. 미국은 기나긴 무력 전쟁과 냉전에서 벗어나 장기간의 경제 호황에 접어들었고, 나머지 사회 구성원들은 마치 아무 일도 없었다는 듯 다시 자기 생활에 집중할 수 있었다. 불안과 걱정거리야 어디에나 있을지언정, 사람들의 피부에 와닿지는 않았다. 10대들은 늘 뭔가 '고뇌'에 사로잡혀 있다고는 하는데, 그 불안의 실체가 무엇인지에 대해서는 속 시원한 답이 나오지 않았다. 사실 질문을 제기하는 사람들조차도 딱히 답에 관심 없는 듯했다.

이렇게 지속되던 사회 정서는 1999년 콜럼바인 고교 총기 난사로 학생 열두 명이 사망하는 참사가 벌어지고 나서야 바뀌었다. 그러나 그때는 이미 너무 늦었다. 질문은 의미가 없어졌고, 문제는 이제 일상이 되었다.

역사의 한 시기를 같이 보냈다고 해서 모든 동시대인이 어떤 특성을 명백히 공유한다고 주장하기는 어렵다. 그렇다고 그 시대를 풍미한 지배 문화를 부단히 고찰하지 않은 채 한 단일 문화권 속에서의 10년간을 분석하기도 곤란하다. 모든 사람에게 적용되는 모든 것이란 존재하지 않는다. 그러나 기억 저편으로 사라졌다고 해도 이 시대의 특징인 자립적, 자의식적 무관심이라는 사조가 과장된 것이라고 보기는 어렵다. 그 특징의 주체들이 그 중요성을 자기 입으로 말하기 멋쩍을 것이기 때문이다. 80년대의 시대상은 서서히 사그라졌다기보다는, 거의 한순간에 무너졌다고 보는 것이 옳다. 당시 유행하던 문화는 어느 순간 요란하게 보이고 거부감을 일으켰다. 70년대에 대한 그리움이 있었지만 70년대 사람들이 50년대를 그리워했던 방식과는 달랐다. 이것은 더 도덕적이었던 과거를 향한 향수가 아니라, 마음 편하고 신경 쓸 일이 적었던 과거에 대한 향수였다. 90년대에는 의도적인 수수방관이 이유 있는 선택이었고, 소위 쿨하다는 유형의 사람이 되는 것이 무엇보다 중요해졌다. 이러한 쿨함의 핵심은 전통적인 성공에 대한 무관심이었다. 90년대는 야망과 거리가 먼 시대였다. 어떤 사람에게 붙일 수 있는 최악의 꼬리표는 변절자[sellout]였다. 그 어원인 매진[sell out]처럼 돈 욕심을 연상시키기 때문은 아니었다. 변절자는 곧 인기를 얻으려 노력하는 사람을 의미했고, 남들의 인정을 대놓고 열망하는 행위는 자신이 형편없는 사람이라는 반증이었다.

역설적인 점은 거의 주입되다시피 했던 이런 태도가 실제 90년대의 전개 방식에는 별 영향을 미치지 않았다는 것이다. 90년대의 시대정신은 사회 깊이 내면화되었지만, 실제로 적용되는 영역은 드물었다. 이 시기에는 연예인의 가십을 다루는 뉴스에 대중의 관심이 커지면서 고만고만한 유명 스타들이 다수 배출되었다. 실업률은 92년에 최고조에 달했다가 이후 감소했다. 경제는 성장 일변도의 정책을 추구하던 로널드 레이건 정부 때보다 훨씬 더 호황을 누렸다. 특히 1999년에는 은행 규제 완화의 일환으로 상업 은행과 투자 은행을 분리하는 법률이 폐지되면서, 대형 금융기관들은 기존의 소극적 경영 방식으로부터 해방되었다. 이로써 소득 격차는 더욱 벌어졌다. 오늘날 80년대 하면 떠오르는 정책 목표 중 상당수는 90년대가 되어서야 결실을 보았다. 이렇게 역사적 정보가 아무리 넘쳐나더라도 90년대에 대한 집단적 기억은 단순화되고 축소되는 경향이 있었으며, 실제로 일어난 사건보다는 시대를 관통한 정서에 더 많이 좌우되었다.

그렇지만 정서야말로 진정 중요하다. 동시대인의 '감정'과 그 감정이 의미하는 바는 90년대를 먼 과거나 가까운 미래와 구별하는 요인이다. 특히 미국인들에게 90년대는 인생이 별것 없다는 사고방식이 별것 이상의 화력을 몰고 그 시대를 풍미했다는 점에서 이율배반적인 정서로 특징지을 수 있는 시기였다. 이것이 당시 사람들의 사고방식이었다.

　하지만 이제는 더 이상 그렇지 않다.

　지금 돌이켜 보면 90년대부터 세상이 어지러워지기 시작한 것처럼 보이지만, 통제와 구제가 불능할 만큼 정신없지는 않았다. 90년대는 20세기와 작별을 고하는 시기이자, 인간이 기술을 지배할 수 있었던 마지막 시대이기도 했다. 기존의 규칙에 결함이 있다는 인식이 퍼지고 있었지만, 사람들은 여전히 기존의 규칙을 따랐다. 이제는 까마득하지만 참 좋은 시절이었다. 그다지 오래전도 아니지만 말이다.

차례

1장

굴함이
세상의
전부였을 때

"나는 다시 시간 속으로 들어가고 싶었다."

_더글러스 코플랜드, 『X세대』의 지은이

1962년 남아프리카공화국의 혁명가 넬슨 만델라가 노동자 파업을 부추기고 여행 법규를 위반했다는 죄목으로 체포되어 투옥되었다. 이 명제는 한편으로는 참이고, 운전기사로 변장했다고 28년형을 선고받는 것이 정당하다고 믿는 사람은 아무도 없을 만큼 비상식적이기에 한편으로는 거짓이다. 만델라에게 진정 죄목이 있다면 계급 없는 사회를 열망했다는 것이었다. 거기에는 40년 넘게 남아공 법제로 존속하며 인종 억압 정책으로 기능해 온 아파르트헤이트를 종식하기 위해 그가 다방면에서 꾸준히 펼친 활동도 포함되었다. 아파르트헤이트 철폐를 위한 협상은 만델라가 2월 11일 감옥에서 석방된 지 약 3개월 후인 1990년 봄에 시작되었다. 만델라의 석방은 전 세계 텔레비전으로 생중계되었고, 그는 이틀 후 10만 명이 넘는 사람이 모인 요하네스버그 축구 경기장에서 연설을 했다. 만델라는 1993년에 노벨 평화상을 수상했고, 이듬해에는 남아공 최초의 흑인 대통령으로 선출되어 5년의 임기를 지냈다. 이러한 획기적 변화는 여전히 전 세계인들에게 90년대에 있었던 가장 중대한 사건으로 기억되고 있다. 그러나 만델라가 1980년대에 옥중에서 사망했다고 철석같이 믿는 멍청한 미국인들에게는 대수롭지 않은 일이다.

만델라가 80년대에 사망했다는 잘못된 믿음(실제로는 2013년 12월에 사망했다)은 오늘날 만델라 효과Mandela Effect라고 불리는 음모론을 낳았다. 초자연적 현상을 연구하는 학자 피오나 브룸Fiona

Broome이 2009년 처음 명명한 만델라 효과는 많은 사람이 어떤 대상을 분별없이 같은 방식으로 잘못 기억하는 집단적 착각을 일컫는다. 기억이 왜곡되는 경우는 어떤 유행이 반짝했다가 사라지기 일쑤인 대중문화에서 흔하게 발견된다. 가령 소비자가 제품명의 철자를 잘못 알고 있는 몇몇 상품들, 유명하지만 잘못 회자되는 영화 속 명대사, 코미디언 신바드Sinbad가 주연을 맡았다는, 하지만 제작된 적은 없는 유명한 어린이 영화 등을 예로 들 수 있다. 이 현상을 가장 난해하게 설명하자면 양자 역학과 평행 우주의 가능성을 가져와야 하겠지만, 대중문화에 대한 열광이 기하급수적으로 증폭되던 90년대 초반, 사람들의 불완전한 기억력 때문이라는 설명이 가장 합리적일 것이다.

만델라 효과 같은 현상이 존속하고 다수에게 받아들여지는 문제는 인터넷 시대에 들어서야 해소될 수 있었다. 인터넷이 없었다면 이런 황당한 낭설을 심도 있게 파헤칠 수 있는 보편적 플랫폼이 없었을 것이고, 저마다 다른 기억을 가진 수많은 사람의 오해를 효과적이고 설득력 있게 반박할 방법도 없었을 것이다. 만델라 효과는 인터넷이 보편화되기 직전의 시기에 깊게 연관되어 있었다고 봐야 한다. 그때만 해도 무엇이 옳다고 증명하기 어려웠고, 무엇이 그르다고 반증하기도 어려웠다. 그리고 우리 사회는 90년대의 많은 사람(당연히 그들 중 대부분은 여전히 살아서 활동하고 있으니 많은 '현대인'을 가리키기도 한다)이 모든 게 불확실했던 현실을 굉장히 편안하게 여겼다는 사실을 잊었다. 오늘날에는 기존의 역사적 기록과 다르게 말하거나 실증적 데이터에 의문을 제기하는 것이 이데올로기적이고 반지성적인 선택으로 간주된다. 그러나 90년대 후반까지만 해도 이것은 피할 수 없는 것이었다.

1990년대에 성인기를 보내지 않은 사람에게 1990년대와 2020년대 생활의 차이를 설명하기는 어렵다. 1960년대와 1990년대 생활의 차이를 설명하는 것과 비교하면 한층 더 어렵다. 대체로 1960년대와 1990년대의 차이는 상품의 디자인, 제조, 포장 방식과 관련이 있다. 1960년의 10대는 원형의 폴리염화비닐 레코드라는 실물 형태로 음악을 구입했다. 반면 1990년의 10대는 원형의 폴리카보네이트 디스크로 실물 음악을 구입했다. 1960년 음반 가격은 약 3달러였으며, 1990년 CD 가격은 13.25달러였다. 이러한 발전은 1990년의 소비 생활과 2020년의 소비 생활 사이의 심오한 구조적 차이에 비하면 이해하기 쉽다. 21세기에 태어난 세대는 고가의 전용 재생 장치로만 들을 수 있고 열두 곡이 통째로 수록된 음반을 13.25달러나 주고 사는 이유를 도무지 이해할 수 없다. 요즘 웬만한 음악은 대부분 10달러도 안 되는 한 달 이용료로 그때그때 즐길 수 있으니 말이다. 음악을 감상하는 이 두 가지 방식을 모두 경험한 세대라면 음반 구매를 어리석다고 볼 수 없는 이유를 단순하고도 추상적으로 설명할 수 있다. "그때는 당연했으니까. 그리고 우리도 그렇게 해 왔으니까"라고 말이다. 그 시대를 전혀 살아 보지 못한 사람들에게는 이러한 사고에 대한 괴리감이 상당할 것이다. 이것은 자동차와 마차의 차이에 비할 바가 아니다. 어둠 속에서 옹기종기 모여 해가 뜨기를 기다리는 것과 불을 피우기 시작한 것의 차이라 할 만하다.

1993년 어느 술집 테이블에 친구들과 둘러앉은 자리를 상상해 보자. 대화 중에 넬슨 만델라의 이름이 나왔다면, 그가 살았는지 죽었는지 편리하게 확인할 방법이 없었음은 물론이고 그럴 필요도 느끼지 못하던 시기였다. 중대한 이해관계가 걸리지 않은 격식 없는 대화라면 주위들은 기억만으로도 충분했다. 술자리에 앉은 친구들 중 다수가 만델라가 사망했다고 믿으면 그것으로 사실상 의견 일치가 이루어졌다. 만약 그중 두 사람만 심야 방송에서 만델라의 장례식을 봤다고 잘못 기억해도, 그 자리에서는 사실이 되어버렸다. 그러다 밤이 되면 술자리에 앉은 전원이 장례식 장면을 본 듯한 착각까지 느낄 수 있었다. 사람의 마음에서는 인지 강화와 정신적 작화 과정이 일어나기 때문이다. 이러한 거짓 기억 증후군은 인류가 최초로 무엇이든 기억하려고 노력한 이래 쭉 존재해 왔다. 1990년대를 특별하게 만드는 것은 잠재적으로 잘못 기억될 수 있는 정보의 양이 걷잡을 수 없이 많았다는 것이다. 이런 정보를 차곡차곡 저장하고 분류할 수 있는 사이버 저장소가 존재하지 않았기 때문에 그 가능성은 더 컸다. 그 어느 때보다 많은 텔레비전 방송국이 개국했을 뿐 아니라, 방송 시간도 유례없이 증가했다(방송국들이 자정이나 새벽 2시가 되면 국가 연주와 함께 '방송을 종료'하던 오랜 관행은 90년대 말에 완전히 깨졌다). 대부분 비디오 영상은 영구적으로 저장되지 않았고, 비용을 줄이기 위해 VHS 테이프를 덮어쓰는 게 일반적이었다(이 기간 일부 남아 있는 자료로는 필라델피아 출신의 매리언 스톡스^Marion Stokes라는 여성이 개인적으로 1979년에서 2012년 사이에 4만 편 이상의 뉴스 방송을 VHS 테이프로

부지런히 녹화해 보관한 것이 유일하다. 훗날 그녀는 이 수집물들을 밴더빌트 대학교 기록 보관소에 기증했다). 90년대는 중앙 일간지와 화려한 잡지의 황금기였지만, 대부분은 한번 읽히고 나면 절대 디지털 파일로 변환되는 일 없이 한 달 안에 폐기되거나 재활용되었다. 단연코 모든 것을 볼 수 있는 동시에 다시는 볼 수 없었던 10년이었다.

* * *

일반적으로 어떤 세대에 꼬리표를 붙이는 행위는 어리석을 뿐더러 거의 항상 틀리게 마련이라고들 한다.* 하지만 꼬리표는 한 가지 중요한 기능을 수행한다. 바로 사람들이 성차별이나 인종차별, 계급차별과 달리 특정 무리를 향한 편견을 안심하고 표출할 수 있는 수단이 된다는 것이다. 젊은 세대는 자신들이 어쩔 수 없이 따라야 하는 지금의 세계를 만든 기성세대를 몹시 싫어하며,

---

*　이 책도 어떤 편향에 따라 쓰이지 않았을지 확인하고 싶은 독자들도 있을 테니 여기서 내 신상에 대해 몇 가지를 솔직히 밝히고자 한다. 나는 1972년생이고 이성애자, 시스젠더, 백인 남성이다. 1990년에는 소득 계층으로 중하위층이었고, 1999년에는 중산층, 그리고 이 책을 쓰고 있는 현재는 중상위층이다. 당시 언론에서 대충 뭉뚱그려 묘사한 X세대의 특성은 마치 록 밴드 프라이머스Primus의 뮤직비디오로만 90년대 역사를 간접적으로 공부한 2001년생이 각본과 감독을 맡아 1994년을 배경으로 찍은 넷플릭스 영화의 등장인물 같았지만(프라이머스의 주된 활동 기간은 정확히 90년대 초부터 90년대 말까지다. 항상 기괴하고 개성 넘치는 뮤직비디오를 선보였다. - 옮긴이), 나의 90년대 생활상은 우스울 정도로 이 특성과 일치했다. 당시 내 사진을 보면 밖에서 야구모자를 거꾸로 쓰고 찍은 것이 많고, 때로는 니트 카디건을 입고 있다. 1996년 대선 때 투표하지 않았지만 약물 흡입기에 "투표 인증(I Voted)" 스티커를 붙이고 다녔다. 자신에게 특정 '브랜드'를 붙임으로써 남다른 개성을 표출하는 사람들을 가장 경멸하며 25년의 세월을 보냈지만, 그 경멸의 수위는 많이 낮아져서 이제는 그런 사람들을 보면 웃긴다는 생각만 들 정도다. 나는 통상 분류되는 인구통계학적 집단에서 내가 속한 위치에 만족한다. 내 인생에서 몇 가지 다행스러운 점 중 하나라고 생각한다.

이는 기성세대가 반박하기 어려운 비난이다. 기성세대도 젊은 세대를 싫어할 이유가 많은데, 항상 크게 두 가지로 나뉜다. 그들은 젊은 세대가 나약하거나 게으른(혹은 둘 다) 자기 세대의 업데이트 버전이라고 인식한다. 이러한 평가는 대개 맞는 말인데다가 긍정적인 신호이기도 하다. 사회가 진보했다는 뜻이기 때문이다. 사회가 진보하면 그 사회에서 성장하는 다음 세대의 생활은 덜 고되고 더 안락해져야 옳다. 기술이 발전하고 효율성이 높아지면, 다음 세대의 노동 시간은 줄어들 것으로 예상하는 것이 이치에 맞다. 다음 세대가 나약하거나 게으르지 않다면 뭔가 잘못된 것이다.

미국의 진보가 절정에 이른 시기가 X세대였다고 주장한다면 이치에 맞지 않을 것이다. 행여 어떤 식으로든 정당화할 수 있더라도 아무도 그렇게 주장하지 않을 것이다. 그러다간 소위 X세대를 대표한다고 알려져 온 모든 특성이 효력을 잃게 되기 때문이다. 어떤 지표를 들이밀더라도 그들은 인구 통계 표준상 가장 존재감이 미미한 집단이었다. 그러나 그들에게 확실히 칭찬할 만한 점이 하나 있다. 여전히 X세대는 아직 살아 있는 세대 중에서 가장 덜 성가신 세대다. 일단 인구수도 적다. 1966년에서 1981년 사이에 출생한 미국 인구는 약 6,500만 명으로, 앞 세대보다 적고 다음 세대보다도 적다(베이비 붐 세대와 밀레니얼 세대는 둘 다 각각 7,000만 명이 넘는다). 모든 조건이 같다면, X세대는 단순히 인구수가 더 적으므로 성가신 부류에 해당하는 표본도 적다. 그러나 모든 조건은 절대로 같지 않다. 해명할 수 있지만 논란의 여지도 있는 모종의 이유로, X세대의 불만은 앞 세대보다는 덜 현학적이고 다음 세대보다는 덜 매서웠다. 그래도 그들이 '결코' 불평하지 않았다면 거짓말일 것이다. 불만이 있었다는 것은 틀림없기 때문이다. X세대의 공허한 불만은 바로 베이비 붐 세대의 이데올로기에 대한 반사적 혐오감과 소리 없이 도처에 침투하는 시장주의에 대한 두려움이 중심에 있었다. 이처럼 보이지 않는 억압에 X세대는 오랫동안 괴로워했다. 그러나 이 불만은 이례적이었다. X세대가 어쩔 수 없이 느껴야 했던 무기력과 소외감은 전체 사회의 측면에서 한 가지 장점이 있었다. 바로 쿨함이 거의 전부였던 이 시기에, 보란 듯이 사회적 의분을 표출하는 태도는 쿨하게 여겨지지 않았다는 점이다. 이 시기의 정서는 자기도취narcissism보다 자기중심주의solipsism가 대세였다. 도덕성을 판단하거나 생활 방식을 트집 잡아 생면부지의 남을 비판하는 것은 주제넘고 무례하다고 인식되었다. 대신 스스로 불행하다 싶은 사람은 그저 어깨 한 번 으쓱하고 자신의 불행을 체념하듯 받아들이면 그만이었다. 모호한 좌절감은 썩 나쁘지 않았다.

세계 가치관 조사World Values Survey*는 매년 '행복 불평등Happiness Inequality'이라는 지표를 발표한다. 이것은 사람들의 행복도를 측정하는 문자 그대로의 척도가 아니라, 다른 사람의 행복과 자신의 행복 사이의 격차를 나타내는 척도다. 이 값은 곡선상 위치로 표시된다. 전 세계 조사 대상자에게 자신의 행복 수준을 1에서 10으

---

* 사람들의 가치관과 신념을 조사하는 글로벌 연구 프로젝트로, 조사 대상자들이 스스로 생각하는 행복과 불행의 정도에 초점을 둔다.

로 평가하도록 하며, 어느 국가든 구성원이 대답한 행복도의 평균값을 5로 둔다. 한 국가 내에서의 '행복 불평등'은 구성원의 응답 중 가장 많이 쏠린 값이 평균값으로 부터 얼마나 떨어져 있는지로 측정할 수 있다. 미국은 이 간격이 일반적으로 1.8 안팎이다. 다만 중요한 예외가 있으니, 1992년부터 1998년까지의 기간이다. 실제로 1995년에는 이 간격이 2를 넘었는데, 그 이전에도 이후로도 볼 수 없었던 수치다. 90년대 중반은 자신의 행복이 다른 사람의 행복과 단절되어 있다는 생각이 이례적으로 흔했던, 사회적 불만이 통계상 정점이 이르렀다고 봐야 한다. 이 같은 데이터는 당시 외로움의 정서가 만연한 시대였을 것임을 암시하지만, 당시 내게는 그렇게 보이지 않았다. 아니면 그렇게 보였음에도 내가 외면했던 것일까?

* * *

우리가 확실히 아는 한 가지 사실은 "X세대"라는 분류가 동명의 책 제목에서 유래했다는 것이다. 따라서 인과 관계가 아주 직접적이다. 1991년 봄에 출판된 『X세대: 폭주하는 문화에 관한 이야기Generation X: Tales for an Accelerated Culture』는 동시대인이 아니고서야 이해하기 쉽지 않은 책이다. 20대의 등장인물 세 명이 코첼라 밸리Coachella Valley*에서 자신이 누구이며 앞으로 무엇을 하고 싶

---

* 공교롭게도 훗날 코첼라는 결국 연례 음악 페스티벌의 개최지로 자리 잡으며 밀레니얼 문화의 시금석 역할을 하게 된다.

은지 이야기를 나누는, 192페이지짜리 짤막한 소설이다. 줄거리는 별것 없고, 나머지 내용은 당시의 시대상을 대표하며 이제는 사전에도 등재된 유행어buzzword들로 채워져 있다(가장 대표적인 단어를 꼽자면 맥잡McJob일 것이다. 지위가 낮고 전망이 어두운 저임금 단순 노동 직업을 의미하고자 사회학자 아미타이 에치오니Amitai Etzioni가 고안한 용어). 『X세대』는 출간 당시 29세였던 캐나다 작가 더글러스 코플랜드Douglas Coupland가 썼다. 원래 논픽션 작품을 염두에 두고 쓰인 이 책의 언어는 뒤틀린 유머와 자포자기적 염세주의 사이를 줄타기한다(이를테면 "나는 과연 섹스가 그저 상대방의 눈을 깊이 들여다보기 위한 구실은 아닌지 궁금해지기 시작했다" 같은 문장). 이 책의 반향은 문학계보다 문화 전반에서 더 컸다. 코플랜드가 이 소설에 다른 제목을 붙였다면 6,000만 명이 넘는 60~70년대생 미국인들은 분명 완전히 다른 명칭으로 분류되었을 것이다.

오늘날 코플랜드는 다음과 같이 술회한다.

다른 제목은 전혀 고려하지 않았고, 상상조차 할 수 없었다. 사실 원래대로라면 그 책은 18개월 일찍 나왔어야 했다. 그런데 원고를 출판사에 제출하고 3개월 동안 감감무소식이었다. 그러다 결국 세인트마틴스 출판사의 짐 피츠제럴드Jim Fitzgerald가 "출판사에서 이 책을 출판하고 싶어 하지 않습니다"라고 말했다. 그래서 "왜요?"라고 물었더니, 그들은 『프레피 안내서』Preppy Handbook』* 같은 책을 원했는데 이 책은 소설이라서 그렇다는 것이었다. 그래서 "음, 이건 소설이 아니거든요"라고 대답했더니, 한 달 후 어떻게든 출판하겠다고 연락이 왔다. 그러나 그들은 마지못해 출판하는 기색이었다.

훗날 출판 대리인이 되었고 지금은 고인이 된 피츠제럴드는 이 일화를 다르게 회상했다(그래도 기본적인 사실은 같다). 다음은 그가 1998년 폴 데블린Paul Devlin의 다큐멘터리 〈슬램네이션SlamNation〉의 삭제된 장면에서 이 책의 출판과 관련해 설명한 내용이다.

그렇다. 내가 『X세대』를 기획하고 제작했다. (중략) 코플랜드는 논픽션 책을 원했고, 자신의 세대와 소위 베이비 붐 세대 사이의 차이에 대해 쓰고 싶어 했다. 나는 세대라는 개념을 전혀 좋아하지 않았고, 그저 모두가 동시대를 살고 있을 뿐이라고 생각했다. 하지만 코플랜드는 이 책을 차트와 그래프, 삽화로 가득 찬 논픽션으로 만들려고 했다. 그러더니 나중에 내게 전화해서는, 책이 뜻대로 잘 안 되고 있으니 소설로 하고 싶다고 말했다. 내가 "얼씨구, 하루아침에 논픽션을 소설로 만든다고요?"라고 했더니, 그는 "그저 한 번만 기회를 주십시오"라고 말했다. 그

---

* 원제는 『The Official Preppy Handbook』으로, 1980년 큰 인기를 얻은 베스트셀러다. 엘리트 백인 상류층의 차림새와 태도를 따라 하는 법을 설명하는 내용으로 보이지만, 상류 사회를 풍자하는 속뜻이 담겨 있다.

후 완성된 원고를 받아 보니 나쁘지 않았다. 하지만 나는 그에게 타협 조건을 걸었다. "좋습니다. 소설로 내보내죠. 대신 잘 들으세요. 우리는 교과서 느낌이 나도록 할 것입니다. 스무 살을 위한 생존 매뉴얼처럼 보이도록 말이죠"라고 말했다. 우리는 여전히 책 제목을 짓지 못했고 여러 후보군 사이를 왔다 갔다 했다. 마침내 나는 "이제 고민 그만하죠. 그냥 원래 아이디어대로 『X세대』로 합시다"라고 말했다. 그래서 그냥 그러기로 했다.

1991년 이전에는 'X세대'라는 용어가 확고한 정의 없이 여러 영역에서 되는대로 쓰였다. 동명의 사회과학 도서가 1965년 영국에서 출판된 적이 있었고, 빌리 아이돌Billy Idol이 이끌던 70년대 후반 펑크 밴드의 이름으로도 쓰였다. 코플랜드는 1987년 잡지《밴쿠버》에 「X세대」라는 제목의 기고문을 쓰기도 했다. 그러나 실질적으로는 역사학자 폴 퍼셀Paul Fussell의 1983년 저서 『계급: 미국 신분제에 관한 안내서Class: A Guide Through the American Status System』가 유래였다. 코플랜드는 이렇게 설명했다.

미국 사회의 계급화를 다룬 책이었다. 어머니가 읽고 정말 재미있다고 하셨다. 그래서 나도 읽었더니 끝내주는 책이었다. 그리고 책 말미는 'X' 계급의 존재를 인정하면서 마무리되었다. 실제로 나는 퍼셀에게 팬레터까지 썼다. 답장은 오지 않았다. 하지만 계급이라는 롤러코스터에서 내려오자는 그의 주장 하나하나는 내가 X세대라는 개념을 생각하던 방식과 일치하는 듯 느껴졌다.

그의 마지막 문장이 모든 것을 말해준다. 1990년대는 미국이 역사상 가장 긴 경제 성장을 누린 시기였다. 결과적으로 전체 X세대의 경험은 거의 전적으로 사회 경제적 측면에서 기억되고 있다. 냉소적이고 팔자 좋게 늘어진 듯한 X세대의 모습을 재정적 특권의 부산물로 취급하는 경향이 흔해졌다. 여기에는 오직 돈 걱정 없는 사람만이 정치에 무관심할 수 있다는 고정관념이 전제로 깔려 있었다. 그러나 이것은 잘못된 해석이다. 90년대의 번영은 90년대 후반에서야 본격화된 데다가, 젊은 청년층은 이 번영에 거의 끼지도 못했다. 1992년 가을 기준으로 X세대는 미국 가계 자산의 0.8%만을 소유했으며, 이는 직전 2년 전보다 약간 떨어진 수치였다. 코플랜드의 관점을 공유하는 90년대 초 젊은이들에게는 자신의 직업에 희망이나 기대를 품을 이유가 거의 없었다. 그들의 새로운 목표는 재미없는 주류 사회로부터 감정적으로나 이성적으로 거리를 두는 것이었다.

코플랜드는 다음과 같이 말한다.

1980년대에 나는 완전히 빈털터리였다. 그 시기 내내 텔레비전 없이 살았다. 80년대 말 한번은 식료품점에 갔는데 진열된 잡지의 표지 모델을 한 사람도 알아볼 수 없었다. 내가 주로 기억하는 것은 큰 화제를 일으켰으나 사실이 아닌 것으로 판명된 사건들이다. 우리는 시간을 정의할 만한 문화적 활동이나 그런 순간을 만들어낼 능력을 잃어버린 것 같았다. 우리는 이렇게 무시간성timelessness의 시대에 접어들었다. 나는 매일 아침 동네 식품 가게에 가서 《로스앤젤레스 타임스》를 사곤 했고, 언젠가 공산주의가 공식적으로 끝났다는 헤드라인을 본 적이 있다. 나는 그냥 "오!" 하고 감탄할 뿐이었다. 마침 프랜시스 후쿠야마Francis Fukuyama의 이론이 밈meme처럼 떠돌던 때였다.* 하나의 시대라 구별 지을 바도 아니지만 어쨌든 그의 말마따나 새로운 시대로 들어서는 것이 나는 새삼스럽지 않았다. 사회 전체에는 아무 일도 일어나지 않는 것 같았다. 나는 카세트테이프 플레이어가 장착된 폭스바겐 1600을 타고 스톤 로지스the Stone Roses를 들으며 사막을 질주하곤 했다.** 사막은 은유인 동시에 아무것도 없는 곳이었기 때문이다. 나는 다시 시간 속으로 들어가고 싶었다.

이렇게 해서 X세대라는 정체성이 탄생하게 되었다. 캐나다 출신의 한 가난한 작가가 다시 시간 속으로 들어가고자 캘리포니아 사막을 돌아다녔다. 그는 논픽션 책을 쓰는 데 실패하고, 대신 (중

* 후쿠야마는 신보수주의 정치학자이자 『역사의 종말The End of History and the Last Man』을 쓴 저자다. 그는 이 책에서 자유 민주주의가 인간이 수립하는 종국적 형태의 정부 체제가 될 것이라고 주장했다. 코플랜드가 언급한 후쿠야마의 밈은 주로 이 책의 제목을 가리킬 뿐이다. 코플랜드는 "역사의 종말"을 다양한 맥락에서, 때로는 문자 그대로의 의미로 끌어다 쓰고 있다. 그러나 여기서 중요한 것은 『역사의 종말』이 1992년에야 출판되었다는 점이다(따라서 코플랜드가 이미 역사의 종말을 인식하고 있었다면 이는 진정한 '밈'의 형태였던 것이다).

** 스톤 로지스는 훗날 브릿팝이라고 불리는 장르의 선구자 중 하나였다. 1989년에 발표된 셀프 타이틀 데뷔 앨범은 발매와 동시에 평론가들의 극찬을 받았다. 그러나 소속사와의 법적 싸움에 휘말려 향후 5년 동안 활동을 거의 중단하다시피 했다.

요한) 실험성과 (더욱 중요한) 접근성을 동시에 갖춘 소설을 탄생시켰다. 그가 창조한 등장인물들은 일상에 존재하는 실제 인물처럼 보인다. 책 제목은 머리에 쏙 박힐 뿐 아니라, 15년에 걸친 특정 시기에 출생한 사람들을 간단명료하게 분류하는 방법이 되었다. 그 분류에 해당하는 사람 중 다수는 그 특성에 동의하지 않겠지만 말이다. 어쨌든 1994년에 이 책의 제목은 마케팅 용어가 되더니, 1999년에는 아이러니하게도 가장 많이 쓰이는 표현이 되었다. 그리고 한층 더 아이러니하게도, 이 점이 이제는 용어 자체와 관련된 중요한 특징이 되었다. 코플랜드는 이렇게 말한다.

> 리처드 링클레이터Richard Linklater의 영화 〈슬래커Slacker〉, 책 『X세대』, 너바나Nirvana의 앨범 〈Nevermind〉가 나왔다. 이 삼위일체만으로 충분했다. 그렇게 X세대가 펼쳐지고 있었다.

* * *

베이비 붐 세대는 툭하면 자기 집착적이라는 평을 듣곤 했지만, 자기 인식은 둔했다. 시사 주간지 《타임》은 1966년의 "올해의 인물"로 25세 이하의 모든 사람을 선정했으며, 1967년에는 긍정적인 의미로 "후계자들the Inheritors"이라는 꼬리표를 붙여 커버스토리를 내보냈다. 그러나 특정 시기에 같이 성장기를 보낸 집단이 수많은 성격의 사람들로 나뉠 수 있다는 사실에 대한 자기 성찰은 1980년대에 들어서야 비로소 나타나기 시작했다. 가장 노골적인 예는 1983년 영화 〈새로운 탄생The Big Chill〉이다. 여기에 〈패밀리 타이즈Family Ties〉, 〈30대 이야기thirtysomething〉와 같은 TV 드라마도 꼽을 수 있겠다. 베이비 붐 세대가 "불편한 자기 분석" 단계에 도달하기까지는 시간이 제법 걸렸다. 처음부터 바로 자기 분석에 들어가 여기서 결코 헤어나지 못한 X세대와는 사뭇 달랐다.

미국에서 이 새로운 세대가 누구인지를 규명하려는 최초의 시도는 60년대에 베이비 붐 세대를 어설프게 정의했던 《타임》이었다. 1990년 7월 《타임》의 표지는 다섯 명의 청년이 제각기 다른 방향을 응시하는 이미지로, 이들을 관통하는 단어인 "20대twentysomething"라는 제목이 달렸다. 기사의 헤드라인은 「조심스러운 이동Proceeding with Caution」이었다. 이때는 "X세대"라는 용어가 대중화되기 전이었고, 혹자는 이들 집단을 새로운 심술꾼들New Petulants이라는 멸칭으로 불렀다.*

> 지금 20대는 노동, 결혼, 베이비 붐 세대의 가치관에 시큰둥하다. 요즘 젊은이들은 왜 이렇게 회의적일까?
> 그들은 의사 결정에 서투르다. 회사에서 승진 사다리를 오르느니 히말라야산맥을 오르는 쪽을 택한다. 존경하는 인물도, 애국심도, 그들만의 개성이라 할 만한 스타일도 없다.

---

* 1966~1981년생을 가리키는 다른 주요 별칭으로는 90년대에 간간이 사용되었으며, 『세대: 1584~2069년 미국 미래의 역사Generations: The History of America's Future, 1584 to 2069』라는 책에서 유래한 "13세대the 13th Generation"가 유일했다. 역사학자 닐 하우Neil Howe와 윌리엄 스트라우스William Strauss가 쓴 이 책은 미국 건국 이후 열세 번의 세대교체가 지난 후 태어난 세대를 '13세대'로 분류했다. 나름 의미 있는 분류법이었지만, 완전히 뿌리 내리지는 못했다.

그들은 뭔가 즐길 것을 찾지만, 집중하는 시간은 TV 채널 돌리는 시간만큼 짧다. 그들은 여피족, 히피족, 약쟁이들을 싫어한다. 이혼이 무서워서 결혼을 미루고, 레인지로버, 롤렉스, 빨간 멜빵을 비웃는다. 그들에게 소중한 것은 가족생활, 지역 활동, 국립공원, 페니 로퍼, 산악 자전거다. 자신의 정체성에 대한 인식은 모호하지만, 앞 세대가 미해결로 남겨둘 모든 문제에는 기를 쓰고 신경을 곤두세운다.

(이해할 수 없는 인구 집단으로 연구 대상이 된) 수백만 명의 신흥 세력을 한마디로 규정하는 것은 불가능한 도전이었기에, 이 기사를 쓴 기자의 무지를 탓할 수는 없다. 이 인구 집단이 "빨간 멜빵"을 싫어한다고 특별히 언급된 이유는 이해하기 어렵지만, 다른 묘사 중 일부는 유효하다(어떤 이유로든 외국에 있는 산맥을 가로질러 하이킹하려는 설명할 수 없는 욕구는 90년대에 흔한 비난의 대상이 되었다). 무엇보다 주목할 점은 이 설명이 2010년경 밀레니얼 세대가 분류되는 방식과 놀라울 정도로 흡사하다는 것이다*(이 기사는 계속해서 소위 정치적 행동주의에 대한 열망을 강조한다). 심리학적 관점에서 가장 대담한 주장은 90년대 젊은이들이 자신들을 역경으로부터 보호해주던 부모의 이혼을 경험하고 성장한 영향으로 이성

---

* 이것의 부분적 이유는 세대를 분류하려 시도할 때 늘 따라다니는 특유의 문제 때문이다. 어떤 새로운 인구 집단이 대두할 때마다 외부에서는 그 집단의 구성원들이 돈과 물질적 부에 비교적 무관심하다고 주장하는 경향이 있다. 그러나 이는 대개 새로운 인구 집단이 항상 젊은이들로 구성되고, 통상 젊은이들은 재산 축적에 관심이 덜하기 때문에 당연하다. 집이나 자녀가 없는 입장에서는 부의 과시가 피상적이고 부질없어 보이게 마련이다.

과 깊은 관계를 맺기 두려워한다는 것이었다.

베이비 붐 세대가 1950년대에 평온한 어린 시절을 보낸 덕에 훗날 혁명의 주역으로 성장했다면, 오늘날의 20대 세대는 마약, 이혼, 생활고의 시기를 겪으며 자랐다. 그들은 사실상 알아서 컸다. TV 프로그램이 부모의 양육을 대신했고, 로널드 레이건 대통령은 현실판 로저스 아저씨Mister Rogers(본명은 프레드 로저스Fred Rogers. 미국의 대표적인 장수 어린이 프로그램 진행자로, 다정한 아저씨의 대명사였다. - 옮긴이)로 등장하여 고뇌하는 청년들을 위로했다. 레이건이 던진 메시지는 "문제는 나중으로 미루면 된다"였다. 오늘날 청년들의 가장 큰 특징은 위험, 고통, 급격한 변화를 피하고 싶어 한다는 것이다. 그들은 자신의 잘못이 아니라 앞 세대가 떠넘겼다고 생각하는 인종 갈등, 노숙자, 에이즈, 가족 해체, 연방 재정 적자 등 사회문제로 머리가 마비될 지경이다. 캘리포니아주 벤투라에서 신문 기자로 일하는 23세의 피터 스미스Peter Smith는 "우리가 해야 할 일이라고는 가만히 있는 것"이라고 말했다.

X세대라는 명칭이 본격화되기 전에 이들에 대한 언론의 표현을 보면 대부분 피해자처럼 묘사해 놓았다. 1991년 일간지《애틀랜타 저널 컨스티튜션》기사에서는 20대를 "정의할 수 없는 명사"라고 부르며, 학대받는 아동에 비유했다. 이 기사에는 "이들에게서 지적 자부심이나 만족이라고는 찾아볼 수 없다"라는 폄하

섞인 인용문도 들어 있었는데, 이 발언의 주인공이 애니메이션 〈심슨 가족The Simpsons〉의 원작자이자 당시 37세이던 맷 그레이닝Matt Groening이라는 점 때문에 더욱 눈길이 간다. 그러다 갑자기 언론에서 이들 청년 문화의 미적 욕구를 인식하는 분위기가 일기 시작했다. X세대가 단순히 저질 취향을 지닌 것이 아니라, 알고 보니 X세대가 '일부러' 저질 취향을 받아들였더라는 더 자극적인 해석이 고개를 들게 된 것이다.

1991년 우익 언론 《워싱턴 타임스》는 "이 친구들Kids은 정크푸드 전문가"라며, 나아가 K를 의도적으로 대문자로 표기했다. "그들은 쓰레기를 예술로 떠받든다. 그들에게는 하이콘셉트High Concept (독특하지만 재미있고 단순해서 폭넓은 대중에게 어필할 만한 예술. - 옮긴이)가 최고다." 점점 더 빈번해진 이 같은 비평의 핵심을 정리하자면, 결국 앤디 워홀Andy Warhol이 모든 면에서 옳았다는 것이었다. 문화는 이제 완전히 상품이 되었기 때문에 엘리트 문화, 소비자 문화, 키치 문화를 구분할 필요가 없었다. 대중문화 안에서 보면 이들의 기능은 모두 거기서 거기였다. 자, 지금 보면 이러한 평가가 정확해 보이는가?

역사적으로 X세대의 특징은 자신들의 주변 상황에 대해 소극적 태도를 취하는 경향이 굉장히 강했다는 점이다. 잘 모르는 사람들이 X세대에 대해 하는 말들은 대개 환원주의적이고 결함이 있다고 여겨지지만, 그래도 완전히 틀린 말은 아니기에 곱씹을 가치가 있다. 미국 내에서는 즉각적으로 이 세대의 정체를 탐구하는 움직임이 일기 시작했다. 코플랜드의 소설은 1991년에 나왔고,

얼마 안 되어 1994년에는 306페이지 분량의 『X세대 읽기The GenX Reader』라는 글 모음집이 발표되었다. 이는 현재가 과거가 되기 전까지는 현재를 이해할 수 없다는 불변의 사실을 잘 드러내는 예다.

작가 더글러스 러시코프Douglas Rushkoff가 편저한 글 모음집 『X세대 읽기』는 젊은이에 대한 통념을 뒤집으려 노력한 동시에, 창의적인 소외 계층의 부상을 강조하고자 했다고 볼 수 있다. 러시코프는 X세대라는 명칭을 "버스터Busters('베이비부머Boomers'의 반대말)"로 바꾸려고 적극적으로 시도했다. 그는 거창한 서문에서 다음과 같이 혁명을 예고한다.

> 지금까지 대중에게 X세대를 설명한 주체들은 우리를 가장 두려워하고 혐오하는 사람들이었다. X세대에 관한 글을 쓴 많은 작가들은 불만 많고 무심해 보이는 20대의 겉모습 외에 그 안에 숨겨진 내면을 간파하지 못한 채 우리를 기껏해야 하나의 시장 세분화 대상으로, 최악의 경우 서구 사회를 몰락하게 한 주범으로 격하시켰다. (중략) 그러나 우리 X세대는 이러한 분류를 거부한다.

특이한 점은 그 밖에 『X세대 읽기』에 수록된 글 대부분이 이 선언에 대해 "우리가 그렇다고? 정말?"이라고 반응하는 내용으로 채워져 있다는 것이다. 여기 실린 최고의 글 중 상당수가 지금 발표되었다면 웃음거리가 되었을 것이다. 그중 예컨대 사이버펑크 잡지 《몬도 2000》의 칼럼니스트 앤드류 헐트크랜스Andrew Hultkrans

가 쓴 「게으름뱅이 인자The Slacker Factor」라는 칼럼을 보자. 그는 "현실을 직시하라. 정보 경제에서 무결성을 유지하는 것은 불가능하다"라고 썼다. 그 밖의 칼럼으로는 만화 〈렌과 스팀피Ren & Stimpy〉, 라디오 방송에 적합한 클래식 록의 등장, 사회 보장 제도의 파산에 관한 논설이 담겨 있다. 그리고 과감히 "성폭력 위기rape crisis라는 개념의 실체를 벗기고 나아가 비판"하려 시도한 당시 25세였던 작가 케이티 로이프Katie Roiphe의 논쟁적 논픽션 『다음날 아침The Morning After』에서 몇 페이지를 발췌한 부분도 있다. 또 다른 발췌문으로 〈베벌리힐스 아이들Beverly Hills, 90210〉에서 브렌다 월시 역을 연기한 배우 섀넌 도허티Shannen Doherty를 조롱하는 포스트모던 소식지 《'나는 브렌다가 싫어요' 뉴스레터》의 일부도 실려 있다(해당 에피소드에는 얼터너티브 록 밴드 펄 잼Pearl Jam의 보컬 에디 베더Eddie Vedder와의 인터뷰가 포함되어 있는데, 여기서 그는 콘서트 무대 뒤에서 자신에게 접근하려 한 도허티에게 퇴짜를 놓았다는 일화를 들려준다). 가장 유익한 관점 중 하나는 《워싱턴 시티 페이퍼》의 제퍼슨 몰리Jefferson Morley가 쓴 글에서 찾을 수 있다. 그는 70년대 청년들이 경험한 모든 일이 그전에 일어났던 사건의 반복처럼 느껴졌다는 점에 주목한다.

나는 사람들이 물가가 오르는 데 왜 놀라는지 의아해했던 적이 있다. 내 기억으로 물가는 항상 올랐으니까. 어떤 사람들은 미국의 베트남전 패전 소식에 충격을 받았지만, 내 기억에 미국은 언제나 전쟁에서 패배한 것 같았다. 또 어떤 사람들은 조지 월러스George Wallace 앨라배마 주지사가 대선에 출마

한다고 우려했지만, 그는 전부터 매번 출마하지 않았던가?

돌이켜보건대 『X세대 읽기』에서 가장 매력적인 측면은 기고자들의 주장이 옳고 그름을 떠나, 그들이 의미를 찾으려고 열심히 노력했다는 점이다. 이 책은 반복해서 고정 관념을 타파하기 위해 씨름하지만, 진부하기는 마찬가지인 표현을 마지못해 받아들이고 단어의 용법을 변경하는 데 그친다(러시코프는 본인이 쓴 글 중에서는 「무관심을 통한 힘Strength through Apathy」이라는 제목의 정치 논설을 골라 실었다). 어쩌면 X세대의 가장 매력적인 특성이라면 바로 자신들을 향한 언론의 주먹구구식 묘사를 받아들이고 이를 기꺼이 꼬박꼬박 내면화했다는 점이었을 것이다. 베이비 붐 세대는 오만한 이기심으로 비난받을 때면, 자신들이 종전의 주역이었다고 강조하려 했다. 훗날 밀레니얼 세대는 자질과 관련해 비난받을 때면, 실제로 자신들은 앞 세대보다 더 적은 보수를 받고 더 열심히 일한다고 반박하곤 한다. 그러나 『X세대 읽기』는 이와 같은 저항 정신을 서문을 제외하고는 전혀 찾아볼 수 없었다. 이 책은 반발의 의지가 담겨 있지 않았다.

무심하다는 평가를 들을 때 X세대들의 가장 흔한 반응은 이에 발끈할 의욕도 없을 만큼의 무심함이었고, 이는 무심하다는 세간의 평가를 자신들도 본의 아니게 인정한 셈이었다. 그들에게 온갖 두려움이나 걱정은 늘 따라다녔고, 저항은 소용없는 짓이었다. 음악 잡지 《스핀》의 기자 출신인 스티븐 데일리Steven Daly와 나다니엘 와이스Nathaniel Wice는 1995년 『얼터너티브 컬처Alt.Culture』라는 제목의 책을 냈다. 본질적으로 이 책은 당시 청년들이 즐겨 쓰던 용어와 문구를 정리한 사전 형식으로, 1993년 《스핀》의 창간 8주년 기념호에 실린 「얼터너티브 문화의 모든 것A-Z of Alternative Culture」의 후속편 성격이 강했다. 『얼터너티브 컬처』는 영리하게 쓰였고 노골적으로 계산적이었다(목표 독자층은 요즘 젊은이들의 언어를 구사하고픈 마케팅 쪽 임원들인 듯했다). 수십 년 후 『얼터너티브 컬처』는 TV 쇼 〈스터즈Studs〉*, 프랑스 철학자 기 드보르Guy Debord**, 블랙 데스 보드카Black Death Vodka*** 등 당시 잠깐 유행했으나 이후 자칫하면 사장될 뻔한 사소한 것들의 보물 창고가 되었다. 잘 알려져 있지는 않지만 『얼터너티브 컬처』는 위키백과의 선구자 격으로, 비교적 사소한 것들을 반문화적으로 정의했다. 그러나 이 책은 반문화적인 내용과 달리 전혀 반문화적이지 않았다. 1997년 와이스와 데일리가 대기업 타임워너와 제휴하여 『얼터너티브 컬처』를 최초의 웹 중심 데이터베이스 중 하나로 전환했기 때문이다.

와이스는 거래가 확정되었을 때 《와이어드》와의 인터뷰에서 말했다. "우리는 영혼을 팔아넘기지 않았다. 단지 라이선스를 내줬을 뿐이다."

---

* 큰 인기를 누렸으나 단명한 〈스터즈〉는 두 명의 남성 참가자가 세 명의 여성 참가자와 똑같이 데이트한 다음, 다섯 명이 모여 가장 성적인 데이트 방법을 이야기하는 게임 쇼였다(그래도 텔레비전 방송이었기에 적나라하지는 않았다). 게임의 승패 자체는 전혀 중요하지 않았다.

** 드보르는 아방가르드 지식인과 예술가로 구성된 마르크스주의 조직 상황주의자인터내셔널Situationist International을 설립했다. 보헤미안 X세대의 영화 학도들 사이에서 특히 인기가 있었는데, 드보르가 스스로 목숨을 끊은 1994년 시기상의 이유도 한몫했다.

*** 벨기에산 보드카 브랜드로, 관 모양의 상자 안에 포장되었다. 록 밴드 건스 앤 로지스Guns N' Roses의 기타리스트 슬래시Slash와 전속 계약을 맺었으며, 일반 주류 판매점에서는 거의 찾을 수 없었다.

* * *

  잡지 기자 두 명이 언론 용어집에 대한 라이선스를 타임워너
에 양도했다고 자조적인 해명을 늘어놓다니 재미있기도 하고 우
스꽝스러운 옛이야기처럼 느껴지기도 한다. 요즘 같으면 타당한
비즈니스 수완으로 비칠 테지만, 그때만 해도 그렇지 않았다. '매
진'의 개념이 '변절'로 확대되고, 이것이 거의 모든 것의 의미와 인
식을 바꾸어 놓았다는 점은 90년대에 유일하게 가장 90년대다운
측면이다. 이 용어의 복잡성, 뉘앙스, 쓰임은 어디에나 있었지만
선뜻 이해하기란 불가능했다. 이보다 더 X세대의 마음을 언짢게
하는 것은 없었다.

  '매진'이 '변절'이라는 비하의 의미를 띠게 된 기원은 엄밀히
말해 알려지지 않았지만, 음악가이자 비평가인 프란츠 니콜라
이Franz Nicolay의 추적에 따르면 1862년 옥스퍼드 영어 사전에서 처
음 언급되었다고 한다.* 이 표현이 예술계에서 멸칭으로 쓰인 것
은 1967년 록 밴드 더후the Who가 〈The Who Sell Out〉라는 타이틀
의 앨범을 발표했을 때로 보는 것이 일반적이고, 밥 딜런Bob Dylan이
1965년 뉴포트 포크 페스티벌에서 통기타 대신 일렉트릭 기타를
메고 나와 변절자 취급을 받은 사건이 그 효시일 것이라고 추정
된다.

---

* 니콜라이는 이 글에서 "이러한 록 음악의 상업적 타협을 걱정했던 마지막 세대의 대표 주자"는
   단연 인더스트리얼 밴드 나인 인치 네일스Nine Inch Nails의 프런트맨 트렌트 레즈너Trent Reznor라고 덧
   붙였다.

2010년의 청년들에게 이 개념이 한때 문제가 되었던 이유를 설명하기란 어려웠고, 2020년에는 이 용어가 문자 그대로 무엇을 의미하는지 설명하기조차 어려워졌다. 그러나 90년대 초에는 이 용어의 쓰임과 중요성이 절정에 달했다. 이 용어는 사람들의 심리를 매우 거슬렀는데, 본뜻과 거기에서 파생된 '변절'이라는 의미 사이의 경계가 모호했기 때문이었다. 다시 말해 이 용어는 단순히 어떤 사람이 부자가 되기 위해 무언가를 팔려고 한다는 의미가 아니었다. 그 사람이 어떤 피상적 가치를 위해(대개 돈을 가리키지만 돈에만 국한되지는 않는다) 초심을 버리고 타협한다는 의미를 내포했다. 요새는 눈높이 낮은 팬층까지 저변을 확대하고자 대중성을 추구했다고 포장하면 그만이지만, 당시 이 행위는 타협한 사람이 계속해서 그 분야에 머무를 경우 특히 더 따가운 시선을 받았다. 결과보다 의도가 더 중요했으므로 시도 후의 성공 여부는 별로 중요하지 않았다. 변절해서 실패하나 변절해서 성공하나 다를 바 없었다.

상업성을 추구하는 모든 행위는 차등적으로 등급이 매겨졌으며 이익 추구를 가장 철저히 따르는 사람일수록 가장 혹독한 처벌을 받았다. 반대로 전통적인 성공을 '유일한' 핵심 가치로 삼는 사람이라면 절대 신뢰할 만한 사람으로 보이지는 않을지언정, 애초부터 지니지도 않았던 초심을 버렸다고 욕먹을 일은 없었다. 1993년 《워싱턴 포스트》는 워싱턴 출신 인디 펑크 밴드 푸가지 Fugazi에 대해 이렇게 썼다.

푸가지에 대해서 빼놓을 수 없는 세 가지 사실이 있다. 첫째, 신분증 검사가 필요 없는 공연만 한다. 둘째, 공연 입장료는 무조건 5달러다. 셋째, 절대 메이저 소속사에 들어가지 않는다.

푸가지가 언제라도 이 세 원칙 중 하나를 어겼다면 그들은 거의 매장되었을 테고, 밴드의 수명도 끝났을 것이다. 거의 독단적이리만치 변절을 거부했던 뚝심은 푸가지의 가장 중요한 특징이었다. 그러나 이것은 음악적으로든 음악 외적으로든 푸가지를 좋아하는 팬들에게만 중요했다. 1994년 장수 컨트리록 밴드 이글스Eagles는 "Hell Freezes Over"라는 재결성 기념 투어로 엄청난 수익을 올렸다. 티켓 가격은 장당 약 125달러로 평균보다 약 100달러 높았다. 티켓값에 대한 불만이 있었지만 그 이유로 이글스 팬들의 애정이 변하지는 않았다. 이글스는 '변절'할 밴드가 아니었기 때문이다. 이처럼 팬들의 신뢰를 얻기 위해 한결같이 타협을 거부하는 절개는 아티스트들에게 필수 덕목이었다. 다른 사람에게(특히 생면부지의 사람들에게) 사랑받으려는 솔직한 욕망은 처절하고 한심하다고 비쳤다. 따라서 자신의 페르소나를 바꾸거나 온화하게 행동하는 사람은 모두 가식적이고 나약하다고 여겨졌다.

이처럼 이해하기 어려운 법칙과 제약은 당시 유행하는 문화의 모든 방면에 영향을 뻗쳤다. 겉으로만 봤을 때 이러한 규칙은 삶을 충분히 복잡하게 만들었다. 그러나 90년대의 힙스터들은 이 복잡한 상태에 심리적 골칫거리를 하나 더 추가했다. 변절을 비판하는 기류와 그런 발상 자체가 터무니없다는 인식이 동시에 나타나고 있었던 것이다. 즉, 이익 추구가 불가피한 성인의 현실을 무시하는 비판은 10대의 정신 수준으로 이해되었다. 그리고 혁신과 야망을 깎아내리고, 논지에 일관성이 거의 없는 위선으로 가득하다는 비판을 받았다. 그건 패자의 게임이었고 누구나 이를 알고 있었다. 하지만 '여전히 멈출 수 없는' 패자의 게임이었다. 그 사고방식이 터무니없다는 인식이 일기 시작했다고 해서 그 사고의 확산이 주춤해진 것은 아니었다.

그 결과로 한동안 사람들은 집단적으로 인지 부조화에 빠졌다. 변절을 심각하게 받아들이는 것도 미련한 짓이었지만, 변절 행위는 여전히 용납할 수 없는 것이었다.

이를 모든 면에서 보여주는 소소한, 그러나 무엇보다 명시적인 예가 있으니 바로 영화 〈청춘 스케치Reality Bites〉다. 휴스턴을 배경으로 전형적인 로맨틱 코미디 구조의 이 영화는 이제 1994년의 감성으로만 이해할 수 있는, 당시를 잠시 풍미했던 가치관을 설명할 교본이 되었다. 다큐멘터리 작가 위노나 라이더Winona Ryder는 재능 있지만 구직에 어려움을 겪는다. 그녀를 동시에 사랑하는 두 남자로 라이더를 돕지만 쿨하지는 못한 방송국 중역 벤 스틸러Ben Stiller(이 영화의 감독이기도 하다), 그리고 영화 역사상 가장 전형적인 X세대 캐릭터를 훌륭히 소화한 에단 호크Ethan Hawke가 등장해 삼각관계를 형성한다. 라이더의 가장 친한 친구는 갭Gap 매장에서 일하며 권태에 빠진 실용주의자로, 자신이 에이즈에 걸렸을까 봐 걱정한다. 그녀의 친구로 등장하는 다른 조연 남자는 어

44

머니에게 자신이 게이라고 털어놓고 싶어 한다. 이들은 전부 백인이다. 삼각관계로 이어지는 모티브를 포함해 전체 줄거리는 변절, 즉 상업성을 위한 타협의 의미와 결과에 대한 고뇌를 다룬다. 〈청춘 스케치〉 작품 자체에 대해 부연 설명하자면, 시인을 꿈꾸던 헬렌 차일드리스Helen Childress가 자신의 친구들에게서 대략적인 영감을 받고 70번의 수정을 거쳐 각본을 썼다. 그리고 영화가 담고자 한 인디 문화를 인위적이고 주류적 시각으로 해석했다는 이유로 비판받기도 했다. 영화 속에서 라이더가 친구들의 일상에 대한 불편한 진실을 가감 없이 보여주기 위해 자체 제작한 다큐멘터리가 MTV 스타일의 화려한 하이콘셉트 코믹 다큐로 탈바꿈된 장면은 차일드리스의 실제 경험과 유사하다. 간접 광고로 가득 찬 〈청춘 스케치〉는 상업적 변절 문제를 상업적으로 다룬 작품이었고, 바로 그 이유로 이 문제를 매우 직관적으로 건드린다.

〈청춘 스케치〉를 보면 역사상 특정한 때에만 이런 일들이 가능했다는 생각을 내내 떨쳐버리기 어렵다. 자신의 기억에도 없는 70년대에 대한 그리움은 이 영화에서 모든 것을 아우르는 핵심이다. 등장인물들은 1979년 히트곡에 맞춰 다 같이 춤을 춘다. 또한 1976년에 발매된 라이브 앨범을 들으면서 차 안에서 애정 행각을 벌인다. 1974년부터 방송된 TV 시트콤에 관한 퀴즈를 풀며 함께 시간을 때우기도 한다. 호크가 연기한 캐릭터는* 낭만적 게으

---

* 호크가 맡은 배역의 이름은 '트로이 다이어Troy Dyer'다. 현재 금융 컨설턴트이자 차일드리스와 함께 USC에서 영화를 전공한 실제 트로이 다이어는 훗날 명예 훼손으로 차일드리스를 고소했다. 이 사건은 결국 법정 밖에서 합의로 마무리되었다.

름뱅이를 극도로 미화한 격이다. 그는 무기력한 태도로 록 밴드를 이끌고 있으며, 아이러니를 실생활에서 체득한 덕에 '아이러니'라는 단어의 뜻을 조리 있게 정의할 수 있다. 그리고 "나는 세상을 더 나은 곳으로 만들라는 어떤 명령도 따르지 않아"라고 말한다. 〈청춘 스케치〉에서 이 세대를 가장 제대로 설명하는 요소는 삼각관계가 해결되는 방식이다. 라이더는 자신에게 잘해주는 스틸러 대신 못되게 구는 호크를 택한다. 더 성숙한 스틸러는 라이더의 능력을 인정하고, 그를 금전적으로 도울 수 있으며, 그저 행복하게 해주기를 원한다. 하지만 그는 90년대 기준에서 변절자다. 즉, 일부러 속물이 되기로 한 사람이었다. 스틸러는 "나는 새장에 갇힌 새가 우는 이유를 알아요"라고 말하고, 실제로 그 답을 알고 있을지도 모른다. 바로 그게 문제였다. 한편 호크는 라이더를 사적으로 비판하고 공개적으로 망신을 준다. 나쁜 남자의 전형인 셈이다. 그러나 영화의 마지막 장면에서 이 둘은 함께 떠난다. 호크의 사랑은 진실했지만, 스틸러의 애정은 (그가 추구한 가치관의 측면에서) 타협적이었기 때문이다.

특히 목표 관객층 이외의 사람들 사이에서 초기 〈청춘 스케치〉에 대한 반응은 라이더가 남자를 잘못 선택했다는 것이었다. 당시 51세였던 《시카고 선타임스》의 영화 평론가 로저 에버트^{Roger} ^{Ebert}는 성숙에 대한 이 영화의 "뿌리 깊은 편견"에 주목하고는 다음과 같이 의문을 제기했다. "〈청춘 스케치〉 제작자들은 어떤 불문율에 얽매였기에 여주인공은 충분히 돈이 되는 다큐를 찍지 못하고, 남주인공은 얼간이이고, 악역이 이 영화에서 가장 호감 가는 인물이 되도록 내버려 두었을까?" 1994년에는 이와 같은 반응이 젊은 세대와 기성세대 간의 견해차를 극명히 보여준다고 여겨졌다. 20대들은 라이더와 호크의 로맨스를 낭만적이고 격정적이라 여겼지만, 나이 지긋한 기성세대들은 비현실적인 멜로드라마의 비극 같은 관계로만 치부했다. 이러한 세대 간 불협화음은 영원할 것만 같았다. 하지만 그렇지 않았다. 세월이 흐르고 〈청춘 스케치〉를 처음 접한 더 어린 청년들은 남녀 관계를 바라보는 방식이 에버트의 관점과 더 가까웠다. 복잡미묘하게도 이 측면에서만큼은 베이비 붐 세대와 밀레니얼 세대가 같은 사고방식을 공유한다. 언어는 달라졌지만(오늘날 호크는 '해로운 남성성'의 전형을 보여주는 반면, 스틸러는 호감 가는 '배려남'으로 간주된다), 밀레니얼 세대가 누구를 선택할지 답은 아주 명백해 보인다. 돌이켜보면 결국 90년대 중반은 이러한 낭만적 결말이 대다수의 청년들 사이에서 타당하게 받아들여지던 유일한 시기였다. 이 단절되고 동떨어진 시기에는 자신의 존재가 상품화되기를 거부하는 호크 같은 사람의 뚝심이 다른 사람의 실제 심성보다 중요했다. 호감형 속물보다 진실한 얼간이가 더 나았다.

이것저것 꼼꼼히 따지기에는 혼란스러운 시절이었다.

* * *

〈청춘 스케치〉의 개봉 25주년이 되던 해에는 마침 X세대의 유산을 회고하는 논쟁이 한창 불붙고 있었다. 가장 눈에 띄는 예로

《뉴욕 타임스》의 '스타일' 섹션에서는 장황한 제목에서 이미 할 말이 많은 듯함이 느껴지는 「알고 보니 변절한 X세대, 밀레니얼 시대의 모든 기술을 개발하고, 온갖 훌륭하고 끔찍한 것을 일으킨 주역」이라는 기사를 내보냈다. 다른 어떤 기사들은 1990년 언론에서 X세대를 싸잡아 비난하던 묘사 방식과 똑같아 보이는 내용이었다(소니 워크맨의 인기, 다양성을 강조한 원색의 베네통 광고 등). 그중 특히 가장 단적인 예는 2019년 1월 CBS에서 1928년생부터 현재 갓난아기까지 다양한 전 세대를 나열해 방송에 내보낸 도표였다. 이 세대 구분에서 X세대는 완전히 제외되었다. 그것은 X세대가 미국 대통령을 배출하지 않는 유일한 인구 집단이 될 가능성이 높아지고 있는 만큼 더욱 의미심장하게 다가왔다.[*]

X세대에 대한 이러한 묘사는 만델라 효과와 정확히 반대였다. 어떤 증명 가능한 진실이 집단적으로 잘못 기억된 것은 아니다. 그보다 어떤 추상화 과정이 너무 깊이 진행되어서 평행 우주의 다른 세계가 들어설 여지가 전혀 없었던 것에 가까웠다. 오해와 사실이 서로 모순되지 않았다. 이것은 전형적인 동어 반복적 진실이었다. X세대는 무심하다는 평가를 들으면서도 이에 반박

---

[*] 앞날은 모를 일이지만, 대통령 선거에 출마할 가장 주목할 만한 X세대 후보는 베토 오로크Beto O'Rourke다. 텍사스주 출신의 잘생기고 스케이트보드를 즐기는 그는 2020년 민주당에서 대선 후보로 지명받고자 노력했으나 항상 득표율 2%를 넘기지 못했다. 1972년생 오로크는 총기를 반대하고, 전술한 푸가지 같은 펑크 밴드를 좋아한다. 다만 평론가 알렉스 파파데마스Alex Pappademas는 「X세대는 지금 (매우 X세대다운) 생각에 잠겨 있는 중」이라는 제목의 논설에서 "푸가지를 즐겨 듣는 사람이 대선에 출마할 생각이 들었다면 (중략) 아마도 푸가지를 제대로 듣지 않았을 것이다"라고 썼다. 한편 1975년생 기업가 앤드류 양Andrew Yang은 최종적으로 민주당 경선에서 오로크보다 더 오래 버텼고 성적도 더 좋았지만, 신기술을 좋아하고 백인이 아니므로 X세대로 잘 분류되지 않는 편이다.

하지 않고 무심히 흘려들음으로써 그러한 평가가 옳다고 스스로 입증했기 때문이다. 그들은 아이러니에 과도하게 의존한다는 비난에 아이러니로 응수하기도 했다. 그건 마치 원고와 피고가 똑같은 근거로 싸우는 법정 소송 같았다. 그들에 대한 묘사는 딱히 아무도 애써 반박하지 않았기 때문에 맞는 것으로 받아들여졌고, 따라서 이는 X세대가 기억되는 한 사실로 남게 될 것이었다.

X세대를 규정하는 특성의 대부분이 소수의 X세대 인구에게만 적용된다는 사실은 중요하지 않았다.

유니버설 픽처스에서 배급한 〈청춘 스케치〉는 북미에서 2,100만 달러를 조금 넘는 수익을 기록하며 평범한 성공을 거두었다. 같은 해에 톰 행크스Tom Hanks의 대표작 〈포레스트 검프Forrest Gump〉는 3억 3,000만 달러를 벌어들였다. 텔레비전 쪽에서는 1994년 X세대의 색채를 가장 짙게 반영한 ABC 방송사의 하이틴 드라마 〈마이 소 콜드 라이프My So-Called Life〉가 있었으나 한 시즌만에 종영했다. 반면 NBC의 목요일 밤 라이벌 시트콤인 〈프렌즈Friends〉는 10년 동안 방영되었다. 이러한 차이는 우연이 아니다.

〈프렌즈〉의 공동 제작자인 마타 카우프만Marta Kauffman은 첫 시즌 방영 동안 지역 언론 《오렌지 카운티 레지스터》에 "〈프렌즈〉는 X세대 개념에 반대한다"라고 말했다. 〈프렌즈〉는 90년대를 살아가는 20대를 다룬 시트콤이었기에 이러한 접근법은 얼핏 직관에 반하는 것처럼 보인다. 그러나 카우프만은 특정 인구 집단에 대항한다는 의미가 아니었다. 그녀는 대부분 시청자들의 평범한 현실과 맞지 않는 그 시대의 언론 속 고정관념에 맞서고 있었다.

"(우리 캐릭터는) 대부분 활기차다. 그들은 〈청춘 스케치〉에서 가장 허름한 옷을 입는 에단 호크와 달리 말쑥한 옷차림이다."

1997년 6월 《타임》은 이 세대를 재차 정의하려 시도하며, 이번에는 1990년에 자신들이 규정했던 진부한 정의를 수정하고자 했다. 작심하고 지은 듯한 이번 커버스토리의 제목은 「이른바 슬래커들의 위대한 유산Great Xpectations of So-Called Slackers」(〈위대한 유산〉, 〈마이 소 콜드 라이프〉, 〈슬래커〉, "X세대"를 합친 제목. - 옮긴이)으로, X세대가 기업가 정신을 묵묵히 주도하며 다가오는 테크 시대의 기반을 구축하고 있다고 주장했다. 이어 《타임》은 후속 기사를 통해, 초기 X세대를 분류했던 방식이 20대의 사고방식을 형성하는 요인을 부당하게 오판했다고 기술했다. 그러나 이 기사에서 놓친 것은 이러한 X세대 분류 방식을 소위 X세대에 해당한다고 분류된 당사자들 대부분이 아예 알아채지도 못했다는 점이다. X세대의 핵심 문화는 비주류에 머물렀다. X세대의 전형적 특징이라고 꾸준히 언급된 문화들은 시류를 타지 않는 보편적 문화에 비해 거의 늘 인기가 없었다. 예를 들면 『브리짓 존스의 일기』는 『예수의 아들Jesus' Son』보다 더 광범위한 독자에게 읽혔다. 코트니 러브Courtney Love가 이끄는 밴드 홀Hole의 앨범이 한 장 팔릴 때마다 컨트리 가수 샤니아 트웨인Shania Twain의 앨범은 열네 장씩 팔려 나갔다. X세대에 대한 고정관념과 가장 밀접한 문화와 실제 X세대 문화를 소비하는 소비자들 사이의 괴리는 계속해서 커지고 있었다.

이는 그 소비자 본인이 X세대에 해당하더라도 마찬가지였다.

1997년 11월, 뉴저지주에 기반을 둔 독립 라디오 방송국

WFMU는 『록, 롯, 룰^{Rock, Rot & Rule}』이라는 책의 출간을 앞둔 저자 로널드 토머스 클론틀^{Ronald Thomas Clontle}과의 47분짜리 인터뷰를 생방송했다. "모든 논란을 종결하는 책"이라는 부제가 붙은 이 책은 (형식상으로는) 지난 50년 동안 활동한 거의 모든 뮤지션을 망라하고 각각 "훌륭함^{rocking}", "꽝^{rotting}", "최고^{ruling}"로 등급을 구분했다(대부분 자료 조사는 캔자스주 로렌스에 있는 한 커피숍에서 이루어졌다고 했다). 지금이야 알 만한 사람은 아는 사실이지만, 그 인터뷰는 가짜였다. 책은 출간되지도 않았고, '로널드 토머스 클론틀'이라는 사람은 사실 인디 밴드 슈퍼청크^{Superchunk}와 (훗날) 마운틴 고츠^{the Mountain Goats}의 드러머인 존 워스터^{Jon Wurster}였다. 『록, 롯, 룰』은 요즘으로 치면 "90년대 후반 얼터너티브 코미디"의 대표적인 예로 대충 싸잡아 분류될 수 있지만, 당시의 연출력은 더할 나위 없이 기발했다. 워스터는 침착한 말투에 이 말도 안 되는 등급 분류를 진지하게 설명하며, 프로그램 진행자인 코미디언 톰 샤플링^{Tom Scharpling}과 미리 합을 맞추지 않았음에도 환상의 호흡을 자랑한다. 어떻게 보면 이 해프닝은 뉴욕 메트로폴리탄 지역에서 수준 높은 음악 팬을 자처하는 편협한 청취자들을 잘 겨냥한 우스운 촌극으로 볼 수도 있다. 그러나 지금 와서 본방송을 다시 들으면 가장 두드러진 대목은 프로그램의 코미디 요소가 아니라, 바로 무작위로 선정된 WFMU 청취자들의 분노에 찬 전화다. 이 인터뷰가 가짜인 줄 모르고 전화를 건 청취자들의 반응은 확실히 '아이러니'하지도 '무심'하지도 않았다. 그들 중 아무도 오늘날 90년대 문화에 전형적으로 연상되는 특성을 전혀 보이지 않았다. 그들은 응당한

분노를 진심으로 표출하고 있었다(예를 들면 워스터는 이 가짜 책을
소개하면서 마돈나^{Madonna}를 1등급인 '롤'로, 비틀스를 2등급인 '록'으로 분
류하기도 하는 등 제멋대로 평가해 청취자들의 화를 돋우었다. - 옮긴이).

워스터는 현재 이렇게 회상한다.

> 우리는 청취자들이 어떤 반응을 보일지 전혀 몰랐다. 한 명
> 을 제외하고* 전화를 건 사람들은 모두 자진해서 전화한 실
> 제 청취자였으며 그들은 매우 짜증이 나 있었다. 나는 상대
> 방이 진심으로 화나 있음을 내내 느낄 수 있었다. (중략) 당
> 시에는 방송에 나오는 모든 사실이 그대로 받아들여지기 일
> 쑤였다. 사람들은 '라디오에 나오니까 사실이겠지'라고 생
> 각했다. 요즘 같으면 프로그램이 장난이라는 걸 깨닫기까지
> 몇 초밖에 안 걸렸을 것이다.

청취자의 반응은 둘째 치고, 여기서 드러나는 중요한 사실이
있다. WMFU의 가짜 인터뷰는 우리가 기억하고 싶은 90년대 창
의적 감수성의 결정체이기도 했지만, 그 가짜 인터뷰를 듣고 있
던 팬들은 그 상황이 가짜인지조차 알 수 없었다. 상황을 알 리 없
는 한 청취자는 이 방송이 자신과 같이 생색내는 X세대를 겨냥해
장난치는 더 큰 의도를 눈치채지 못한 채, 생색내듯 "X세대"를 비
꼬는 농담을 늘어놓는다. 우리가 보편적이었다고 기억하는 X세

---

* 가짜 발신자 중의 한 명은 샤플링의 아내였다.

대 특성은 사실 알고 보면 주변적이고 특수적이었다.

모든 세대는 항상 뚜렷한 두 부류로 나뉜다. 언론이 주먹구구식으로 묘사하는 특성을 받아들이고 실제로 그 특성을 띠는 소수가 있는가 하면, 단순히 특정 연도에 태어났다는 이유만으로 자신의 의지에 반하여 언론의 묘사에 편입되는 나머지 대다수가 있다. X세대도 예외가 아니었다. 단 다른 세대와 유일한 차이점이 있다면, 그들 스스로 그다지 괘념치 않았다는 점이다.

자의식 과잉의 기원

오늘날(그리고 어쩌면 오늘날에만) 90년대 최고의 소설로 데이비드 포스터 월리스^{David Foster Wallace}의 『끝없는 익살^{Infinite Jest}』이 가장 흔히 거론된다. 그렇지만 여기에는 이상한 조건이 붙는데, 바로 이 책이 별로 중요하지 않다고 주장하는 사람들의 반론이 이 책의 중요성을 가장 잘 설명한다는 것이다. 역사적으로 어떤 소설이 '훌륭한' 작품이 되는지 여부는 소수의 유행 선도자들이 특정한 시점에 우연히 좋아하게 된, 검증되지 않은 취향에 달려 있다. 따라서 긍정적이든 부정적이든 재평가가 필요하다는 주장이 끊이지 않는 작품만이 고전의 반열에 오를 수 있다. 1,079페이지 분량의 『끝없는 익살』은 2008년 월리스가 스스로 목숨을 끊은 이후 그 조건을 충족했다.

어떤 90년대 작가가 중요한 위치에 있다고 할 때, 그가 그 위치를 100년 또는 300년 후에도 유지할지 알기란 불가능하다. 그 단순한 이유는 전 시기에 걸쳐 결국 무엇이 중요하게 여겨질지 알 수 없기 때문이다. 그러나 90년대 당시에 가장 확실히 "90년대" 작가로 보였던 작가를 골라내는 것만큼은 가능하다. 가장 강력한 두 후보는 마침 월리스와 인연이 있다. 바로 월리스와 그럭저럭 아는 사이인 엘리자베스 워첼^{Elizabeth Wurtzel}과 한때 월리스에게서 반기독교적인 것 같다는 소리를 들은 적 있는 마크 레이너^{Mark}

^{Leyner}다.

　워첼은 현실에서 항상 존재할 법한 어떤 유형의 캐릭터가 제대로 구현된 화신이었지만, 절대 그게 전부는 아니었다. 그녀는 사생활에서나 작품 속에서나 자신의 불행에 갇혀 굉장히 조숙하고 극적인 삶을 살아간 여성이었다. 표절 시비로 신문사 인턴직에서 해고되었지만 여전히 《뉴요커》에 글을 쓰면서 쉬지 않고 글쓰기 재능을 펼쳤다. 그녀의 1994년 저서 『프로작 네이션 Prozac Nation』에서 폭발한 휘황찬란한 화법, 즉 통상 창피하다고 간주되는 자신의 개인적 사건에 대한 지나친 솔직함(훗날에는 이를 "과잉 공유^{oversharing}" 또는 "취약성 드러내기^{performing vulnerability}"라고 부름)은 2000년대 초 온라인의 모든 영역으로 퍼지기에 이른다.

　『프로작 네이션』은 워첼이 27세 때 발표했으며, 회고록과 자서전의 철학적 차이를 정의했다. 이 책은 워첼이 진단받은 우울증을 다루지만, 이야기의 진실성보다 더 중요한 것은 작가가 우울증과 싸우면서 그것이 실제 자신에게 벌어지는 일을 바라보는 방식에 미친 영향이었다. 그 태도는 붓 가는 대로 쓴 듯 자의식 과잉에 가까웠지만, 워첼은 에필로그에서 그것이 의도적이었다고 다음과 같이 덧붙였다.

　나는 이 책을 읽으면 기분 나쁘고 짜증 난다고 말하는 많은 독자들에게 "좋아요, 아주 잘 됐네요"라고 말하는 나 자신을 발견했다. 내가 의도한 목표를 달성했다는 의미이기 때문이다. 즉, 대부분 사람들이 실생활에서 우울증 환자를 대할 때 경험하는 허무감과 비슷할지 모를 좌절감과 분노를 이 책을 읽으면서 느꼈다는 뜻일 테니까.

워첼의 목표는 사람들에게 자신을 '억지'로 이해시키려는 것 같았다. 비록 그 이해가 사람들로 하여금 그녀가 누구이고 그녀가 씨름하는 문제에 대한 공감을 떨어지게 하는 한이 있더라도 말이다.

그런 면에서 마크 레이너는 정반대였다. 그가 어떤 사람인지, 적어도 그가 쓴 글의 내용을 통해서는 알 길이 없었다. 그의 문체에 추상적인 주제가 투영되기는 했지만, 딱히 '분명한' 주제는 없었다. 그의 글은 동적이었다. 비유하자면 영화 〈에어플레인!Airplane!〉도 좀 닮았고, 〈Eruption〉의 기타 솔로를 연주하는 에디 밴 헤일런Eddie Van Halen과도 약간 닮았다. 그의 문장에는 불가해하면서도 역동적인 면이 있었다. 부인할 수 없는 동시에 거리감을 주는, 고도로 지능적이면서 비정통적이었다. 1992년 레이너는 자기 자신을 유명 인사가 되기 위해 물불을 안 가리는 주인공으로 설정한 가상의 이야기 『자기, 너마저Et Tu, Babe』에서 그전까지 한 번도 언급하지 않았고 그 뒤로도 언급하지 않을 캐릭터인 "잭 삼촌"을 뜬금없이 언급한다.

해당 부분을 발췌하자면 다음과 같다.

잭 삼촌은 나의 멘토였어. 나에게 작가가 되는 법과 남자가 되는 법을 가르쳐 줬지. 글쓰기는 마치 셔먼 장군이 바다로 행진하듯 독자의 마음을 가로질러 행진하는 것이고, 그동안 모든 뉴런과 시냅스가 파괴된다고 하더군. 또 폭스트롯, 린디홉, 왈츠 같은 사교댄스 스텝을 닮은 남모르는 쿵후 자세도 가르쳐 주었는데 그건 정말이지 끔찍했지. 나이트클럽에서 칵테일 웨이트리스로 일하는 여자친구가 있었는데, 이름은 아델이었어.

워첼의 글이 마약 복용의 경험을 다루었다면, 레이너의 글은 글 자체에 약 기운이 돌았다. 하지만 책 속에서만 그랬을 뿐, 왠지 실제로 그는 방탕한 삶 자체에는 그다지 관심이 없는 것 같았다. 마치 암페타민 중독자 같은 문체를 흉내 내면서 암페타민에 중독된 작가들을 조롱하는 것에 가까웠지만, 병적이지 않고 냉철했다.
　이 두 사람이 여전히 90년대를 대표하는 작가로 떠오르는 이유는 그들이 인기 있었기 때문도 아니고(둘 다 인기 있었지만), 서로 극과 극을 달리기 때문도 아니며(이 역시 맞기는 하지만), "한 세대를 대표하는 목소리"라는 딱지에 매였기 때문도 아니다(이런 딱지는 젊은 신진 작가들에게 으레 붙기 마련이기에 별 의미가 없다). 그보다는 의도적으로든 아니든 그들의 작품 속 페르소나가 사람들이 가장 격렬하게 비판하는 동시에 한편으로는 내심 선망하는 대담한 카리스마를 그려 냈기 때문이다. 그들은 그저 여기저기 자신에 대해 이야기하며 다른 모든 사람들을 지치게 하는, 90년대에 흔했던 캐릭터 중 극도로 과장된 유형이었다. 그리고 이 두 작가의 캐릭터는 한 세대의 극단적 특성을 누구보다 강렬히 드러냈다. 워첼이 파티에서 만났을 때 두고 떠날 수 없는 유형이었다면, 레이너는 제 발로 파티를 떠나지 않을 손님 유형이었다. 워첼이 자신의 연약함에 사로잡혔고 지나친 똑똑함이 독이 되었다면, 레이너는 자신이 얼마나 똑똑한지 '제대로' 아는 사람이었다(그렇게 똑똑하다는 그가 왜 스테로이드와 무솔리니에 대해 이상한 농담이나 하는 책을 썼는지는 의문이다). 워첼이 자신의 자기 파괴적 성향을 사람들에게 알리고자 했다면, 레이너는 자신이 파괴될 수 없는 존재임을 사람들에게 인식시키기 원했다. 그때는 온통 그런 사람들 뿐이었지만, 그들은 단연 독보적이었다.

본의 아니게 한 시대를 풍미한 사조를 창조하고 이를 포착했던 예술가들이 흔히 그러듯, 워첼과 레이너의 인생 궤적도 세월이 흐를수록 범상치 않은 방향으로 흘렀다. 워첼은 서서히 펜을 내려놓더니 훗날 예일 대학교 로스쿨에 진학하고 결국 데이비드 보이스David Boies가 이끄는 로펌에 취업했다. 그리고 2020년에 유방암으로 사망했다. 레이너는 1998년『부겐빌의 테더볼The Tetherballs of Bougainville』을 끝으로 작품 활동을 중단했다가, 2005년에 특유의 유머 감각을 살려 대중 과학 서적의 공저자로 나타나 몇몇 베스트셀러를 내놓았다(비록 그의 초기작에서 볼 수 있던 정신 사나운 포스트모더니즘은 사라졌지만).

사람들에게 기억되는 그들의 작품은 그것이 사람들에게 중요하게 기억되는 이유만큼이나 평가가 엇갈리고 있다.

2장

모두가
회의주의에
빠졌다

"나는 평범한 열일곱 살짜리 펑크 팬이
나보고 변절자라 불러도 할 말이 없다"

_커트 코베인, 록 밴드 너바나의 프런트맨

베를린 장벽이 붕괴했고, 뉴욕 쌍둥이 빌딩이 무너졌다. 흔히 이 두 사건은 각각 90년대의 진정한 시작과 끝을 구분짓는 것으로 간주된다. 서로 대칭을 이루고, 직관적으로 합당한 구분처럼 보이는 데다가, 둘 다 전 세계에 중요한 영향을 미쳤다는 점에서 더욱 그렇다. 단순하고 합리적인 설명이다. 하지만 이 단순한 구분에는 문제가 있다. 베를린 장벽이 89년 가을에 무너졌고, 이후 미국의 18개월은 직전 10년과 맞물린 과도기였다는 점이다. 세상은 변했지만, 꼭 그렇지만도 않았다.

1990년 봄, 뉴 키즈 온 더 블록New Kids on the Block은 매직 서머 투어 Magic Summer Tour를 시작해 303일 동안 5,700만 달러를 벌어들였다. 그해 영화 중 최고의 흥행작은 〈사랑과 영혼Ghost〉이었으며, 유령은 컴퓨터 그래픽이 아니라 패트릭 스웨이지Patrick Swayze가 연기했다. 데이비드 린치David Lynch 감독의 〈트윈 픽스Twin Peaks〉는 ABC에서 처음 전파를 탔지만, 이 몽환적이고도 극적인 드라마는 시트콤 〈치어스Cheers〉가 최고의 인기를 구가하던 당시의 방송계와는 동떨어진 것이었다. 1956년생 프로 미식축구 선수 조 몬태나Joe Montana 는 여전히 현역 최고로서 건재를 과시하고 있었고, 1990년 크리스마스 시즌에 시어스Sears 백화점은 여전히 카탈로그에 49.99달러짜리 가필드 고양이 전화기를 광고했다. 이렇게 눈에 띄는 사례들은 새로울 게 전혀 없었다. 새해 달력을 넘기면서 바뀐 네 자리 숫자를 보고, 새로운 삶을 살겠다고 다짐은 했겠지만 말이다.

항상 문화에는 앞 시대의 잔상이 남는다. 그러나 1990년은 미래가 미리 짜여진 프로그램처럼 보였다는 점에서 특히 불안한 시기였다. 80년대의 사회 분위기가 자동으로 답습되리라는 무언의 기운이 감돌았다.

레이건 대통령의 연임은 사람들에게 희망과 절망을 동시에 불러일으켰지만, 그의 우세에 대해서는 논쟁의 여지가 없었다. 그의 첫 번째 승리는 아슬아슬했지만, 높은 실업률의 경기 침체기에 이룩한 두 번째 승리는 압승이었다. 레이건은 공화당을 낙관주의자들의 정당으로 재창조하며 보수주의의 정의를 바꾸어 놓았다. 기억에서 거의 사라진 그의 1968년 저서 『창조적 사회The Creative Society』는 정치 철학의 토대를 설정했다. 이 책에서 그는 개인이 고유한 잠재력을 발휘하고 '자치권'을 획득하려면 분권화가 필요하다고 주장했다. 레이건은 전형적인 미국적 가치를 더욱 굳건히 수호한 덕에 미국인의 생활이 개선되고 있다고 거듭 말했다. 실제로 소련의 붕괴는 그의 주장을 입증하는 듯했다. 패션 분야에서는 화려한 색깔의 옷차림, 중력을 거스르는 헤어스타일, 눈에 띄는 유명 브랜드 액세서리 등이 점점 더 두드러졌다. 이것은 한 시대에 유행한 일시적인 취향이라기보다는 패션이 영원히 따라야 할 정해진 궤도 같은 느낌이었다. 70년대에 영화는 대체로 감독의 매체였다. 그러나 80년대에는 제작자의 매체로 바뀌면서, 흥행 수익이 보장되는 영화를 제작하기 위한 뻔한 공식이 생겨나기 시작했다. 그 결과 관객들은 여름이면 으레 정형화된 블록버스터 개봉을 예상하게 되었다. 지역 라디오 방송은 MTV(현재도 쉬지 않고 음악 콘텐츠를 방송하는 네트워크)의 전국 방송으로 인해 조심스럽고 순응적이게 되었다. 주류와 비주류 문화 사이의 경계는 고급문화와 저급문화 사이의 경계만큼이나 아주 분명했다. 조지 H. W. 부시의 당선은 레이건 행정부의 연장선이었고, 지금이 정상 상태라는 의식이 깊게 뿌리 내리려는 중이었다. 마치 문화의 대량 생산 공식이 마침내 밝혀진 것 같았다. 1990년은 이러한 정적인 분위기 속에서 막이 올랐다. 그렇게 자동 조종 장치로 움직이는 비행기 같았던 80년대는 91년 9월이 되어서야 산에 충돌하기에 이른다.

* * *

너바나의 앨범 〈Nevermind〉의 수록곡들이 세상에 뚜렷한 변화를 가져온 건 아니다. 세상을 바꾸기에 예술의 역할, 앨범의 역할, 음악의 역할에는 한계가 있다. 〈Smells Like Teen Spirit〉의 뮤직비디오는 독일 통일보다 중요하지 않았다. 하지만 〈Nevermind〉는 주로 음악적이라고만 보기에는 애매한 이유들로, 서구 문화에서 하나의 기류가 저물고 새로운 기류가 시작된 변곡점이 되었다. 〈Nevermind〉는 발매 이후 모든 사람이 모든 영역에서 찾는 현대적 감각의 기준이 되었고, 세상의 모든 것은 바로 이 기준을 충족해야 했다. 또한 이 시기의 젊은이들을 이해하려면 너바나의 프런트맨 커트 코베인Kurt Cobain의 스타일과 행동부터 이해해야 했다. 비틀스의 해체가 반농담으로 대영제국의 종언이라고 여겨졌듯, 〈Nevermind〉의 대중적 성공은 90년대를 불변의 특정 가치관으로 특징짓는 시작점이 되었다.

〈Nevermind〉는 레드 핫 칠리 페퍼스Red Hot Chili Peppers의 〈Blood Sugar Sex Magik〉, 트라이브 콜드 퀘스트A Tribe Called Quest의 〈The Low End Theory〉와 같이 1991년 9월 24일에 발매되었다. 〈Nevermind〉는 초도 물량이 4만 6,251장에 불과했기 때문에 잠시 품절 사태를 빚기도 했다(빌보드 앨범 차트에는 144위로 조용히 진입했다). 추수감사절까지도 잠잠했던 이 앨범은 이듬해 1월 미국 앨범 차트 1위에 등극하면서 인기가 폭발했다. 그러나 시대정신을 재편해 놓은 이 앨범의 부수적 파장은 광범위하고도 신속했다. 대체로 청년 문화와는 상관없는 자동차 광고 같은 영역에까지 미칠 정도였으니 말이다.

1992년 10월 스바루Subaru 자동차는 5도어 경량 해치백 모델인 임프레자를 선보였다. 그들은 이 차의 마케팅 단계에서 딜레마에 빠졌다.* 광고회사 와이든+케네디Wieden+Kennedy의 짐 피드몬트Jim Piedmont는 "임프레자는 많은 측면에서 경쟁업체를 능가하는 기능을 자랑했지만, 여전히 도시형 세단으로서 구매자의 마음을 움직일 결정적 홍보 포인트가 없었다"라고 술회했다. 피드몬트는 스바루 경영진에게 이 문제를 대략 설명했다. "이 차의 고급스럽고 세련된 특성은 대부분 눈에 보이지 않습니다. (중략) 우리의 과제는 광고에서 쓸데없는 요소는 다 잘라 내고 이 차를 도시인이 되

---

* 1995년 저서 『광고의 흥망성쇠Where the Suckers Moon: The Life and Death of an Advertising Campaign』에서 발췌한 일화다.

고픈 소비자의 구매욕을 자극하게끔 포지셔닝하는 것입니다."

피드몬트가 말한 "도시인이 되고픈 소비자"란 "사실상 혼다를 원하는 사람들"을 의미했다. 그러한 소비자는 아마 20대의 사회 초년생들일 것이었다. 이를 참작해 1993년 당시 24세였던 배우 제레미 데이비스^{Jeremy Davies}(훗날 〈라이언 일병 구하기^{Saving Private Ryan}〉 등 영화와 〈로스트^{Lost}〉 등 드라마에서 성격파 배우로서 훌륭히 경력을 쌓게 된다)를 모델로 광고가 제작되었다. 정신 사납게 편집된 이 30초짜리 광고에서 데이비스는 커다란 제스처와 함께 임프레자 주변을 맴돈다. 마치 난생처음 호기심에 애더럴^{Adderall} 각성제를 복용한 10대처럼 보이는 그는 말한다. "이 차는 펑크 록 같아요." 그는 마치 펑크 밴드 라몬스^{Ramones}가 프로그레시브 록 밴드 제스로 툴^{Jethro Tull}을 가리켜 박자를 너무 쪼갠다고 흠잡는 모습을 연상시키듯, 계속해서 임프레자를 타면 "어떤 차가 훌륭한 차인지"를 알게 될 것이라고 설득한다. 이 광고는 데이비스가 70년대의 사건을 이야기하는 것처럼 연출되었지만, 실제로는 현재를 이야기하고 있었다. 그는 너바나를 입 밖에 꺼내지 않으면서 사실상 너바나를 이야기하고 있었다. 아무래도 데이비스는 너바나를 직접 언급할 수 없었을 것이다. 왜냐하면 첫째, 너바나는 절대 자동차 광고를 찍지 않았을 테고 둘째, 설령 찍었더라도 그 광고는 더 끔찍한 실패작이 되었을 것이기 때문이다.

이 광고는 한 기업이 그들 스스로도 잘 이해하지 못한 인구 집단에 어필하려던 어리석은 시도로 치부해 버리기 쉽고, 또 이것이 완전히 틀린 결론도 아니다. 그러나 실제로 이 현상을 설명하자면 더 복잡하다. 펑크 록이 처음 등장했을 때 거의 모든 방송 매체는 펑크를 부정적으로 묘사했다.* 고가 제품을 판매하려는 기업에게 펑크는 상징적 가치가 없었다. 어린 시절 펑크를 (대개 TV에서 묘사하는 부정적 이미지를 통해) 직접 보고 자란 아이들은 1991년에 대부분 갓 성인기에 접어들었다. 주로 이 연령대의 팬들이 너바나의 음악을 즐겨 들었는데, 사실 〈Nevermind〉의 결과물은 펑크와 다소 거리가 있었다. 이 앨범은 억만장자 데이비드 게펜David Geffen이 설립한 메이저 음반사에서 발매된 데다가, 코베인 본인에 따르면 "펑크 앨범이라기보다 머틀리 크루Mötley Crüe 같은 메탈에 더 가까웠"기 때문이다. 그리고 이러한 몇몇 사실 때문에 코베인은 당혹스러워했는데, 그도 그럴 것이 〈Nevermind〉가 원칙적으로는 철저히 펑크를 추구한 앨범이기 때문이다. 이 앨범은 구성 요소 하나하나에 펑크 정신이 배어 있었고, 초창기 펑크를 비판하고 폄하하던 TV 방송을 기억하는 모든 젊은이에게 기본 정신으로 자리 잡았다. 〈Nevermind〉가 역사상 가장 상업적으로 성공한 펑크 앨범이 된 부분적 이유로는 펑크 느낌이 강하지 않은 음악이었다는 점도 크게 한몫했다(하지만 아무래도 펑크 맞다). 이 앨범은 반문화 이데올로기를 표출하면서도 주류에서 딱 먹힐 만한 이상적 요건을 충족했다. 여전히 사회 분위기는 80년대를 벗어나지 못했지만, 이제 모든 것을 뒤엎을 지렛대로 기능할

---

* 예를 들면 1978년 시트콤 〈신시내티의 WKRPWKRP in Cincinnati〉의 "Hoodlum Rock" 에피소드, 지금은 유명해진 1982년 〈형사 QQuincy, ME〉의 "Next Stop, Nowhere" 에피소드, 1984년 텔레비전 쇼 〈필 도나휴 쇼Phil Donahue Show〉 등이 있다.

힘이 있는 앨범 한 장이 나타난 셈이었다. 바야흐로 90년대가 본격적으로 시작되었다. 임프레자 같은 제품을 판매하는 기업들은 이러한 전환기를 목격하며 "너바나야말로 요즘 사람들이 원하는 것"이라는 결론을 내렸다. 그러나 너바나는 자신들이 무방비로 상품화되는 것을 원치 않았다. 밴드 자체로서나 멤버 개개인으로서나 대기업과 가치관이 충돌했던 너바나는 상업성을 거부했다. 대신 기업들은 자기네와 충돌하는 가치관을 받아들여야(또는 받아들이는 척해야) 했다. 너바나의 인기를 상업적으로 이용했다가는 역효과만 날 게 뻔했다. 너바나는 의식적인 선택을 통해 세계에서 가장 인기 있는 밴드가 되었지만, 그 인기는 자신들의 의지와 전혀 상관이 없었다. 바로 여기에 초점이 맞춰져야 했다.

제레미 데이비스는 스바루 광고에서 말한다. "자동차라는 점만 빼면 펑크 록 같죠." 너바나는 그 반대였다. 펑크 록이었다는 점만 빼면 모든 사람들이 원하는 자동차 같은 것이었다.

* * *

너바나의 첫 앨범 〈Bleach〉는 1989년에 나왔다. 판매량이 4만 장에 불과했지만 제작비가 600달러밖에 안 들어갔기 때문에 조용하게나마 성공한 셈이었다. 훗날 코베인을 현직 대통령에 버금갈 정도로 열심히 기사화하게 될 록 전문지들도 이때는 마치 폐소공포증이나 기면증을 연상시키는 너바나의 음악을 대부분 주목하지 않았다. 91년에 〈Nevermind〉가 발매된 후에야 〈Bleach〉

는 추가 물량 200만 장을 팔았고 원시적, 비타협적 음악으로 재평가되었다(이처럼 너바나 음악에 대한 뒤늦은 재평가는 그 뒤로도 계속되었다). 뒷 이야기를 들어보면 〈Bleach〉의 제작이 얼마나 큰 모험이었는지 알 수 있다. 세컨드 기타리스트였던 제이슨 에버먼Jason Everman은 어떤 수록곡에도 전혀 참여하지 않았지만, 앨범 크레딧에 이름을 올리고 앨범 표지에도 등장했다(그가 한 일은 그저 제작비 606.17달러를 대신 지불한 것이었다). 에버먼은 89년이 끝나기 전에 밴드에서 해고되었고, 하드 록 밴드 사운드가든Soundgarden에 잠시 몸담았다가, 나중에는 미군에 입대해 두 차례 전쟁에 참전하기도 했다. 〈Bleach〉 시절 드러머인 채드 채닝Chad Channing은 1990년 음악적 견해차로 해고되었다. 그리고 나서야 커트 코베인, 정치적 성향이 강한 꺽다리 베이시스트 크리스 노보셀릭Krist Novoselic, 귀엽게 생긴 하드코어 드러머 데이브 그롤Dave Grohl이라는, 현재 우리가 알고 있는 너바나의 3인조 구성이 완성되었다.

〈Nevermind〉 제작 초창기에 있었던 일련의 작은 일들은 얼떨결에 수면 위로 떠오른 언더그라운드 정신의 전환기를 여실히 보여주는 사례다. 너바나는 시애틀의 독립 레이블인 서브팝Sub Pop을 떠나 화이트스네이크Whitesnake, 엘튼 존Elton John 등의 소속사인 게펜 레코드에 둥지를 틀었다. 앨범 제작비는 〈Bleach〉 때보다 거의 100배 더 많이 들어갔다. 코베인은 명 프로듀서 부치 빅Butch Vig에게 프로듀싱을 부탁했는데, 그가 우스꽝스러우리만치 신랄하고 비상업적인 밴드 킬도저Killdozer의 앨범 다섯 장을 맡은 경력이 있다는 게 주된 이유였다. 코베인은 자신의 팬층을 겨냥해 "Sheep"

을 앨범 타이틀로 하면 좋겠다고 생각했다. 너바나는 처음에 빅의 고향인 위스콘신주에서 빅과 함께 작업했지만, 당시 녹음한 초기 작업물은 폐기하고 캘리포니아주로 와서 편곡과 녹음을 다시 했다. 앨범의 믹싱은 스래시 메탈 밴드 슬레이어Slayer와 함께 작업한 바 있는 앤디 월리스Andy Wallace가 맡았다. 그만큼 굉장히 헤비한 앨범이 나올 것이라는 기대가 있었다. 결국 그렇게 되지는 않았지만, 그래도 월리스는 역시 대단한 사운드를 만들어 냈다.

〈Nevermind〉를 평가하는 두 가지 방법이 있다. 첫째는 클래식록, 80년대 저항 음악인 하드코어 펑크, 전형적인 팝 감성을 능숙하게 한데 버무린 열두 곡의 모음으로 보는 것이다.* 이 앨범은 빠른 곡부터 장송곡처럼 느린 곡까지 다양한 템포를 담고 있으며, 곡 전개는 대개 약, 강, 약으로 이어지는 구조를 채택하고 있다. 많은 가사가 코베인의 전 여자친구이자 라이엇걸riot grrrl(90년대 미국 인디 펑크 신에서 형성된 페미니즘 펑크 록과 그 문화. - 옮긴이) 성향의 펑크 밴드 비키니 킬Bikini Kill의 드러머 토비 베일Tobi Vail에 관한 내용으로 추정된다. 초창기 언론들의 평점은 나중에 얻게 될 역사적 명성에 비하면 후하지 않았지만(예컨대 대중문화 잡지《롤링 스톤》은 5점 만점에 3점을 주는 데 그쳤다) 전반적으로 괜찮은 평가를 받았다. 당시 시대상을 훌륭히 반영한 이 앨범은 그런지 장르를 가장 널리 확산시킨 작품이자, 록 음악 전성기의 진정한 마지막 고

---

* 열세 번째 곡인 히든 트랙 〈Endless, Nameless〉는 앨범의 트랙 리스트에는 표기되지 않았으며, 멤버들의 연주가 들어간다는 점을 감안했을 때만 '곡'으로 쳐줄 수 있다. 실제로는 6분 동안 이어지는 소음에 가깝다.

전으로 남았다. 여기까지는 비평적 관점에서 접근한 것이다. 그렇다면 〈Nevermind〉를 평가할 둘째 방법은 〈Smells Like Teen Spirit〉이라는 특정 곡이 수록된 작품으로 접근함으로써, 바로 이 곡이 50년 또는 100년 후에 어떻게 기억될지에 초점을 맞추는 것이다.

〈Smells Like Teen Spirit〉과 관련된 사실 중에는 하도 자주 언급되어 이제는 별로 중요하지 않게 된 것들도 있다. 예컨대 제목이 가사에 한 번도 등장하지 않는다는 점, 하드 록 밴드 보스턴 Boston의 1976년 히트곡 〈More Than a Feeling〉과 기타 리프가 비슷하다는 점, 일부러 기교 없고 다듬어지지 않은 기타 솔로를 채택했다는 점 등이다. 작곡은 정형적인 동시에 파격적이다. 그러나 이 곡은 단지 우연히 때와 장소를 잘 만난 예가 아니다. 가령 펄 잼의 〈Jeremy〉, 사운드가든의 〈Black Hole Sun〉, 머드허니 Mudhoney의 〈Touch Me I'm Sick〉 등이 그 자리를 대신해 시대의 대표곡이 되었다면 90년대의 문화적 의미는 또 달라졌을 것이다. 그렇기에 〈Smells Like Teen Spirit〉의 유산은 대체 불가다. 오직 '이' 사람이 '이' 노래를 불렀기에 가능했다.

이 곡의 제목은 토비 베일의 친구이자 훗날 비키니 킬의 동료가 되는 캐슬린 해나Kathleen Hanna가 워싱턴주 올림피아에 있는 코베인의 침실 벽에 "커트한테서 틴 스피릿 냄새가 나(Kurt Smells Like Teen Spirit)"라고 술김에 쓴 데서 유래했다. 베일이 코베인 집에 와서 틴 스피릿 데오도란트를 뿌리고 같이 잔 게 아니냐는 농담이었다. 이 일화는 시간이 지나면서 여러 가지 의미를 띠게 되었다.

한 가지 해석은 〈Smells Like Teen Spirit〉이 엄밀히 말해 페미니스트와의 일화에서 유래한 페미니즘적 작품임을 의미한다는 것이다. 또 다른 해석은 낙서 글귀를 잘못 이해한 코베인을 통해(그는 틴 스피릿이 데오도란트 브랜드라는 것을 전혀 몰랐다), 이 가사 속의 심오해 보이는 어떤 단어도 무의미함을 알 수 있다는 것이다. 하지만 당연히 이 곡이 처음 나왔을 때는 가사의 유래와 의미, 전달하려는 메시지에 대해 알려진 정보가 없었다. 이러한 신비감은 나중에 와서 보니 중요한 역할을 했다. 엄청난 성공에 불안해지기 시작한 코베인은 습관적으로 자신의 음악을 팝으로 치부하고, 가사에 아무 의미가 없다고 일축하곤 했기 때문이다. 코베인의 자평은 그의 관점에서는 틀린 말도 아니다. 그러나 이 음악은 1991년 당시 대부분 팝 팬들에게 전혀 '팝'으로 들리지 않았고, 가사는 저돌적이리만치 무논리의 향연이었음에도 또 한편으로는 '뭔가' 말이 되는 것 같았다. 마치 해석이 불가능하지만 해석해 보라고 던져 놓은 암호 메시지처럼 보였다.* 노래 중간에 코베인은 "뭐, 어쨌든, 신경 꺼(Oh well, whatever, never mind)"라는 가사를 건조하게 읊조린다. 다른 시대였다면 조롱받기에 충분했을 이 가사는 이제 막 싹트고 있던 X세대에게 격언이 되었다. 사실상 코베인은 지적 무관심의 창시자였다. 그는 "부정(A denial)"이라는 단

---

* 불을 꺼 봐, 더 안전할 걸(With the lights out, it's less dangerous)
우리가 왔잖아, 어디 재밌게 해봐(Here we are now, entertain us)
멍청해지고 전염병도 걸린 것 같아(I feel stupid and contagious)
우리가 왔잖아, 어디 재밌게 해봐(Here we are now, entertain us)
물라토, 알비노, 모기, 내 충동(A mulatto, an albino, a mosquito, my libido)

어를 아홉 번 연속 절규하며 곡을 마무리한다. 무엇을 부정한다는 뜻일까? 설명된 바 없으니, 더욱 절절하게 들린다. 이 곡은 의미 없음이 오히려 워낙 특별한 의미로 다가온 나머지, 본의 아니게 모든 것을 의미하게 되었다.

당시 모든 앨범이 그랬듯 〈Nevermind〉도 화요일에 발매되었다. 〈Smells Like Teen Spirit〉의 5분짜리 뮤직비디오는 닷새 후 일요일 밤 MTV의 얼터너티브 음악 프로그램인 〈120분 쇼120 Minutes〉에서 첫 방송을 탔다. 비디오는 한 고등학교 응원전에서 연주하는 너바나의 모습을 담고 있다. 관중석에 모여 있는 아이들은 이러한 체육 행사를 몹시 싫어하는 소외된 아이들이다. 이 비디오에서 코베인이 초기 그런지 패션의 상징으로 꼽히는 플란넬 셔츠를 입었다고 기억하는 사람들이 많은데, 이것도 또 하나의 만델라 효과에 해당하는 사례다. 그는 갈색 바탕에 녹색 줄무늬가 들어간 티셔츠를 입었을 뿐이다. 마치 3학년짜리 꼬마가 새 학기 첫날 입을 법한 티셔츠 같다. 데이브 그롤의 킥 드럼에는 차카(Chaka)라고 휘갈겨 쓰여 있는데, 이는 서부 출신 그래피티 아티스트 대니얼 라모스Daniel Ramos가 70년대 어린이 드라마 〈공룡 왕국Land of the Lost〉의 유인원 캐릭터의 이름을 따서 스스로 지은 예명이기도 하다. 조명 상태는 사람들의 얼굴이 잘 안 보일 정도로 열악하다. 무기력한 10대들은 슬로 모션 화면에서 몸을 격렬히 흔들다가 마지막에는 무대를 아수라장으로 만든다. 유일하게 권위자로 등장하는 인물은 가엾은 관리인이다. 장면 하나하나가 같은 메시지를 반영하고 있다. 바로 쾌락주의, 행복감, 화려함이 넘치던 80년대는 끝났다는 것이다. 이 5분짜리 노래가 직전의 10년을 통째로 갈아엎었다.

* * *

〈Nevermind〉는 훗날 누적 판매량 1,000만 장을 돌파하게 된다. 그보다 한 달 앞서 발매된 펄 잼의 〈Ten〉은 결국 1,300만 장이 팔렸다. 소위 "블랙 앨범Black Album"이라 불리며 스래시 메탈과 프로그레시브가 결합된 메탈리카Metallica의 특성을 더욱 잘 살린 것으로 평가받는 그들의 1991년 셀프 타이틀 앨범은 1,700만 장이 팔렸다. 그로부터 3년 후 발매된 그린 데이Green Day의 신경질적인 팝 펑크 앨범 〈Dookie〉도 1,000만 장이 팔렸고, 1995년을 강타한 스매싱 펌킨스Smashing Pumpkins의 두 장짜리 앨범도 1,000만 장 판매 대열에 합류했다. 사우스캐롤라이나주 로컬 밴드 출신으로 수더분한 청년들로 구성된 후티 앤 더 블로피시Hootie & the Blowfish는 93년 애틀랜틱 음반사와 계약을 맺고 대중적인 멜로디의 데뷔 앨범을 발표해, 록 팬들 사이에서 많은 욕을 먹어 가며 2,100만 장의 판매량을 기록했다.* 음반 판매가 중요했던 밴드들로서는 90년대가 그들의 전성기였고, 또 앞으로도 그렇게 기억될 것이다. 그러나 그

---

* 1991년 5월, 빌보드는 앨범 판매량을 측정하기 위해 사운드스캔SoundScan이라는 바코드 추적 시스템을 사용하기 시작하여 실제 판매량을 정확히 집계할 수 있는 새로운 시대를 열었다. 사운드스캔 도입 이후 처음으로 1위를 차지한 두 아티스트는 N.W.A와 스키드 로우Skid Row로, 그전 같았으면 1위를 상상도 할 수 없었던 팀들이었다. 전에는 판매량 집계가 특정 음반 가게들의 '보고'에 의존했기에, 주로 가게 주인의 개인적 인식과 자의적 취향이 반영되었다.

성공은 역사적으로 잘못된 방향으로 나아갔다. 모든 당사자들은 눈치채지 못하고 있었지만, 더 중요한 현상이 공공연하게 벌어지고 있었다. 하나의 장르가 아닌 청년 문화의 추동력으로서, 록 음악은 필연적으로 종착역에 다다랐다. 〈Nevermind〉 이후 무수한 록 앨범이 쏟아져 나왔지만, 그 어떤 앨범도 〈Nevermind〉가 음악 외적으로 남긴 중대한 영향력에 견줄 수 없었다. 너바나의 음악이 지닌 모순의 미학이 세상을 지배하면서 이데올로기로서의 록은 지배권을 잃었다. 그러나 대부분 사람들이 이를 깨닫기까지는 15년이 걸렸다.

* * *

우리는 어렸을 때 펑크 밴드들을 동경했고, 펑크 밴드가 팝 차트에 오르면 이상하다고 생각했다…. 그러나 어느새 우리가 그런 밴드 중 하나가 되어 있었다.

이 인용문은 커트 코베인이 《로스앤젤레스 타임스》의 로버트 힐번Robert Hilburn과 인터뷰 중에 한 말이다. 이때가 1993년이었다. 이 말의 중요성은 그 주목할 만한 의미에 있지 않다. 그보다는 그가 유명인이 된 후 3년 동안, 표현의 차이는 있을지언정 이와 같은 맥락의 발언을 계속 반복했다는 점에서 중요성이 크다. 마이클 아제라드Michael Azerrad가 정식 허락을 받고 저술한 너바나 전기 『네 본모습 그대로Come As You Are』(〈Nevermind〉 수록곡 제목이기도 하다.

- 옮긴이)에 따르면, 코베인은 "유명해지는 것을 그 무엇보다 원치 않았다"고 한다. 통상 이런 발언은 아주 유명한 사람들이라면 종종 하는 말이기에 딱히 놀랍지는 않다. 그러나 너바나가 이런 발언을 함으로써 신선한 충격으로 다가왔던 것은 이러한 태도가 곧 그들의 이미지에서 중심적 역할을 하게 되었기 때문이다. 나중에 가서는 그들의 음악보다 더 중요해졌다.

20세기 록의 발전사를 더듬어 보면 록은 단순함에서 계속 멀어져 가고 있었다. 1950년대 록은 10대 취향의 자유분방하고 가벼운 엔터테인먼트로 출발했다. 그러다 60년대에 이들 10대가 성인이 되고 반문화가 부상하면서 사회가 성숙해지고, 더불어 록음악도 절정의 성숙기를 맞이했다. 70년대 들어 록은 큰돈이 되는 비즈니스가 되었고, 록스타라는 특유의 전형적인 이미지가 생겨났다. 80년대에 이러한 비즈니스 모델이 기업화되었고, 록스타의 전형적 이미지는 껍데기만 남게 되었다. 그리고 어떤 문화가 됐든 당시 가장 유행하는 주류 문화에 스스로 갇히기를 거부하던 반골 성향의 아티스트들은 언제나 존재했다(가령 루 리드Lou Reed는 비틀스를 "쓰레기"로 여겼고, 펑크 밴드 클래시Clash는 레드 제플린Led Zeppelin이 구역질 난다고 말했다). 너바나도 이러한 관점이 몸과 마음에 배어 있었다. 그들의 신념에 따르면(혹은 적어도 그들이 공공연히 표출한 의견에 따르면) 대중의 인기에 대한 갈망, 특히 그 갈망을 충족하기 위해 아티스트가 마지못해 따라야 하는 과정은 한심하고 굴욕적이었다. 그러나 그들도 이 과정을 경험하는 동시에 이 경험을 푸념할 수밖에 없는 신세가 되어 버렸다. 〈Nevermind〉의 두 번째 트랙인 〈In Bloom〉은 펑크를 좋아하지도 않으면서 뭣도 모르고 너바나 음악에 빠져드는 팬들을 앞으로 코베인이 얼마나 싫어할지 엿볼 수 있는 가사다. 사실 이 곡은 펑크 안티팬들이 그들에게 생겨나기 훨씬 오래전에 쓰이고 녹음되었다.

"언더그라운드 특유의, 즉 '정통' 음악계에 머물러 있던 몇몇 요소들이 수면 위로 부상하고 주류에서 인기를 얻는 시기가 역사상 몇 차례 스쳐 지나간 적이 있었다." 프로듀서 스티브 알비니Steve Albini는 코베인의 사후 25년이 지나 이렇게 말했다. "특히 너바나가 세계 최고의 인기 밴드가 된 게 그 정점이었다."

〈Nevermind〉가 매장에 진열되기 일주일 전, 건스 앤 로지스는 하루에 두 장의 앨범을 동시에 발매했다. 이 앨범은 몇 년 동안 가장 기대되는 앨범이었고, 팬들은 CD 두 장을 사기 위해 자정부터 매장 밖에 줄을 섰다. 앨범명은 각각 〈Use Your Illusion I〉과 〈Use Your Illusion II〉였다. 판매 개시 두 시간 만에 약 50만 장이 팔린 것으로 추정된다. 그러나 건스 앤 로지스의 '환영을 이용하라'는 쌍둥이 앨범 제목은 91년에서 92년으로 넘어가면서 불길한 상징처럼 느껴지기 시작했다. 건스 앤 로지스와 너바나는 둘 다 록 문화에서 만들어진 환영이란 어떤 것인지를 제시했다. 건스 앤 로지스의 프런트맨 액슬 로즈Axl Rose는 사람들에게 그 환영을 '이용'하라고 했다. 코베인은 사람들에게 그 환영의 어리석음을 알리는 데 집착했고, 자신도 그런 환영을 일으킨 장본인이 된 것에 자괴감을 느꼈다. 그가 전적으로 그렇게 믿었는지는 중요하지 않다. 오직 그 믿음만이 그의 머릿속을 지배하게 되었다.

코베인은 《롤링 스톤》과의 인터뷰에서 "나는 평범한 열일곱 살짜리 펑크 팬이 나보고 변절자라 불러도 할 말이 없다"라고 말했다. 이것은 절제된 표현이다. 단순히 코베인이 평범한 열일곱 살 아이를 용서했다는 뜻이 아니다. 그는 여전히 평범한 열일곱 살의 마음에 머물며 살고 싶었던 것이다. 코베인은 1992년 팬진 《플립사이드》와의 인터뷰에서 이렇게 말했다.

> 나는 펄 잼, 앨리스 인 체인스Alice in Chains 같은 밴드들에 감정이 아주 좋지 않다. 그들은 분명 기업의 꼭두각시가 되어 얼터너티브 시류에 편승하려는 자들에 불과하다. 우리도 그들과 같은 범주로 묶이게 되었다. 그들은 몇 년 동안 헤어스프레이로 머리를 부풀리고 다른 메탈 밴드들처럼 치장하고 다니더니, 갑자기 머리를 안 감고 플란넬 셔츠를 입기 시작했다. 아무리 봐도 어처구니없다. 로스앤젤레스에서 시애틀로 이주해서는 음반 계약을 따내려고 평생 시애틀에서 살았다고 주장하는 밴드들도 있다. 정말 불쾌하다.

여기서 다시 한 번 지적하건대, 이러한 발언에서 흥미로운 점은 발언 사실 그 자체가 아니다. 한 뮤지션이 같은 분야에서 활동하는 다른 뮤지션을 공격하는 일은 흔한 관행이었기 때문이다. 그보다 흥미로운 점은 코베인의 공격 대상이 된 밴드들이 코베인의 주장에 일리가 있다고 수긍하는 듯했다는 것이다. 동시대에 너바나의 위상에 유일하게 필적하는 밴드였던 펄 잼은 90년대 거의 내내 자신들의 엄청난 명성을 어떻게든 덜어내기 위해 몸부림쳤다. 6년간 뮤직비디오 제작을 중단하는가 하면, 일부러 대중 친화적이지 않은 곡들을 발표하기도 했다. 또 그들은 투어에 지장을 받으면서까지 티켓팅 전문 업체 티켓마스터Ticketmaster를 티켓 판매 독점 혐의로 제소했다. 인터뷰에도 거의 응하지 않았다. 1995년 《스핀》이 펄 잼을 독자가 뽑은 "올해의 아티스트"로 선정했을 때, 보컬리스트 에디 베더는 에디터 크레이그 마크스Craig Marks 와의 인터뷰에 마지못해 응했다. 베더는 인터뷰 내내 괴로운 심기를 표출하며 자신은 "언론과 여론에서 인정받기"를 원하는 타입이 아니라고 강조했다.

-그런데도 이 인터뷰를 수락한 이유는 무엇인가?
-이유가 뭐냐면, 사람들이 가장 좋아하는 밴드로 뽑히다니 정말 영광이라 생각했기 때문이다. 그것이 큰 의미가 있다고 사람들에게 알려주고 싶었다.
-당신들은 가장 과대평가된 밴드로도 뽑혔다.
-음, 나도 전적으로 동의한다.

생애 말년에 코베인은 베더에 대한 적개심이 누그러졌다. 그는 MTV에 "우리는 한 번도 싸운 적이 없다. 항상 그의 밴드가 싫었을 뿐이다. 베더 개인은 정말 좋은 사람이라고 생각한다"라고 말했다. 그러나 칭찬을 가장한 뼈 있는 이 한마디를 통해 그의 핵심 신념을 재확인할 수 있다. 문제는 게임이지, 게임에 참가한 선수들이 아니었다. 그는 너바나 B사이드 모음 앨범의 속지에 "나는 이미 완전히 소모된 청년 록 문화를 상업적으로 이용해 먹은 것에 일말의 죄책감도 느끼지 않는다"라고 썼다. 직전 25년 동안 록 음악은 과대 포장된 환상의 세계에서 번성했고, 소수의 비주류만이 여기에 의문을 제기했다. 그러나 이제 그 비주류도 환상의 세계에 진입했다. 록 밴드 라디오헤드Radiohead의 톰 요크Thom Yorke는 자신에게 "찌질이creep"라는 딱지를 붙였다. 싱어송라이터 벡Beck은 스스로 "패배자loser"라고 주장하는 싱글로 공전의 히트를 기록했다. 스매싱 펌킨스의 빌리 코건Billy Corgan은 자신이 "무쓸모zero"라고 노래했다. 1994년에 자기 비하는 일종의 철학적 사조가 되었다. 그것은 허울일 때가 많았고, 슈퍼스타들이 스스로 얼마나 자기혐오에 빠져 있는지 팬들에게 설득한다는 점에서 다소 엉뚱한 면도 있었다. 그러나 이들 팬은 대부분 불특정 다수의 청소년들이었고, 그들이 모두 태어날 당시에는 이미 세상 어디에나 록 음악이 널려 있었다. 록의 표현 방식에 반항, 계시, 나아가 혁신을 통해 변혁을 일으킬 힘이 있다는 가능성은 논외로 밀려났다. 이러한 특성은 여전히 특정 아티스트(그게 너바나가 됐든, 다른 뮤지션이 됐든)들에게서 엿볼 수 있었지만 그것이 본질적으로 작품 자체와 결부되지는 않았다. 아무리 훌륭한 노래라도 록 음악에는 더 이상 특별할 게 없었다. 소위 록스타가 되는 것도 부끄러운 일이었지만, 록스타로 행세하는 것은 더욱 나빴다. 이는 웃음거리가 될 뿐이었다.

그런지는 사실상 90년대 초반의 사운드트랙이었다. 물론 대부분 그런지 밴드가 몇몇 앞선 밴드들로부터 영향받아 연주 방식, 템포, 세계관도 다들 비슷비슷했던 탓에, 때로는 음악적 한계로 비판을 받기도 했다. 그런지는 다른 장르에서 파생된 음악이었다. 그러나 분명 그것은 주류 록 음악계에 적어도 한 가지 새로운 사고방식을 가져왔다. 바로 회의주의를 집단적으로 자각하게 된 것이었다. 이는 매우 긍정적 현상이었지만, 점점 부정적으로 흘러갔다.

그런지의 근원은 시애틀이라 봐도 거의 무방하다.* 초기의 선구자들은 80년대 후반에 밴드를 결성했는데, 그때만 해도 시애틀은 성공의 큰 꿈을 품은 아티스트들에게 최적의 입지가 아니었다. 그러나 너바나가 폭발적 인기를 누리며 모든 것이 바뀌었다. 음반사들은 어떤 밴드가 시애틀 중심가에 거주한다는 이유만으로 그들과 계약하곤 했다. 도시 전체가 복권에 당첨된 것 같았고, 수많은 뮤지션들의 삶이 하룻밤 사이에 바뀌었다. 그러나 이러한 골드러시의 덕을 본 밴드들조차 회의감이 들기 시작했다. 그런지는 정보를 쉽게 얻을 수 있는 미디어 시대의 덕을 본 셈이다. 상업

---

* 물론 이 사실에는 예외가 있다. 커트 코베인은 워싱턴주 애버딘에서 자랐다. 에디 베더는 샌디에이고에서 서핑을 하며 자랐고, 동시대에 시애틀을 대표한 다른 뮤지션 중에도 타 지역 출신이 많았다. 그래도 시애틀이 결국 그들의 활동 근거지가 되었다. 또 많은 뮤지션이 시애틀의 독립 레이블인 서브팝에서 초기작을 발표했으며, 이들 모두가 소위 '시애틀 사운드'의 연장선으로 취급되는 경향이 있었다.

화에 찌든 록 음악계의 현실이 처음으로 완전히 재조명되게 하는 기폭제가 되었기 때문이다. 시애틀 밴드들은 페넬로피 스피어리스Penelope Spheeris 감독의 1988년 다큐멘터리 〈서부 문화의 몰락 2The Decline of Western Civilization Part II〉 등을 보았고, 80년대 로스앤젤레스 선셋 스트립의 천편일률적이고 말랑말랑한 헤어메탈 밴드들이 개나 소나 음반사와 계약하는 것에 뭔가 문제가 있다고 생각했다.* 그렇기에 그들은 '제2의 너바나'를 찾기에 여념 없는 음반사들도 역시 음악 자체에는 별 관심이 없다는 걸 알고 있었다. 돈은 엄청나게 벌어도 그 모습은 한심했다. 그들 눈에 성공만큼 치욕스러운 건 없었다.

이것이 1994년 코베인의 자살에 얼마나 직접적인 영향을 미쳤는지는 알 수 없다. 4월 1일 로스앤젤레스의 엑소더스 재활원Exodus Recovery Center에서 '탈출'한 코베인은 비행기를 타고 시애틀의 자택으로 갔다(공교롭게도 건스 앤 로지스의 베이시스트 더프 맥케이건Duff McKagan과 나란히 좌석에 앉았다). 코베인은 차고 위 다락방에 들어가 치사량의 헤로인을 복용하고 자신의 머리에 산탄총을 쏘았다. 당시 그의 나이 스물일곱이었다. 충격적이었지만 놀랄 만한 소식은 아니었다(그는 그해 초 로마에서 자살을 시도한 바 있었고, 〈I Hate Myself and Want to Die〉란 곡을 발표하기도 했다). 그는 유서에서 한 아티스트로서의 불행을 언급했지만, 또한 위장병으로 인한 심신

---

* 가장 터무니없는 예는 이제는 잊힌 글램 밴드 프리티 보이 플로이드Pretty Boy Floyd의 (진위가 의심스럽기는 하지만) 일화다. 일화에 따르면 그들은 공연 경험이 단 아홉 번밖에 되지 않음에도 MCA 음반사와 약 100만 달러에 계약했다고 한다.

쇠약, 평탄치 못한 결혼 생활, 총에 대한 집착으로 만성 우울증에 시달리던 진통제 중독자였다. 그의 죽음은 10대 팬들에게서는 애도를, 시사 프로그램 〈60분^{60 Minutes}〉의 꼬장꼬장한 해설자 앤디 루니^{Andy Rooney}에게서는 냉소를 받았다. 그의 죽음으로 그런지 문화에는 '어둠, 마약, 뒤틀림'이라는 상징적 꼬리표가 붙었다.* 아이러니하지 않은 사람들이 붙인 아이러니한 표현이었다.

이러한 인식은 코베인이 유일한 희생자였다면 환원주의로 보였을 것이다. 그러나 비극의 주인공은 그뿐이 아니었다. 그런지(및 그런지에 인접한) 아티스트들의 사고사 및 자살 사례는 놀라우리만치 많다. 먼저 1990년 마더 러브 본^{Mother Love Bone}의 프런트맨인 앤드류 우드^{Andrew Wood}가 헤로인 과용으로 사망했는데, 이 밴드의 나머지 멤버들이 훗날 결성한 팀이 펄 잼이다.** 또 코베인의 죽음에 앞서 깃츠^{Gits}의 리드 싱어인 미아 자파타^{Mia Zapata}가 성폭행당하고 살해되는 일이 있었다. 홀^{Hole}의 베이시스트 크리스틴 패프^{Kristen Pfaff}는 1994년 여름 욕조에서 약물 과용으로 사망했다. 21세기 초에 앨리스 인 체인스의 두 멤버인 보컬리스트 레인 스테일리^{Layne Staley}와 베이시스트 마이크 스타^{Mike Starr}도 마약과 관련해 사

---

* 코베인의 자살이 있고 며칠 후 루니는 <60분>에서 "커트 코베인의 모든 면이 거슬린다. 이 사진을 보니 무릎이 찢어진 청바지를 입고 있다. 그가 하도 열심히 일해서 바지가 해진 것 같지는 않다"라고 말했다.

** 펄 잼이 주요 그런지 밴드 중 세월이 흘러도 끝까지 성공을 이어 간 유일한 밴드라는 점은 중요하다. 그들은 결코 해체하지 않았고, 멤버 중 아무도 사망하지 않았으며, 30년째 여전히 많은 공연 관중을 동원할 만큼 변함없는 인기를 과시하고 있다.

망했다.* 스톤 템플 파일럿츠Stone Temple Pilots에서 늘 말썽이 끊이지 않았던 보컬 스콧 웨일랜드Scott Weiland는 2015년 투어 도중 버스에서 사망했다. 가장 이해하기 어려운 죽음은 사운드가든의 보컬 크리스 코넬Chris Cornell의 2017년 자살로, 그는 사망 당일에도 수많은 관중 앞에서 공연했을 만큼 겉으로는 별 탈 없이 지낸 듯했기 때문이다. 단연코 그런지는 팝 역사상 가장 무시무시한 장르였다.

코베인의 사망 시기와 상황이 그의 업적을 부풀렸다는 점에는 의심의 여지가 없다. 그의 작품은 사후에 과대평가되었을 가능성이 있으며, 너바나의 갑작스러운 해체 이후 드러머 데이브 그롤이 결성해 여러 차례 그래미 수상 경력도 있는 푸 파이터스Foo Fighters의 노래가 일반 소비자들에게 더 친숙할 것이다. 코베인이 살아 있었다면 젊은 모습으로서 그의 강렬한 페르소나는 시간이 지날수록 약해졌을 것이다. 더구나 이제는 세상에 없는 사람을 뒤늦게 치켜세우기가 언제나 더 쉽다. 거장 아티스트 다섯 팀(닐 영Neil Young, 밴 헤일런, 셰어Cher, 패티 스미스Patti Smith, R.E.M.)이 코베인의 죽음에 관한 노래를 썼다.** 그러나 너바나에 아무리 냉소적인 비평가라도 두 가지 사실만큼은 인정해야 한다. 첫째, 〈Nevermind〉

---

* 앨리스 인 체인스의 1992년 앨범 〈Dirt〉의 수록곡 중 약 절반이 헤로인에 관한 내용이다. 1995년 스테일리는 헤로인 중독 재활 과정에서 인연이 된 시애틀 뮤지션들과 사이드 프로젝트로 결성한 슈퍼 그룹 매드 시즌Mad Season의 보컬을 맡았다.

** 또한 코베인의 죽음을 에둘러 표현했다고 '추정'되는 몇몇 노래도 있었는데, 특히 인더스트리얼 밴드 필터Filter의 1995년 발표곡 〈Hey Man Nice Shot〉이 그중 하나다. 이 곡의 작곡가인 리처드 패트릭Richard Patrick은 실은 TV 중계 도중 공개 자살한 펜실베이니아주 재무관 R. 버드 드와이어R. Budd Dwyer에 관한 것이라고 주장했다. 또 입증되지는 않았지만, 1996년 토리 에이모스Tori Amos의 〈Professional Widow〉는 코트니 러브를 가리킨다고 대체로 추정된다.

는 미국 대중문화를 송두리째 변화시켰다. 둘째, 그 변화는 사회의 중심에 있던 록이 퇴장하는 시발점이었다. 그리고 이러한 결과는 코베인이 목표한 바가 아니었다. 그러나 그의 생애에서 다른 많은 것이 그랬듯, 그가 원한 삶과 그에게 주어진 삶은 같지 않았다.

모퉁이를 돌면 죽음

커트 코베인의 자살은 사실 90년대에 두 번째로 중요한 뮤지션의 사망 사건이었고 1996년 래퍼 투팍 샤커Tupac Shakur의 사망이 더 중요하다는 주장이 가능해졌다(또 사실 힘을 얻기도 했다). 약간 당혹스러운 것은 이러한 의견이 투팍의 살해 당시에도 이미 제기되었으나, 항상 나중에 뒤집힐 것으로 치부되었다는 점이다. 일간지 《가디언》의 1996년 기사에서는 많은 미국인들이 투팍의 죽음을 코베인의 죽음과 동등하게 생각하지만 "투팍의 갱스터랩이 탐탁잖은 사람들은 그를 애도하지 않을 것"이라고 기술했다.

코베인의 죽음이 더 많은 주목을 받은 것도 사실이고, 대부분 미국 음악 매체가 떠오르는 힙합계의 흑인 아이콘보다 저물어가는 록 음악계의 백인 아이콘이 세상을 떠난 소식을 더 집중적으로 보도한 것도 사실이다.* 표면상 두 사람의 죽음은 아무 관련이 없었으나 언제나 비교 대상이 되곤 했다. 한 명은 이전과 달

---

* 이러한 비판은 이 책에도 적용될 수 있다. 그런지를 다룬 이전 장은 이 토막글보다 더 길고 더 자세하다. 여기서 투팍의 이야기는 거의 코베인의 이야기를 마무리하는 형태로 제시된다(투팍의 음반 판매량이 결국 너바나보다 더 많았음에도). 그러나 이것은 항상 역사적으로 까다로운 문제다. 하나의 하위 매개 문화가 그 상위 문화 전반에 침투하고 다른 하위문화는 주로 한정된 자체 영역 내에서만 번성하는 경우, 비록 후자의 하위문화가 25년 후에 더 큰 영향을 미치더라도 전자의 하위문화가 상위와 하위 양쪽에서 통용되는 문화가 된다. 훗날 과거의 어떤 사건을 평가하는 방식과 그 사건 당시에 명백하다고 여겨졌던 정서는 서로 별개다.

라진 자신의 삶을 싫어했고, 다른 한 명은 자신이 추구한 삶의 희생자가 되었다. 그러나 강박적이리만치 진정성authenticity이 중요시되던 90년대 특유의 시대정신에서 이 두 사건에는 공통분모가 있다.

코베인은 자신이 그토록 되고 싶지 않았던 타블로이드 스타가 되었다. 그는 다른 사람들에게 비치는 자신의 명성을 감당할 수 없었다(그는 아내 코트니 러브가 렉서스를 구입하자 그냥 반품하고 원래 있던 볼보를 계속 타자고 말했다). 그가 자신이 원하는 아티스트가 되기 위해서는 어떤 면에서 청소년 시절의 연약했던 모습 그대로 남아야 했다. 코베인이 자신의 본모습을 잃어버려 견디지 못했다면, 투팍의 삶은 반대였다. 투팍은 아티스트로서 자신의 캐릭터에 맞추기 위해 스스로 본모습을 버렸다. 이미지가 가짜라면 자신의 작품도 힘을 잃는다고 생각했기 때문이다. 그리고 그 이미지는 그를 극도의 폭력적인 삶으로 인도했다.

투팍의 성장 환경은 래퍼라는 점을 차치해도 범상치 않았다. 그의 부모는 둘 다 1970년대에 급진적 흑인 인권 운동 단체인 블랙 팬서Black Panther에서 활동했다. 10대 때 투팍은 권위 있는 볼티모어 예술 학교에 다녔다. 그는 셰익스피어 연극에 출연했고, 발레를 배웠으며, 시를 쓰기도 했다. 열일곱 살 때 학교에서 인터뷰한 영상을 보면, 진지한 통찰력으로 빈곤의 개념을 분석하고, 여성에게 무례한 남성을 '규탄'하는 그의 모습을 볼 수 있다. 또한 "나는 최대한 성숙하게 행동하려 노력한다"라고 말하고 있다. 영상

속 부드러운 말투의 이 열일곱 살 소년에게서 스물다섯에 요절할 기미는 전혀 찾을 수 없다. 하지만 그는 훗날 성폭행으로 8개월 징역을 살고, 야구 방망이로 다른 사람을 공격하고, 뮤직비디오 촬영 중 감독에게 주먹질하고, 강도 행위 중 다섯 발의 총상을 입었다가 살아남고, 라스베이거스에서 열린 마이크 타이슨 경기를 참관한 날 결국 신원 미상의 살해범에게 목숨을 잃는 운명을 맞는다.[*]

양극을 달린 투팍의 생애는 그의 음악을 좋아하는 팬이라면 이제 대부분 이해한다. 그러나 투팍의 인기가 절정이었을 때는 그가 어떻게 성장했고 과거에 어떤 사람이었는지 잘 알지 못한 채 그를 바라보는 사람이 태반이었다.

투팍이 사망한 지 몇 년 후, 고교 동창인 베키 모싱Becky Mossing은 일간지 《볼티모어 선》과의 인터뷰에서 "(래퍼로서 그의 페르소나는) 내가 알던 사람과 전혀 달랐다. 나는 솔직히 그가 자신에게 주어진 역할을 연기했다고 믿는다"라고 말했다.

넓은 의미에서 이러한 평가는 타당하다. 하지만 누가 그에게 그런 역할을 강요했고, 언제부터 실제 그러한 사람으로 변했을까? 사실 그는 마음만 먹으면 위험한 인물로 변신할 수 있는 자신의 능력에 스스로 희생된 걸까? 그는 94년 성폭행 유죄 선고를 받은 후 이렇게 말했다.

---

[*] 한때 살해의 주요 용의자로 지목된 컴턴 출신 래퍼 올랜도 앤더슨Orlando Anderson은 1998년 총격을 받고 사망했다.

온 세상이 나에게 사과해야 할 것이다. 나는 산전수전을 겪었지만 커트 코베인처럼 내 머리를 스스로 날려버리지 않았다. 나는 살아남을 것이다.

공연 아티스트로서 투팍의 실력은 거의 이론의 여지가 없다. 그는 90년대 가장 많은 앨범을 판매한 래퍼이기도 하지만, 두 장의 앨범(1995년의 〈Me Against the World〉, 1996년의 〈All Eyez on Me〉)이 항상 고전으로 분류될 만큼 음악성도 인정받았다. 그의 위대함은 어쩌면 불편함을 유발할 수 있을 만큼 강렬한 감정에서 솟아났다. 비평가 그렉 테이트Greg Tate는 투팍을 "힙합 역사상 가장 고통받은 영혼"이라고 불렀다. 또한 투팍은 특히 첫 영화인 1992년 〈돌아온 이탈자 2Juice〉에서 사실적인 연기를 펼치는 등 배우로 활동하기도 했다. 그러나 투팍이 남긴 유산은 '갱스터' 혁명가가 되겠다는 자신의 의도적 선택, 그리고 쓸데없이 경쟁의식에 사로잡혔던 서부와 동부 출신 래퍼들 간의 반목에서 그가 차지한 중요한 역할과 불가분의 관계에 있다.

90년대 중반의 힙합 전쟁을 보고 있노라면, 만화 속 액션이 실사로 바뀌고 결국에는 현실이 되어버리는 것 같다. 그것은 처음에는 이목을 끌기 위한 연출처럼 보였다. 뉴욕 래퍼들이 로스앤젤레스 래퍼들을 은근히(혹은 어쩌면 빤히) 저격하면, 그다음 로스앤젤레스 래퍼들이 디스 곡으로 뉴욕 래퍼들에게 응수하곤 했다. 두 도시는 서로 음악적 성향이 다르다고 간주되었다. 투팍은 할렘에서 태어나 주로 볼티모어에서 자랐지만, 교도소에 복역 중이던 1995년 로스앤젤레스 기반의 데스 로 레코드Death Row Records와 계약했다. 서부와 동부의 갈등은 특히 투팍과 노토리어스 비아이지Notorious B.I.G라는 이름으로 활동했던 180kg의 브루클린 출신 래퍼 크리스토퍼 월리스Christopher Wallace(아마 그 시대에 유일하게 투팍만큼 존경받은 힙합 아티스트일 것이다) 사이에서 더욱 개인적 문제로 비화되었다. 투팍에 이어 1997년 봄에는 월리스도 총격으로 숨졌고, 두 아티스트의 죽음은 애매하게나마 연결되어 있었다(입증되지는 않았지만, 월리스는 투팍의 살해에 사용된 총을 구입한 데에 대한 보복으로 살해되었다고 추측된다). 막연한 지역 간 경쟁으로 한 장르를 대표하는 두 스타가 살해되었다는 것은 여전히 받아들이기 어렵지만, 한때는 실제로 그런 일이 있었다. 그리고 그들은 스스로 이런 전쟁터에 뛰어들었다.

3장

19%의 지지율이 향한 곳

"아무 일도 일어나지 않는 10년이 있는가 하면, 10년 치의 사건이 일어나는 몇 주가 있다"

_블라디미르 레닌, 소련 공산당 창립자

조지 H. W. 부시는 재선에 도전하기 전까지만 해도 매우 인기 있는 대통령이었다. 그러나 이후 그의 인기는 곤두박질쳤다. 이렇게 이어진 부시 대통령의 연임 실패에는 항상 불가사의한 측면이 남아있었고, 이 사건은 궁극적으로 90년대의 전개 양상에 가장 중대한 영향을 미친 하나의 요인이 되었다. 1991년 지지율 89%를 기록하던 그가 어떻게 1992년 대선에서 표밭 단속에 실패하고 패배했을까? 그에게 패배를 안겨준 상대 진영 후보처럼 커다란 성적 스캔들도 없었다. 물론 경기 침체가 있었지만, 침체는 91년 3월부터 회복되기 시작했고 이때 부시의 인기는 절정에 달했다. 1988년 공화당 전당대회에서 카메라를 향해 "자, 잘 들으십시오. 이제 세금 인상은 없습니다"라고 약속함으로써 빼도 박도 못하는 증거를 남기는 실수를 범하기는 했다. 2년 후 세금이 올랐고, 부시의 공약은 걸림돌이 되었다. 그러나 이 세금 인상도 그의 인기가 여전히 어마어마했을 때 이루어졌고, 공약 당시 어차피 이를 믿지 않은 인구가 절반 이상인 터였다. 부시는 천하무적이어야 했다. 민주당이 검증되지 않고 생소한 아칸소 주지사를 후보로 지명한 이유 중 하나는 부시를 이길 수 없다는 생각이 널리 받아들여졌기 때문이었다. 그들은 더 나은 유망한 카드를 소모할 생각이 없었다.

부시는 승리가 확실해 보였지만 카리스마가 부족했다. 그것은 모두가 인정하는 것이었고, 그의 모든 것을 설명하는 단점이었다. 부시는 1988년 매사추세츠 주지사 마이클 듀카키스^{Michael} Dukakis 후보에 맞서 성공적인 선거전을 치른 가운데서도 한편으로는 시사 주간지 《뉴스위크》의 표지 등에서조차 끊임없이 "새가슴^{wimp}"으로 낙인찍혔다. 부시가 제2차 세계 대전 공중전에서 조종사로 활약하는 사진이 있고, 예일 대학교 재학 시절 야구 선수였으며, CIA 국장을 역임한 경력을 감안하면 이상한 별명이었다. 그러나 이러한 경력은 자신감과 권위가 거의 느껴지지 않는 비음 섞인 그의 말투를 덮어주지는 못했다. 그는 레이건 정권기 부통령의 이미지를 절대 벗어나지 못했다. 1990년 기자회견에서 그는 브로콜리를 싫어하며 다시는 먹지 않겠다고 선언하고는 대통령 전용기 기내식에 브로콜리를 빼도록 지시했다. 레이건이 같은 말을 했다면 유머 있고 솔직하게 보였을 것이다. 자신에게 무엇이 유리한지(혹은 유리하지 않은지) 신경 쓰지 않는 평범한 사람이라는 증거가 될 것이었다. 그것은 남성적 이미지로 비쳤을 것이다. 그러나 같은 농담이 부시에게는 나약한 이미지만 안겨 주었다. 특히 어린 시절 어머니가 억지로 브로콜리를 먹이려 했다고 언급했을 때 더욱 그러했다. 이 발언은 그가 마치 채소 요리를 먹지 않기 위해 대통령이 되기로 한 10대처럼 보이게 했다. 그러나 이것만으로도 역시 1992년에 일어난 일을 설명하기에 충분하지 않다. 사실 부시는 1년 앞서 선거가 치러졌다면 쉽게 승리했을 테고, 실제로 물러난 지 1년도 안 되어 대통령으로서 과소평가되었다는 평가가 나오기 시작했다. 객관적 인기가 중요했던 그 짧은 기간에 어떻게 한 공인의 인기가 그렇게 극적으로 하락할 수 있었는지 짐작하기 어렵다.

베를린 장벽은 1989년 11월에 무너졌고, 소련은 2년 후 해체되었다. 이러한 사건을 보수적으로 해석하는 입장은 거의 전적으로 레이건에게 공을 돌린다. 그 논거는 레이건의 매파 노선으로 인해 소련이 군비 지출을 더욱 늘릴 수밖에 없었다는 것이다. 그리고 이러한 막대한 재정 지출은 자본주의보다 공산주의에서 더 감당하기 힘들기 때문에, 이것이 소련의 경제 구조를 내부에서부터 무너뜨렸다고 한다. 반대로 진보적 해석은 누가 대통령이었든 소련의 내부 몰락은 예정된 수순이었고, 진정한 전환점은 미하일 고르바초프 서기장이 1986년 발표한 정치적 개방 정책 '글라스노스트glasnost'이었다고 한다. 그리고 레이건의 공격은 관련된 모든 사람들에게 상황을 악화시킬 뿐이었다고 주장한다. 그러나 어느 쪽으로 해석하든 타이밍은 부시에게 전략적으로 완벽했다. 소련의 붕괴와 독일의 통일은 모두 부시의 임기 중 발생했고, 두 사건의 발단은 그의 부통령 재임 시절인 전 정권에 의해서 일어났다. 이러한 대대적 변화의 순간은 그동안 사람들이 세계 패권을 인식해 온 관점을 완전히 바꿔놓았다. 그만큼 이 두 사건은 오랫동안 대중의 기억 속에 남아있어야 했다.

그러나 웬일인지 그렇게 되지 않았다.

사람들이 현재 진행형으로 겪고 있는 역사를 포함해, 역사를 대하는 방식에 뭔가 설명하기 힘든 변화가 일어나고 있었다. 80년대 내내 대중문화의 발전 과정을 비판하는 목소리가 많이 있었다. 1980년 조지 W. S. 트로George W. S. Trow는 논설 「맥락 없는 맥락 속에서Within the Context of No Context」를 통해 "텔레비전의 기능은 잘못된 맥락을 확립하고 기존 맥락의 해체를 기록에 남기는 것"이라고 주장했다. 난해한 문장이지만 트로가 설명하는 내용은 대중이 직관적으로 감지할 수 있는 것이다. 즉, 미디어가 세상을 표현하는 방식은 세계가 실제로 존재하는 방식과 점점 더 동떨어지고 있다는 얘기다. 기술은 인간보다 빠르게 발전하고 있었다. 음악 전문 방송국 MTV가 1981년에 개국했을 때, 4분짜리 록 비디오가 쉴 새 없이 흘러나와 10대의 집중력이 산만해질 것이라는 타당한 우려가 있었다. 하지만 그게 정말 사실일까? 1950년대에 텔레비전이 처음 도입되었을 때 사람들은 똑같은 우려를 표현하지 않았던가? 1987년 철학자 앨런 블룸Allan Bloom은 예상 밖의 판매고를 올린 『미국 정신의 종말The Closing of the American Mind』을 발표해 현대 대학 교육이 비판적 사고보다 상대주의를 중시했고, 이것이 본의 아니게 허무주의를 낳았다고 주장했다. 그러나 블룸은 엘리트주의적이고, 세상 물정에 어둡고, 은근히 보수 쪽으로 기울어진 데다가 진정한 철학자가 아니라는 이유로 공격을 받았다.* 흔히 그렇듯 누군가가 현대의 추세를 비판하면 항상 반동주의로 치부되게 마련이다. 가속화된 문화가 인간과 현실의 관계를 바꿔 놓을 것이라는 이러한 종말론적 주장에 확실한 근거는 없었다.

그러나 그때 걸프전이, 그것도 갑자기 발발했다.

---

* 훗날 네오콘(신보수주의) 운동에 핵심 역할을 하게 될 대표적 인물들(이를테면 작가 윌리엄 크리스톨William Kristol, 이라크 전쟁기에 국방부 부장관을 지낸 폴 월포위츠Paul Wolfowitz 등) 중 일부는 블룸이 시카고 대학교 교수로 재직하던 시절 그를 추종했다.

어떤 경우든 전쟁은 두 가지로 설명할 수 있다. 먼저 역사학자의 관점이 있다. 대규모 국제 분쟁은 여러 요소가 얽히고설켜 있는 탓에 학문적 차원에서 완전히 설명하기에는 너무 복잡하다는 것이다. 그러나 일반인의 단순한 관점도 있다. 그들은 불가피하게 전체 사건을 한 단락으로 축소한 기사를 통해 이해한다. 후자의 관점을 설명하는 사례가 여기 있다.

수만 명의 사상자를 낳는 모든 전쟁을 성공으로 분류한다면, 걸프전은 성공한 전쟁이었다. 1990년 여름, 이라크는 작은 석유 부국 쿠웨이트를 침공했다. 표면적 이유는 첫째, 최근 이란과의 전쟁 때문에 쿠웨이트로부터 수십억 달러의 차관을 받아야만 했지만 이를 갚을 생각은 없었다. 둘째, 이라크는 쿠웨이트가 OPEC에서 허용하는 규정보다 더 많은 석유를 수출하고 이라크 원유를 불법 송출하고 있다고 믿었다. 셋째, 이라크 지도자 사담 후세인은 아무도 쿠웨이트를 신경 쓰지 않았기 때문에 아마 무사히 넘어갈 수 있으리라 생각했다. 이라크의 침공 소식은 전 세계로 퍼졌지만, 미국 사람들이 특별히 걱정하는 뉴스는 아니었다. 미국이 개입하지 않았다면 중동에서 오랫동안 벌어지는 일련의 사건은 다르게 전개되었을 테지만, 미국인들의 눈에는 그저 뭔가 문제가 있을 뿐, 자세한 내막은 알 수 없는 사건으로 비쳤을 것이다. 그러나 부시는 한편으로는 이해가 가면서도 한편으로는 놀라운 이유로 이라크의 쿠웨이트 침공에 유독 강경한 입장을 취했다. 그는

8월 6일 "쿠웨이트에 대한 이번 침공은 오래가지 못할 것이다"라고 말했다.* 부시 대통령과 제임스 베이커James Baker 국무장관은 남은 임기 한 해를 이라크와 싸우기 위한 국제 연합군을 구성하며 보냈다. 협조는 예상보다 수월했다. 이전 같으면 상상할 수 없었던 반미 성향의 시리아를 포함해 약 40개국이 파병했다. 군대를 보내지 않은 몇몇 정부(특히 독일과 일본)는 재정적으로 지원했다. 정치적 권한을 이용한 전쟁 돌입은 좌파 진영으로부터 예상 가능한 비판을 받았지만(그중에는 민주당의 매사추세츠주 상원 테드 케네디Ted Kennedy와 버몬트주 상원 버니 샌더스Bernie Sanders도 있었다), 전쟁 결의안은 1월 12일에 통과되었다.** 닷새 후 미국이 주축이 된 다국적군은 밤하늘을 빛내는 무자비한 공습을 통해 공격을 개시했다. 이 공격을 저지하고자 이라크는 이스라엘의 군사 대응을 내심 기대하며 여든여덟 발의 스커드 미사일을 발사해 이스라엘을 도발했다. 원칙적으로 이는 다른 아랍 국가들이 다국적군에서 철수하도록 촉구할 것이라는 계산에서였다(아랍 국가들이 다른 어떤 국가들과 '맞서' 싸우는 것보다 이스라엘과 '함께' 싸우는 것을 더 싫어하리라는 전제하에). 그러나 이스라엘은 당하는 족족 버티고 버텼다. 다국적군은 무너지지 않았다. 1991년 2월 말 전쟁이 끝났다. 전쟁 기간

---

* 이제 이 문구는 1998년 코엔 형제의 영화 〈위대한 레보스키The Big Lebowski〉에서 제프 브리지스Jeff Bridges가 절묘하게 인용해 더 유명해졌다. 또한 당시 실제 미국의 외교 정책과 비교해 약간 모순처럼 보인다. 1990년 이라크 주재 미국 대사 에이프릴 글래스피April Glaspie는 후세인에게 직접 "우리는 쿠웨이트와의 국경 분쟁과 같은 아랍국 간의 충돌에 어떤 입장도 취하지 않겠습니다"라고 말했기 때문이다.

** 투표 결과는 현재 대부분 사람들이 기억하는 것보다 박빙이었다. 하원은 250 대 183, 상원은 52 대 47이었다.

은 50일이 채 안 되었다. 미군 사상자는 총 150명가량이었고, 그중 거의 절반이 우연한 사고나 아군 오인 사격으로 희생되었다. 쿠웨이트의 유전은 여전히 불길에 휩싸였고 후세인은 권좌를 지키고 있었지만, 한국 전쟁이나 베트남 전쟁과 달리 명백한 승리였고 그 결과는 논쟁의 여지가 없었다. 좋든 싫든 이 전쟁은 성공적이었다.

그리고 나서 전쟁은 마치 아무 일도 없었다는 듯 사라졌다.

걸프전은 그것이 가져다준 중요한 환상을 기꺼이 받아들일 사람에게는 성공적인 전쟁이었다. 눈에 보이는 동시에 보이지 않는 전쟁이었기 때문이다. 베트남 전쟁은 종종 "텔레비전 전쟁"이라 불렸지만, 당시 방송 화면은 고도의 선별을 거쳤다. 베트남을 보도하는 방송 화면은 더 선명하다는 점 빼고는 신문 사진과 비슷했으며, 후폭풍의 억제를 위해 취합 후 편집되었다. 따라서 시청자는 하루나 이틀 전 일어난 사건의 일부 장면을 매체로 확인했다. 반면에 걸프전은 역동적이었다. 현재 벌어지는 상황이 무분별하게 시청자에게 전달되었다. CBS 기자 댄 래더^{Dan Rather}는 몇 년 후 "언론의 측면에서 걸프전은 광범위하게 '생중계'된 최초의 전쟁이었다는 점에서 의미가 있었다"라고 밝혔다.

미사일의 폭발 장면을 실시간으로 목격하는 (유례없는) 경험은 당혹스러웠다. 아무리 바그다드에 취재 나간 기자들이 폭탄이 터지고 굉음이 들린다고 계속 숨 가쁘게 얘기해도, TV 속 장면이 현재 실제로 일어나고 있다는 사실을 받아들이기 어려웠다. 놀랍게도 전쟁 보도에 비디오 게임 같은 시각적 자극이 있었다. 미사일을 따라 올라가는 카메라 앵글은 시청자에게 마치 자신이 무기에 올라타 목표물로 직접 돌진하는 듯한 느낌을 제공했다. 첫 번째 공습은 현지 시각으로 오전 2시 30분에 개시했으므로 최첨단 야간 모드 촬영술로 보강해야 했다. 이때가 뉴욕에서는 오후 7시 30분이었으니, 시청률이 가장 치솟는 황금 시간대였다. 이라크가 폭격당하는 모습은 특히 그 안에 인간이 없는 것처럼 보였기 때문에 이례적으로 거부감 없는 볼거리가 될 수 있었다.

노먼 슈워츠코프Norman Schwarzkopf 육군 장군은 사우디아라비아 리야드에서 기자 회견 중 TV 모니터를 가리키며 "이제 이라크에서 가장 운 좋은 사람의 영상을 보시죠"라고 말했다. 전쟁은 시작된 지 2주가 지난 시점에 이미 끝나버린 것처럼 느껴졌다. 옛날 할리우드에서나 볼 법한 단순한 전쟁 영화의 등장인물 같았던 슈워츠코프는 매력 있고 건장하며 자부심 넘치는 군인 이미지로 전쟁이 배출한 예상 밖의 스타로 떠올랐다. 그가 공개한 영상은 폭격기의 조준선을 따라 한 이라크인의 트럭이 다리를 건너는 모습을 담고 있었다. 그리고 트럭이 지나간 지 몇 초 후에 다리는 폭삭 주저앉았다. 이 영상의 공개는 현대 군사 기술이 얼마나 정밀한지 보여주려는 의도였고, 실제로 그 의도가 그대로 먹혔다. 그러나 이러한 영상은 실제로 이번 전쟁에 수반된 희생에 대한 사람들의 인식을 멀어지게 했다. 마치 인간의 고통이나 실존적 의미가 없는, 기계들끼리만 싸우는 전쟁처럼 보였다. 이처럼 심리적 거리감을 유도하는 것은 다분히 고의적이었다. 사회적, 정치적으로 실패한 베트남 전쟁은 대중의 인식이 실제 전쟁만큼 중요하다는 교훈을 주었다. 그래서 걸프전은 전 과정에서 유혈 장면이 별로 나타나지 않도록 했고, 무덤덤한 작전처럼 보이게끔 프레임이 씌워졌다. 단기적으로는 이 프레이밍이 효과가 있었다. 전쟁 개시 전에는 국민의 절반만이 군사 개입을 지지했지만, 전쟁이 시작된 지 일주일 만에 찬성률은 거의 80%까지 치솟았다. 걸프전은 홍보의 승리였다. 그리고 즉시 사람들의 기억에서 지워졌다.

우리는 어떤 사건을 '생중계'로 시청하면 마음에 더 깊이 각인된다고 생각하는 경향이 있다. 물론 이론상으로는 그렇다. 그러나 걸프전은 정반대의 결과를 낳았다. 마치 캐릭터 전개가 없는 컴퓨터 그래픽 액션 영화처럼, 스토리는 폭발과 동시에 증발했다. 프랑스 문화평론가 장 보드리야르^{Jean Baudrillard}는 전쟁이 한창이던 때 「걸프전은 일어나지 않았다^{The Gulf War Did Not Take Place}」라는 일련의 논설을 썼다. 도발적인 제목 때문에(그리고 1995년에서야 영어로 완전히 번역되었기 때문에) 이 논설은 곱지 않은 시선을 받았다. 그러나 알고 보니 그의 주장은 선견지명이 있었다. 보드리야르의 속뜻은 실제로 전쟁이 일어나지 않았다는 의미가 아니었다. 그는 방송에서 그려지는 전쟁 모습이 마치 시뮬레이션처럼 비쳤고, 이라크에서 실제로 일어나고 있는 일과 앞으로 예상되는 해석이 즉시 결합되었다고 주장했다. 방송 영상은 날것 그대로 생중계되었지만, 어떤 장면이 방송될지는 국방부에 달려 있었다. 다시 말해 날것으로 보였지만 은근히 조작된 셈이었다. 시청자 눈에는 이라크와 미국의 사상자 모습이 거의 보이지 않았다. 마치 로봇이 거둔 전략적 승리 같았다. 건물이 파괴되고 민간인이 희생되는 와

중에도 전쟁에 대한 뚜렷한 감정적 요소가 없었으며, 이는 내러티브의 부재를 의미했다. 미국 시청자들은 스토리텔링의 과정을 통해 세상을 이해하는 데 익숙하기 때문에 스토리 없는 전쟁은 그들의 기억에 남지 않았다.

전쟁을 시즌이 끝나기 전에 평단의 호평을 받은 TV 쇼를 이야기하듯 평가하는 것은 부적절하다. 한 사건의 관찰은 그 사건 자체와 동등한 중요도로 평가될 수 없다. 그러나 이 승리가 부시의 정치 인생에 도움이 되지 않은 이유를 이해하려면 이 전쟁이 관찰자들에게 어떻게 비쳤는지부터 알아야 한다. 겉보기에 그는 모든 것을 올바르게 한 것 같다. 그는 다국적군을 구성하고 적군을 고립시켰다. 의회에 침공 결의안을 찬성하도록 설득했고, 이스라엘에는 미국의 계획이 차질을 빚지 않도록 사담 후세인의 침공에 보복하지 말라고 당부했다. 그는 미군 사상자를 거의 내지 않고 사막 전쟁에서 승리했으며, 그 전쟁이 대중에게 어떻게 보도되어야 하는지를 정밀히 조정했다. 2월 말 부시의 지지율은 진주만 공습 직후 프랭클린 루스벨트 대통령보다 6%포인트 더 높은 최고치에 달했다. 그가 해야 할 일은 사람들에게 이 전쟁을 상기시키는 것뿐이었다. 그러나 그는 거의 즉시, 심지어 지지층 사이에서도 힘을 잃기 시작했다. 반면에 무뚝뚝한 상남자의 매력을 풍기고 연기 톤이 섞인 듯 전쟁 피로감을 호소하는 슈워츠코프는 부시와 정반대의 이미지로 비쳤다(NFL의 전설 마이크 디트카Mike Ditka를 연상시키는 외모에 비타협적인 이미지의 슈워츠코프는 강경파 공화당원이 좋아할 전형적인 타입이었다). 네오콘 진영은 교양 있고 차분한 지성인의 미래상처럼 보였던 합참의장 콜린 파월Colin Powell의 전쟁 수행 능력을 더욱 높이 평가했다.* 부시는 커다란 승리를 거두었지만 아무도 그를 주목하지 않았다.

보드리야르의 말은 옳았다. 부시에게 걸프전은 일어나지 않았다. 그리고 상황은 더 불리해졌다.

* * *

눈에 띄는 업적은 적었지만 로스 페로H. Ross Perot는 오늘날의 미국을 형성한 데 있어 과소평가된 인물이다. 1992년 그가 대선에 뛰어든 사건은 당파 정치의 음모가 있었던 게 아닐까 착각을 불러일으키는 사례였다. 문제는 단순히 양당이 서로 결론에 동의하지 않는 게 아니라, 양측이 각자 내린 결론을 옳다고 여긴다는 점이다. 통계적으로 볼 때 무소속 후보 페로의 출마가 부시에게 패배를 안겼음은 논쟁의 여지가 없다. 텍사스주 출신에 '상식'을 유독 좋아하는 별난 억만장자 페로는 19%의 득표율을 얻었고, 거의 모든 출구 조사에서 비슷한 비율의 인구 통계학적 분포도를 나타냈다. 페로가 출마하지 않았다면 그의 지지자 중 38%는 빌 클린턴에게, 38%는 부시에게 투표했을 것이고, 24%는 아예 투표하지 않았을 것이다. 페로가 선전하고 클린턴이 10만 표 이하의 차이

---

* 돌이켜 보면 다소 엉뚱하게 들리지만, 90년대에는 미국 최초의 흑인 대통령이 탄생한다면 공화당 출신일 것이라는 통념이 있었다. 아무리 강경 보수주의자라도 흑인 후보는 흑인 민주당 지지자들에게도 여전히 어필할 테지만, 흑인 민주당 후보는 양당의 백인 유권자들이 등을 돌리게 할 것이라는 생각 때문이었다. 이 시나리오에서 파월은 당연히 이상적인 후보로 여겨졌다.

로 승리한 오하이오주에서 페로가 부시의 승리를 막은 것은 산술적으로 거의 확실하다. 그러나 오하이오주의 선거인단은 스물한 명에 불과했고, 1999년 《미국 정치학 저널》의 분석에 따르면 페로 출마의 유일한 진정한 결과는 클린턴과 부시의 표 차이를 약간 줄인 것이라고 결론지었다. 이 주장은 10월 말 34%로 떨어진 부시 대통령의 지지율에 의해 뒷받침된다. 페로가 92년 대선 결과의 판도를 바꿨다고 확실히 단정짓게 하는 데이터는 없다.

유일한 문제는 페로가 없었을 경우 그 선거의 향방이 어땠을지 종잡을 수 없다는 것이다.

비슷한 예를 들어 보겠다. 하킴 올라주원Hakeem Olajuwon이 몸담았던 휴스턴 로키츠Houston Rockets는 마이클 조던이 잠시 야구로 외도한 1994년, 1995년에 NBA 우승 타이틀을 거머쥐었다. 조던이 시카고 불스Chicago Bulls에 계속 있었어도 로키츠가 우승할 수 있었을까? 못하리라는 법은 없다. 조던의 부재에 상관없이 로키츠가 2연패를 달성했을 수도 있다는 통계상 증거가 있다(조던이 첫 3연패를 기록한 시즌 동안 로키츠는 불스를 상대로 5승 1패의 전적을 기록했다). 그러나 통계적 가능성에 관계없이 아무도 이렇게 믿지 않는다. 조던이 코트를 떠나지 않았었다면, 지금 우리가 알고 있는 이 두 시즌의 모든 결과는 달라져 있을 것이다. 이와 마찬가지로 페로 없는 선거가 부시에게 불리할 이유는 없다. 페로의 출마가 부시와 클린턴 양쪽에게 피해를 입혔다는 주장도 가능하지만, 부시에게 훨씬 큰 타격을 입혔다. 다시 말해, 페로는 의도하지 않게 클린턴을 도왔다.*

1930년 텍사스주 텍사캐나에서 태어난 페로는 낙천주의자들이 야심 찬 일 중독자가 되는 것이 바람직한 이유를 설명해야 할 때 예로 들기에 적합한 인물이었다. 페로는 여덟 살 때 처음 일을 시작했고, (보이 스카우트 활동을 지금보다 더 중요시했던 시대에) 보이 스카우트로서 탁월한 능력을 펼쳤다. 또한 해군사관학교에 진학해 과 대표가 되었으며, 교칙을 정하는 일에도 참여했다. 페로가 아나폴리스에 있는 해군사관학교에 진학하기로 한 결정은 그의 변덕스럽고 특이한 추진력과 욕구를 보여준다. 그는 "태어나서 바다도, 배 한 척도 본 적 없다. 하지만 분명 해군사관학교에 가고 싶다는 생각은 들었다"라고 말했다.

해군 복무를 마친 페로는 IBM에 입사했다. 그는 무엇이든 팔 수 있는 능력이 있었다. IBM에서 성공한 그는 데이터 처리라는 독자적 분야로 진출해 기업가로서 경력을 확장하기 시작했다. 1968년에는 비즈니스 잡지 《포춘》에 소개되었고, 결국 25억 달러에 댈러스 소재의 일렉트로닉 데이터 시스템Electronic Data Systems을 제너럴 모터스에 매각했다. 그러나 페로의 관심사는 단순한 부

---

* 클린턴의 필연적 승리를 예상하기에 더욱 복잡했던 것은 아메리칸 대학교의 정치학 교수인 앨런 릭트먼Allan Lichtman이 고안한 대선 예측 시스템 때문이었다. 릭트먼은 국내 정세와 후보자 특성에 관해 '예', '아니오'로 구성된 열세 가지 '주요 항목'을 이용하여 1980년 이후 모든 대선의 결과를 정확하게 예측했다(비록 총득표수에서는 맞추되 선거인단 확보수에서 틀린 적이 한 번 있었지만). 92년 4월 릭트먼은 열세 가지 항목 중 여덟 개가 부시에게 유리하다며 부시의 손쉬운 승리를 예측했다. 그러나 그해 10월에는 클린턴에게 유리한 항목이 세 개 더 늘어나 민주당의 승리를 예측했다. 얼핏 보면 페로가 있든 없든 클린턴이 승리했을 것이라고 시사하는 것 같다. 그러나 여기서 중요한 점은 릭트먼의 열세 가지 항목 중에 (도전자에게 유리한) "중요한 제삼의 후보가 없다"도 들어 있었다는 것이다.

의 축적에만 국한되지 않았다. 그는 미국의 군사 정책에 동의하지 않았고, 특히 70년대 이후 여전히 미군이 베트남 포로수용소에 갇혀 있을 가능성을 고집스레 주장했다(그리고 그는 부시 행정부가 이것이 사실임을 알고 있다고 믿었다). 그리고 미국의 걸프전 개입을 단호하게 반대했다. 그는 이라크 사람들이 옹립한 어린애 같은 폭군과 미국이 전쟁을 벌인다고 생각했다.

페로는 "우리 대통령은 기껏 사절단을 보내서는 사담 후세인에게 트림을 시키고, 기저귀를 채우고, 쓰다듬어주고, 착한 아이라고 달래는 일만 시켰다"라며 "(하지만 그 후) 우리의 어른스러운 태도는 한계에 봉착했고, 지난 10년 동안의 어리석은 실수 때문에 수십억 달러의 혈세를 퍼붓고 우리 군인들을 거친 창공 너머로 보내야 했다"라고 비판했다.

이것이 페로의 사고를 한마디로 압축해서 보여준다. 그의 언어는 직설적이고 원색적이며 명확하다. 크게 보면 페로는 전쟁을 지적하고 있었지만, 그의 속뜻은 현실 경제 문제를 제기한 것이었다. 가장 중요한 것은 페로가 클린턴이라면 시도조차 하지 않았을 직설 화법으로 부시를 정면 공격하고 있다는 것이다. 클린턴은 기성 정치인들과 마찬가지로 미국이 쿠웨이트에서 거둔 승리를 언급하면 부시의 이미지를 좋게 보이게 할 뿐이라는 원칙을 알고 있었다. 또 한편으로는 부시의 군사적 공로를 인정해야 한다는 의무감을 느꼈다. 전략적 대안이 없어 보였다. 전쟁에서 승리한 대통령의 이미지가 어떻게 나빠질 수 있겠는가? 그러나 페로의 관점은 달랐다. 그는 '과정'을 중시하는 사람이었다. 전쟁의 결과가 좋았다고 해서 처음부터 전쟁이 좋은 생각이었다는 의미는 아니라는 것이다.

페로는 92년 2월 뉴스와 엔터테인먼트의 중간쯤 되는 CNN의 황금 시간대 토크쇼 〈래리 킹 라이브Larry King Live〉에서 무소속 후보로 캠페인을 시작했다. 이 프로그램의 진행자 래리 킹은 출연자에 대한 사전 정보가 거의 없는 상태로 인터뷰를 진행하는 독특한 능력을 자랑하는 사람이었다. 페로 같은 사람에게 이상적인 조건이었다. 그는 그냥 말만 하면 되었다. 그는 자신이 저절로 대선 후보가 될 수 없으니, 투표용지에 자신의 이름이 들어가도록 청원에 참여해달라며 50개 주의 '일반 유권자'들에게 호소했다. 그다음 결과는 예상 가능했다. 4월부터 페로는 전력을 다해 선거에 임했다. 전쟁이 대중의 의식에서 사라질 무렵 페로는 경제 포퓰리즘의 전형에 해당하는 균형 예산, 반세계화 등의 공약을 내걸고 CEO가 공장을 감시하듯 정부에도 감시가 필요하다고 주장했다. 그는 다른 사람들이 볼 수 없는 현실을 명백히 직시하는 재능이 있었고, 그의 언행은 오직 억만장자에게서만 나올 수 있는 자신감으로 무장되어 있었다.

탁상공론을 좋아하는 역사학자들은 90년대 내내 과거 대통령 선거의 승자가 대부분 키가 비교적 큰 후보였음을 자주 지적하곤 했다. 그러나 2000년, 2004년, 2020년에 사실이 아닌 것으로 판명되었기 때문에 이제는 아무도 이에 주목하지 않는다. 그러나 92년에는 페로 때문에 항상 이 애기가 빠지지 않았다. 그는 보통 167cm로 소개되었지만 실제로는 165cm에 가까웠다. 그는 귀가 크고, 시력이 안 좋았으며, 몸무게는 아르마딜로 한 마리를 안고 있어야 65kg 정도 나갈 듯했다. 부시(188cm), 클린턴(189cm) 후보와 나란히 무대에서 토론하고 있으면 그 대조적 모습이 우스꽝스럽게 보였다. 그러나 작은 체구는 그에게 유리하게 작용했다. 페로를 호전적인 이미지로 비추고, 그의 입담을 더 예리하게 만드는 효과가 있었다. 그는 북미자유무역협정NAFTA에 반대하는 이유를 설명하면서, 미국인의 일자리가 멕시코로 불가피하게 넘어가 "남쪽에서 훅 빨아들이는 거대한 진공청소기 소리"가 들릴 것이라고 말했다. 이것은 사실 농담이 아니었지만, 논점에서 일탈하지 않으면서 사람들에게 웃음을 주었다. 선거 전 몇 주 동안 페로는 책상에 앉아 선형 차트와 파이 그래프를 가리키며 경제를 강의하는 30분짜리 해설식 광고를 자비로 제작해 내보냈다. 내용이 어렵고 지루해 끔찍한 아이디어처럼 보였지만 1,650만 명이 이를 시청했다(그리고 설문 조사에 따르면 시청자는 부시와 클린턴의 판에 박힌 30초짜리 광고보다 페로의 해설식 광고를 두 배 더 진실하다고 평가했다).

페로의 정점은 6월이었다. 갤럽 여론조사에서는 지지율 39%를 획득해 3자 대결 중 1위를 달렸다(부시는 31%, 클린턴은 25%). 따라서 "한동안은 페로가 이길 것 같다"라는 주장이 나올 법도 했다. 그러나 이렇게 주장했으면 섣부른 판단이 될 뻔했다. 먼저 흔히 인용된 이 전화 설문 조사는 등록 유권자 815명만을 상대로 했다. 게다가 아직 비공식으로 전개되던 페로의 캠페인은 이미 혼돈의 도가니였다. 그는 특이한 후보였고, 행동마저 특이했다. 그는 선거송으로 윌리 넬슨Willie Nelson의 발라드 〈Crazy〉가 가장 좋다고 생각했다. 또한 편집증에 가까운 고집불통이었다(그리고 그의 작은 체구에 대한 편견이 이런 이미지를 부채질했다). 캠페인의 핵심 참모가 7월에 사임했고, 페로는 바로 다음 날 선거 운동을 중단하고는 〈래리 킹 라이브〉에 재출연해 자신이 물러나지 않으면 부시가 곧 있을 딸의 결혼식을 방해할 것이라고 주장했다.* 이것은 그가 편집증이 있다는 세간의 인식을 누그러뜨리는 데 전혀 도움이 되지 않았다. 페로의 출마가 워낙 이례적이고 풀뿌리 정신에 입각했기 때문에 그의 일탈은 배신으로 여겨졌다. 7월 27일자 《뉴스위크》는 마치 고군분투하는 후보의 사퇴가 새삼스러운 양, "비겁자(The Quitter)"라는 표제와 함께 그를 커버스토리로 다뤘다. 거의 하룻밤 사이에 그의 캐릭터에 대한 인식이 기인에서 정신 나간 사람으로 바뀌었다. 그러나 10월 1일, 그는 돌연 선거 운동을 재개했다. 공중파 방송에 다시 해설식 광고를 내보냈고, 마치 아무 일도 없었다는 듯 행동했다.

선거일은 11월 3일이었다. 페로의 가장 광신적인 지지자들만이 그의 승리를 믿었을 뿐, 페로가 얼마나 많은 표를 얻을지 아무도 몰랐다. 밤이 되자 기적은 일어나지 않았다. 클린턴은 압도할 정도까지는 아니었지만 그래도 무난하게 이겼다. 그는 유권자 투

---

* 페로는 부시가 무엇을 계획하고 있는지 완전히 설명하지 않았지만, 그의 네 딸 중 한 명이 《뉴욕 타임스》에 언급한 바에 따르면 페로는 곧 결혼을 앞둔 딸이 레즈비언이라는 소문을 공화당이 날조할 것이라 믿었다고 한다. 몇 년 후 페로는 공화당이 자기 딸의 합성 사진을 유포하려 했다고 밝혔다. 부시가 전 CIA 국장이었고 CIA가 펼칠 법한 좋은 전술처럼 보였다는 사실 외에 확실한 증거는 없다.

표의 43%만을 얻었지만 부시가 1988년에 승리했던 스물두 개 주를 탈환하면서 선거인단 투표에서 압승했다. 페로는 어떤 주에서도 승리하지 못했다(그가 최고 득표를 기록한 곳은 메인주였다). 그의 승리가 이미 가망 없다는 분위기도 있었고, 그의 경솔한 사퇴와 번복은 페로가 결코 진지한 후보가 아니라는 것을 증명하기도 했다. 그러나 텍사스주에서 온 이 작고 별난 남자는 약 2,000만 명의 미국인들에게 자신이 대통령이 되어야 한다고 확신시키는 데 성공했다. 제3정당 후보로서는 80년 만에 최고의 성적이었다.

미국 정치 체제는 정당이 누구를 후보로 지명하든 상관없이 대부분 유권자가 정당 노선에 따라 투표할 것이라는 전제에서 돌아간다(1964년과 1972년 같은 압도적인 선거 결과에서도, 패배한 후보는 약 38%의 득표율을 챙겼다). 국내 경제가 호황인 가운데 페로와 같은 무소속 후보가 유권자의 19%에게 성공적으로 어필했다는 사실은 의미심장하다.

그렇다면 이 19%는 누구였고, 그들이 원하는 것은 무엇이었을까?

* * *

이 책을 집필하는 현재 시점에서 1992년에 페로에게 투표한 사람들은 아직도 다수가 생존해 있다. 그러나 누군가에게 30년 전에 왜 그런 결정을 내렸냐고 질문해 봤자 당연히 정확한 답을 찾을 수 없다. 사람은 변하고 현재 자신의 프리즘을 통해 과거의

112

행동을 바라보는 경향이 있기 때문이다. 기억은 심리 작용으로 대체된다. 따라서 30년 전 당시 사람들이 했던 말을 조사하는 것이 더 적절하다. 유일한 난제는 페로의 강령이 애매한 만큼이나 그의 지지자들이 무엇을 원했는지도 똑같이 불분명하다는 것이다. 확실한 점은 그들이 제도적 변화를 원했다는 것이다. 다만 덜 확실한 점은 그것이 이미 존재하는 제도에서 벗어나려는 변화였는지 아니면 존재하지 않는 제도를 향한 변화였는지다.

가장 초창기에 이 현상을 이해하기 위한 가장 완벽한 시도는 앨버트 메넨데스Albert J. Menendez의 지금은 절판된 저서 『페로 투표자와 미국 정치의 미래The Perot Voters & the Future of American Politics』다. 전직 노동 통계국의 통계학자인 메넨데스가 1996년 발표한 이 책은 선거 결과를 수학적으로 분석한 내용이 대부분이다. 책 속 정보는 독자 개인의 아포페니아apophenia(서로 무관한 현상들 사이에서 의미와 관계를 찾아내서 믿는 현상. - 옮긴이) 정도에 따라 반론도 공감도 일으킬 수 있다. 메넨데스는 30년 만에 처음으로 증가한 투표율에 큰 의미를 부여했다. 이는 페로가 평소 같으면 투표하지 않았을 사람들을 투표소로 불러냈다는 의미일 수도 있지만, 특히 MTV의 "투표 기권은 곧 패배(Choose or Lose)" 캠페인이 클린턴의 지지도가 높은 젊은이들에게 널리 퍼지며 전체 투표율을 올렸다는 의미일 수도 있다(클린턴은 25세 미만 청년들에게 할아버지보다 아버지뻘에 가까운 최초의 대통령 후보였다). 페로는 인구가 증가 추세인 주에서 더 나은 성적을 거두었다. 그리고 미국 토박이 시민의 비율이 가장 낮은 열 개 주에서 자신의 전국 평균 득표율인 19%를 웃도는 득표율을 기록했다. 또한 크기나 지리적 위치에 관계없이 모든 주에서 도시 지역일수록 득표율이 저조한 경향이 있었다(그는 뉴욕 북부보다 맨해튼에서, 노스다코타주 서부보다 파고에서 성적이 안 좋았다). 그의 지지자 중 대부분은 20~30대 백인들이었다(흑인과 노인들의 지지율은 형편없었다). 그리고 제조업계 종사자(그럴 만하다), 농부(어느 정도 그럴 만하다), 게르만 계통(이상하고 이해할 수 없다. 아마 우연의 일치일 것이다)에게서 가장 높은 득표율을 얻었다. 저자의 결론은 출구 조사 결과와 달리 페로가 클린턴보다 부시에게 틀림없이 더 타격을 입혔다는 것이다. 92년에 페로가 선전한 모든 카운티는 88년에 부시가 승리한 곳이었다.

물론 이 통계로는 그동안 충분히 설명되지 않은 당시 사람들의 공통된 생각을 읽을 수 없다. 통상 제3정당 후보를 지지하는 사람들은 주류 정치 밖에서 자신들이 우선시하는 관념적 이슈를 중심으로 뭉치는 경향이 있다(이를테면 2000년 녹색당의 랄프 네이더Ralph Nader, 2016년 질 스타인Jill Stein). 그러나 페로의 지지자들은 여기에 해당하지 않았다. 페로는 급진적 중도주의자였다. 공통점이 없는 두 경쟁자(초진보주의자 제리 브라운Jerry Brown과 전통 보수파 팻 뷰캐넌Pat Buchanan)를 포함하는 벤다이어그램의 교차점과 같았다. 페로가 대선에 출마한 동기는 걸프전에 대한 분노였지만, 그는 대중에게 반전의 투사로 비치지 않았다. 걸프전 자체가 사람들의 뇌리에서 금세 잊혔듯, 쿠웨이트에 대한 페로의 견해도 급속도로 기억에서 휘발되었다.* 대신 그는 국가 부채를 줄이고 무자비하게 균형 예산에 집착하는 사람으로 비쳤다(그는 부유세와 유류세를 부과하고, 군사비와 노인 의료보험 등 모든 경비를 삭감하자고 주장했다). 그의 사고방식은 국가 재정을 핵가족의 가계 살림처럼 생각하기를 좋아하는 사람들에게 항상 먹히는 일종의 포퓰리즘에 가까웠다. 비슷한 시기에 워런 모슬러Warren Mosler 같은 호전적인 경제학자들은 페로가 상정하는 모든 가치관을 파괴하는 이론인 현대통화이론Modern Monetary Theory의** 학문적 토대를 구축하고 있었다. 그러나 페로를 한 개인으로서 좋아하지 않거나 그의 지도자 자질을 의심하더라도, 1992년 당시 그의 전반적인 논리에는 대부분 사람들이 동의했다. 가령 버는 돈보다 많은 돈을 쓰는 것은 잘못된 생각처럼 보였다. 그렇게 생각하는 사람이 텍사스주에서 온 이 작은 남자 한 명뿐이었겠는가?

그러나 여기에는 또 다른 요인이 작동하고 있었다. 이 요인은

---

* 이 장을 집필하는 과정에서 나는 페로가 남긴 영향에 대해 많은 사람들과 가볍게 대화를 나눴다. 나와 이야기한 전문가 외의 일반인 중 아무도 페로가 걸프전에 대한 불만 때문에 대선에 뛰어들었다는 사실을 기억하지 못했다. 그러나 페로가 제임스 스톡데일James Stockdale 중장을 러닝메이트로 선택한 것과 특히 10월 11일 부통령 후보 토론 중 스톡데일의 끔찍한 발언은 다들 꽤 잘 기억하고 있었다. 텔레비전 토론 중 스톡데일은 과장된 어투로 "나는 누구입니까? 내가 여기 왜 나와 있죠?"라고 물었다. 이 발언은 역풍을 낳았고, 주요 뉴스 보도의 한 줄 자막을 장식했다. 92년 대선은 후보가 선택한 러닝메이트가 사람들의 투표 방식에 실제로 영향을 미쳤을지 모른다는 것을 드물게 보여준 사례였다. 페로는 외부인이 되기를 원했지만 부통령 후보는 좀 더 전통적인 인물로 선택했더라면 전통적 정부라는 제약 내에서 임무를 수행할 그의 능력에 유권자들이 더 높은 신임을 보냈을 것이다.

** 현대통화이론을 가장 단순하게 설명하자면, 국가는 가계와 다르므로 국가 예산을 가정의 살림 예산과 비교하는 것은 무리라는 입장이다. 즉, 국가에는 부채가 의미 없다는 것이다. 정부는 자체적으로 화폐를 발행할 수 있으며, 물가가 오르지 않는 이상 필요할 때마다 그렇게 해야 한다. 정부 지출이 얼마인지는 중요하지 않다. 오직 인플레이션으로 이어지지 않게 조절하기만 하면 된다.

당시의 시대상을 반영하는 동시에, 그간 대선이 전개되어 온 방식과 완전히 상반된 것이었다. 2,000만 명이 로스 페로에게 투표한 이유 중 하나는 그렇게 해도 별문제가 없으리라 생각했기 때문이다. 공산주의, 그리고 세간에서 소위 말하던 공산주의의 위협은 끝났다. 이제 초강대국은 단 하나, 미국만 남았다(중국은 아직 "잠자는 거인"이었다). 공화당은 12년 동안이나 장기 집권했고 부시의 지지율은 대체로 전쟁 피로감 때문에 내리막길을 향했다. 92년 대선은 대체로 유권자들이 현재 상태와 다른 뭔가를 원했던 "변화의 선거"였다. 그들에게 그 변화의 방향이 중요했을까? 최악의 결과는 무엇이 될지 생각해 봤을까? 그동안 직무 수행 능력이 좋은 대통령도 있었고 안 좋은 대통령도 있었지만, 순수한 차이는 1991년 영화 〈슬래커〉에서 리처드 링클레이터가 사람의 지문을 묘사한 대사에 비유할 수 있었다. "유사점에 비해 차이점은 미미하죠."

* * *

출구 조사 통계에서 알 수 있듯, 페로가 실제로 1992년 선거 결과를 바꿔 놓지 않았다면 역사상 그의 현재 위치는 그에게 어울리는 위치, 즉 아마도 신기한 사람과 수수께끼 같은 사람 사이의 어딘가에 있을 것이다. 그는 1996년에 재출마했고 지난 선거의 절반도 득표하지 못했다(약 800만 표, 전체의 8.4%를 얻었다). 그는 1995년 자신의 가치관을 집대성한 개혁당을 창당했다. 개혁당은 페로가 떠난 후에도 여전히 활동을 이어 갔지만 간신히 명맥을 잇는 정도였다(2008년과 2012년에 개혁당 후보가 얻은 표는 전국에서 1,000표도 되지 않았다). 이러한 틀에서 보면 그의 업적은 존 앤더슨John B. Anderson(1980년에 6.6%의 득표율을 얻은 일리노이주 출신 무소속 후보)의 업적과 크게 다르지 않다. 그러나 90년대에 페로가 일으킨 파급 효과는 계산할 수 없을 만큼 크다.

1991년 여름 무적이었던 부시는 92년 여름이 되자 지지율을 전부 깎아 먹었다. 그러나 페로가 바로 뒤에서 그를 끊임없이 괴롭히지 않았다면 아마 부시는 소모전의 승리자가 되었을 것이다. 페로라는 적수가 없었다면 클린턴은 초창기 자신의 페르소나를 정의하게 된 (그리고 30세 미만의 유권자들의 마음을 매우 사로잡았던) 매력적인 이상주의자의 면모를 끊임없이 보여줄 수 없었을 것이다. 대신 클린턴은 공세를 폈을 테고, 대선은 전통적인 양상으로 흘러갔을 것이다. 부시는 오하이오주에서 이겼을 테고, 북동부 도시에서도 더 좋은 성적을 거두었을 것이다. 간신히 이겼더라도 공화당의 4회 연속 집권은 민주당에 뿌리부터 개혁해야 한다는 움직임을 일으킬 수밖에 없었을 것이다. 민주 지도부 위원회The Democratic Leadership Council, DLC(1985년 출범한 진보 성향 싱크탱크)는 이미 민주당을 중도주의 방향으로 밀어붙이고 있었다. DLC의 강령은 진보 정책 연구소Progressive Policy Institute에서 1989년 발표한 「회피의 정치The Politics of Evasion」라는 논문에 다음과 같이 간결하게 정리되어 있다. "민주당원들은 이제 현실을 직시해야 한다. 민주당이 경제적 이해에 관심이 없고, 도덕성에 적대적이지는 않더라도 무심하며,

안보 수호에 무능하다고 생각하는 미국인이 너무도 많아졌다."
DLC의 관점을 받아들인 클린턴은 민주당을 세금과 재정 지출, 도덕적으로 애매한 정체성 등의 이미지에서 거리를 두는 신민주당원New Democrat을 자처했다. 이것이 압도적 역할을 하지는 않았지만, 3자 구도에서 승리 전략으로 통했음이 입증되었다. 클린턴이 패했다면 민주당이 어떤 방향으로 나아갔을지(또는 1996년에 누가 대선 후보가 되었을지) 짐작하기 어렵다. 마찬가지로 클린턴이 대통령이 되지 않았다면 공화당이 어떤 길을 나아갔을지도 불투명하다. 1994년 중간 선거에서 공화당은 하원에서 54석, 상원에서 8석을 얻었다. 이러한 구조적 변화는 조지아주 출신의 전투적인 뉴트 깅리치Newt Gingrich가 하원의장으로 선출되고, 21세기 내내 활개 치게 될 극심한 당파적 분열의 토대를 마련했다. 부시가 재선에 성공했다면 소위 말하는 공화당 혁명은 필요하지도 절대 일어나지도 않았을 것이다. 직관에 반하는 듯하지만, 부시가 압승했다면 오히려 공화당은 오늘날만큼 극단적으로 변하지 않았을 것이다. 페로에게 간 2,000만 표가 궁극적으로 중요하지 않다고 믿는다면 페로를 비난할 수 없다. 그러나 중요하다고 믿는다면 그 후 예상되는 시나리오는 한층 복잡해진다.

페로는 2019년 7월 9일, 89세의 나이로 사망했다. 이때는 도널드 트럼프 재임기였기 때문에(그리고 그 기간 뉴스에 보도된 모든 사건은 트럼프 정권의 프리즘을 통해서만 볼 수 있었기 때문에) 부고 기사에서 페로가 트럼프와 비교 대상이 되는 일이 흔했다. 특정 요소들을 대칭으로 놓고 비교하면 더욱 쉬웠다. 먼저 둘 다 억만장자였고, 자유 무역과 이민에 반대했다. 둘 다 기꺼이 음모론을 전파했고, 비정통적인 미디어 플랫폼을 통해 캠페인을 시작했으며, 불리한 상황에 직면하면 언론을 공격했다. 둘 다 투표 무관심층에 호소력이 있었고, 원색적 어휘를 서슴지 않음으로써 기존의 정치인과 다른 범상치 않은 인상을 연출했다(페로는 한때 국가 부채를 가리켜 지하실에 숨어 있는 "무서운 아주머니"에 비유했다). 페로는 노년층보다 청년층에게 더 인기 있었고, 트럼프는 청년층보다 노년층에게 더 인기 있었다. 그렇다면 1992년에 페로에게 투표한 30세의 백인 남성이 외국인에게 일자리를 뺏기고 분노한 54세의 중년이 되어 2016년에 트럼프를 뽑았을 가능성이 있을까? 가능하긴 할 것이다. 의심할 여지 없이 이 범위에 해당하는 유권자층이 일부 있었다. 하지만 만약 그렇더라도 이는 무작위인 우연의 일치였다. 92년 선거가 끝난 직후 몇 년 동안, 페로의 비전을 진정으로 믿는 사람이라면 공화당에서 민주당으로 옮겨갔을 것이 거의 확실하다. 클린턴과 페로는 문화적 이슈에서 훨씬 더 일치하는 점이 많았고(페로는 동성애자 권리를 지지한다고 주장했다), 훗날 클린턴은 페로가 지지하던 많은 목표를 달성했다(균형 예산을 맞추고 부채를 줄였다). 페로 지지층과 트럼프 지지층은 같은 사람들이 아니었다.

그러나 그들이 같은 '유형'의 사람들이었다고 한다면 옳을까?

여러 가지 이기적 이유로 그렇게 믿고 싶어 하는 부류가 있다. 특히 항상 외부자의 침략에 시달리는 고립된 집단의 구성원들 사이에서 더욱 그렇다. 클린턴 캠프 전략가였던 제임스 카빌James

Carville은 2016년 대선 직전 짧은 다큐멘터리에서 "도널드 트럼프가 일자리와 희망을 잃은 고졸 이하 백인 유권자에게 예수 같은 존재라면, 페로는 이러한 움직임에서 세례 요한이었다"라고 말했다. 정통에서 벗어난 후보자에 대응하는 첫 번째 방법은 그를 비합리적이고 정신 나간 사람으로 취급하는 것이다. 그 접근 방식이 실패하면 다음 대응은 후보자의 지지층을 향해 똑같이 공격하는 것이다. 누구도 트럼프 같은 사람이 2016년에 승리할 수 있다고 믿지 않았던 만큼, 그의 예상치 못한 승리 이후 반대 진영에서는 그를 선출한 6,300만 명의 유권자들을 반지성적이고, 약간 이상하고, 자포자기한, 특히 무엇보다 전체 정치 체제를 전복시키려는 광신도 부류라는 이미지를 씌웠다(때로 비판자가 인식하는 정도에 따라 '노동 계급'에서 '인종 차별주의자'까지의 수식어가 붙기도 했다). 물론 이러한 묘사를 트럼프를 찍은 유권자 모두에게 무턱대고 적용하면 안 된다는 반박은 분명 가능하다. 그러나 페로 의 지지자들에게는 아예 이 묘사를 적용하는 것 자체부터가 말이 안 된다. 페로는 혼란과 절망의 시기에 등장하지 않았기 때문이다. 그는 소탈한 이미지였지만, 그의 호소력은 반지성적이지 않았다(페로는 차트와 그래프를 동원함으로써 상대 후보들에 비해 더 깐깐한 공붓벌레 같은 인상을 주었다). 그가 대통령이 되고 싶어 한 이유는 시스템을 무너뜨리기 위해서가 아니었다. 사실 그는 자신이 나서지 '않으면' 시스템이 무너질 것을 염려했다.

페로는 국가 부채의 위험과 자신의 잠재적인 문제 해결 능력을 과대평가했다. 트럼프와 페로의 중요한 유사점으로 지나친 자존심을 꼽을 사람도 있겠지만, 이는 언급할 가치가 별로 없다. 에고 없는 대통령 후보는 있을 수 없기 때문이다. 물론 페로가 오직 자신만 미국의 문제를 해결할 수 있다고 주장하는 동시에 겸손한 이미지도 갖췄다면 훨씬 주목받을 수는 있었을 것이다.

돌이켜 생각하면 바로 그의 야망이 그토록 호소력을 발휘하게 한 핵심 요인이자, 어쩌면 그가 그동안 대체로 무시되어 온 이유일 것이다. 그는 적절한 시기에 등장한 적절한 인물이 아니었다. 그보다 난데없이 등장한 부적절한 인물과 같았다. 그는 대선 출마 당시 예순두 살이었지만 이미 더 나이가 들어 보였다. 90년대는 야심가에게 어울리는 시대가 아니었지만, 페로는 항상 야심을 점점 더 키워 나간 억만장자였다. 그의 정체성은 긴축 강화, 외국 간의 전쟁 불개입, 마리화나 단속, 그리고 머리를 단정히 자르고 직장에 넥타이를 매고 출근하는 것과 같이 대공황기의 가치관을 현대에 옮겨 놓은 것 같았다. 이들은 미국이 겪고 있던 이데올로기의 변화 방향과 정반대였다. 또한 유권자 다섯 명 중 한 명만이 원한 것이기도 했다.

미국에서 제3정당 후보는 대통령이 될 수 없다는 통념이 있고, 페로는 이를 반증한 동시에 입증했다. 어떻게 보면 그는 인습을 깬 무소속 후보로 직접 선거 자금을 조달해 진보와 보수 양쪽에서 2,000만 표를 얻어냈다. 이로써 제3정당 후보의 가능성을 입증했다. 또 다르게 보면 그는 무한한 자금력을 동원하고 언론의 막대한 지원을 등에 업고도 선거인단 투표에서 한 곳도 승리하지 못했다. 이로써 불가능성도 증명한 셈이다. 어느 쪽이든 페로의 성과는 문화가 변화하는 과도기에 필연적으로 나타나는 약간의 불협화음을 반영했다. 1992년 미국은 한편으로는 현실에 안주하는 동시에 또 한편으로는 예측할 수 없는 방향으로 흐르고 있었고, 시민의 19%는 그것이 마음에 들지 않았다. 그들은 대안을 원했다. 비록 텍사스주에서 온 작은 체구의 특이한 남성이 유일한 선택지였더라도 말이다.

불만은 착실하게 쌓여가고

블라디미르 레닌은 "아무 일도 일어나지 않는 10년이 있는가 하면, 10년 치의 사건이 일어나는 몇 주가 있다"라고 했다. 그러나 의미 있는 수십 년이 몇 주 만에 안개 속으로 사라지는 경우도 있다. 이를테면 1993년 초에는 표면상으로는 잊지 못할 일련의 큰 사건들이 터졌지만, 이를 사소하고 하찮게 보일 만큼 더 어마어마한 훗날의 사건 때문에 사람들의 기억에서 완전히 지워지게 되었다.

이러한 전형에 해당하는 한 사건이 2월 26일 세계무역센터 폭파 시도였다. 폭파범은 약 600kg 상당의 폭탄을 밴에 싣고 로어 맨해튼에 있는 북쪽 타워의 주차장으로 향했다. 그는 주차 후 6미터짜리 폭탄 심지에 불을 붙이고 도망갔다. 의도는 북쪽 타워를 남쪽 타워 방향으로 무너뜨려 두 건물을 모두 파괴하는 것이었다. 미수에 그쳤지만 상당한 피해를 입혔다(110층 건물 전체가 흔들렸고, 일부 입주자들은 정전으로 열두 시간 동안 어둠 속에 갇혔다). 사망자 수는 여섯 명이었다(태아를 포함하면 일곱 명). 동기가 불분명한 과감한 공격이었다. 주요 용의자 중 한 명인 람지 유세프Ramzi Yousef 는 파키스탄으로 탈출할 수 있었다(나중에는 결국 체포되어 미국으로 송환되고 240년형을 선고받게 된다). 자금줄은 유세프의 삼촌인 칼리드 셰이크 모하메드Khalid Sheikh Mohammed였다. 나중에 모하메드는 이 테러 시도와 2001년에 성공한 세계무역센터 테러를 지휘했다고 자백했다(다만 이를 포함한 그 후 몇몇 자백들은 폴란드의 비밀 CIA 감옥에서 고문을 받는 동안 이뤄졌다).

쌍둥이 빌딩에 대한 공격은 당연히 엄청난 뉴스였다. 그러나 사망자 수가 '겨우' 일곱 명이었기 때문에 후폭풍을 다루는 보도는 대부분 주식 시장에 미친 영향, 임시 사무실 공간을 찾아야 하는 입주 기업들의 상황, 탄로 난 건물의 안전 규칙 위반 사항 등 감정의 동요를 별로 일으키지 않는 뉴스들에 초점을 맞췄다. 그리고 이 사건에도 한 가지 긍정적인 면이 있는 듯했다. 세계무역센터는 초고층 빌딩이지만 파괴할 수 없을 만큼 아주 튼튼하다는 점을 재확인했다는 것이다. 이 테러리스트들은 서반구 최고층 건물 두 채를 자기 힘으로 무너뜨릴 수 있다고 정말 믿었던 걸까?

테러 2주 후, 동부 해안은 또 다른 대재앙을 겪었다. 20세기 들어 최악의 기상 재해였다. 1993년 3월에 나흘 이상 이어진 슈퍼스톰은 여러 지역에 걸쳐 형성된 저기압에 따른 폭설, 일련의 토네이도, 허리케인에 버금가는 열대성 폭풍을 동시에 몰고 온 보기 드문 기상 이변의 3종 세트였다. 날씨는 지역에 따라 종잡을 수 없었다. 테네시주에서 동부의 한 마을은 눈이 60인치 내린 반면, 내슈빌은 3인치 미만이 내렸다. 텍사스주에서는 천둥을 동반한 폭설이 내렸고, 노스캐롤라이나주에서는 시속 90마일 넘는 바람이 불었다. 플로리다주 전역에서는 열한 개의 토네이도가 발생했다. 캐나다 노바스코샤주 연안에서는 화물선이 전복되어

선원 전원이 바다에서 실종되었다. 2,000마일 떨어진 플로리다 해안에서도 또 다른 화물선이 침몰했다. 수많은 인구 밀집 지역에 폭넓게 피해를 준 탓에 미국 인구의 40%가 영향을 받았다. 인명 피해도 상당해, 250명 이상이 사망했다(펜실베이니아주에서만 49명). 이 중에는 눈을 치우다가 심장마비로 사망한 사람도 많았다. 그래도 이 폭풍우가 남긴 유산 중에 억지로나마 긍정적인 면도 찾을 수 있을 것이다. 미국 국립기상청이 이렇게 전례 없는 규모의 폭풍을 최초로 닷새 전에 예측해 낸 사례였다는 것이다. 덕분에 북동부 지자체들은 눈이 내리기도 전에 비상사태를 선포할 수 있었다.

이러한 사건들이 이토록 집단적으로 잊힌 이유는 나중에 온 다른 후속 사건들과 관련이 있다. 1993년 미수에 그친 세계무역센터 폭탄 테러 시도는 테러범이 목적을 달성한 2001년 테러에 묻혀 버렸다. 1993년 슈퍼스톰도 2005년 1,800명이 사망하고 뉴올리언스 주민 전체가 대피했던 허리케인 카트리나의 피해와 비교하면 이제 사소해 보인다. 이렇게 기억이 희미해지는 것은 사람들의 관점과도 일부 관련이 있다. 1993년에는 현실을 한 개인 자신에게만 일어나는 일로 바라보는 경향이 더 강했다. 역사는 개인의 경험들로 이루어진 총체였다. 이러한 세계관을 보여주는 가장 눈에 띄는 예는 세계무역센터 폭발 직후이자 텍사스주에 천둥을 동반한 눈이 내리기 직전에 개봉된 영화 한 편이었다.

〈폴링 다운Falling Down〉은 훌륭한 영화도 아니고 차마 눈 뜨고 못

볼 영화도 아니었다. 지금 와서 제작한다면 거의 모든 장면을 뜯어고쳐야 할 정도임에도, 당시에는 《뉴스위크》 표지를 장식할 만큼 중요해 보이는 영화였다. 줄거리는 마이클 더글라스^{Michael Douglas}가 연기한 중년의 백인 남성 캐릭터를 중심으로 흘러간다. 그는 교통 체증에 이성을 잃고 직접 로스앤젤레스를 공격한다. 가장 인상적인 장면은 더글라스가 패스트푸드점에 들어가 아침 식사를 주문하려 했다가 오전 11시 30분부터는 아침 메뉴를 중단하고 점심 메뉴를 제공하기 시작한다는 말을 들었을 때다. 그는 TEC-9 기관총을 꺼내 대응한다. 사건 전개 방식에는 〈메탈 기어^{Metal Gear}〉 게임 같은 황당한 특성이 있다. 이를테면 주인공은 장소를 이동하면서 점점 더 강력한 무기를 얻는다(그는 야구 방망이로 시작해 칼을 얻고, 기적처럼 총 가방을 획득하고, 종국에는 로켓 발사대까지 갖게 된다). 마지막에 더글라스는 경찰을 자극해 발포를 유인함으로써 사실상 자살한다.

〈폴링 다운〉은 세월이 흐르면서 평가가 안 좋아졌다. 이 영화에 대한 세부 요소는 지금은 상상할 수 없을 것들로 가득 차 있다. 더글라스의 캐릭터가 인종 차별에 반대한다고 주장하는 한편 사회적 소수자를 죽인다는 점, 이 영화가 종종 코미디로 홍보되었다는 점, 대체로 긍정적인 평가를 받았으며 잠시 국내 박스 오피스 1위를 차지했다는 점 등이다. 요즘 평론가들은 이 영화의 주제에 경악하는 편이고, 기본으로 깔린 전제에 공감하지 않으며, 이 영화가 특이한 영역에까지 영향을 끼쳤다는 사실을 잘 모르는 경우가 많다(아이언 메이든Iron Maiden의 노래, 푸 파이터스의 뮤직비디오, 〈심슨 가족〉의 캐릭터에도 영감을 주었다). 그러나 〈폴링 다운〉이 세대와 관련해 주목할 만한 이유는 정치적 반동성보다는 관객이 일상 속의 불편함에 과민 반응하는 폭력적인 주인공에게 공감하도록 만드는 힘과 관련이 있다. 더글러스의 분노는 합리적이거나 정당하다고 묘사되지는 않아도, 공감할 수 있는 분노로 그려진다. 《뉴스위크》는 더글러스의 얼굴을 배경으로 머리기사 제목을 대문자로 "편집증에 빠진 백인 남성"이라고 달아 놓았지만, 부제목은 부드러웠다. "그들은 요 근래 등장한 피해자인가, 아니면 그저 받아들이지 못하는 찌질이인가?"

〈폴링 다운〉의 주인공은 세상을 해치는 소시오패스로 그려지지 않았다. 대신 유토피아는 아니어도 결코 못 살 정도는 아닌 세상에 분노를 참지 못해 점점 광폭해져 가는 남자로 표현되었다. 더글러스가 거의 문제라고 볼 수도 없는 사소한 외부 문제들에 격분한 것은 자신의 개인사에서 쌓여 온 열등감의 표출이었다. 사회에서 벌어지는 문제들이 그의 신념 체계 안에서는 '오직' 그에게만 해당하는 문제가 됐다. 그렇게 그는 테러리스트이자 슈퍼스톰이 되었다. 그가 왜 그렇게 되었는지 우리가 다른 사람들에게 설명하지 못하는 건 애초부터 영화에 그 설명이 없기 때문이다. 그저 113분의 러닝타임 동안 더 불평할 만한 일이 계속해서 벌어질 뿐이다.

4장

중심에서
바라보는
가장자리

"개념에 새로운 이름을 부여하면
이름이 그 개념의 옷을 입는다."

_스티븐 핑커, 하버드 대학교 심리학과 교수

1993년 《로스앤젤레스 타임스》는 자체적으로 한 가지 결정을 내렸다. 그리고 기사 작성 시 금지 또는 제한하는 약 150가지 단어와 글귀를 정리한 「인종, 민족, 성, 기타 정체성에 관한 지침」이라는 내부 문서를 배포하여 기자와 편집자에게 하달했다. 19페이지 분량의 이 소책자는 스물두 명으로 구성된 위원회에서 초안을 작성하고 편집자 셸비 코피 3세Shelby Coffey III가 발행했다. 금지 대상이 된 표현 중 일부는 그때는 왜 그랬나 싶을 만큼 이제는 명백해 보인다(이를테면 "중국식 소방 훈련"이라는 관용구, "동성애자라고 인정한 사람admitted homosexual"이라는 지칭). 반면 여전히 논쟁의 여지가 있는 다른 표현도 있다(이를테면 "정상normal"이라는 수식어를 삭제하거나, 대도시 중심에 있는 빈민 주거 지역을 완곡하게 지칭하는 "도심 지역inner city"이라는 표현을 권장).

이런 규칙들을 시행한다는 게 놀랄 만한 일은 아니었다. 모든 신문사는 이따금씩 용어나 문체에 관련된 지침을 업데이트하는데, 통상 이런 관행은 내부 관계자 외에는 아무도 알아차리지 못한다. 그러나 이번에는 변화가 갑작스레 한 집단의 차원에서 이루어졌고, 당시 급부상한 개념이자 80년대 후반에 주류 어휘로 편입된 학술 용어 "정치적 올바름Political Correctness"을 공개적으로 수용하는 기사 제목들이 나타나기 시작했다. 평소 같았으면 사소하게 끝났을 한 신문사의 결정이 이번에는 다른 언론인들에게서 유독 대대적인, 그것도 대부분 부정적인 반응을 불러일으켰다. 《로스앤젤레스 타임스》 산페르난도 지부의 한 기자는 문체 매뉴얼의 도입을 비판하는 사설을 썼지만, 사설은 발행 전에 삭제되었다. 이제 이 신문사는 직원이 자사의 새로운 정책을 비판하지 못하게 하는, 어찌 보면 전체주의적 결정을 내림으로써 언어를 검열하려 한다는 원성을 불러일으키게 되었다.

그러나 이 매뉴얼에 가장 신중한 반응은 대중 지식인으로 인지도를 높이고 있던 캐나다 출신의 한 인지 심리학자의 접근법이었다. 당시 매사추세츠 공과대학교의 언어학 교수였던 스티븐 핑커는 자신의 여섯 번째 저서 『언어본능The Language Instinct』을 막 발표한 터였다. 그는 《뉴욕 타임스》로부터 이 새로운 지침을 합리적인 독자라면 어떻게 받아들여야 하는지에 대해 논설을 집필해 달라는 의뢰를 받았다. 핑커가 개인적으로는 이 갈등을 어떻게 생각하는지 짐작하기 어렵지만, 그는 논설에서 이 논쟁의 거의 모든 범위에 적용되는 세 가지 요점을 다음과 같이 제시했다. 첫째, "언어는 생각과 다르며", 언어가 생각을 좌우한다는 과학적 증거는 없다. 둘째, 언어는 자의성이 있다. 셋째, "핵심 역할은 언어가 아닌 개념"에 있다. 핑커는 "개념에 새로운 이름을 부여하면 이름이 그 개념의 옷을 입는다. 개념은 절대 이름에 의해 새롭게 달라지지 않는다"라고 덧붙였다.

여기에서 핑커의 주장에는 어느 정도 분명한 면이 있다. 가령한 개인이 소를 말이라고 부른다고 해서 다른 사람들이 소를 말이라고 생각하지는 않을 것이다. 어떻게든 언중이 소를 볼 때마다 '말'이라고 부르도록 강요한다면 단지 말이라는 단어의 정의만

132

바뀔 것이다. 이에 따르면 언어에 제약을 둔다고 해서 이것이 언중의 실제 사고방식이나 세상의 작동 방식에 영향을 미치지는 않으며, 단지 언중의 표면적인 순응만을 이끌어 낸다는 주장이 맞는 것 같다. 그러나 반대 방향으로도 해석할 수 있다. 언어에 자의성이 있고 언어는 내재된 개념을 표시하는 기호 역할에 그친다면, 언어를 바꾼다고 발끈해야 할 이유가 없다. 실제 문제는 특정언어가 표출하고 담고 있는 대상, 즉 개념에 있기 때문이다.

이 이유로 핑커의 주장은 꼭 분명하다고 볼 수도 없다. 90년대 내내 검열 없는 표현의 자유에 대해 위험을 우려하는 목소리와 필요성을 옹호하는 목소리가 팽팽히 맞섰다. 이 논쟁에서 언어가 문제인지 아니면 해당 언어의 개념이 문제인지는 점점 더 불분명해졌지만, 갈수록 분명해진 한 가지는 논쟁에 가장 열심인 사람들일수록 언어가 곧 개념이라는 관점을 취하고 있다는 점이었다. 이처럼 원래는 언어가 있었고, 개념이 있었다. 그러나 제삼의 요소가 추가되었으니, 바로 상황이었다.

* * *

1989년 2월 마이애미 출신 랩 그룹 투 라이브 크루2 Live Crew의 3집 〈As Nasty As They Wanna Be〉가 정식 출시되었다. 이 앨범은 아직 랩 장르로 상업적 대성공을 거두기에 한계가 있던 당시에 200만 장이 팔리는 기염을 토했다(힙합 역사상 최고의 명반으로 꼽히는 퍼블릭 에너미Public Enemy의 1988년 발매작 〈It Takes a Nation of Millions to Hold Us Back〉의 두 배가 팔렸다). 또한 〈As Nasty As They Wanna Be〉는 법적으로 음란물로 분류된 최초의 팝 앨범이기도 하며, 이 분류는 그들의 소신을 지지하는 팬들조차 이의를 제기할 수 없었다(문화 주간지 《빌리지 보이스》의 편집자 로버트 크리스티아구Robert Christgau는 "이 앨범은 포르노다. 그것이 이 앨범의 몇 안 되는 장점 중 하나다"라고 썼다). 동시대에 코미디언 앤드류 다이스 클레이Andrew Dice Clay의 성공과 마찬가지로 투 라이브 크루의 인기는 외설 표현이 끊이지 않는 노골적인 가사와 이 외설성이 그들의 음악적 영감의 (거의) 전부라는 암묵적인 인식에서 전적으로 비롯되었다.

1990년 플로리다주 지방법원 호세 곤잘레스Jose Gonzalez 판사는 이 음반이 음란물에 해당하고 표현의 자유를 규정한 수정헌법 제1조에 의해 보호되지 않는다고 판결하며, "지성과 이성이 아니라 불순한 생각과 정욕에 호소하는 음반"이라고 주장했다. 강제 집행을 하기엔 불합리한 법적 근거였지만, (특히 플로리다주 남부를 중심으로) 음반 소매상들은 두려움에 〈As Nasty As They Wanna Be〉 앨범을 회수했다. 실제로 포트 로더데일의 한 음반 가게 주인은 판결 이틀 후 〈As Nasty As They Wanna Be〉 앨범을 팔다가 잠복 경찰에게 붙잡혔다.

투 라이브 크루의 유죄는 마냥 오래가지 않았다. 3년 안에 연방 순회 항소 법원이 판결을 뒤집었기 때문이다. 이 사건은 절대 앨범의 콘셉트, 즉 개념에 대한 싸움이 아니었다. 오로지 언어와의 싸움이었다. 예컨대 수록곡 중 〈The Fuck Shop〉에는 어떤 '개

넘'도 들어 있지 않다. 〈The Fuck Shop〉이 대중으로 하여금 매춘업소를 찾도록 자극하거나, 가사대로 "싸게 모셔 드릴" 매춘업소들이 우후죽순 생겨나지 않을까 걱정할 필요도 없었다. 이 곡은 어떤 식으로든 정부에 명백하고 실질적인 위협이 되지 않았다. '오직' 음란물 여부를 가리는 사건이었기에, 다음 세 가지 쟁점만이 중요했다.

1. 이 앨범은 정욕에 호소하는가?
2. 성의 묘사 방식이 명백히 불쾌감을 주는가?
3. 문학적, 예술적 가치가 심각하게 결여되었는가?

곤잘레스 판사의 원판결은 세 번째 쟁점에 달려 있었다. 항소가 성공한 이유는 세 번째 쟁점이 충분히 입증되지 않았기 때문이다. 수정헌법 제1조를 연구하는 학자들에게 이는 굉장히 의미 있는 뉴스였다. 그러나 다른 모든 사람들에게는 대수도 아니었다. 앨범 내용은 (말 그대로) 속세의 때가 묻은 성인용 동요 수준에 불과했다. 표면상 이 앨범의 유통을 금지하는 것은 잘못이고, 유통을 허용하는 것이 헌법상 옳다는 결론이 나왔다. 그러나 구체적인 득실은 무엇이었을까? 이 모든 법적 공방이 투 라이브 크루에게 유리했다는 분위기가 압도적이었다.* 자신들의 힘으로는 결코

---

* 투 라이브 크루가 법정에 서게 된 또 다른 사건도 있었다. 이 사건은 로이 오비슨Roy Orbison의 노래 〈Oh, Pretty Woman〉과 관련해 대법원까지 올라갔다. 그러나 음란성과는 아무런 관련이 없었고, 이 곡의 상업적 패러디가 정당한지 원곡의 저작권을 침해하는지가 쟁점이었다. 법원은 투 라이브 크루의 손을 들어주었다.

얻지 못했을 관심과 주목을 음악 외적으로 한몸에 받았으니 말이다. 원판결이 있고 며칠 후, 멤버 중 두 명이 플로리다주 할리우드의 한 나이트클럽에서 공연 음란죄 혐의로 체포되었다. 그들은 브로워드 카운티 교도소에서 두 시간 잡혀 있다가 보석금도 없이 귀가 조치되어, 곧장 또 다른 콘서트를 하러 비행기를 타고 피닉스로 향했다. 이걸 보면 어떤 사태의 심각성도 찾아볼 수 없다.

그러나 90년 원판결과 92년 항소 사이에 발표된 또 다른 곡은 비슷한 원칙을 시험대에 올리는 한편 더욱 격렬한 논쟁에 불을 지폈다.

아이스-티Ice-T(1958년생으로 본명은 트레이시 매로Tracy Marrow다)는 로스앤젤레스에서 10대를 보내고 1980년대에 걸쳐 갱스터랩 장르를 개척한 힙합 아티스트다. 그러나 그의 음악적 스펙트럼은 광범위하고 다방면에 걸쳐 있었다. 아이스-티는 랩과 컨트리, 또 랩과 하드 록 사이에 가사 전달 방식의 유사점이 있음을 주목하곤 했다. 그리고 1991년 블랙 사바스Black Sabbath, 슬레이어 등의 영향을 받은 헤비메탈 그룹 보디 카운트Body Count를 결성했다. 보디 카운트는 1992년 3월 〈Cop Killer〉라는 곡이 엔딩곡으로 실린 셀프 타이틀 앨범을 발표했다. 이 앨범은 언어 외적의 이유로 논란을 일으켰다. 이 논란의 중심에는 '오로지' 개념만 있었다.

설명적이고 직설적인 〈Cop Killer〉의 가사는 로스앤젤레스 경찰국에 헌정한다는 내레이션으로 시작한다. 초반부는 검은 장갑과 복면을 착용하고 자동차 헤드라이트를 끈 후 경찰 몇 명을 직접 쏠 준비를 한다는 내용이다. 중간 후렴구는 "빌어먹을 짭새들

(Fuck the police)"과 "오늘 밤 복수하리라(Tonight we get even)"로 되어 있으며, 자동 소총의 총성 샘플링이 극적 효과를 높인다. 이 노래는 1982년이나 2002년에 나왔다면 약간 논란이 되었을 것이다. 내일 당장 발표되어도 약간 논란이 될 것이다. 그러나 1992년에 이 곡은 당시 미국에서 가장 논쟁이 된 이슈를 다룬 가장 논쟁적인 작품이었다. 언제나 그렇듯, 제일 중요한 건 타이밍이다.

1991년, 산페르난도 밸리에서 운전하던 흑인 시민 로드니 킹 Rodney King은 과속을 단속하던 로스앤젤레스의 백인 경찰들에게 붙잡혀 구타를 당했다. 이 경찰관 네 명은 폭행과 과잉 진압 혐의로 기소되었다. 재판은 이듬해 4월 29일 종료됐다. 킹이 두들겨 맞는 장면이 찍힌 12분짜리 영상이 널리 퍼졌음에도 네 명 모두 무죄를 선고받았다.

이 판결 직후 로스앤젤레스에서 폭동이 일어났다. 엿새 동안 예순세 명이 사망했고, 로스앤젤레스 중남부 지역, 특히 코리아타운 인근의 가게들이 약탈당하고 잿더미가 되었다. 가장 적나라하게 포착된 영상은 폭동 위를 맴도는 뉴스 헬리콥터가 찍은 것으로, 시위대가 레지널드 데니Reginald Denny라는 트럭 운전사를 차량에서 가차 없이 끌어내 콘크리트 블록에 머리를 박는 장면이었다. 부시 대통령은 사태를 수습하기 위해 4,000명이 넘는 군인을 배치했다.

로드니 킹 구타 사건, 경찰관에 대한 무죄 판결, 시위가 남긴 폐허의 흔적은 모두 경찰 기관과 인종 차별에 대해 있을 수 있는 모든 찬반 견해의 근거로 제각각 사용되었다. 킹에 대한 폭행은 흑인들이 경찰의 표적이 되고 학대를 당했음을 나타냈다. 재판 결과는 백인 배심원단이 증거와 관계없이 백인 피고인에게 편향되어 있음을 시사했다. 폭동은 당국의 무력 사용이 허용될 수밖에 없을 만큼 통제 불능으로 자멸하는 로스앤젤레스의 실상을 보여주었다. 대체로 사람들은 양쪽에 부분적으로 잘못이 있다고 인식했다. 《로스앤젤레스 타임스》의 여론 조사에 따르면 지역 주민의 71%가 로드니 킹 사건의 판결에 "강하게 반대"한다고 밝혔지만, 이후 시위를 "절대 정당화할 수 없다"고 답한 사람도 75%였다.

〈Cop Killer〉는 마치 거대한 소용돌이로 뛰어든 낙하산과 같았다. 언어의 위험성에 대한 이론적 논란은 돌연 현실적인 위협처럼 느껴지기 시작했다. 미국의 상황에 비추어 볼 때 경찰을 죽이자는 내용의 노래는 사람들이 직접 경찰을 죽이도록 유도할 가능성이 있을까?

현실 세계에서 아티스트의 책임 범위가 어디까지냐는 질문은 이미 80년대 내내 제기되었다. 헤비메탈 아티스트 오지 오스본 Ozzy Osbourne과 헤비메탈 밴드 주다스 프리스트 Judas Priest는 그들의 음악이 10대들을 자살로 이끌었다는 혐의로 소송을 당한 적이 있다. 이 문제는 1993년에도 다시 두 차례 불거졌다. MTV에서 방영한 만화 〈비비스와 버트헤드 Beavis and Butt-Head〉의 한 에피소드는 한 5세 소년이 방화를 저질러 여동생을 죽게 했다는 혐의로 소송을 당했고, 대학 미식축구 영화 〈프로그램 The Program〉은 영화의 한 장면(나중에 편집됨)을 보고 한 10대가 고속도로에 누웠다가 차에 치여 사망하는 일이 있었다.

하지만 〈Cop Killer〉가 자칫 야기할 수 있는 시나리오는 더 위험했다. 앞의 다른 모든 사례는 소비자가 콘텐츠를 제멋대로 해석해 일어난 불상사였다. 반면에 〈Cop Killer〉의 메시지는 듣는 이의 해석에 맡기는 방식과는 상당히 거리가 멀었다. 가사에 로스앤젤레스 경찰국장 데릴 게이츠^{Daryl Gates}의 이름까지 직접 언급할 만큼 청자를 향한 명령조에 가까웠다. 게다가 경찰의 잔인함과 당시의 정치적 상황도 현재 시제로 언급하고 있어 이 곡의 함의는 단순한 엔터테인먼트 이상이었다. 수정헌법 제1조에 따르면 〈Cop Killer〉는 책잡힐 이유가 없었다(댄 퀘일^{Dan Quayle} 부통령은 이 노래를 "음란하다^{obscene}"며 이 용어의 법적 의미를 애써 무시했다). 이처럼 합헌성에 전혀 어긋나지 않기에 오히려 문제가 악화되었다.

이 노래의 유포를 막을 유일한 방법은 보디 카운트의 앨범을 발매한 사이어^{Sire} 레코드의 모회사인 타임워너를 겨냥하는 것이었다. 처음에는 텍사스주의 경찰 조직이 압력을 가하기 시작했다(보이콧을 요구한 최초의 조직 중 하나는 댈러스 경찰 협회였다). 여기서 안 그래도 복잡한 문제가 더욱 복잡해졌다. 경찰 조직이 행정부와 동급의 압력을 행사한 데다가, 이는 수정헌법 제1조의 명백한 위반처럼 보였다. 그러나 정작 당사자인 아이스-티가 수정헌법 제1조로부터 보호받는 데 관심이 없었기 때문에 또 한 번 상황이 묘하게 꼬이게 되었다. 그는 앨범의 합법성이 중요한 게 아니라 앨범이 전달하는 메시지라고 주장했다.

나중에 아이스-티는 오하이오 대학교에서 연설 도중 이렇게 말했다.

수정헌법 제1조의 수호를 지지하고 이를 근거로 검열 반대를 외치는 사람들은 사실상 자신을 방어하기 위해 헌법이라는 제도적 도구에 기대려는 것과 같다는 걸 깨달아야 합니다. 우리는 거기서 벗어나야 합니다. 나는 그냥 인권이 있다고요. 수정헌법 제1조 따위는 개나 줘버리자고요.

하지만 아이스-티는 이 아슬아슬한 〈Cop Killer〉를 세상에 내놓는 것이 결국 너무 위험하다는 판단을 내렸다. 실제로 정부로부터 선동 혐의로 기소될 것을 걱정한 그는 7월 말 추가 물량 제작부터 이 곡을 빼고 대신 〈Freedom of Speech〉라는 기존의 랩 곡을 메탈로 편곡해서 실었다. 1년 후 아이스-티는 타임워너와 계약을 종료하고 영화와 방송 활동에 더 전념하게 되었다(하지만 여전히 독립 레이블에서 앨범을 꾸준히 발표했다). 이 모든 결정은 (엄밀히 말해) 아이스-티 본인의 선택이었기에 이후 〈Cop Killer〉를 둘러싼 한바탕 소동은 잠잠해졌다. 며칠 후 앨범은 50만 장 판매량을 넘기며 골드 앨범이 되었지만, 처음부터 상업적 성공을 기대하기 어려웠던 이 앨범에서 가장 화제가 된 곡이 삭제되자 보디 카운트는 대중의 기억에서 점점 사라졌다.

그렇지만 〈Cop Killer〉에 잠재된 힘은 심오했다. 이 곡은 그전까지 미국 내에서 별로 고려되지 않았던 이슈를 단숨에 공론화할 수 있는 문제로 만들어 놓았다.

〈Cop Killer〉가 경찰에 대한 반감을 표현한 최초의 노래는 단연코 아니다. 1950년 이후 경찰을 언급하는 록과 팝 음악은 대부분 명백히 경찰을 비난하는 내용이었다.* 특히 경찰과의 좋지 않은 관계를 노래하는 아티스트들이 점점 늘어났던 힙합 장르에서 이러한 경향은 훨씬 더 뚜렷했다. 퍼블릭 에너미의 〈911 Is a Joke〉, 엘엘 쿨 제이LL Cool J의 〈Illegal Search〉는 둘 다 1990년에 발표된 곡이다. 그보다 2년 앞서 N.W.A는 로스앤젤레스 경찰들을 쏘는 내용을 〈Cop Killer〉보다 훨씬 덤덤하게 부른 〈Fuck tha Police〉를 발표했다.** 그렇다면 왜 유독 보디 카운트가 눈에 밟혔던 걸까? 공교롭게도 폭동이 있은 지 한 달 후에 이 앨범이 발매된 것도 부분적 이유였다. 또 다른 이유로는 보디 카운트가 '흑인음악'인 힙합을 기본 아이디어로 깔고 여기에 '백인 음악'인 하드록을 가미하여 백인층의 취향까지 확장했다는 점도 있다.*** 그러나 진짜 촉매제는 가사 중 일부 후렴구와 이것이 함축하는 의미였을 것이다. 바로 "오늘 밤 복수하리라"라는 대목이다.

* 이 추세가 (잠시나마) 뒤집힌 유일한 때가 있었으니, 바로 2001년 9월 11일 테러 공격 직후의 혼란기였다. 당시 경찰에 대한 시민들의 지지도가 워낙 높았던 탓에 그해 10월 9일에 발매된 스트록스the Strokes의 데뷔 앨범 중 〈New York City Cops〉는 수록곡에서 제외되어야 했다. 뉴욕 경찰이 "별로 똑똑하지 않다"는 가사 때문이다.

** N.W.A 멤버 아이스 큐브Ice Cube는 1991년 솔로 앨범 〈Death Certificate〉에서 "내가 임무를 완수할 때쯤이면 로스앤젤레스 경찰들은 피바다 속에서 죽어가겠지"라는 가사로 한층 더 강렬한 적개심을 표출했다.

*** 이 곡이 그만큼 주목받은 진짜 이유는 아이스-티의 랩이 그의 흑인 정체성과 떼려야 뗄 수 없는 관계에 있기 때문이었을 가능성이 있다. 〈Cop Killer〉를 (예를 들어) 메탈리카가 불렀다면 그들에게 악동이나 반골 이미지가 붙긴 할 테지만 인종적 의미가 부여되지는 않았을 것이다. 백인 그런지 밴드인 사운드가든이 라이브에서 종종 〈Cop Killer〉를 불렀고, 아무도 이를 문제 삼지 않았다는 점은 주목할 가치가 있다. 아이스-티는 "〈Cop Killer〉가 록 앨범인데도 랩 앨범이라는 딱지를 붙인 건 사람들을 결집시키기 위한 방법이었다. 누가 〈Cop Killer〉라는 곡이 담긴 록 앨범이 나왔다고 하면 권력자인 백인들은 대개 '나는 에어로스미스Aerosmith가 좋아. 나는 플리트우드 맥Fleetwood Mac이 좋아. 그럼 이 노래도 좋겠지'라고 말하겠지만, '랩' 앨범이라고 하면 검둥이 음악이란 뜻이니 안 좋아한다고 말한다"라고 말했다.

경찰에 대한 폭력을 찬양하는 작품들의 전개 구도를 보면 십 중팔구 경찰이 시작한 학대를 설명하며 포문을 연다. 이는 일반 적으로 방금 당한 일에 대한 직접적인 반응이다. 즉, 대개 노래는 주인공이 태연하게 자기 할 일 하다가 경찰에게 억울하게 괴롭힘 을 당해 '그러면 나도 이렇게 나올 수밖에 없다는' 식으로 반응하 는 내용일 때가 많다. 그러나 〈Cop Killer〉는 그렇지 않다. 애초에 작정한 듯 능동적이다. 〈Cop Killer〉가 상정하는 전제는 모든 경 찰은 똑같고, 그들의 업무 수행에는 잔인함이 내포되어 있으며, 경찰 죽이기를 정당화할 유일한 이유는 그들이 경찰이라는 사실 그 자체라는 것이다.

훗날 아이스-티는 이렇게 말한다.

전형적인 저항 앨범이었다. "죽어야 할 사람은 내가 아닌 바 로 너희들." 내가 죽어야 한다면 그들이 먼저 죽어야 할 것 이다. 나는 그들 손에 호락호락 죽지 않겠다는 얘기다.

이 곡의 비현실적이리만치 직설적인 화법은 꽤 당혹스러웠다. 〈Cop Killer〉에 대한 대중의 반응은 전년도에 발표된 브렛 이스턴 엘리스Bret Easton Ellis의 소설 『아메리칸 사이코American Psycho』와 비슷했 다. 이 소설은 에둘러 표현하는 대신 직설 화법을 택했고, 비판 세 력이든 지지 세력이든 둘 다 이 풍자적인 허구의 작품을 곧이곧 대로 해석했다. 그리고 허구가 아닌 로드니 킹 구타 사건, 그 뒤를 이은 폭동과 맞물려 발표된 〈Cop Killer〉는 한때는 정치적 영역이라는 가장자리에만 존재하던 신념을 대중 안으로 끌고 들어왔다. 로스앤젤레스의 흑인 청년들은 경찰과 적극적으로 전쟁을 벌이기 시작했고, 더 이상의 이유는 필요하지 않았다. 전쟁은 영원히 이어졌고, 모든 잘못은 경찰에게 있었으며, 경찰에게 무슨 짓을 가해도 용납할 수 있었다.

물론 모두가 이 관점을 수긍한 것은 아니다. 당시 〈Cop Killer〉를 바라보는 인종별 관점은 70년대 초반의 관점과 크게 다르지 않았다(1992년 여론 조사에 따르면 미국인의 절반가량이 여전히 인종 간 결혼을 인정하지 않는 것으로 나타났다). 90년대 내내 범죄 발생 건수는 감소하는 가운데, 교도소 수감 인구는 약 70% 증가했다. 경찰과 직접 맞닥뜨려 본 경험이 없는 사람들에게는 긍정적인 경향으로 보였다. 전지적 경찰 시점에서 현직 경찰들의 실제 생활을 다룬 폭스 채널의 〈캅스Cops〉는 이 시대의 가장 보편적인 리얼리티 쇼였다.* 반면에 경찰에 저항하는 관점은 보편적이라기보다 소수 의견에 가까웠다. 그러나 중요한 점은 이때부터 젊은이, 흑인, 로스앤젤레스 주민이 아니어도 경찰에 대한 반감을 품는 사람들이 슬슬 생겨나기 시작했다는 것이다.

---

* 〈캅스〉는 서른두 시즌 동안 방영되다가 2020년 조지 플로이드George Floyd라는 흑인 시민이 미니애폴리스 경찰에 의해 사망한 사건 이후 잠정 중단되었다. 몇 년 전부터 이 프로그램은 경찰과 언론 간의 유착 관계를 증명하는 방송이라며 비판을 받아 온 터였다. 경찰이 거리를 순찰하며 흐름을 주도하고 제작진이 그들을 따라오게 하는 방식에 의존하는 만큼, 경찰의 긍정적인 모습만 방송되기 때문이다. 이러한 관점에서 전달된 프로그램의 태생적 한계는 경찰을 향한 대중의 신뢰가 한 번 무너지자 구제 불능으로 여겨졌다. 그러나 〈캅스〉의 보는 재미 중 과소평가된 한 가지 부수적 측면이 있었다. 바로 각 지역의 특색이다. 〈캅스〉는 다양한 주에 걸쳐 다양한 도시에서 촬영되었으며, 범죄 행위에만 초점을 맞추었기 때문에 평소 같았으면 텔레비전에 절대 나올 일이 없는 동네와 공동체가 전파를 탈 수 있었다. 〈캅스〉는 파시즘의 순화된 버전인 동시에, 지역 관광 홍보의 변종 버전이었다고도 볼 수 있다.

* * *

90년대 전반, 오랫동안 소수 집단이 숙명처럼 여겨 왔던 이데 올로기에 일반 시민들이 갑자기 눈뜨기 시작했다. 더구나 이 추세는 물밀듯이 나타났다. 보디 카운트의 앨범에 앞서 영화 〈보이즈 앤 후드Boyz n the Hood〉가 개봉되었고, 〈사회에의 위협Menace II Society〉이 그 뒤를 이었다. 이 두 영화는 로스앤젤레스에서 갱으로 살며 약탈을 일삼는 흑인 청소년들의 폭력적인 삶을 조명했다. 한때는 무시되었던 현실이 급속도로 예술 작품의 소재가 되었고, 이러한 불평등을 인식한 대중은 한쪽에서는 절망을, 또 한쪽에서는 혼란을 느꼈다. 절망을 느낀 쪽은 소외층이었다. 그들은 자신의 삶에 미처 몰랐던 문제가 내재하고 있음을 깨달은 동시에, 그것이 엔터테인먼트 소재로 바뀌고 있다는 사실에 충격을 받았다. 혼란을 느낀 쪽은 백인 소비자들이었다. 그들 중 다수는 자신들이 당연하게 받아들여 왔고 사회의 세계관을 지배해 온 규칙이 얼마나 편협한지 처음으로 깨달았다.

힙합 그룹 어레스티드 디벨럽먼트Arrested Development의 〈3 Years, 5 Months and 2 Days in the Life of…〉는 이 불협화음이 반영된 앨범이었다. 남부 흑인 정신이 깊이 배어나는 이 앨범은 오직 1992년이기에 가능했던 성공 스토리의 전형이었다. 아프리카 중심주의와 정치의식이 뚜렷한 앨범임에도 따분한 교외 백인층에서 수백만 장이 팔렸고 《빌리지 보이스》와 음악 잡지 《더 와이어》에서 올해의 앨범으로 선정되었다. 힙합이지만 밝은 분위기와 뚜렷한 멜로디 덕에 이전에 랩 음악을 듣지 않던 백인 청취자들의 마음도 사로잡았다. 그러나 그렇다고 해서 백인 청취자들이 이 앨범을 제대로 해석했다는 의미는 아니다. 그룹의 평화주의자 프런트맨이자 스피치Speech라는 예명으로 불리는 토드 토머스Todd Thomas는 싱글 〈People Everyday〉의 후반부에서, 지나치게 으스대는 사내와 원치 않는 난투에서 이긴 후 "한 흑인이 검둥이nigga처럼 굴더니 나 같은 아프리카인에게 두들겨 맞네"라고 랩을 한다. 이 검둥이라는 지칭이 내포하는 뉘앙스가 백인들, 특히 어떤 지칭이 허용되고 허용되지 않는지 생각해본 적이 없는 백인들에게는 아리송할 때가 많았다. MTV는 〈People Everyday〉의 뮤직비디오를 방송할 때 가사 중 '검둥이'라는 단어를 편집했다. 따라서 시청자들은 뚝뚝 끊기는 노래를 통해 어레스티드 디벨럽먼트의 가사에 흑인 비하 언어가 담겨 있음을 짐작할 수 있었다.

이번에도 불협화음은 맥락과 관계가 있었다. 백인들이 힙합 앨범을 통해 새로운 언어를 접하는 경험은 새로움에 눈을 뜨는 계기이자 의식의 확장으로 여겨졌다. 하지만 이 경험이 일상까지 침투하는 순간 반응은 부정적으로 바뀌었다. 에보닉스Ebonics라는 흑인 영어에 대한 논란으로 잠시 사회가 뒤숭숭했던 1997년이 그 증거다.

1970년대 중반에 만들어진 이 용어는 '흑인ebony'과 '음성학phonics'의 합성어다. 이 개념은 전통 영어와 다르게 흑인 공동체 일부에서 영어를 사용하는 방식은 잘못이나 결함이 아니라, 시간이 지나면서 구축된 그들만의 자체 문법 규칙(예컨대 'ask'를 'ax'로 발음하거나, 의도적으로 이중 부정을 사용하는 것 등)이라는 전제를 깔고 있다. 학문적 용어로는 아프리카계 미국인 방언^{African American Vernacular English}이라 불렸는데, 학계 밖에서는 20년 동안 아무도 이 이론에 별 관심을 기울이지 않았다. 그러나 1996년 12월, 캘리포니아주 오클랜드 교육 위원회가 갑자기 에보닉스를 대부분 흑인 학생들의 제1 언어로 공개적으로 인정했고 이러한 언어 차이를 정식 교육 과정 내에서 받아들여야 한다고 발표했다.

이 소식에 대한 반응은 호기심 섞인 당황이 아니었다. 신성한 언어가 훼손되었다는 전국적 광분을 불러일으켰다. 거기다가 자세한 내막을 알지 못하는 대중의 오해도 샀다. 대중은 오클랜드 공립학교들이 단순히 에보닉스를 인정한 것이 아니라 전통적인 영어 교육을 에보닉스로 '대체'하고 있다고 생각했다. 오클랜드 학교 시스템의 아이들은 이제 에보닉스를 배우고, 에보닉스의 문법 규칙이 기존의 다른 모든 문법 규칙을 밀어낼 것이라고 믿었다. 에보닉스의 전체 개념 자체가 너무 혹독히 조롱을 받아 이 용어는 의도와 반대되는 결과를 낳았다. 에보닉스를 합법화하기는 커녕 비정상적인 학문적 해석으로 조롱하기 딱 좋은 수단이 된 셈이었다. 90년대 말 즈음 이 용어는 거의 모든 사람에게 호감을 잃었으며, 에보닉스를 긍정적으로 언급할 때조차도 사회에서 비표준임을 나타내기 위해 흔히 따옴표가 따라붙었다.

언어와 개념은 서로 다른 속도로 발전하고 있었다.

＊ ＊ ＊

언어와 개념이 시차를 두고 진화한 더 쉬운 예는 '퀴어^{queer}'라는 단어다. 이는 약 한 세기 동안 동성애자를 비하하는 속어였다. 이성애자들 사이에서 이 구어의 의미는 모호할 것도 없었고 달리 해석될 여지도 없었다. 그러나 게이 공동체에서 퀴어의 의미는 70년대와 80년대를 거치면서 점차 변화해 왔다. 중요한 전환점은 1987년 액트업^{ACT UP}이라는 약어로 더 잘 알려진 권력 해방을 위한 에이즈 연합^{AIDS Coalition to Unleash Power}의 결성이었다. 그러다가 1990년에는 두 가지 주요 사건으로 절정에 이르렀다. 분파 활동 단체인 퀴어 네이션^{Queer Nation}이 결성되고,* 뉴욕 프라이드 행진 동안 전투적 내용의 전단 「퀴어들에게 고함!^{Queers Read This!}」이 배포된 것이다. 익명으로 배포된 「퀴어들에게 고함!」은 시종일관 도발적이었다. "이성 간 공공장소에서의 애정 행각, 결혼, 출산 및 이들 모습을 언론에서 다루는 행위는 이성애를 조장할 수 있으니 중단할 것"을 촉구했다. 그리고 "이성애자를 위한 행동 규칙"의 개요를 설명하고, 자신들의 정체성을 구별하는 표현으로 '퀴어'를 채택할 것을 천명했다.

아, 우리는 정말 이 단어를 써야 하는가? 이것은 딜레마다.

---

* 퀴어 네이션 회원들은 일반적으로 "우리가 왔다! 우리는 퀴어다! 당신들이 익숙해져라!"라는 구호의 창시자로 알려져 있다. 여기서 마지막에 "익숙해져라!"가 포함된 것은 당시 이 퀴어라는 표현이 얼마나 낯설고 표준에서 벗어났는지를 보여준다.

모든 동성애자는 각자의 견해가 있을 것이다. 퀴어의 사전적 정의에는 이상하고 별나고 이해하기 어렵다는 의미가 담겨 있다. 그래도 좋다, 우리는 상관없다. 그러나 일부 동성애자들에게는 그렇지 않다. 그들은 자신이 이상하지 않고 정상이라고 생각하기 때문이다. 또 다른 사람들에게 '퀴어'는 청소년기에 고통받은 끔찍한 기억을 떠올리게 한다. '퀴어'란 잘해야 굉장히 달콤씁쓸하고 특이한 단어이고, 최악의 경우에는 당사자를 지치게 하고 고통스럽게 하는 단어다. '게이gay'를 사용하면 어떨까? 훨씬 더 밝은 단어이고, '즐겁다'라는 뜻도 있지 않은가. 동지 여러분은 언제 진정한 성인이 되어 신기하고 유별난 사람 취급에서 벗어날 것인가? 물론 '게이'도 좋다. 그 용법에 적합한 단어다. 하지만 많은 레즈비언과 게이는 즐거운gay 게 아니라 매일 지긋지긋한 분노로 아침을 맞이한다. 그래서 우리는 스스로를 퀴어라고 부르기로 했다. '퀴어'를 사용하면 우리가 나머지 세계에서 어떻게 인식되는지 스스로 상기시킬 수 있다. 또한 우리가 조심스럽고 소외된 삶을 살아야 하는 이성애자 중심의 세상에서 남들에게 재치 있고 매력적인 사람이 될 필요는 없음을 인식하게 해주는 단어다. (중략) 또 이 단어는 우리가 동성애 혐오자들의 손에서 빼앗아 그들을 향해 사용할 수 있는 교활하고 아이러니한 무기가 되기도 한다.

「퀴어들에게 고함!」의 강렬한 어조는 80년대와 여전히 다르지 않았던 1990년의 상황을 반영한다. 80년대에 동성애 혐오가 "더 흔했다"라고 한다면 이는 그 인습이 얼마나 뿌리 깊은지 매우 과소평가하는 표현이다. 연예계에서 노골적인 동성애 혐오는 여전히 허용되는 주제였다. 1988년 가족 지향의 액션 영화 〈크로커다일 던디 2Crocodile Dundee II〉에는 게이라는 사실이 자살의 타당한 이유가 된다는 농담이 나온다. 힙합 그룹 비스티 보이스Beastie Boys는 훗날 포용과 진보의 아이콘이 되지만, 1986년 데뷔 앨범의 제목을 처음에 "Don't Be a Faggot(호모처럼 굴지 마)"로 정하려 했다. 스탠드업 코미디에서 줄기차게 게이들을 조롱하곤 했던 에디 머피Eddie Murphy는 80년대에 가장 인기 있는 코미디언이었다. 이 모든 정서가 이제 놀라운 속도로 변화하기 시작했다. 동성애 혐오를 풍자가 아닌 유머의 수단으로 아무렇지 않게 사용하던 관행이 10년도 안 되어 (적어도 연예계에서는) 거의 완전히 사라졌다.* 하지만 90년대 초만 해도, 이성애자들의 눈에 게이 문화는 여전히 말도 안 되는 것으로 비쳤다. 실제로 어떤 게이와 알고 지낸다는 의미와 누군가를 추상적으로 "게이"라고 부른다는 의미는 사람들에게 다르게 다가왔다. 여기에 퀴어들이 스스로 '퀴어'라고 부르기로 결정하자, 이성애자 중심의 사회에서는 혼란에 혼란이 더해져 어

---

* 대신 그 후 등장하게 되는 것은 1996년 만화 〈애매모호한 게이 듀오The Ambiguously Gay Duo〉였다. 황금 시간대에 〈다나 카비 쇼The Dana Carvey Show〉의 한 코너로 시작해 나중에 〈새터데이 나이트 라이브Saturday Night Live〉로 옮겨 가 더 친숙해졌다. 만화의 초점은 슈퍼히어로 한 쌍이었다(당시에는 별로 유명하지 않았던 스티브 카렐Steve Carell과 스티븐 콜베어Stephen Colbert가 목소리 연기를 맡았다). 그들의 언행은 계속 번듯하게 게이 티가 났음에도, 이는 항상 우연적이고 무의식적인 것처럼 그려졌다. 이러한 대략적 묘사는 먼 과거에는(그리고 그리 머지않은 미래에도) 조잡하고 동성애 혐오적으로 보였겠지만, 1996년에는 긍정적이고 속뜻 있는 창작 의도로 간주되었다. 유머의 대상은 동성애 혐오자를 겨냥했지만, 실제 불똥은 반대편으로 튀는 때가 많았다.

찌할 바를 몰랐다.

적절한 명칭 찾기가 쉽지 않다는 사정을 감안할 때 퀴어 사회 내에서는 '퀴어'가 그나마 적절해 보이기는 했다. '게이'와 달리 남성의 의미에 치우치지 않았고, 더 폭넓은 스펙트럼의 성적 지향과 정체성을 포함했다. 반면에 이성애자 사회, 특히 진보적 이성애자들에게는 이 언어의 전환이 어색하게 느껴졌다. 항상 동성애자를 비하하는 의미로 사용되던 단어가 어떻게 갑자기 선호되는 용어가 될 수 있을까? 이성애자는 이제 모든 동성애자를 '퀴어'라고 불러야 할까, 아니면 퀴어끼리만 사용할 수 있는 단어일까? '퀴어'가 '게이'보다 더 포괄적이라면 이성애자도 잠재적으로 자기가 퀴어라고 주장할 가능성이 있다는 뜻일까? 또 그렇게 한다면 퀴어들은 동질감을 느낄까, 아니면 최악의 모욕으로 받아들일까? 1995년 밴드 가비지Garbage는 〈Queer〉라는 싱글을 발표했다. 하지만 보컬 셜리 맨슨Shirley Manson은 이 곡이 게이에 관한 노래가 아니라고 주장했고, 기타리스트 듀크 에릭슨Duke Erikson은 순수의 상실에 관한 노래라고 말했다. 동성애자들은 이렇게 다각도로 해석할 가능성도 여전히 열어두고 있었을까?

여기서도 개념에는 아무런 변화가 없었다. 1989년 여름의 게이와 1990년 여름의 퀴어 사이에 실질적 차이는 미미했다. 하지만 언어가 달라지면서 정적 개념이 동적 개념으로 바뀐 것이었다. 이때 급진적 행동주의에서 자주 볼 수 있는 현상이 일어났다. 가장자리의 비주류가 변화의 속도계를 올리고자 들고일어났지만, 미국 중도층이 받아들일 수 있는 한계선을 넘어버리며 사회에 거부감을 불러일으킨 것이다. 따라서 그들은 후퇴해야 했지만, 그래도 속도계 바늘은 이미 전보다 앞당겨져 있었다. 「퀴어들에게 고함!」과 퀴어 네이션의 비타협적 강령은 대부분의 중도적 이성애자들이 보기에는 너무 멀리 갔지만, 전에는 모든 대중 환경에서 금기시되어 온 생활 방식을 덜 적대적으로 묘사하는 계기가되었다.

　브로드웨이 연극은 항상 게이 문화에서 영감을 받아왔지만 대개는 은밀하고 은연중에 표현되곤 했다. 이제 그 한계가 사라졌다. 에이즈를 소재로 한 뮤지컬 〈렌트Rent〉는 1994년 뉴욕 이스트빌리지에서 초연을 선보인 후 브로드웨이로 진출했다. 이후 5,000회 이상의 공연을 했고, 퓰리처상을 수상했으며, 약 2억 8,000만 달러의 수익을 벌어들였다. 1997년 엘렌 드제너러스Ellen DeGeneres는 ABC 시트콤 〈엘렌Ellen〉에서 극 중과 실생활 양쪽에서 레즈비언이라 커밍아웃했다. 유명한 공중파 쇼를 진행하는 스타가 커밍아웃을 한 것은 이번이 처음이었다. 1년 후, NBC는 게이 남성과 이성애자 여성이 뉴욕에서 동거하는 이야기를 다룬 코미디 시트콤 〈윌 앤 그레이스Will & Grace〉를 방영하기 시작했다. 열한 시즌 동안 〈윌 앤 그레이스〉는 동성애자를 기꺼이 희화화했다거나 이성애자 배우인(에릭 매코맥Eric McCormack)이 동성애자 주인공을 연기했다는 이유 등으로 종종 진보주의자로부터 비판을 받았다. 그래도 미국에서 가장 인기 있는 쇼 10위 안에 자주 들곤 했다.

　그리고 1990년에 큰 논란의 대상이 되었던 퀴어라는 단어가 2000년이 되자 텔레비전에서도 더 이상 새삼스럽지 않을 만큼 연예계 안으로 완전히 녹아들었다. 프리미엄 케이블 방송사인 쇼타임Showtime은 이미 영국에서 방영된 바 있는 한 드라마를 리메이크했다. 한 시간 분량의 이 드라마는 피츠버그에 사는 게이 남녀의 삶을 집중 조명했다. 이것이 바로 〈퀴어 애즈 포크Queer as Folk〉였고, 이 드라마를 아는 사람이라면 누구나 이 제목이 의미하는 바를 정확히 알았다.

* * *

불확실성은 언제나 있었다. 무엇이 현실이고 무엇이 비현실인지에 대한 불확실성은 있었지만, 현대 정치 담론에 스며든 애매성과는 성질이 달랐다. 기존의 불확실성은 특히 소설에서 언어의 '신빙성reliability'과 관련이 있었다. 소설 속 일탈적 캐릭터를 통해 표현하고자 하는 메시지는 실제 현실이 그렇다는 것일까, 아니면 단지 현실에서 있음 직한 가장 극단적인 버전을 그린 것일까?

1995년 영화 〈키즈Kids〉는 사람들에게 충격을 주겠다고 작정하고 만들어졌다. 당시 미라맥스Miramax의 임원이자 지금은 명예가 추락한 하비 와인스타인Harvey Weinstein에 따르면, 그가 배급을 맡은 영화 중 가장 논란이 많은 영화였다(논란의 소지가 워낙 많아, 그는 오로지 이 영화의 개봉을 위해 독립형 스튜디오인 샤이닝엑스캘리버Shining Excalibur를 따로 세웠다). 〈키즈〉가 보는 사람에게 그토록 불편함을 주는 이유로는 서로 반대되는 측면에서 두 가지 근거를 댈 수 있었다. 감독인 래리 클락Larry Clark 같은 사람들은 이 영화를 현대 청소년들의 은밀한 생활 방식을 담은 금지된 엿보기로 간주했다. 비평가들은 중요한 의미가 있고 직관을 건드리는 영화라고 생각했다. 그 외 대부분 사람들이 보기에는 가상의 디스토피아에서만 있음 직한 가상의 10대를 거의 포르노에 가깝게 착취적으로 묘사하는 것처럼 보였다. 〈키즈〉는 너무 비현실적이라는 이유로 싫어할 수도, 또 그에 못지않게 너무 현실적이라는 이유로 싫어할 수도 있었다.

〈키즈〉는 뉴욕의 가장 허름한 동네에서 24시간 동안 다큐멘터리 스타일로 촬영되었다. 영화 대부분은 (대개 웃통 벗은) 청소년들이 맥주를 마시고, 마약을 복용하고, 상점을 약탈하고, 스케이트보드를 탄 행인을 폭행하고, (특히) 섹스를 하고 이야기하는 장면들로 이루어져 있다. 등장인물 중 전업 배우는 아무도 없었다. 남자 주인공은 순결한 소녀의 처녀성을 빼앗는 데 집착한다. 영화의 마지막에 그의 가장 친한 친구는 의식을 잃은 한 소녀를 성폭행하는데, 그 후 그는 에이즈에 걸린 듯한 암시를 드러낸다. 각본가 하모니 코린Harmony Korine이 당시 19세의 나이로 쓴 〈키즈〉가 전달하는 메시지는 '어떤' 것에도 아무 의미가 없다는 것이었다. 모든 것을 포괄하는 듯 두루뭉술하게 지은 영화 제목은 영화 속 장면이 불특정한 누구에게든 해당할 수 있는 보편적 사실이라는 점을 시사했다. 이것은 짐작건대 1995년 당시 어떤 아이라도 이런 삶을 살 수 있음을 직접적으로 묘사하려는 의도로 보인다. 이 영화 속 10대들의 언어가 모든 실제 10대들의 사고방식을 반영하고 있다는 의미다.

이 시기의 또 다른 영화인 닐 라부트Neil LaBute 감독의 〈남성 전용 회사In the Company of Men〉는 더 미묘하고 (어쩌면) 훨씬 더 충격적이었다. 정체불명의 두 직장인이 지명이 밝혀지지 않은 한 도시의 지사에 임시로 발령된다(여기서도 무언의 메시지는 이들이 '어떤' 남자든 될 수 있고, 이 이야기가 어디서나 일어날 수 있다는 것이다). 그중 채드는 잘생기고 사람을 싫어하며 지배적이다. 그는 마초형 중에서도 최악의 유형을 대표한다. 또 다른 인물 하워드는 고분고분하고 유순하다. 둘 다 여성에 대해 감정이 좋지 않다. 채드는 출장 중에 게임을 하자고 하워드를 설득한다. 만만한 여성을 무작위로 선택해 장난삼아 그녀에게 구애하는 척한 다음 나중에 잔인하게 버리는 것이다. 이들은 실제로 실행에 옮긴다(그리고 그들은 청각 장애인 여성을 선택함으로써 심리적 잔인함을 극대화한다). 마지막 반전은 그 여성뿐 아니라 하워드도 이 장난의 희생자였다는 것이다. 여기서 암시하는 것은 실제로 남자가 하는 말이 유일하게 정직할 때는 여자가 주변에 없을 때라는 것이다.

〈키즈〉와 〈남성 전용 회사〉의 영화 속 현실은 다르지만 실제 현실에서는 비슷한 점이 많았다. 두 영화 모두 흥행 수입보다 논란이 많았고, 작은 독립 제작사에서 제작되었다(그들의 흥행 수입은 도합 약 1,000만 달러에 불과했다). 그리고 이 영화로 데뷔한 제작진들이 훗날 경력상 나아가게 될 방향을 엿볼 수 있는 전조가 되었다. 가령 클락은 방황하는 청소년에 관한 여러 영화를 만들었고, 코린은 타락한 사람들의 생활상을 탐구하는 코미디 장르 전문가가 되었으며, 라부트는 계속해서 잔인한 인간관계의 본질을 해부하는 내용의 각본을 썼다. 또 두 영화 모두 당시 무명이었지만 지금은 유명해진 몇몇 배우들을 배출하기도 했다(클로에 셰비니Chloë Sevigny, 로사리오 도슨Rosario Dawson, 아론 에크하트Aaron Eckhart). 그러나 두 영화의 가장 큰 공통점은 이들 영화가 표현한 발상이 받게 될 평가와 나중에는 아예 이런 발상을 영화로 제작할 상상도 할 수 없게 된다는 점 사이의 괴리였다. 〈키즈〉와 〈남성 전용 회사〉는 극장에 처음 선보였을 때 과장된 느낌을 일으켰다. 〈키즈〉의 주인공들은 평범한 청소년들이라기엔 너무 거칠고 허무주의에 빠진 듯 보였다. 〈남성 전용 회사〉의 두 남자는 보통 남성들에 비해 너무 불쾌하고 여성 혐오적으로 묘사되었다.

수십 년 후, 이 두 영화의 주제와 등장인물은 그때의 시대적 특수성으로 말미암아 가능했다는 것이 정설처럼 굳어졌다.

1995년 이후에 태어난 10대는 대부분 〈키즈〉 속 대사에 충격받지 않을 것이다(일부 불쾌하거나 실망했다고 말할 수는 있겠다). 〈남성 전용 회사〉의 선견지명은 워낙 시대를 앞섰기 때문에 이 영화가 다룬 이슈 중에는 이를테면 미세공격micro-aggression(특정 집단에 속한다는 이유로 은연중에 상대방에게 적대적, 부정적 언행을 가하는 일. -옮긴이), 남성 사회의 위험한 비밀, 가부장적 사회가 남성에게도 유해할 수 있다는 가능성같이 당시에 아직 사회 문제라고 인식되지 않은 것들도 많았다.

이 영화들의 이데올로기적 관점은 90년대보다 오늘날에 더 의미가 크다. 그러나 오늘날 두 영화가 만들어지는 것은 거의 상상하기조차 어렵다. 내용상 문제를 일으킬 소지가 너무 크기 때문이다. 〈키즈〉의 몇몇 장면은 이제는 트라우마 유발 요인으로 비칠 수도 있으며, 그러한 장면을 젊은 배우들에게 너무 생생하게 연기시키는 것은 배우에게도 상처를 남긴다는 평을 받을 수 있다. 〈남성 전용 회사〉에 포함된 풍자 요소는 의도적으로 잘못 해석될 가능성이 있다. 대사는 언어폭력으로 분류될 법하고, 악역 주인공이 절대 대가를 치르지 않는다는 사실은 (어떤 관객에게는) 그러한 페르소나에 정당성을 부여한다는 인상을 줄 것이다.*

개념적으로 〈키즈〉와 〈남성 전용 회사〉는 90년대 중반 대부분 관객이 충분히 속뜻을 파악하고 감상하기에는 너무 앞서 나갔다. 그러나 이러한 개념들을 표현하는 수단으로 사용된 기호, 즉 자극적인 대사는 어땠을까? 그것은 하등의 문제도 되지 않았다. 사람들은 오히려 그런 언어들을 즐겼다. 특히 공감을 사기 어려운 대사일수록 관객들은 쾌감을 얻었다. 충격을 받거나 충격을 받은 척하는 데서 재미를 찾기도 했고, 자신이 무던한 사람이라고 증명하듯 충격을 받지 않는 척하는 재미를 느끼는 사람도 있었다. 그 말에 담긴 개념을 진심으로 믿지 않는 한, 언어 자체는 문제가 되지 않았다.

---

* 1998년 영화 〈아메리칸 히스토리 X American History X〉는 관용이라는 진보적 메시지를 분명하게 표현했지만 오늘날 제작하거나 홍보하기에는 여전히 너무 불편한 90년대 영화의 또 다른 예다. 줄거리는 에드워드 노튼 Edward Norton이 연기한 한 백인 우월주의자가 흑인 남성 두 명을 살해한 혐의로 수감되었다가 자신의 신념이 잘못되었음을 서서히 깨닫는 이야기다. 이 영화의 논지 중 불명확한 것은 없다. 그러나 영화 전반부에서 수감 전인 노튼의 행동과 열변은 확실히 집착적이고, 위험하리만치 설득력이 있으며, 과잉 충성을 보이는 인상을 준다. 〈아메리칸 히스토리 X〉는 잠재적으로 인종차별주의자가 즐길 법한 반인종차별주의 영화다.

* * *

　정치적 올바름에 대한 경각심은 사람들이 공석에서 무심코 내뱉는 말이 의도와 다르게 전달될 수 있다는 우려에 근거하고 있었다. 여기에는 어느 정도 일리가 있었고, 실제로 그런 현상이 나타나고 있었다. 하지만 연예계에서는 상스럽고 정치적으로 올바르지 않은 언어를 사용할 자유가 오히려 확대되고 있었고, 그 자유가 신선하게 느껴졌다. 경찰 드라마 〈뉴욕 경찰 24시NYPD Blue〉의 1993년 파일럿 에피소드에서는 한 등장인물이 다른 인물에게 "이 짜증 나는 계집"이라고 부른다. 황금 시간대 공중파 방송에서 그런 말이 나오기는 처음이었다. 그러나 모든 허울뿐인 자유가 그렇듯, 자유로운 환경은 금세 족쇄로 바뀌었다.

　코미디언 로잔느 바Roseanne Barr는 특히 (스스로 표현하기를) 콜로라도 출신의 평범한 주부치고는, 솔직하고도 과장된 인상을 줄 수 있는 거침없는 입담으로 정상의 위치에 올랐다. 그러나 인기의 정점에 도달하자마자 허풍은 그녀의 모든 것이 되었다. 바가 자기 할 말에만 심취해 무엇이든 "물불 가리지 않고" 말하는 사람으로 비치기 시작하면서 그녀의 코미디는 빛이 바랬다. 시간이 지나 바가 딱히 도발적이거나 위험 수위에 이르지 '않은' 말을 할 때면 대중은 심드렁해졌다.

　1990년 저서 『성적인 페르소나Sexual Personae』를 출간하면서 학계의 유명 인사가 된 저명한 논객 커밀 팔리아Camille Paglia는 학문적 차원에서 이 함정을 경험했다. 그녀는 선정적인 버전의 페미니즘을 옹호한 문제의 책을 발표한 후 결국 여성보다 남성에게 더 큰 관심을 끌게 됐다면서 25년 동안 끊임없이 비판에 시달려야 했다.

이 은근한 족쇄는 음악계에서 더욱 현저하게 나타났다. 여성 아티스트의 목소리로 꾸밈없이 솔직하고 명쾌하게 섹스를 이야기하는 작품을 원하는 분위기가 새롭게 대두하기 시작했다. 이런 분위기 속에서 1991년 여성 힙합 트리오 솔트 앤 페파Salt-N-Pepa는 말 그대로 〈Let's Talk About Sex〉라는 제목의 싱글을 발표했지만, 노래의 중심 메시지는 개인의 이야기가 아니라 너무 추상적이어서 톱 40 라디오 히트를 넘어 대중의 공감을 사지는 못했다. 사람들이 정말로 원했던 것은 가장 개인적인 관점에서 섹스를 이야기하는 젊은 여성들의 목소리였다. 단기적으로는 자신의 이야기를 날것 그대로 풀어내는 자전적 요소가 당장 대중의 신뢰를 얻을 수 있는 징검다리 역할을 했다. 그러나 장기적으로 결과는 대부분 예술적 걸림돌로 바뀌었다. 이는 필연적으로 남들이 작품에서 평가할 때 들이미는 유일한 잣대가 되고, 그들의 성격 전체를 판단하게 하는 색안경으로 작용하기 때문이다.

90년대 대부분 동안 팝 음악계는 분명한 두 갈래로 나뉘어 있었다. 한쪽에는 라디오 친화적인 주류가, 다른 쪽에는 컬리지록 같은 인디 비주류가 있었다. 첫 번째 범주에서 돋보였던 여성은 당시 21세의 캐나다 출신 앨라니스 모리셋Alanis Morissett으로, 1995년 앨범 〈Jagged Little Pill〉은 결국 전 세계적으로 무려 3,300만 장이 팔렸다. 두 번째 범주에서 가장 중요한 여성 아티스트는 리즈 페어Liz Phair로, 1993년 데뷔작인 〈Exile in Guyville〉은 쿨함의 극치를 달리는 동시에 영리하고 묘한 여성의 원형을 규정(하고 나아가 개척)했다. 음악적으로 모리셋과 페어의 행보는 별로 비슷하지 않았다.* 두 앨범 모두 훌륭했지만, 이유는 달랐다. 공통점이 있다면 청취자(특히 남성 청취자)가 그냥 넘기기에는 감정적으로 지나치게 거슬리는 언어를 사용함으로써 제 발에 걸려 넘어진 적이 있다는 것이다.

모리셋은 〈You Oughta Know〉라는 곡으로 대중에 이름을 알렸다. 엄밀히 말해 그녀는 전부터도 약간 유명했지만 마치 한순간에 벼락스타가 된 것처럼 보였다(그녀는 캐나다에서 댄스 가수로 활동해 이미 주목을 받았고, 폼 잡기 좋아하고 멀티 플래티넘을 기록한 래퍼 바닐라 아이스Vanilla Ice와 함께 투어를 다니기도 했으며, 어린이 드라마 〈방송에서 그러면 안 돼You Can't Do That on Television〉에 아역 배우로 출연했다).** 〈You Oughta Know〉는 상대방에게 버림받은 여성의 관점에서 부른 곡으로, 헤어진 남자 친구에게 자신이 이별로 얼마나 큰 상처를 받았는지 따지는 내용이다. 가사 내용은 신선하지 않

* 2020년에 《로스앤젤레스 타임스》는 페어와 모리셋 간의 대화를 실어 90년대 중반에 그들이 잠시 함께 투어를 다닌 경험과 관계를 언급했다. 언론에 비친 그들의 관계는 자연스러워 보인다. 그러나 이 관계는 젠더라는 공통분모가 있기에만 가능했다. 모리셋의 남성 버전(모리셋과 같은 메이저 음반사에 소속된 밴드 캔들박스Candlebox)과 페어의 남성 버전(페어와 같은 마타도어Matador 레코드에 소속된 인디 밴드 가이디드 바이 보이시스Guided by Voices)은 비슷한 점을 조금도 찾을 수 없다.

** 텔레비전 아역 배우로 활동한 모리셋의 과거는 이 책에서 앞서 언급한 신뢰성과 '변절'에 대한 당시의 인식을 여실히 보여준다. 〈방송에서 그러면 안 돼〉에 출연한 모리셋의 과거는 음악계에서 비평가들이 그녀가 진정한 아티스트가 아니라 다듬어진 스타라는 증거로 써먹기 좋은 그녀의 흑역사로 간주되었다. 이것은 〈데그라시Degrassi〉라는 캐나다 어린이 드라마에서 배우로 경력을 시작한 21세기 랩 스타 드레이크Drake가 그 이유로 놀림감이 되기는커녕 더 높이 평가되는 것과는 극명한 대조를 이룬다.

앗지만 세부 표현이 상대방을 두 손 들게 할 만큼 강도 높고 직설적이었다.

모리셋이 목청껏 내뱉는 질문 중 하나는 남자의 새 여자 친구가 영화관에서 오럴섹스를 해줄 만큼 용기가 있느냐는 것이었다. 이 질문이 가리키는 의미는 분명하다. 전 남자친구에게 그 기억을 상기시키기 위한 목적이었다. 그것은 은유라고 하기에는 너무 구체적이었다. 그리고 다음 구절에서는 "그녀와 '섹스할' 때 내 생각하니"라고 묻는다. 라디오 버전에서는 (당연히) 따옴표 안의 단어는 편집되었다. 그러나 이 단어는 다른 단어로 대체되지 않았고, 그저 무음 처리 되었다. 따라서 청취자는 연음 처리된 발음을 통해 해당 단어가 원래 무엇이었는지 짐작할 수 있었다. 달리 대체할 적합한 단어가 없었다. 모리셋의 이 단어는 그해 여름 내내 두 시간에 한 번꼴로 라디오 차트 방송에서 부지불식간에 흘러나온 셈이었다.

〈You Oughta Know〉는 여러 가지 이유로 되짚어 볼 만한 점들이 있다. 하나는 이별이 심리적 트라우마를 충분히 일으킬 수 있다는 점으로, 이는 90년대 당시 대부분 사람들이 심각하게 받아들이지 않았던 견해다(오히려 히스테리적 반응이라고 무시되었다). 또 하나는 남성의 나이를 토대로(모리셋은 새 여자 친구를 "나의 나이 많은 버전"으로 표현했다), 모리셋이 묘사한 관계에 힘의 불균형이 내재하고 있음을 추정할 수 있다는 것이다. 또 다른 하나는 여성 팝 뮤지션이 작품의 표현 수단으로 분노를 사용했다는 점이다(《롤링 스톤》이 모리셋을 표지에 등장시키며 덧붙인 표제는 "성난 백인 여성"이었다).

　이 모든 것들은 상업적 대성공을 거둔 노래를 둘러싼 사실치고는 그간 보기 드물었던 새로운 현상이었다. 반면에 주요 언론들이 〈You Oughta Know〉에서 집착하는 부분은 여전히 고리타분했다. "과연 노래 속 남자의 실존 인물은 누구인가"라는 것이다. 곡의 중심이 되는 익명의 바람둥이는 여성 싱어송라이터 칼리 사이먼Carly Simon의 〈You're So Vain〉 이후 가장 가사 속 궁금한 정체가 되었다. 이는 남성 아티스트의 경험은 보편적이라고 간주되는 반면 여성 아티스트의 경험은 불가피하게 개인적인 것으로 치부된다는 해묵은 지적을 압축해서 보여주는 사례다. 이 노래는 이별 자체가 아니라 특정한 이별 사건에 대한 노래가 되었다. 모리셋은 이 익명의 남자가 누구냐는 질문을 끊임없이 받았고 항상 이에 대해 밝히기를 거부했다. 그 남자가 누구냐는 시끌벅적한 궁금증이 드디어 풀렸을 때(그 답은 가족 시트콤 〈풀 하우스Full House〉의 싱거운 코미디언 데이브 콜리어Dave Coulier였다) 사람들은 예상치 못한 답에 김빠진 반응을 보였다. 그들이 원하는 대답은 아니었지만, 아마 어떤 답이 나왔어도 성에 차지 않았을 것이다.

　페어의 경우 자신의 정체성과 자신이 선택한 언어의 상호 작용은 훨씬 복잡했는데, 그녀가 음악성을 인정받고 위상이 높아지면서 한층 더 복잡해졌다. 그녀의 상업적 성공은 인지도에 비해 보잘것없었다. 이는 음악적, 상업적 양쪽에서 최악의 족쇄였다. 〈Exile in Guyville〉은 〈Jagged Little Pill〉에 비해 새 발의 피만큼만 팔렸지만, 평단에서 더 철저한 해부 대상이자 진지한 분석 대상이 되면서 순수한 음악 창작의 가능성에도 왜곡과 제약을 가했다.

〈Exile in Guyville〉은 롤링 스톤스의 1972년 앨범 〈Exile on Main St〉 수록곡에 대한 일대일 대응으로 제시되었다. 각 곡이 항상 응집력 있게 이어지지는 않았지만 앨범에 담긴 의도만으로도 페어의 무결성을 확인하기에 충분했다. 모리셋은 종종 음악사에 대한 지식이 얕다는 비난을 받았다.* 반대로 페어는 남자다운 앨범을 즐겨 듣는 남자들의 취향도 저격하는 앨범을 만들었다. 걸리 사운드Girly-Sound라는 별명으로 미완의 곡들을 카세트에 녹음해 자체 제작한 데모 앨범도 값어치 있는 해적판이 되었다. 그것은 마치 그녀가 태아때 부터 인디 록 뮤지션으로 자라기라도 한 듯, 천생 인디 로커임을 입증하는 앨범이었다.

그녀는 모든 남성 힙스터의 비현실적인 환상을 스스로 구현함으로써 남성 힙스터의 억압을 선제공격한 미국 중서부 출신 페미니스트였다. 그녀는 앨범 커버에서 상반신 노출로 등장했지만, 불필요한 노출이라는 인상을 주는 방식은 아니었다. 작곡 실력은 노련했고, 창법은 무덤덤했다. 자의식이 강하게 느껴지는 가사를 통해서는 페어 자신의 감정뿐 아니라 남들이 그 감정을 어떻게 해석할지도 반영하는 타고난 능력을 보여주었다. 그러나 항상 논쟁의 전면에 부각되는 것은 바로 그녀가 가끔 무심하게 툭툭 던지는 언어였다. 이 앨범을 《스핀》에서 처음 (긍정적으로) 다뤘을 때, 음악적 성공 요인으로 꼽힌 것은 이 앨범의 프로듀서이기도

---

* 모리셋은 아티스트가 록 음악을 작곡하려면 록 음악사부터 이해해야 한다고 주장하는 비평가들에게 어떤 말을 하고 싶냐는 질문에 "'그렇지 않은 것 같다'라고 대답하겠다"라고 말했다.

한 남성 드러머의 센스 있는 프로듀싱 능력이었다. 한편 페어의 기여도는 다음과 같이 평가되었다.

> 수록곡 중 〈Flower〉는 "난 너에게 최고의 오럴섹스 상대가 되고 싶어"라고 선언하는가 하면, 〈Fuck and Run〉은 "남자 친구에게 도대체 무슨 일이 있었는지" 궁금해한다. 이처럼 어디로 튈지 모르는 가사로 인해 페어의 목소리를 듣다 보면 프로이트적인 꿈을 꾸고 있는 것 같다.

이 리뷰는 1993년에 쓰였다. 5년 후 페어는 세 번째 앨범을 발표했다. 앨범이 매장에 정식 시판되기 전 《스핀》은 다시 한 번, 그러나 이번에는 짤막하게 그녀에 관한 기사를 내보냈다.* 그리고 페어가 이번 신보에서는 섹스에 대해 '많이' 이야기하지 않는다는 점에 주목했다. 그리고 그녀의 사진 위에 "로큰롤 여장부가 이번에는 PG-13 등급 수준으로 수위를 조절했다"라고 표제를 붙여 놓았다. 같은 호에 실린 (그다지 긍정적이지 않은) 앨범 리뷰에서는 "진지하고 성숙해진 지금의 새로운 모습보다 과거 그녀의 영리하고도 음탕한 페르소나가 훨씬 매력 있었다"라고 평했다. 페어는 가상 인물의 관점에서 노래하거나 집단적 경험을 대변해 노래할 가능성이 없었다. 그녀의 작품은 오직 자신의 이야기일 수밖에 없

---

* 그녀의 두 번째 앨범인 1994년 〈Whip-Smart〉는 《스핀》에서 사실상 완전히 무시당했다. 애초에 《스핀》의 표지를 장식하기로 한 페어가 이를 번복하고 《롤링 스톤》의 표지에 등장하자, 《스핀》은 페어의 앨범 리뷰를 빼 버렸다. 당시 두 잡지는 치열한 경쟁 관계에 있었다.

었고, 아티스트와 작품이 서로 치환될 수 있는 경지에 이르렀다. 따라서 언어와 개념(앨범 콘셉트) 사이에 거리가 없었다. 언어가 곧 개념이었다.

페어의 비판 대상이었던 남성들 사이에서도 시간이 지날수록 그녀의 팬층이 형성되자, 이는 일종의 페어 자신을 향한 부메랑이 되었다. 가부장제의 기득권자들이 그녀의 음악에 빠져든다면 그녀는 어떻게 가부장제를 해체할 수 있겠는가? 팔리아와 마찬가지로 페어의 선정적, 독립적 형태의 페미니즘은 여성보다 남성의 구미를 더 당긴다는 견해가 나돌았다. 모리셋도 마찬가지로 페미니즘 측면에서 어떤 모순점을 지적받았지만, 이 비판은 페어의 경우와 달리 상업적 성공과 더 관련이 있었다. 모리셋의 분노는 라디오 친화적이라는 이유로 그저 다듬어진 상품으로 취급되기 일쑤였고, 브랫모빌Bratmobile, 베이브스 인 토이랜드Babes in Toyland와 같은 공격적인 언더그라운드 여성 아티스트들을 복제하되 정치의식이 빠진 버전으로 평가되곤 했다.

앨라니스 모리셋과 피오나 애플Fiona Apple이 분노 대상으로 삼은 이슈들은 라이엇걸 밴드들의 분노 대상과 여러 면에서 다를 바 없었다.* 다만 모리셋과 애플은 위협적인 느낌이 들

---

* 피오나 애플은 모리셋과 페어의 중간쯤에 속했다. (모리셋처럼) 꽤 어린 나이에 엄청난 성공을 거두었지만 (페어처럼) 종종 에로틱하면서 항상 진솔한 노래를 불렀다. 한편 그녀도 또 다른 면에서 언어의 희생자였다. 1997년 MTV에서 상을 받고 생방송으로 소감을 말하던 중 "이 세상에는 온통 개소리뿐이에요"라고 말해 철없고 정신 나갔다는 소리를 들었다. 20여 년이 지난 지금 그녀는 당대의 천재 뮤지션으로 재평가되고 있다.

지 않도록 절제된 분노를 표현했으며, 그들에게 여권 신장이란 능동적으로 어떤 결과를 이끌어 내는 행동이 아니라, CD를 많이 판매하는 것이다. (중략) 모리셋은 똑같은 전통적 사고를 여성의 목소리로 표현했다는 점에서만 특이할 뿐이다. 하지만 이 이유로 그녀가 강한 여성이라고 볼 수 있을까? 〈You Oughta Know〉에서 모리셋이 성을 이야기하는 방식은 좋은 여자 친구란 언제라도, 심지어 영화관에서도 남자 친구를 위해 섹스를 해줄 수 있는 사람임을 암시한다. 그녀는 여성이 성적 쾌락의 주체가 되는 예를 제시하지 않으며, 이는 이성과의 관계에서 수동적인 여성의 전통적 역할로 되돌린다. 또한 모리셋이 언론의 주장대로 진정한 페미니스트 여장부 로커라면 관계에 미련을 버리지 못하는 가사가 어린 소녀들에게 긍정적인 메시지를 줄 수 있을까?

위의 분석은 사회학자 크리스틴 슐트Kristen Schilt의 논설 「'약간 지나치게 아이러니한': 라이엇걸의 정치성을 도용하고 포장한 주류 여성 뮤지션들'A Little Too Ironic': The Appropriation and Packaging of Riot Grrrl Politics by Mainstream Female Musicians」의 일부다. 논설 내용 중 일부는 지금은 위험해 보일 정도로 풍자성이 강하다. 이 글은 〈Jagged Little Pill〉의 발매 시점에 작성되지 않았고, 일반적인 잡지에 실리지도 않았다(2003년 《대중음악과 사회》라는 저널에 게재되었다). 그러나 이 글의 주요 논점은 일부 사람들이 모리셋에 대해 싫어했던 점과 정확히 겹쳤다. 대부분 음악 팬들이 이 문제를 설명할 적절한 어휘나 욕구가 없었을 뿐, 이 같은 종류의 정서는 항상 주변에 있었다. 모리셋의 엄청난 성공은 '규칙을 증명하는 예외'처럼 느껴졌다. 거기에는 어떤 특이점이 있었다. 그녀의 분노는 고도로 계산된 감정처럼 보였다. 다시 말해, 이성을 잃은 화자의 감정을 대중이 거부감을 느끼지 않는 선에서 표현했다. 그리고 어떤 앨범이든 전 세계적으로 3,300만 장이나 팔렸다는 것은 웬만한 문화에서 두루 통했다는 뜻이다…. 그렇다면 애초부터 이 노래는 모리셋의 개인적인 노래가 아니었다고 봐야 하지 않을까? 이 노래는 과연 실화라고 봐야 할까? X세대의 관점에서 성공에는 항상 의심이 따라야 했다.

"약간 지나치게 아이러니한"이라는 슐트의 논설 제목은 미드템포의 후크송이자 〈Jagged Little Pill〉에서 가장 높은 차트 순위를 기록한 싱글 〈Ironic〉의 가사에서 따왔다. 이 노래는 요즘은 결점 때문에 더 많이 기억된다. 일단 너무 대놓고 아이러니를 노래한다('아이러니'는 90년대 동안 지나칠 정도로 가장 남용된 단어였고, 이 책에서도 가장 많이 언급된 단어다). 더 큰 문제는 가사에서 엄밀히 말해 별로 아이러니하지 않은 상황을 계속 아이러니하다고 묘사한다는 것이다.

이제 이 노래는 90년대의 자화상 같은 곡이 되었다. 아이러니가 무슨 뜻인지도 모른 채 아이러니에 대해 노래하는 아이러니한 곡이니 말이다. 그래도 지금 우리가 확실히 아는 한 가지는 이러한 분석이야 거저먹기처럼 쉽다는 것이다. 모리셋은 동시대의 어떤 아티스트보다 아이러니를 더 깊이 알게 되었을 것이다. 그

녀는 솔직함으로 성공했지만, 성공한 사람은 누구나 거짓말을 할
수밖에 없었다.

당신들도 한때는 이런 거 좋아했잖아

70년대에 사람들은 50년대를 사랑했고, 그때가 더 살기 좋았다고 섣불리 결론지으며 과거를 그리워했다(이를테면 TV 드라마 〈해피 데이스Happy Days〉와 〈라번과 셜리Laverne & Shirley〉, 영화 〈청춘 낙서 American Graffiti〉와 〈그리스Grease〉). 80년대에 사람들은 60년대, 특히 지금은 모순적이고 한물간 것처럼 보이는 실패한 사회 혁명 속에서 살아간다는 것의 의미 찾기에 골몰했다. 원래 이런 패턴은 일관적으로 나타난다. 항상 모든 새로운 세대는 20년 전의 세대에 흥미를 느끼는 경향이 있다. 90년대도 관심을 표출하는 방식에 차이가 있었을 뿐, 예외가 아니었다. 70년대가 매력적인 것은 당연했지만, 그 시대가 더 건전하거나 정치 참여가 활발했기 때문은 아니었다. 오히려 사람들은 그 반대라고 생각해서 더욱 70년대에 빠져들었다.

그런지 뮤지션들은 80년대 아레나 록 같은 정갈한 음악과 어떻게든 성공하려는 열망을 경멸했다. 90년대의 밴드는 다운튜닝에 70년대의 둔탁한 퍼즈톤 기타 사운드를 재현하려 했고, 특히 73년의 블랙 사바스와 78년의 닐 영이 합쳐진 듯한 비대중적인 디스토션 사운드에 더 관심이 있었다. 1990년에 블랙 크로우스The Black Crowes라는 미국 남부 출신의 비쩍 마른 록 밴드는 70년대 중반의 롤링 스톤스의 음악과 흡사한 앨범을 발표해 500만 장을 팔았다. 1993년에 1976년 텍사스주를 배경으로 제작된 하이틴 영화 〈멍하고 혼돈스러운Dazed and Confused〉은 70년대를 오로지 적적하고 단조로운 유배지 생활처럼 그리며, 과거의 향수를 깨려는 의도를 드러냈다. 그러나 이러한 감독의 목표는 정반대의 효과를 낳았다. 관객들은 이러한 70년대만의 특성을 재미있게 받아들였다. 특히 등장인물들이 아무렇지 않게 대마초를 계속해서 피우는 장면은 개봉 당시 이 영화의 매력 요인이었다. 기호용 마리화나는 여전히 모든 50개 주에서 불법이었고 1996년에야 캘리포니아주에서만 의료용에 한해 합법화되었다.

90년대, 또는 적어도 90년대 초중반에 사람들은 70년대의 스타일을 그대로 받아들였다. 나팔바지와 크롭티가 유행했다. 1990년 발매된 레드 제플린의 박스 세트도 잘 팔렸다. 이 박스 세트는 네 장의 디스크로 구성된 베스트 모음집으로 (당시에는 굉장히 고가였던) 65달러였지만 그래도 1,000만 장이 팔렸다. 복고 유행은 한동안 본격적으로 확대되었다. 그러나 이 흐름이 아무리 진지했다 해도 시대 분위기라는 더 큰 흐름의 맹공격을 거역할 길은 없었다. 90년대 중반쯤에는 즐거운 어린 시절의 기억조차 외면하고 싶어 했다. 1995년 2월에 개봉한 영화 〈브래디 번치The

Brady Bunch Movie〉는 이러한 양가성을 바탕으로 만들어졌다. 이 영화는 1970년대 방송된 동명의 가족 시트콤의 애정 어린 재해석이자, 그 시트콤을 촌스럽고 고리타분하게 만든 패러디이기도 했다. 영화 줄거리는 기존 에피소드에서 각색되었고, 시각적 세부 요소도 공들여 되살렸으며, 원작 출연진이 카메오로 등장하기도 했다. 하지만 각색된 내용은 성차별적이고, 불온했으며, 1972년에 인정받던 연예계 주류 문화가 지나고 보니 대부분 형편없었음을 관객에게 상기시키는 데 집착했다. 일부 농담들은 재미있었지만, 가장 중요한 농담은 관객을 향한 것이었다. "사실 당신들도 한때는 이런 거 좋아했잖아."

스매싱 펌킨스는 1996년 1월에 〈1979〉라는 싱글을 발표했다. 아련한 분위기의 멋진 곡이었지만 특별히 70년대 후반의 음악을 연상시키지도 않았고, 가사에 1979년을 식별할 수 있는 어떤 요소도 담겨 있지 않았다. 그냥 제목만 〈1979〉였고, 그것으로 충분했다. 그러나 70년대에 대한 풍자와 동시에 진실한 관심을 그 무엇보다 잘 활용한 작품은 단연 시트콤 〈70년대 쇼That '70s Show〉였다. 제목이 곧 이 프로그램의 모든 걸 말해주었다. 이는 해체 비평의 모든 가능성을 원천 봉쇄하는 프로그램 제목이었다. 1998년 폭스 채널의 가을 개편 때 시작한 이 드라마는 처음에 〈멍하고 혼돈스러운〉을 베껴다가 브라운관에 옮겨 놓은 것처럼 보였으며, 마찬가지로 출연한 무명 배우들이 앞으로 경력을 쌓는 발판 역할을 했다(그중 절반이 할리우드 스타가 되었고, 그중에는 애쉬튼 커처Ashton

Kutcher가 있다). 그러나 〈멍하고 혼돈스러운〉과 달리 이 드라마는 70년대가 의미하는 바에 많은 초점을 기울이지 않았다. 〈70년대 쇼〉가 중점을 둔 것은 실제 이런 시절이 있었노라고 전하는 것이었다. 모든 등장인물의 옷차림은 마치 70년대를 주제로 한 핼러윈 파티 복장을 연상시킨다. 장면마다 70년대 중후반 동안 등장한 당시의 신문물들에 대한 직접적인 언급으로 가득 차 있다. 예를 들면 영화 〈스타워즈Star Wars〉 개봉에 관한 에피소드, 퐁Pong 게임 콘솔을 재조립하는 에피소드, 재선에 도전하는 제럴드 포드 당시 대통령의 선거 집회를 스트리킹으로 방해하는 에피소드 등이 있었다. 이 드라마에서 재미의 구조를 지탱하는 두 가지 기둥 중 첫째는 후대에 매우 흔해지지만 당시에는 새로웠던 신문물들을 무심코 업신여기는 것, 둘째는 나중에 역사에서 잊히게 될 사소한 것들을 마치 언제까지나 존속할 것처럼 이야기하는 것이다.

이것이 꼭 〈70년대 쇼〉에 대해 비판은 아니다. 당시 대부분 시트콤보다 잘 만들어졌고, 특히 캐스팅이 아주 좋았다. 〈70년대 쇼〉는 단지 70년대가 90년대 말에 어떻게 비쳤는지에 대한 양가적 감정을 예시할 뿐이다. 사람들은 70년대를 사랑했지만, 역사의 한 시기로서 좋아한 것은 아니었다. 70년대는 '온갖 소소한 것들'로 사랑받았고, 그중 일부는 지금은 유치해 보여서 더 소중하게 느껴졌다. 〈70년대 쇼〉의 아이들은 지하실에서 시간을 보내고 부모님 차를 타고 동네를 빙빙 돌며 시간을 보냈지만 그런 오락의 추구는 한물가지 않았다(90년대의 10대들도 여전히 지하실에서

놀고 정처 없이 돌아다니고 있었다). 이처럼 70년대는 90년대에 봐도 완전히 낯선 딴 세상이 아니었다. 〈70년대 쇼〉는 곧바로 배경과 패션을 바꿔 〈80년대 쇼〉 또는 〈90년대 쇼〉 같은 식으로 후속편을 진행할 수도 있었다.* 등장인물과 갈등 전개는 70년대에 국한된 것이 아니라 20세기 후반까지도 내내 통할 만큼 보편적이었다. 다만 70년대의 유일한 차이점은 오직 그때만 잠시 스쳐 간 특유의 시대성이었다. 지각하든 못하든 시청자들은 덧없는 현재보다 덧없이 지나간 70년대를 훨씬 가치 있게 생각했고, 여기에는 80년대에 일어난 변화가 한몫했다.

1980년대 들어 사라져버린 것은 문화가 우연히 탄생할 수 있다는 기분 좋은 상상이었다. 그전에 레드 제플린 같은 밴드는 (겉보기나마) 자생적으로 탄생했지만, 그 뒤를 이은 밴드들은 외양도 행동도 원조를 흉내 낸 복제판처럼 보였다.** 70년대에는 사람들이 무척 마음에 들어 다시 보러 가는 영화가 블록버스터가 되었지만, 이제는 재생 장치로 다시 보기가 더 중요해진 듯 보였다. 70년대 삶의 매력은 각본이 없었다는 데에 있었다. 아무도 소비자보다 소비자가 원하는 것을 먼저 알아내고 만들어내지 못했다.

---

* 사실 시도된 적이 있긴 했다. 2002년 폭스 채널에서 〈70년대 쇼〉와 같은 형식에 같은 작가를 섭외해 〈80년대 쇼That '80s Show〉가 방영되었다. 단 열세 편의 에피소드를 방영한 후 종영되었다.

** 1988년 밴드 킹덤 컴Kingdom Come은 데뷔 싱글 〈Get It On〉을 발표했다. 레드 제플린과 워낙 흡사한 나머지 몇몇 팬들은 레드 제플린의 생존 멤버들이 비밀리에 재결성했다고 오해하기도 했다. 킹덤 컴은 이 점 때문에 널리 조롱을 받았지만 이 콘셉트를 버리지 않았다. 이처럼 기존의 뮤지션과 분간이 안 갈 만큼 비슷한 음악을 하는 신인 밴드를 배출하는 것이 표준 관행이 되었다.

자, 그런데 이것이 사실이던가? 아니라고 본다. 레드 제플린의 성공은 우연이 아니었다. 〈죠스〉의 흥행도 우연이 아니었다. 그러나 1980년대에는 줄곧 대중문화를 상품화한다는 개념이 너무나 널리, 그것도 대놓고 퍼져 있었기 때문에, 90년대에 대두된 어떤 문화도 자연 발생 현상으로 보기 어려웠다. X세대가 아이러니에 집착하게 된 일부 이유는 너무나도 많은 것들이 뻔하게 받아들여졌기 때문이었다. 70년대에 대한 TV 쇼를 제작하면서 그냥 〈70년대 쇼〉라고 불러도 되었다. 이 제목은 기발했을까, 아니면 성의 없었을까? 모를 일이다. 그러나 확실한 것은 이 프로그램이 70년대를 때로는 장난스럽게, 때로는 진심으로 유쾌하게 그린다는 것이다. 그렇다면 이 시트콤은 70년대에 대한 풍자였을까, 헌사였을까? 둘 다일 수도, 둘 다 아닐 수도 있다. 어쩌면 그것은 중요하지 않을 것이다. 어쨌든, 무슨 상관인가? 그냥 지금까지 그랬듯, 나팔바지 보는 재미로 계속 즐기면 될 일이다.

5장

영화적인, 너무나 영화적인

"남자 귀 잘리는 영화 본 적 있으세요?"
_90년대의 비디오 가게 점원들

비디오 카세트 녹화기^{Video cassette recorder, VCR}의 역사는 80년대의 역사다. VCR은 1950년대에 일본에서 개발되어, 60년대에 영국에서 생산을 효율화했다. 70년대 전 세계 소비자에게 확대되었으나, 80년대 초까지도 여전히 최첨단 기술이어서 미국에서 VCR을 소유한 가정은 1%도 안 되었다. 가격이 걸림돌이었다. 1975년에 최초의 소매용 VCR은 1,000~1,400달러였다. 1985년이 되자 400달러 이하로 점차 떨어졌고, 일부 저가 모델은 169달러짜리도 있었다. 1990년에는 미국 가정의 65%가 두 대 이상의 텔레비전을 가지고 있었고, 대다수 가정이 적어도 한 대의 VCR을 보유하게 되었다. VHS와 베타맥스로 대표되는 비디오테이프 시대의 기술 경쟁은 1988년에 이미 끝났다. 한 전자제품으로서 VCR은 1980년대를 상징했다.

그러나 이를 토대로 시작된 시각 영상물의 발전은 더 나중에 나타났다.

비디오 가게가 출현하고 도처로 확산한 현상은 어떤 영화나 감독보다도 90년대 영화 문화에 큰 영향을 미쳤다. 영화를 소비하고 생각하는 방식에 있어서 모든 것을 바꾸었으며, 영화 전반에 걸쳐 비평을 선도하는 새로운 유형의 노동 계급 시네필을 탄생시켰다. 이번에도 기원은 90년대 이전으로 거슬러 올라간다. 미국 최초의 비디오 가게가 70년대 후반 로스앤젤레스에서 등장했고, 체인점 블록버스터^{Blockbuster} 1호점이 1985년 댈러스에서 문을 열었다. 그러자 즉시 영화 대여가 대중화되었고, 이는 VCR 기술이 처음 도입되자마자 사람들이 기다려 왔던 일인 만큼 누가 봐도 당연한 현상이었다. 그러나 비디오 대여 문화가 사람들이 예술 형태에 대해 생각하는 방식을 바꾸리라고는 예상하지 못했다. 특히 VCR을 독학의 수단으로 사용하는 사람들에게는 더욱 그랬다.

VCR이 탄생하기 이전에는 일반인들이 영화 제작이라는 막연한 분야에 개인적 관심을 갖고 친숙해지기가 어려웠다. 한꺼번에 다수 관객이 관람하는 대형 개봉작이 아닌 영화는 뉴욕, 로스앤젤레스, 그리고 소수의 대학가 도시가 아니고서야 볼 방법이 없었다. 무엇보다 1980년에는 북미 전역 영화관에서 총 161편의 영화만이 개봉되었을 만큼 볼거리가 적었다. 또한 영화가 상영되는 기간도 훨씬 길었다. 예컨대 1985년 〈백 투 더 퓨처Back to the Future〉는 37주 연속 상영되었다. 텔레비전 방송에서 옛날 영화를 볼 수 있었지만 이는 사전을 휙휙 넘기면서 수박 겉 핥기로 언어를 배우는 것과 같았다. 또한 매년 〈오즈의 마법사The Wizard of Oz〉, 〈바람과 함께 사라지다Gone with the Wind〉, 그리고 부활절마다 방영되는 〈십계The Ten Commandments〉 등 일부 고전이 단골 레퍼토리였다. 다른 작품들은 무작위로 골라서 틀어주는 듯했고, 그나마도 밤늦게 상당 부분 편집된 채 방송되었다(〈할로윈Halloween〉, 〈리치몬드 연애 소동Fast Times at Ridgemont High〉 같은 10대 취향의 영화는 방송용으로 편집된 탓에 주요 장면을 이해할 수 없게 되었다). 케이블 가입자는 HBO를 시청할 수 있었지만 시청자 수가 적었고(1983년 당시 총 가입자 1,200만 명), 시간이 제한적이었으며(1981년까지 HBO는 하루 아홉 시간만 방송), 일부 영화가 계속 재방송되었다(이를테면 〈비스트마스터The Beastmaster〉, 〈타이탄Clash of the Titans〉). 지나간 영화는 대부분 접근하기가 극도로 어려웠다. 기본적으로 영화는 단일 재배 상품 같은 것이었다. 작은 마을에 사는 시네필이라면 1년 내내 모든 영화를 보려고 운전하며 돌아다니는 것보다 잡지 《레너드 말틴의 영화 가이드》 한 편을 읽는 경험이 시야 확장에 도움이 되었다.

그런데 불과 5년 만에 생태계는 완전히 바뀌었다. 비디오 대여점 블록버스터가 텍사스주에 1호점을 개점했을 때 그들은 1만 개의 비디오테이프를 취급했다. 물론 테이프는 대부분 대량 생산된 복제본이었고, 시간이 지남에 따라 각 체인점은 똑같은 신작을 여러 개 비치해 벽 전체를 채우는 일이 점점 흔해졌다. 취급 목록은 항상 상영 당시의 인기 정도에 따라 재고량이 달랐다. 그렇지만 이데올로기는 총체적으로 변화했다. 외국어 영화가 한 번도 상영된 적이 없던 지역의 주민도 자막이 딸린 외국 영화 수십 편을 감상할 수 있게 되었다. 또 흑인 영화, 촌스러운 슬래셔 영화, 가벼운 포르노 코미디 등 극장에서 개봉하기엔 상업적 한계가 있었던 영화들이 다양하게 등장했다. 더 중요한 것은 제한된 상영관에서 개봉되었거나, 텔레비전에서 충분히 성공하지 못했거나, 방송에 부적절했던 (특히 70년대 이후의) 많은 영화들이 이러한 대여 문화가 생기지 않았다면 완전히 사장되었을 것이라는 점이다.

비디오테이프 산업이 판매가 아닌 대여에 기반을 두고 있다는 사실은 의미가 컸다. 80년대와 90년대 초반에 가정용 비디오 영화의 소매가는 보통 79달러에서 90달러 정도로 굉장히 비쌌다. 1987년에 비디오로 출시된 〈탑건Top Gun〉은 '겨우' 26.95달러로 주요 개봉작 중 가장 낮은 가격으로 책정되어 전국적 뉴스가 되었다(맥도날드도 1992년 자사 제품 구매 고객에 한해 〈늑대와 춤을Dances with Wolves〉 비디오를 7.99달러에 살 수 있게 해 화제가 되었다). 반대로 개인이 사흘간 대여하는 비용은 1.99달러에서 2.99달러 정도였다. 같은 돈으로 다양한 영화 스물다섯 편을 한정된 시간으로나마 시청할 수 있다면 어떤 영화를 80달러 주고 사야 할 이유가 없었다. 대여가 대중화되면서 영화 문화는 잡다하다 싶을 만큼 다양해졌다. 빌릴 수 있는 타이틀은 대부분 상영 시기가 지난 영화였기 때문에 영화에 대한 정보는 오로지 비디오테이프 박스 커버에서만 얻을 수 있었다. 비디오 대여라는 경험은 실물 세계에 국한되어 있었고, 소비자가 좋아할 만한 목록을 강요하는 알고리즘은 아직 등장하기 전이었다. 영화를 선택하는 가장 흔한 방법은 아무 목적 없이 비디오 가게를 돌아다니다가 몇 개의 비디오 박스를 꺼내 앞면을 슬쩍 훑고, 뒷면에 간략히 설명된 줄거리를 읽은 후, 제일 마음에 드는 작품을 고르는 것이었다. 어떤 체계나 논리도 없이 단순했다. 그러나 이것이 영화 제작에 미친 영향은 단순하지 않았다. 비디오 가게는 새로운 종류의 독립 영화 감독을 상당수 양산했는데, 모두 공통된 이미지가 있었다. 바로 금전적으로는 쪼들리고, 비디오 가게에서의 경험을 통해 해박하고, 비정통적이며, 허세 찌든 영화적 세계관을 구축한, 멋이라고는 없이 요란하기만 한 놈dude(그들은 언제나 남자였다)이라는 것이었다. 1995년 성장을 다룬 코미디 영화 〈졸업 연습Kicking and Screaming〉의 등장인물 중에는 장편 영화 감독으로 데뷔하기를 꿈꾸며 비디오 가게를 운영하는 조연이 나오는데, 그는 자신의 영화가 개봉된 후에도 비디오 가게 일을 계속하며 자기 영화를 진열대에 비치할 계획이라고 말한다.

케빈 스미스Kevin Smith 감독은 톰 로스턴Tom Roston이 2015년 편저한 저서 『비디오 가게에서 넋을 잃고I Lost It at the Video Store』에 실린 인터뷰에서 이렇게 말한다.

> 비디오 가게에서 모든 것이 시작되었다. 한마디로 문명의 요람이었다. 마치 영화 도서관 같았다. 뭐든지, 그것도 반복해서 볼 수 있었다.

스미스는 캐스팅 대행업체 출신의 가난하고 멋없는 독립 영화 감독이었다. 그는 1994년 뉴저지주에서 신용 카드로 2만 7,575달러를 빌려 흑백 영화 데뷔작인 〈점원들Clerks〉을 제작했다.* 당시 그의 나이 24세였다. 두 명의 주인공 중 한 명이 비디오 가게에서 일하는데, 그들이 〈제다이의 귀환Return of the Jedi〉 중 노조 없는 도급업자의 열악한 노동 문제에 대해 긴 대화를 나누는 장면이

---

* 이 시기에 신용 카드 대출로 독립 영화를 제작하는 관행이 폭발적으로 증가했다. 1970년대와 80년대 초반에는 부모가 신청서에 공동 서명하지 않는 한, 21세 미만의 고객은 신용 카드를 발급받기가 어려웠다. 결국 은행은 이 정책을 폐지하고 특히 대학생을 중심으로 21세 미만에게도 신용 카드를 발급하기 시작했다. (다소 약탈적인) 관행은 독립 영화 제작자들이 스스로의 힘으로라면 결코 모을 수 없었을 자본을 즉시 융통하게 하는 예상외의 긍정적 효과를 발휘했다. 로버트 타운센드Robert Townsend가 감독과 주연을 맡은 1987년 영화 〈할리우드 셔플Hollywood Shuffle〉의 예고편에서 타운센드는 카메라를 직접 응시하며 이 영화가 신용 카드로 제작되었다고 실토한다. 5년 안에 이 관행은 할리우드 스튜디오 없이도 영화를 만드는 편법이 되었다.

특히 인상적이다. 이처럼 등장인물들의 갖가지 사소한 토론이 담긴 정적인 화면이 영화의 대부분을 차지하며, 스미스는 RST 비디오RST Video라는 매장에서 일한 자신의 경험을 반영했다고 밝혔다. 당시 매장 안에서는 영화가 끊임없이 재생되고 있었지만, 스미스는 카운터에서 고객을 응대하느라 수많은 영화를 소리로만 "여러 번 감상"하고 외우는 경지에 이르렀다고 한다. 〈점원들〉은 화면도 대사도 다른 영화와 달랐고, 전문 제작사에서 만든 영화와 비교하면 더욱더 남달랐다. 시각적으로나 감성적으로나 정제되지 않은 느낌이었다.

이 영화의 대사들은 얼마 지나지 않아 시대에 안 맞게 (어떻게 보면 듣기 불편하게) 되었다. 그러나 〈점원들〉은 감독으로서 자신의 미적 감각과 취향에 놀라우리만치 고집스러운 스미스의 뚝심을 보여준다. 대여받은 수천 편의 영화에 둘러싸인 채 방에서 무수한 시간을 보낸 그의 실제 경험을 바탕으로, 매우 구체적인 사실성이 영화에 고스란히 녹아 있다. 이제 보는 사람의 개인적 성향에 따라 어떤 영화도 문화적으로 중요한 의미를 띠는 것이 가능해졌다. 즉, 개인의 관점에 따라 같은 영화가 매우 유쾌할 수도, 시시할 수도 있었다.

조 스완버그Joe Swanberg 감독은 "우리 세대는 같은 것들을 보고 또 보기를 너무나 좋아했다"라고 말했다. 스완버그는 〈점원들〉이 개봉한 1994년에 13세였다. 그는 2005년에 첫 장편 영화를 발표했으며, 90년대 인디 영화의 영향을 받은 촘촘한 대사 중심의 영화 장르인 소위 멈블코어Mumblecore 운동을 형성하는 데 일조했다.

182

오늘날 스완버그는 어린 시절 비디오 대여를 통해 영화를 독학한 경험은 본질적으로 창의성에 도움이 되지 않았다고 일축한다.

> 어린 시절 비디오 가게는 같은 영화를 보고 또 보기 위한 곳이었다. 우리 세대는 〈조찬 클럽The Breakfast Club〉이 영화관에 상영되고 있는 동안은 그 영화를 두 번 볼 일이 없었다.* 〈조찬 클럽〉이 영화관에서 내려오면, 우리는 12세에서 25세가 될 때까지 그 영화를 예순아홉 번 시청하고 〈조찬 클럽〉이 천재적인 영화가 틀림없다고 스스로 확신한다. 사람들은 평범한 영화 따위에 대해 향수와 우려먹기, 과대평가에 빠져 있다. (중략) 이런 것들이 비디오 가게라 하면 떠오르는 생각이다.

스완버그의 비판이 틀린 말은 아니다. 그러나 그의 주장도 본질만 놓고 보면 비디오 대여의 경험을 긍정하는 논거와 크게 다르지 않다. 〈조찬 클럽〉이 아니라 어떤 영화라도 예순아홉 번 보고 나면 영화의 의미와 이해 방식이 바뀐다. 처음에는 관객에게 던지는 직접적인 메시지("이것은 고등학교 생활이 고단한 이유를 다룬 이야기다")에 초점을 맞췄다면, 그다음엔 이러한 메시지를 생성하는 구성 요소(음악, 장면 구도, 그 자체로 시대적 의미를 지닌 소소한 대중문화의 자연스러운 언급 등)로 영역을 확대한다. 비디오 가게는 시

---

* 〈조찬 클럽〉은 1985년 존 휴즈John Hughes가 감독한 하이틴 영화다. 각 캐릭터에게 하나의 식별 가능한 성격적 특성을 부여하고 그것이 그들의 다른 모든 됨됨이까지 정의하게 했다는 점이 가장 주목할 만하다. 이 방법은 90년대를 내내 풍미할 텔레비전 리얼리티 쇼 구성의 필수 요소로 자리 잡게 된다.

도할 의지만 있는 사람이라면 누구나 이러한 해체 분석을 경험할 수 있는 길을 열어 주었다. 또한 〈조찬 클럽〉, 〈시민 케인Citizen Kane〉, 〈차이나타운Chinatown〉, 〈투혼Bloodsport〉, 〈트롤 2Troll 2〉, 〈록키 3Rocky III〉 등 다양한 영화를 닥치는 대로 보면 정신세계를 확장할 수 있다. 따라야 할 규준이나 존중해야 할 전통이 없었다. VCR 문화는 규범적으로 중요한 것이 무엇인지에 대한 전통적인 이해를 완전히 없앴다. 즉 한 영화는 그 자체로 중요하기도 하지만, 다른 영화의 창작에 어떤 식으로든 미치는 영향도 중요해졌다. 가령 시답잖은 B급 영화에서 한 가지 세부적 장점을 취해다가 새로운 영화를 만드는 과정에서 맥락에 따라 수정해 활용할 수 있었다. 그러면 해당 부분의 의미가 양쪽 영화에서 크게 달라졌다. 이는 전부터 항상 가능했던 일이다. 단지 쿠엔틴 타란티노Quentin Tarantino가 등장하기 전까지는 대부분 사람들이 신경 쓰거나 알아채지 못했을 뿐이다.

타란티노는 이 작업을 눈치채지 못하게 해냈다.

* * *

쿠엔틴 타란티노가 캘리포니아주 맨해튼비치에 있는 비디오 아카이브Video Archives라는 대여점에서 일하면서 영화 역사를 배웠다고 한다면 잘못된 주장이다(그는 "나는 이미 영화 전문가였다. 그래서 거기에 취업할 수 있었다"라고 설명한다). 그는 VCR을 갖기 몇 년 전인 1978년부터 개인적으로 영화 비디오테이프를 수집하기 시작했다. 16세이던 1979년에는 로스앤젤레스에서 상영된 영화를 모두 보았다고 하며, 각 영화를 어느 극장에서 봤는지도 여전히 기억할 수 있다고 한다. 그러나 타란티노와 비디오 가게의 인연은 비디오 가게로 대변되는 시대정신의 전형을 규정한다. 그는 마치 아직 상대방이 묻지도 않은 질문에 대답하듯 말이 빠른 달변가에, 건들거리고 자신감 충만한 사람이었다. 특히 남들이 잘 모르는 영화를 포함해 영화라면 모르는 게 없었고, 일반인은 이해 못할 자신의 지식을 항상 마치 명백하고 무조건 옳다는 듯 주장했다. 타란티노는 "브라이언 드 팔마Brian De Palma 감독은 우리 세대에서 가장 위대한 감독이다"라고 툭 던지듯 발언하기도 했는데, 이는 평론가 폴린 케일Pauline Kael이 쓴 글을 한 문장도 빠짐없이 읽고 어떤 이유에서든 그녀의 글이 너무 점잖다고 결론지어야만 나올 수 있는 생각이었다. 타란티노가 다른 감독들보다 더 분명하게 표현할 수 있었던 것은 자신만의 강렬한 주관 때문이었다. 그는 자신의 독특한 취향을 만족시키는 영화만 고집스럽게 제작함으로써 90년대를 대표하는 영화감독이 되었다.

타란티노는 1994년 BBC와의 인터뷰에서 이렇게 말한다.

할리우드에서 활동하다 보면 이 바닥이 자기 주관을 거의 믿지 못하는 사회라는 것을 금세 터득하게 된다. 사람들은 남들에게서 의견을 구하려고 한다. 무엇이 좋고 무엇이 안 좋은지 가려내기 위해서 말이다. 하지만 이제 내가 등장했다. 나는 통달의 경지에 오른 영화광film geek이다. 내 의견이 '전부'다. 당신들의 의견이 모두 나와 다를지라도, 난 상관없다.

타란티노가 영화 산업에 미친 영향을 가장 잘 이해하려면 그가 80년대에 비디오 아카이브에서 일하면서 대본을 쓴 세 작품을 살펴봐야 한다. 바로 1993년 토니 스콧Tony Scott 감독이 메가폰을 잡은 〈트루 로맨스True Romance〉, 1994년 올리버 스톤Oliver Stone 감독이 대대적으로 각본을 수정하고 감독을 맡은 〈올리버 스톤의 킬러Natural Born Killers〉, 1992년 개봉한 타란티노의 감독 데뷔작 〈저수지의 개들Reservoir Dogs〉이다. 앞의 두 작품은 아직 미완 상태에 있던 타란티노의 장기를 담고 있다. 〈트루 로맨스〉에서 주인공 크리스찬 슬레이터Christian Slater는 각본을 쓴 타란티노의 분신인 듯 옛날 영화와 엘비스 프레슬리*, 현실에는 없을 법한 이상형에 집착하는 만화책 가게 직원으로 분했다. 〈올리버 스톤의 킬러〉는 현실을 방불케 하는 끝없는 희극적 폭력이자, 희극처럼 그려지는 현실적 폭력이다. 두 작품의 각본에서 모두 그의 특징이 살짝 엿보인다. 그러나 둘 다 타란티노의 영화라는 '느낌'은 들지 않는다. 〈트루 로맨스〉는 타란티노 특유의 언어를 사용하지만 내용 전개는 동화적인 측면이 있다. 이 영화는 관객에게 첫사랑의 경험과 그 경험에 수반되는 이성의 상실을 상기시킨다는 평을 듣곤 한다. 〈올리버 스톤의 킬러〉는 크게 보면 두 연인이 마구잡이로 살인을 저지르는 내용이지만, 폭력에 대한 집단적 둔감, 핵가족의 환상, 언론의 가혹한 비판 등 다른 많은 주제에 관해서도 이야기하고 있다. 두 영화

* 타란티노는 작가와 감독이 되기 전 배우로 성공하고 싶어 했다. 그의 연기 스승은 〈해저드 마을의 듀크 가족The Dukes of Hazzard〉에서 보안관 로스코 콜트레인 역으로 가장 유명한 제임스 베스트James Best였다. 이 기간에 타란티노는 〈골든 걸스The Golden Girls〉의 두 부분으로 구성된 에피소드에서 엘비스 프레슬리 코스프레를 한 사람으로 출연했다. 이 역할은 대사가 필요 없었다.

모두 관객들을 깨달음으로 이끄는 가교 역할을 한다. 즉, 관객들이 영화관을 나서면서 영화 외적인 사회적 메시지로까지 생각의 폭을 넓히게끔 한다. 반면에 〈저수지의 개들〉의 특이점은 그저 영화를 위한 영화라는 것이다. 보는 사람에게 범죄에 대한 관념, 거친 남자들 간의 복잡한 관계, 고문 목격이 심리에 미치는 여파 등까지 고찰하게 하려는 의도는 없다. 물론 관객은 이런 요소들을 충분히 생각해 볼 수 있지만, 이는 부수적일 뿐이었다. 〈저수지의 개들〉은 영화 속에 구성된 허구의 세계에 철저히 충실함으로써 흡인력을 발휘한다. 이는 현실의 삶을 허구로 표현한 버전이란 뜻이 아니라, 제작자의 마음속에만 존재하는 허구의 삶을 논픽션으로 표현했다고 보는 게 옳다. 그리고 물리적인 세상에서 타란티노 개인이 겪은 경험보다는 1987년 홍콩 스릴러 〈용호풍운龍虎風雲〉을 보고 내면화한 경험과 더 관련이 있다.

〈저수지의 개들〉은 보석 강도를 계획한 갱단이 일이 꼬이면서 펼쳐지는 이야기다. 등장인물 여섯 명은 "미스터 핑크", "미스터 블론드" 등 색깔로 구분된 별칭으로만 불리며, 그중 한 명은 잠복 경찰이다. 〈저수지의 개들〉은 이미 15년 전부터 이름을 떨치고 있던 배우 하비 케이틀Harvey Keitel이 가담하기로 하면서 제작에 탄력을 받았다. 케이틀은 대본을 읽고 "미스터 화이트" 역할로 영화에 참여하기로 했다. 그는 대본을 처음 받았을 때 (타란티노를 만난 적이 없던 당시) 타란티노의 가족 중 누군가가 조직범죄의 세계와 어떻게든 얽혀 있음이 틀림없다고 생각했다. 줄거리의 세부 사항이 너무 자세하고 구체적인 데다가, 특히 타란티노의 성이 이탈리아

계였기 때문에 가족의 기억을 바탕으로 만든 이야기인 줄 알았다고 한다. 그러나 타란티노가 테네시주에서 태어나 어린 시절 어머니와 함께 로스앤젤레스로 이주했고, 평생 한 번도 실제 범죄자를 만난 적이 없다는 사실을 알고 깜짝 놀랐다고 한다. 타란티노가 이해하고 해석한 암흑세계는 영화를 통해서만 구현되었다. 그리고 결국 밝혀진 바와 같이, 이는 그가 만든 대부분 작품의 촉매제였다.

〈저수지의 개들〉의 첫 장면은 식당에서 시작한다. 등장인물들은 테이블에 둘러앉아 마돈나의 노래 〈Like a Virgin〉의 숨은 뜻과 팁 문화의 정당성이라는 두 가지 주제로 대화를 나눈다. 대화는 설득력 있게 전달된다. 저학력 중범죄자들 사이에서 오가는 이 현실적인 대화에는 모든 기호학적 특성이 담겨 있다. 그러나 대화 내용의 '특징', 즉 등장인물 제시하는 통찰력과 그들이 자기 의견을 표출하는 과정에서 불러일으키는 분위기는 현실성이 떨어진다. 너무 완벽하다. 이 배우들은 영화에서만 가능한 연습된 달변으로 술술 대화를 풀어 나간다. 그들은 타란티노가 비디오 가게 점원으로 일한 경험의 상징적 확장이다. 그리고 그들의 대화는 주도면밀한 기교로 고안되었으면서도 이 기교가 드러나지 않게 표현한 연기를 통해 인간의 상호 작용을 드러내려는 작가의 장치이기도 하다. 여기서 타란티노가 포착한 것은 바로 리얼리티가 아닌, 항상 원본의 의미보다 복제의 의미가 더 중요한 일종의 하이퍼리얼리티hyperreality였으며 이는 당시 모든 대중문화 전반에 걸쳐 가속화되는 추세였다. 커트 코베인은 록스타의 개념을 비판

188

하는 것을 본질적 목표로 삼은 록스타였다. 〈사인필드〉는 주인공이 가상의 등장인물로 출연하고 있는 텔레비전 쇼와 똑같은 텔레비전 쇼를 만들고 싶어 한다는 내용이었다. 〈저수지의 개들〉은 영화 자체가 가짜 범죄 이야기인 동시에 그 안에 또 다른 가짜 범죄이야기가 들어간 형태였고, 이 중첩된 파토스가 타란티노식 폭력을 구성하는 본질이었다.

〈저수지의 개들〉에서 잠복 경찰은 영국 배우 팀 로스Tim Roth가 연기했다. 범죄 조직에 잠입하기 위해 로스는 다른 범죄자들에게 자신이 진짜 도둑임을 납득시켜야 했다. 이를 위해 그의 상관 랜디 브룩스Randy Brooks는 로스에게 과거 마약 거래를 하려다 체포될 뻔했던 내용을 설명할 가짜 일화가 담긴 네 장짜리 원고를 제공한다. 그는 "잠복 경찰은 말론 브란도Marlon Brando가 돼야 해. 이 일을 하려면 연기력이 뛰어나야 한다고"라며 원고를 외우라고 지시한다. 로스가 지시받은 것, 즉 여기서 필수적인 것은 범죄자 역할의 미묘한 면까지 자연스럽게 몸에 배야 한다는 것이었다. 줄거리의 큰 틀을 내면화하는 동시에 구체적인 세부 사항까지 자기 것으로 만들어야 했다. 7분 동안 이어지는 이 장면은 로스가 마약상을 연기하는 경찰을 연기하는 배우라는 점에서 특이한 시퀀스다. 이는 타란티노가 하비 케이틀로 하여금 자기 가족이 실제 범죄 세계에 연루되었으리라 믿게 하려고 써먹은 기법과 동일했다.

1992년에는 이런 종류의 작품이 "포스트모던"이라고 불렸다. 포스트모더니즘의 황금기였던 당시에는 웬만한 작품이 그렇게 분류되었다. 그리고 이론적 의미에서도 〈저수지의 개들〉은 단연코 포스트모던이었다. 모더니즘의 한계를 거부하고 작가의 주관적 관점을 우선시했기 때문이다. 하지만 여기서 실제로 일어나고 있는 일은 더 근본적인 것이었다. 20세기 내내, 특히 제2차 세계대전 이후 수십 년 동안 소비된 예술 작품의 양은 기하급수적으로 증가했다. 그 양은 이제 전체 자연계를 충분히 대체할 만큼 방대했다. 더 이상 고정된 현실은 필요하지 않았다. 한 편의 블록버스터 안에 있는 고정되지 않은 현실이 영화 전체의 다중 우주를 지탱할 수 있었다. 하나의 콘텐츠에서 또 다른 콘텐츠가 탄생할 수 있었다.

* * *

〈저수지의 개들〉은 미국에서 호평을 받았지만, 영국에서 더 많은 수익을 올렸다(런던 시내에서의 박스 오피스 총액이 미국 전역에서 벌어들인 300만 달러를 넘었다). 대신 어쩌면 예상된 바겠지만, 가정용 비디오에서 아주 좋은 수익을 거두었다. 강력한 입소문의 효과였다. 유일한 단점은 대개 사람들이 다음과 같이 똑같은 세부 요소에 초점을 맞추는 경향이 있다는 것이었다. "남자 귀 잘리는 영화 본 적 있으세요?"

세월이 흐르고 타란티노의 작품도 하나둘 늘어났다. 비록 여전히 폭력투성이의 영화들이긴 해도 폭력이 입길에 오르던 분위기는 수그러들었다. 그 대신 요즘은 그의 다양한 면면이 논쟁 대상에 오른다. 그러나 1992년만 해도 항상 타란티노와 관련해 도

마 위에 오른 주제는 거의 폭력이 유일했다. 보통 관객들에게 가장 큰 반향을 불러일으킨 장면은 후안무치 소시오패스 "미스터 블론드"로 나오는 마이클 매드슨Michael Madsen과 관련된 장면이다. 그는 경쾌한 팝송 〈Stuck in the Middle with You〉에 맞춰 춤을 추더니 납치한 경찰의 입을 테이프로 막고, 면도날로 귀를 자르고, 그에게 휘발유를 부은 후 산 채로 불태우려는 찰나에 (로스에게) 죽임을 당한다. 사실 영화는 귀가 잘리는 장면을 담지는 않았다. 하지만 관객은 고통스러운 비명을 듣고 마치 그 모습을 본 것 같은 느낌이 든다. 그리고 이는 선 넘는 예술을 사람들이 어떻게 바라봐야 하는지에 대해 많은 질문을 제기했다.

80년대에 폭력적인 영화는 대부분 사망자 수가 문제였다. 상업 영화에서는 엄청난 수의 사람이 사망하곤 했다. 단순한 이유는 첫째, 이름 모를 피해자가 대개 영어를 구사하지 못하고 둘째, 폭발적이고 만화처럼 과장된 결말로 영화가 마무리되었기 때문이다. 1984년 〈젊은 용사들Red Dawn〉에서는 118명이 사망했고, 그중 대부분이 대사 없는 역할이었다. 척 노리스Chuck Norris 주연의 〈매트 헌터Invasion U.S.A.〉에서는 146명이 사망한다. 1985년의 〈람보 2Rambo: First Blood Part II〉에서는 67명이 학살되었으며, 그중 51명은 동명의 주인공에 의해 살해되었다. 당시에는 이처럼 와이드 스크린에서 펼쳐지는 극도로 폭력적인 액션 영화에 논란의 여지가 있다는 인식이 거의 없었다. 마찬가지로 10대의 섹스 향락이 유치하고 쓸데없이 자극적으로 보일지언정 특별히 해롭다고는 간주되지 않았다. 1984년 7월에 미국 영화 협회는 등급 분류에 PG-13 항목을 추가했는데, 형식상으로나마 어린아이들이 보호자의 지도 없이(적어도 공공장소에서) 너무 야하거나 잔인한 장면을 보지 못하게 하기 위해서였다. 그리고 상당한 예외가 있긴 했지만, 80년대는 일반적으로 주류 영화계가 놀라울 정도로 상상력이 부족한 시기였다. 직전의 70년대와 직후의 90년대와 비교하면 확실히 그렇다. 이 시기에는 영화 속 섹스와 폭력의 사회적 파급 효과를 불평하면 영화의 영향력을 지나치게 걱정하는 사람이라는 인상을 주었다.

이는 90년대 들어 바뀌었다. 90년대 초반 독립 영화가 폭발적으로 증가하면서 영화를 진지하게 받아들이던 70년대의 분위기가 되살아났다. 특히 그 절정은 1994년 비슷한 시기에 약 석 달의 시차를 두고 두 편의 영화가 개봉하면서였다. 타란티노의 두 번째 감독 작품인 〈펄프 픽션Pulp Fiction〉과 올리버 스톤 감독의 〈올리버 스톤의 킬러〉였다(타란티노가 80년대에 각본을 썼으나 이후에 여러 차례 수정이 가해 졌다. 현재 타란티노는 이야기의 원작자로서만 이름을 올려놓고 있다). 개봉 전 두 영화에 대한 관심은 두 갈래로 나뉘었다. 비평가들은 〈펄프 픽션〉을 기대하고 있었지만, 일반 대중은 〈올리버 스톤의 킬러〉가 더 대박이 될 것이라 생각했다. 스톤은 직전 10년 동안 미국에서 가장 사회 문제에 관심이 많은 감독으로 간주되었다. 자신의 베트남전 참전 경험을 바탕으로 한 전쟁 영화 〈플래툰Platoon〉은 아카데미 작품상과 감독상을 함께 수상했으며, 1987년의 〈월 스트리트Wall Street〉는 80년대의 기억을 압축한 요약본이 되었다. 1991년에는 60년대의 실화를 바탕으로 하되 서로 완전히 상반된 두 영화(미국 사이키델릭 록 밴드 도어스the

Doors의 전기 영화와 존 F. 케네디 대통령 암살의 음모론을 각색한 영화)를 발표했다. 그 뒤에 나온 〈올리버 스톤의 킬러〉는 스톤의 걸작이 될 것이라는 기대가 널리 퍼졌다. 이 영화는 모든 면에서 정치성이 강하고 정서적으로 역설적으로 보였다. 염세적인 연쇄 살인범 주인공은 우디 해럴슨Woody Harrelson이 맡았다. 그때까지 해럴슨은 텔레비전 드라마 〈치어스〉에서 더없이 달콤하고 편안한 캐릭터로 세계적 인기를 얻은 터였으니, 실로 과감한 캐스팅이었다. 똑같이 악랄한 그의 여성 파트너는 아역 배우 출신이자 여전히 앳된 역할로 등장하는 당시 21세의 줄리엣 루이스Juliette Lewis가 연기했다. 〈채플린Chaplin〉에서 찰리 채플린 역으로 찬사를 받은 로버트 다우니 주니어Robert Downey Jr.는 여기서 비중 있는 조연을 맡았다. 사운드트랙 제작은 록 아티스트로서 창작력의 전성기를 구가하던 트렌트 레즈너가 담당했다. 이제 만반의 준비가 끝났다. 〈올리버 스톤의 킬러〉의 개봉은 이슈가 될 것이고, 이 영화는 중요한 영화로 남을 것이었다.

하지만 영화는 중요하게 평가되지 않았고, 실제로 중요하지도 않았다.

〈올리버 스톤의 킬러〉에는 세 가지 문제가 있었다. 첫 번째는 작품성이 떨어진다는 것이다. 시각적으로 과한 면이 있었고 어조가 일관성이 없었다. 어설프고 뻔한 주장, 사실과 다른 몇 가지 급진적 단언, 영화의 핵심 의도와 모순되는 몇 가지가 왔다 갔다 한다. 두 번째 문제는 〈올리버 스톤의 킬러〉와 〈펄프 픽션〉이 거의 동시에 나왔다는 것이다. 두 영화는 끊임없이 비교되었고, 스톤에게 유리한 평가는 거의 없었다(그리고 타란티노가 〈올리버 스톤의 킬러〉를 "욕 나오게 싫었다"라고 말한 사실도 영향을 미쳤다). 셋째, 이러한 모든 비교는 필연적으로(때로는 강박적으로) 두 영화의 공통된 한 가지 특성, 즉 과도하고 노골적인 폭력에 집중했다. 평론가들은 이를 그냥 넘어갈 수 없었다. 그러나 관객들은 그냥 넘어갈 수 있었고, 두 감독의 유머 차이 때문에 〈올리버 스톤의 킬러〉의 중심적 폭력보다 〈펄프 픽션〉의 부수적 폭력을 훨씬 쉽게 정당화했다. 영화가 소비되는 방식은 변화하고 있었다. 시간이 지날수록 이 진화의 흐름은 점점 더 뚜렷해졌다.

* * *

평론가들이 영화 속 폭력을 인식하는 방식에는 중요한 부조화가 있다. 특히 묘사가 사실적일수록 항상 비판의 강도가 높아진다. 강한 핍진성Verisimilitude은 실제로 감점 요인이었다. 〈펄프 픽션〉의 초기 리뷰가 명확한 예다. 훗날 이 영화의 평가는 매우 긍정적으로 되었지만(미국 영화 연구소American Film Institute는 역사상 최고의 영화 100편 중 하나로 선정했다), 초기에는 평가가 엇갈렸다. 《뉴 리퍼블릭》에서 스탠리 카우프만Stanley Kauffmann은 "〈펄프 픽션〉에서 가장 짜증 나는 것은 흥행에 성공했다는 점이다"라며 비판했다.

《USA 투데이》의 한 기고가는 "이 영화는 죄가 있든 없든 상대방을 무자비하게 처단하며 살아가는 바보들의 집합체다"라고 주장했다.* 이 영화의 도덕성을 문제 삼는 해석은 놀라울 정도로 흔했다. 《워싱턴 포스트》의 리타 켐플리Rita Kempley는 "전체적으로 총질을 우습게 여기는 느낌이다. 보는 사람을 약간 피곤하게 하고, 세상에 불만 가득한 관객이 아닌 이상 지나치게 뒤틀린 인상을 준다"라고 썼다. 통상 이런 유형의 유혈 낭자한 영화에 관대한 편이었던 로저 에버트도 "가끔 나오는 신랄한 유머, 유치하고 상스러운 풍자, 구약 성경을 인용한 암울한 경고를 빼면 나머지는 시종일관 폭력과 살상이 이어진다. (중략) 〈펄프 픽션〉을 좋다고 해야 할지 안 좋다고 해야 할지 나도 전혀 모르겠다"라며 혼란스러움을 표명했다. 또한 불편한 장면과 언어 탓에 과연 감독의 의도가 무엇이냐는 더 어려운 질문이 제기되곤 했다. 《로스앤젤레스 타임스》의 케네스 터랜Kenneth Turan은 〈펄프 픽션〉이 "군데군데 인상적"이었다고 인정하면서도 "이 영화는 눈에 띄게 번덕스러운 영화다. 너무 내향적이고 자기중심적이면서도, 관객을 격분하게 만든다는 점에서는 너무 외향적이다"라고 결론지었다.

신문에 실린 모든 비난을 보면 비평적으로 두 가지 중요한 점이 있다. 첫째, 부분적으로나마 대부분 맞는 말이다. 둘째, 본의 아

---

* 《USA 투데이》는 〈펄프 픽션〉을 정말이지 몹시 싫어했다. 위의 인용문은 개봉 당시 조 어셸Joe Urschel이라는 평론가의 리뷰 중 일부다. 그러나 《USA 투데이》는 그 기사를 못 본 독자들을 의식했는지, 훗날 폭스 뉴스에 소속되는 린다 차베스Linda Chavez의 목소리를 빌려 1995년 1월 이 영화를 한 차례 더 공격했다. "〈펄프 픽션〉의 가장 불쾌한 요소는 비난받아 마땅할 정도로 도덕성이 결여된 세계관이다. (중략) 타란티노는 극악무도한 인물의 윤리적 판단력과 도덕성을 보여준다. 〈펄프 픽션〉에는 분위기를 중화할 선한 캐릭터가 단 한 명도 없으며 살인자, 도둑, 마약 중독자, 변태, 사기꾼, 배반자만 나온다. 영웅과 악당이 아닌, 나쁜 놈과 더 나쁜 놈만 있을 뿐이다." 이쯤 되면 《USA 투데이》가 이 영화를 보고 불쾌감을 느낀 국민의 의견을 일일이 분석해 모아 놓은 게 아닐까 싶을 정도다.

니게 〈펄프 픽션〉의 성공 요인을 설명해준다. 비평가(특히 케네스 터랜)들은 평소에 그랬듯 영화의 결함을 지적할 의도였지만, 사실 상 영화가 사회에 악영향을 끼칠지 모른다는 잠재적 화력을 부지 불식간에 거론하고 있었다. 그들이 깎아내린 요소는 영화 그 이 상의 목적을 표방하는 모든 영화라면 문제가 되었을 것이다. 그러나 그저 영화 그 자체가 되고자 했던 영화에는 강점이었다.

〈펄프 픽션〉은 한 명의 스타가 두드러지지 않고 모든 배역이 조화를 이룬 작품이었다. 그래도 최고의 연기는 타란티노 특유의 화법에 이상적인 대변자로 떠오르기 전까지 이미 서른 편 이상 의 영화에 출연한 경력이 있는 베테랑 사무엘 L. 잭슨Samuel L. Jackson 이었다. 하지만 가장 의외로 보이고 눈에 띈 캐스팅은 존 트라볼 타였다. 1994년, 쿨함이 전부인 영화에 그다지 쿨하지 않은 인물 을 캐스팅하기란 쉽지 않았을 것이다. 트라볼타는 브루스 윌리 스Bruce Willis가 아기 목소리를 연기한 영화 3부작(〈마이키 이야기Look Who's Talking 1, 2, 3〉)으로 근근이 활동을 이어 가면서 거의 10년 동안 진 지한 연기자로 간주되지 않던 터였다. 트라볼타가 코믹한 이미 지 때문에 영화에 캐스팅됐을 거라는 냉소적 의혹이 개봉 전부 터 제기되었다.* 그러나 이것은 전혀 사실이 아니었다. 타란티노 는 트라볼타의 초기 작품, 특히 1981년 브라이언 드 팔마 감독의 스릴러 〈필사의 추적Blow Out〉에서 그의 연기를 좋아했다. 그 후 밋밋

---

* 지금은 성범죄로 명예를 실추한 미라맥스의 공동 창립자이자 〈펄프 픽션〉의 제작자인 하비 와인 스타인은 타란티노가 원하는 대로 모든 캐스팅 결정을 승인했지만 트라볼타는 예외였다. 그는 대 신 다니엘 데이 루이스Daniel Day-Lewis를 밀어주면서 트라볼타를 영화에서 빼려 했으나 실패했다.

한 작품들로 보낸 13년은 중요하지 않았다. 타란티노는 트라볼타의 상품 가치가 떨어지지 않았다고 보았다. 그것은 텔레비전에서의 이미지 때문에 선뜻 이해가 가지 않았던 우디 해럴슨의 경우와도 달랐다. 타란티노는 영화 〈도시의 카우보이Urban Cowboy〉와 〈토요일 밤의 열기Saturday Night Fever〉, 시트콤 〈환영해요, 코터Welcome Back, Kotter〉에서 트라볼타를 좋아했던 이유와 같은 이유로 〈펄프 픽션〉에 캐스팅하기 원했다. 문화는 바뀌었을지 몰라도, 비디오 가게 진열대 위의 작품들 속 기록으로 남은 트라볼타의 연기는 변함없었다. 트라볼타는 여전히 트라볼타였고, 타란티노가 원한 인물이었다. 터랜의 말마따나 그 고집은 "내향적이고 자기중심적"이었다. 그러나 이는 타란티노가 그 영화를 만들 수 있었던 유일한 사람인 이유이기도 했다.

한동안 이러한 기류는 어디에나 있었다. 90년대는 자유분방한 창작력을 마음껏 펼치는 천재 감독들이 대거 배출된 기간으로, 기존의 틀과 관습에서 벗어나 창작자의 내면이 세련되게 반영된 영화로 가득 찬 놀라운 10년이었다. 예컨대 마약 중독자의 환각 여행기인 대니 보일Danny Boyle의 〈트레인스포팅Trainspotting〉, 포르노 세계의 실화를 각색한 폴 토머스 앤더슨Paul Thomas Anderson의 〈부기 나이트Boogie Nights〉 등이 있었다. 또 제인 캠피온Jane Campion의 〈피아노The Piano〉와 빈센트 갈로Vincent Gallo의 〈버팔로 '66Buffalo '66〉 같이 당혹스러운 분위기를 자아내는 작품이 있는가 하면, 스파이크 존스Spike Jonze가 감독하고 찰리 카우프만Charlie Kaufman이 각본을 쓴 난해한 작품 〈존 말코비치 되기Being John Malkovich〉도 있었다. 소피아 코폴라

Sofia Coppola의 개인 색채가 반영된 〈처녀 자살 소동The Virgin Suicides〉, 수학에 집착하는 대런 아로노프스키Darren Aronofsky의 〈파이Pi〉, 기억을 거슬러 올라가는 크리스토퍼 놀란Christopher Nolan의 〈메멘토Memento〉. 2000년 개봉 초기엔 주목받지 못했지만 스파이크 리Spike Lee의 선견지명이 돋보이는 〈뱀부즐리드Bamboozled〉, 웨스 앤더슨Wes Anderson의 난해한 인물 탐구 영화들도 빠뜨릴 수 없다. 스탠리 큐브릭풍의 완벽주의자 데이비드 핀처David Fincher와 관계를 사실적으로 그린 노아 바움백Noah Baumbach처럼 좀 더 형식 미학에 치중한 감독들도 친숙하거나 틀에 박히지 않은 영화를 만들었다. 그들이 만든 세계는 현실 같았지만 현실 자체와 치환될 수는 없었다. 현실에 적용될 수 없는 고립된 세계로 관객들에게 비치고 여겨져야 했다. 거듭 말하지만, 영화는 영화일 뿐이었다.

그러나 나중에 보니 이러한 환경은 한때만 가능했다. 90년대에 생겨난 문화는 90년대에만 머물렀다. 2015년 즈음에는 영화(또는 모든 예술)를 현실의 도덕, 현대 정치와 별개로 보는 개념이 갈수록 호응을 얻지 못하게 되었다. 2020년쯤 되자 아예 금기시되었다. 1992년의 〈크라잉 게임The Crying Game〉 같은 영화는 먼 옛날에는 만들 수 없었을 테지만 동시에 앞으로도 다시 만들 수 없을 영화가 되었다. 한때 비타협적 독창성으로 높이 평가되던 타란티노는 인종 혐오적 언어를 사용하고, 외부에 전달하는 메시지보다 자기 내면의 환상 충족을 우선시한다는 이유로 자주 공격받게 되었다. 영화는 영화 그 자체일 뿐이라는 가능성은 모든 비디오 가게와 함께 폐업 상태로 들어섰다.

낭만이 있었던 대학 미식축구

스포츠에 이끌리는 이유는 워낙 개인마다 천차만별이고 다면적이어서 사람들이 사랑에 빠지는 이유를 설명하기 어렵다. 스포츠는 현실 도피, 정치, 상징, 동기 부여 등 개인이 원하는 모든 기능을 수행할 수 있다. 그러나 이 모든 기능에 들어맞는 공통점은 현실과 비교했을 때 '확실성'이 있다는 점이다. 규칙이 정해져 있고, 결과는 협상으로 바꿀 수 없으며, 승패는 신체적 능력주의의 직접적 결과로 결정된다. 인생과 달리 스포츠는 평범한 사람들이 누가 잘했고 누가 못했는지, 누가 이겼고 누가 졌는지 간단하게 알 수 있다. 바로 이 이유로 1998년까지 대학 미식축구 1부 리그가 의도적으로 이런 가능성을 막았다는 것은 매우 흥미로웠다.

20세기 내내 대학 농구는 프로 농구보다 훨씬 더 인기 있었는데, 주된 이유는 포스트시즌 토너먼트 때문이었다. 대학 농구의 정규 시즌에 대한 관심은 3월 말에 열리는 38개 팀의 토너먼트에 대한 관심에 비하면 아무것도 아닐 정도였다. 90년대 대부분의 대학 농구 프로그램에서 전체 시즌의 주요 목표는 NCAA(미국 대학 체육 협회) 토너먼트에 참가하는 것이었다. 그러나 대학 미식축구 1부 리그는 여전히 경쟁 개념과 정반대로 보이는 시스템을 운영하고 있었다. 즉, 플레이오프가 전혀 없었다. 포스트시즌에는 38개 팀이 모두 출전했고, 전국 챔피언이 누가 될지는 오리무중이었다.

38개 팀의 대진은 융통성 없이 지정되거나 변덕스럽게 선택되었다. 로즈 볼Rose Bowl은 항상 빅텐 경기 연맹Big Ten conference(미국 중서부 지역 10개 대학 스포츠 경기 연맹)의 챔피언과 팩텐 경기 연맹Pac-10 conference(태평양 연안 10개 대학)의 챔피언이 맞붙었다. 여기까지는 이해하기 간단하다. 슈거 볼Sugar Bowl은 남동부 대학 경기 연맹Southeastern Conference의 승자는 거의 예외 없이 진출했지만 상대는 누구든 될 수 있었다. 오렌지 볼Orange Bowl은 전통적으로 빅에이트 경기 연맹Big 8 Conference(캔자스주와 인근 지역의 8개 대학)의 우승 팀과 대서양 연안 경기 연맹Atlantic Coast Conference의 우승 팀이 대결했지만, 대서양 연안 경기 연맹 챔피언이 자격이 타당할 만큼 강하고 대체할 만한 다른 강팀이 없는 경우에만 그러했다. 코튼 볼Cotton Bowl은 일반적으로 남서부 경기 연맹Southwest Conference의 승자 대 남동부 대학 경기 연맹의 2위 팀, 혹은 노트르담 대학교와 같은 무소속 강호의 경쟁 구도였다. 피에스타 볼Fiesta Bowl에는 피에스타 볼 위원회가 선정한 두 팀이 참가할 수 있으며, 해당 팀이 참가에 동의하고 이미 다른 게임에 출전하기로 되어 있지 않다는 가정하에 진행된다.

열아홉 팀의 볼 게임이 모두 끝나면 투표를 통해 전국 챔피언이 선정되었다. 그러나 두 개의 투표가 있었다. 하나는 언론사, 다른 하나는 코치진을 상대로 진행했다. 두 투표 결과가 일치할 필요는 없었으므로 한 시즌에 두 팀의 챔피언이 탄생할 수도 있었다. 다른 모든 등급의 미식축구 리그를 포함해 어떤 스포츠에서도 이와 조금이라도 비슷한 시스템을 채택하는 종목은 없었다. 플레이오프는 NFL 프로 리그, 50개 주의 모든 고교 리그, 심지어 모든 2, 3부 대학 리그에도 적용되었다. 오직 대학 1부 리그만이 플레이오프에 반하는 시스템이었다. 이 융통성 없고 특이한 시스템은 아무도 의심해선 안 될 금기 사항이 아니었다. 특출한 팀이 두 팀 이상인 시즌이면(즉, 거의 모든 시즌) 꾸준히 의문이 제기되곤 했다.

1990년 플로리다 게이터스Florida Gators의 스티브 스퍼리어Steve Spurrier 감독은 "내가 알기로 대학 미식축구 1부 리그는 미국에서 챔피언을 결정하기 위한 토너먼트나 플레이오프가 없는 유일한 스포츠일 것이다. 우리 방식만 옳고 다른 방식은 모두 틀렸다고 말할 수 있을지 나는 모르겠다"라고 말했다.

플레이오프 없는 시스템의 결함은 항상 인식되어 왔다. 1984년 무패를 기록한 브리검영 대학교는 3패 이하의 기록으로 한 해를 마친 팀 중 한 팀과 맞붙지 않았음에도 전국 챔피언이 되었다. 불완전한 챔피언이 탄생할 가능성은 항상 존재했다. 그러나 90년대 들어, 어찌 보면 당혹스럽게도 문제가 더 커졌다. 1990년에 전국 우승 타이틀은 조지아 공과대학교(시즌 시작 전에 순위권 밖에 있던 이류 팀)와 콜로라도 대학교(또 하나의 비전통 강호로, 정규 시즌 미주리 대학교과의 중요한 경기에서 심판의 실수로 종료 직전 추가 터치다운이 인정됨)가 나눠 가졌다. 1991년에도 우승 트로피는 마이애미 대학교와 워싱턴 대학교가 나눠 가졌는데, 이 시기에 두 팀은 모두 무패 행진을 펼쳤지만 서로 다른 볼 게임에 출전해야 했다.

1994년에 각각 무패를 기록한 네브래스카 대학교와 펜실베이니아 주립대학교는 미국 최고의 두 팀이었으며, 대부분 주요 연맹은 결국 미국 최고의 두 팀 간의 대결 기회가 생길 경우 고정된 볼 게임 의무 규정에서 면제하기로 합의했다. 이 협정은 "볼 연합The Bowl Coalition"이라고 불렸다. 그러나 빅텐 경기 연맹은 연합 조건에 동의하지 않았고 펜실베이니아 주립대학교가 로즈 볼에서 12위 팀인 오리건 대학교와 경기해야 한다고 주장했다. 네브래스카 대학교는 오렌지 볼에서 3위 마이애미 대학교를 꺾었고 두 투표 양쪽에서 내셔널 챔피언으로 선정되었다. 1997년에도 미시간 대학교와 네브래스카 대학교가 모두 무패였으나 1월 1일에 서로 경기를 할 수 없게 되면서 트로피가 공유되었다. 미시간 대학교는 언론사 투표에서 1위를 기록했지만 네브라스카 대학교는 코치진 투표에서 1위를 차지해 평소보다 훨씬 더 많은 논란이 일었다. 일설에 따르면 네브래스카 대학교에서 오랫동안 감독직을 맡은 톰 오스본Tom Osborne이 시즌 후 은퇴한다는 이유로 네브래스카 대학교에 투표한 코치가 많았다는 소문도 있었다.

대학 미식축구 1부 리그가 이 말 많은 포스트시즌 구조에서 한 발 물러서기를 거부한 이유는 보는 사람의 관점에 따라 단순하게 도 혼란스럽게도 보일 수 있다. 단순한 대답은 돈이었다. 혼란스 러운 부분은 플레이오프에 진출하지 '않는' 것이 진출하는 것보다 수익성이 더 높다는 점을 어떻게 이해할 것인지였다. 그것은 명 백히 말이 안 되었다. 1995년까지 NCAA 남자 농구 토너먼트의 연간 TV 중계 수익은 이미 2억 달러를 넘어섰고 대학 미식축구 는 대학 농구보다 훨씬 더 가치 있었다. 그리고 소도시 볼 게임(이 를테면 인디펜던스 볼Independence Bowl)이 개최 도시의 지역 경제에 좋은 것은 사실이지만 그것이 NCAA에 무슨 의미가 있는지는(즉, 왜 루 이지애나주 슈리브포트 같은 도시의 경제 상황이 대학 미식축구 챔피언의 결정 방식에 영향을 미쳐야 하는지) 이해하기 어려웠다. 볼 게임은 과 거에도 재정적으로 쓸데없는 일이었고 지금도 마찬가지다. 볼 게 임 주최자는 참가 대학에 경기 비용을 지불하고 그 돈은 해당 연 맹의 모든 팀에 분배된다(따라서 각 연맹에 볼 게임 체계를 온전하게 유지하기 위한 동기 부여가 된다). 나머지 수익은 지역 볼 운영진에게 돌아가며 게임 자체는 왜인지는 모르지만 비과세 대상인 비영리 사업으로 분류되었다.

1998년이 되어서야 모든 여섯 개의 주요 볼 게임과 다섯 개의 주요 연맹(연맹 무소속인 노트르담 대학교 포함)은 보통 BCS라고 불 리는 볼 챔피언십 시리즈Bowl Championship Series를 구성하기로 합의했다. BCS의 요지는 첫째, 상위 두 개 팀은 연맹 소속 여부에 관계없이 '항상' 전국 우승 타이틀을 놓고 경기하며 둘째, 사람들이 더 이상

관심이 없더라도 모든 하부 리그 볼 게임은 계속된다는 것이다.

이 새로운 시대에 첫 번째 챔피언은 테네시 대학교였다. BCS 시스템은 향후 15년 동안 적용되다가 2014년에 NCAA는 전통적인 4강 플레이오프 체제를 채택했다. 이제 거의 모든 팬과 분석가는 현장 경기로 챔피언을 결정하는 데 찬성한다. 각각 따로 진행되는 두 개의 투표 결과를 마지못해 받아들이는 것과 달리, 누가 국내 최고의 팀인지를 더욱 합리적으로 결정하는 방법이다. 그러나 변화 이후 특유의 독특함은 사라졌고, 더 논리적으로 변한 리그 진행 방식이 실제로 리그를 흥미롭게 만들었는지 판단하기는 쉽지 않다.

항상 대학 미식축구에 정서적 도화선이 도사리고 있었던 이유 중 하나는 고의적으로 애매하게 놔둔 챔피언 결정 시스템이었다. 전국 챔피언을 신비로운 상태로 남겨 두었기 때문에 많은 대학이 투표에서 1위를 차지하지 못하더라도 자신이 미국 최고의 팀이라고 주장할 여지가 있었다. 1993년 1패를 기록한 플로리다 주립대학교는 역시 1패를 안고 있던 노트르담 대학교에 정규 시즌에서 패했고, 무패로 시즌을 마친 오번 대학교(뇌물 스캔들로 현재 징계 중)가 있었음에도 전국 우승 타이틀을 획득했다. 투표에서 1위 하는 것이 아무것도 '증명'하지 않는 만큼, 때로 최종 1위가 되지 '못해도' 체면이 설 길이 있었다. 결국 NCAA는 공식적인 플레이오프를 신설해 기존에 있던 긴장의 불씨를 제거했다. 그러나 아마도 역사적 측면에서 훨씬 김빠진 것은 오직 이 리그에만 존재했던 독특한 방식이 사라졌다는 점일 것이다.

98년 시즌까지는 대학 미식축구를 다른 주류 스포츠와 완전히 별개로 취급해도 여전히 괜찮았다. 논리보다 지역 전통이 더 우선이었던, 전국이 열광하는 스포츠였다. 약 한 세기 동안, 반박의 여지가 없는 챔피언을 배출하기보다 모든 관계자와 팬을 좌절시키는 한이 있어도 덜 합리적인 기존 시스템의 명맥을 쭉 이어가는 것이 더 중요하다고 여겨졌다. 대학 미식축구는 챔피언을 '제대로' 가리지 않음으로써 경제 논리만이 전부가 아님을 보여준, 옛날 방식의 아마추어리즘에 대한 환상을 유지할 수 있었다. 프로 선수라면 플레이오프 체제가 괜찮아도, 대학생에게는 필요하지 않았을지도 모른다. 어쩌면 선택형보다 정답이 없는 서술형 문제로 매 시즌을 끝내도 괜찮지 않았을까. 이것은 이야깃거리가 떨어졌을 때에나 화제가 될 사안이었고, 정답을 몰라도 용납될 수 있는 일이었다.

그러나 아무것도 몰라도 괜찮은 시대는 저물어가고 있었다.

6장

CTRL +
ALT +
DELETE

"인터넷은 지금껏 존재했던
진정한 무정부 상태와 가장 가깝다"
_클리포드 스톨, 미국의 천문학자

반란의 소리는 듣기 좋지 않았다. 오히려 짜증을 유발하는 소리였다. 그러다 반란의 소리는 억지로 떠밀리듯 사라져 향수를 불러일으키는 32초짜리 추억의 유튜브 영상으로만 남았다. 이 일련의 소리는 좋았던 옛 시절의 기억이 최근의 기억보다 소중하게 느껴진 점에서 진정한 의미의 '향수'를 일으켰다. 먼저 발신음이 들리고, 이어서 전화 버튼 소리가 재빠르게 열한 번 들린다. 이어 고음의 기계 호각 소리가 서너 번 이어지다가, 마치 죽어가는 환자의 심전도 기계에서 선이 평평해질 때를 연상시키는 긴 호각 소리로 이어진다(이는 전화선의 반향 억제가 비활성화된 소리였다). 백색 잡음에 흡수된 신호음이 몇 번 더 있다가, 백색 잡음이 갑자기 두 배 더 커진다. 바로 수신 모뎀과 호출 모뎀이 연결되고 있다는 신호다. 그다음 마치 컴퓨터 내부의 무언가가 고장 난 듯한 소리가 나다가 금세 잠잠해지면서 두 변조기의 디지털 상호 작용과 함께 회중시계 위에 금속 탐지기를 갖다 댈 때와 비슷한 소리가 이어진다. 이것은 또 다른 백색 잡음에 의해 몇 초 동안 끊겼다가, 그다음에는… 아무 소리도 들리지 않는다. 벽이 뚫린 상태다. 수문이 열렸다. 그리고 사용자와 시기에 따라 차이가 있지만, 다음 소리는 오하이오주 오르빌에 사는 성우 엘우드 에드워즈^{Elwood Edwards}의 환영 인사 한마디일 가능성이 컸다. 그의 상냥한 인사 뒤에는 문법적으로 어색한 한마디가 뒤따랐다. "메일이 왔습니다(You've got mail)"

1998년 이 과정은 하루에 약 2,700만 번 발생했다. 얼굴도 형체도 없는 아메리카온라인America Online, AOL의 비공식 대변인인 엘우드 에드워즈Elwood Edwards의 목소리는 지구상에서 가장 자주 들린 목소리가 됐다. 에드워즈는 "나는 나 자신이 우체부라고 생각한다. 내 마음은 그때나 지금이나 한결같다"라고 말했다.

맞는 말이다. 그의 마음은 변하지 않았다. 그러나 그 외에는 모든 게 변했다.

* * *

바퀴는 청동기 시대보다 수백 년 전인 기원전 3,500년에 발명되었다. 바퀴는 역사가 매우 오래되었지만 뭔가 석연찮게도 얼마 안 된 것처럼 느껴지는 전형적인 예다. 최초의 인류가 현재 우리가 알고 있는 유형의 인간으로 진화한 게 언제인지 정확히 특정하기는 불가능하지만, 아무리 적게 잡아도 최소한 약 7만 년 전에 시작되었다고 추정된다. 그동안 인류가 언덕에서 바위를 굴리는 방법을 몰랐다면 꽤 긴 시간이다. 왜 초기 인류는 구리와 주석을 합금할 수 있는 충분한 지능을 지녔으면서 바퀴를 땅 위로 물건을 끌고 다니는 기술 이상으로 발전시키지는 못했을까? 정답은 바퀴의 발명이 회전의 핵심이 아니었다는 점이다. 회전의 핵심은 차축의 발명이었다. 하나의 개념으로서 바퀴는 항상 존재해 왔다. 다만 바퀴를 지금과 같은 모든 역할에 이용하는 방법을 알아내기까지 수천 년이 걸렸을 뿐이다.

90년대

발전 속도가 1,000배속이라는 점만 빼면 인터넷도 비슷한 방식으로 볼 수 있다. 인터넷이 엄밀히 말해 언제 어떻게 생겨났는지는 의미론의 측면에서 '인터넷'이라는 단어의 정의를 근거로 살펴봐야 한다. 최초로 "노드와 노드가 연결된" 통신으로서 인터넷은 1969년에 국방부에서 유래했다. 디지털 정보의 일괄 처리, 변환, 전송 방법에 대한 프로토콜은 소위 "인터넷의 아버지"라 불리는 빈턴 서프Vinton Cerf가 70년대 후반에 개발했으며, 그는 결국 나중에 대통령 자유 훈장을 받았다. 2000년 앨 고어Al Gore 전 부통령은 대선에 출마했을 때 CNN에서 자신이 "인터넷 개발을 주도했다"라고 무심코 주장했다가 조롱을 받았는데, 이는 의도적으로 왜곡된 부정확한 진술이었다(고어가 말한 뜻은 상원 시절* 인터넷을 학교와 도서관으로 확장하기 위해 6억 달러 예산안을 발의한 것을 가리켰다). 바퀴와 마찬가지로 인터넷도 단일한 기원이 없다. 그러나 우리가 확실히 아는 한 가지는 월드 와이드 웹World Wide Web이 1989년 스위스에서 처음 제시되었을 때 컴퓨터 과학자가 아닌 이상 아무도 그것이 무슨 뜻이고 무엇이 될 것인지 전혀 몰랐다는 것이다. 12년 후, 대부분 미국 성인은 월드 와이드 웹을 사용한 적이 없고 사용하지 않을지라도 최소한 그 의미는 알게 되었다. 앞서 언급한 비유에서 바퀴는 인터넷을, 차축은 컴퓨터 기술과 인간의 관계를 나타낸다.

먼 미래에는 대부분 사람들이 인터넷의 근본적인 부상이

---

* 앨 고어는 기술 관련 입법에 집착한 경력 때문에 때로 "아타리 민주당원Atari Democrats"으로 분류되었다. 이 분류는 아타리가 닌텐도와의 저작권 소송에서 패한 후인 1992년경에 사라지기 시작했다.

90년대의 유일한 업적이라고 생각할 수도 있다. 그 이유는 인터넷의 급격한 부상 속도와도 일부 관련이 있다. 산업 혁명이 50년 넘게 전개된 반면, 인터넷 혁명은 10년이 걸렸다(소비자의 연령과 교육에 따라 2년 정도 가감될 수 있다). 이 급속도의 변화로 대중은 세 갈래로 나뉘었다. 1995년에 이미 중년에 도달한 사람이라면(예를 들어 제2차 세계 대전 이전 출생자) 인터넷을 완전히 무시해도 좋은, 그저 현대성의 흥미로운 부산물로 볼 것이다. 그들에게 인터넷은 필수도 의무도 아니었다. 이러한 개인을 여기서는 "A그룹"으로 분류하도록 하자. 또 다른 집단은 1985년 이후에 태어난 사람들로, 이들은 "C그룹"이라고 하자. C그룹은 네트워크 컴퓨팅과 조금이나마 관련된 교육을 받은 기억이 거의 없다. 그들은 주위들은 이야기를 통해서가 아니고서야 순전한 아날로그 세계에 대한 개념이 없다. 성인기 이후의 C그룹은 (그들이 인구의 대다수가 되어 이러한 분류가 불필요해질 때까지) "인터넷 네이티브"로 분류된다.

물리적 세계는 아무것도 바뀌지 않은 가운데 재구성된 현실에 적응하느라 씨름해야 했던 사람들은 중간 집단인 B그룹뿐이었다. 이러한 낀 세대(베이비 붐 세대와 X세대)는 인터넷 이전 세계와 이후 세계를 온전히 기억하면서 이 변화를 몸소 경험한 유일한 사람들이 될 것이다. 마이클 해리스Michael Harris는 저서 『우리에겐 쉼표가 필요하다The End of Absence』에서 "우리가 역사상 인터넷 이전의 삶을 아는 마지막 인류라면, 한마디로 인터넷 이전과 이후의 두 언어를 모두 말할 수 있는 유일한 세대가 되기도 한다. 우리는 인터넷 시대 전후에 유일하게 능숙한 번역가다"라고 썼다.

이 전환 과정에서 특이한 점은 실제적 차이가 특별히 극적으로 보이지 않는다는 것이다. 우표를 붙인 종이봉투를 우편으로 보내는 대신 이제 같은 편지를 이메일로 보낼 수 있다(덕분에 시간이 약 사흘 단축된다). 하와이행 항공편을 사고 싶다면 더 이상 여행사에 전화해서 예약할 필요가 없다(누구나 같은 항공편 목록에 액세스할 수 있다). 판타지 풋볼 리그를 운영한다면 월요일 신문의 스포츠면을 보고 손으로 계산할 필요가 없다. 길 찾기, 케이크 레시피, 비전통적인 외설물 모두 같은 포털 내에서 즉시 무료로 찾아 이용할 수 있다. 물건을 사고팔기도 더 쉬워졌다. 1993년의 일상과 1998년의 일상 사이의 기계적인 차이를 구구절절 열거하자면 처음에는 그다지 어렵지 않은 활동을 더 수월하게 해주는 사소한 발전들이 대부분이었다. 그러나 이는 자동차가 끼친 주된 영향이 말의 소유가 감소한 것이라고 말하는 셈이다. 인터넷의 출현에 따른 사회적, 심리적 결과는 전방위로 설명하거나 이해하기에는 (그때나 지금이나 앞으로도) 너무 심오하다. 인터넷은 내부 생활에서 차지하는 물질의 크기를 줄이는 한편, 외부 생활에 미치는 영향력의 한도를 기하급수적으로 확장했다. 그리고 모든 사람이 실제와 가상의 두 가지 충돌하는 정체성을 동시에 지닐 수 있게 했다. 또한 한때 안정적이고 자명했던 개념(고독, 거리, 기억, 지식)의 가치를 바꾸어 놓았다. 가장 중요한 것은 공간을 통해 이동하는 모든 데이터 조각을 새로운 맥락으로 재구성하여 결국 이용 가능하게 만들었다는 것이다.

정도는 다르지만 이 과정은 과거에도 발생했다. 텔레비전, 라디오, 인쇄기가 등장했을 때도 비슷한 주장이 제기되었다. 기술이 지속적으로 사회 구조를 변화시켰다는 점에는 아무도 이의를 제기하지 않는다. 그러나 이번에는 규모, 깊이, 강도에서 차이가 있었다.

1972년 BBC는 미술 평론가 존 버거John Berger가 진행하는 〈다른 방식으로 보기Ways of Seeing〉라는 4부작 TV 시리즈를 방송했다(나중에 동명의 책도 출간된다). 첫 번째 에피소드는 독일 철학자 발터 벤야민의 작품을 주제로 시작했다. 여기서 버거는 현대에는 사진을 통해 어떤 진본 그림도 쉽게 "복제"할 수 있으므로 원작의 의미가 달라지고 원래 예술가의 의도에서 분리된다고 주장했다. 에피소드의 마지막 10분 동안 버거는 카메라를 직접 응시하며 두 가지를 지적한다. 첫 번째로, 그림의 의미는 감상자가 어떻게 보는지뿐 아니라 바로 전후에 무엇을 보는지에 따라 바뀐다는 것이다. 버거는 이미지에 수반되는 어떤 소리나 텍스트도 접근 가능성을 접근 불가능성으로 바꾸는 소외 효과를 낳는다고 설명한다. 그러나 이어서 그는 텔레비전으로 방송되고 있는 자신의 주장에 대해 다음과 같이 시청자에게 경고한다.

여기서 제가 저 자신의 목적을 위해 이러한 (텔레비전) 프로그램에 필요한 복제 수단을 제어하고 이용하고 있다는 것이 중요합니다. 이미지는 말과 비슷할지 모르지만 대화가 없습니다. '여러분'은 '제' 말에 대답할 수 없습니다. 현대 통신 매체에서 소통이 가능해지려면 텔레비전에 대한 접근성이 현재의 좁은 한계를 넘어 확장되어야 합니다.

버거는 수백 년 전의 유화를 분석하고 있었지만, 결국 〈다른 방식으로 보기〉가 제작된 1972년의 문화 탐구 방식과 미래 인터넷 시대의 문화 탐구 방식이 매우 달라지게 될 이유를 설명할 근거와도 공교롭게 맞아떨어졌다. 대부분 인터넷 콘텐츠는 이미 다른 곳에 존재하는 것을 불완전하게 복제한 결과물로, 이용자가 자신의 입맛에 맞춰 직접 지정한 순서로 전달된다. 모든 메시지나 이미지는 지금 주어진 메시지나 이미지를 덮어씌워 그 의미를 수정하는 경우를 제외하면, 필연적인 상관관계가 없는 다른 메시지나 이미지의 앞이나 뒤에 따라붙는다. 이는 말 그대로 맥락이 없는 맥락이므로 맥락적 의미라는 개념 자체를 부정한다. 버거가 가정한 미래는 지금 우리가 피할 수 없는 현실이다. 그러나 텔레비전의 "좁은 한계"에 대한 그의 두 번째 요점은 어쩌면 우연일지 몰라도, 훨씬 더 예리했다. 그 좁은 한계는 사라졌다. 인터넷은 모든 컴퓨터를 1972년에는 거의 상상할 수 없었던 물체로 바꾸어 놓았다. 즉, 컴퓨터는 우리가 말을 걸고 말을 들을 수 있는 텔레비전이었다. 또한 모르는 게 없는 텔레비전이자, 사람들로 만들어진 텔레비전이었다.

* * *

B그룹으로서는 놀라운 일일지라도 그 밖의 그룹에는 놀라운 일이 아니다. 컴퓨터와 휴대전화가 등장하기 이전에 온갖 활동을 수행하는 방식이 지금과 얼마나 달랐는지에 집착하는 사람은 인

터넷 이전과 이후 시대를 둘 다 살아 본 B그룹의 성인들뿐이다. 과거의 많은 활동은 이제 와서 보면 쓸데없이 복잡하거나 심지어 위험해 보이기까지 한다. 가끔은 예전엔 우편 서비스와 유선 전화로 어떻게 사회를 지탱할 수 있었나 싶은 생각도 든다.

그러나 사회는 잘 돌아갔고, 통신 속도가 충분히 빠르지 않다고 불편해하는 사람도 전혀 없었다. 1990년에 시카고에서 로스앤젤레스까지 10분 동안 통화 비용은 저녁 시간에 1.58달러였으며 오후에는 약간 더 비쌌다. 이 장거리 요금이 합리적인지 아닌지 의견은 항상 분분했지만, 전화 요금이 무료여야 한다고 생각한 사람은 아무도 없었다. 시공의 제약은 뿌리 깊게 자리 잡고 있었고, 융통성 없이 전화번호에 따라 고착화된 지리 구분 개념도 마찬가지였다.

예를 들어 지역 번호를 정체성의 표현으로 사용하는 개념을 생각해 보자. 오늘날에는 지역 번호가 일종의 개그 소재로 자주 쓰인다. 그러나 휴대전화를 주머니에 넣고 비행기에 탑승할 수 있는 시대가 오기 전까지는 더 많은 것을 의미했다. 초기 사례 중 하나는 래퍼 스눕 독Snoop Dogg, 네이트 독Nate Dogg, 워렌 지Warren G가 결성한 3인조 힙합 그룹 213이었다. 2004년에야 첫 앨범을 발매했지만 1990년에 결성된 이들은 오클랜드 출신 힙합 그룹 415에서 영감을 받았다. 415가 그룹명을 "4-1-5"라고 지은 이유는 과거 오클랜드의 지역 번호였기 때문이다. 스눕 독, 네이트 독, 워렌 지는 모두 캘리포니아주 롱비치 출신이었기 때문에 현지 지역 번호 213을 채택했다.

시간이 지날수록 이러한 유형의 명명법은 너무 흔해져서 자조적 유머로 변질했다. 영화 〈섹스 앤 더 시티Sex and the City〉의 플롯에도 포함될 만큼 진부했다(주인공 캐리 브래드쇼는 뉴욕주 남동부 지역 번호 347을 거부하고 자신을 "9-1-7(뉴욕시) 여자"로 분류한다). 그것은 랩 문화에서 쓰이는 속어가 어쩌다 보니 백인 문화까지 침투한 또 하나의 예처럼 보일지도 모른다(그리고 실제로 그렇기도 하다). 그러나 그 이상의 의미가 있었다. 어찌 보면 북미 통신 산업의 묘한 승리를 상징하기도 했다.

지역 번호는 1947년에 도입되었다. 인구 밀도가 높은 지역일수록 더 작은 숫자가 할당되었다. 인구 밀도가 높은 지역에 사는 사람들은 전화를 더 많이 걸고 '노동'은 덜할 것이라는 원칙에 따라서다. 넓게 트인 지역은 단일 지역 코드를 공유하기도 했다(플로리다주는 전체 지역 번호가 305였다). 시간이 지남에 따라 지역 코드는 점점 더 구체적으로 되었다(현재 플로리다주에는 열일곱 개의 지역 번호가 있으며 305는 마이애미 데이드 카운티와 플로리다키스 제도에만 적용된다). 이렇게 더욱 구체화된 지역 번호는 여러 의미를 생성했다.

래퍼가 청중에게 자신이 롱비치에서 태어났다고 외치는 것은 막연하게 지도의 한 지역을 가리키는 것과 같다. 하지만 자신이 "2-1-3을 대표한다"라고 말하려면 첫째, 청중이 캘리포니아주 외부인에게 익숙하지 않은 지역 번호를 잘 알고 있어야 한다. 둘째, 청중이 이 특정 번호가 로스앤젤레스 중남부와 그곳의 침체된 지역 경제도 내포한다는 것을 이해해야 한다. 여기에 모든 멤버 개

개인이 유명해진 후에야 뒤늦게 213이라는 그룹을 처음 들어본 사람들에게는 추가 지식이 더 필요했다. 첫째, 캘리포니아주 지역 번호 분포가 1998년에 재편성되었고 둘째, "213" 구역은 이제 로스앤젤레스 시내의 일부분만 포함되며 셋째, 이 지역번호가 더는 쓰이지 않기 때문에 그룹이 보여주는 애정과 향수가 더 각별하다는 점이다.

감정이 배제되고 실용적이었던 지역 번호는 나중에는 개인적이고 설명적인 특성으로 바뀌었다. 지역의 경계를 나타내는 표지판보다 통신 회사가 그은 선이 더 중요해졌다. 그리고 이것이 주목할 만한 이유는 전화 문화가 단기간에 얼마나 많이 변했는지와 관계가 있기 때문이다.

(소위) 평범한 90년대 삶을 사는 (소위) 평균적 90년대 사람들에게 일상에서 전화와 인간의 관계만큼 급변한 건 없었다. 중요한 건 1990년에 미국인 중 단지 430만 명이 휴대전화를 가지고 있었다가 2000년에 그 인구가 9,700만 명으로 불어난 사실이 아니다. 그보다 사람들이 전화를 대하는 심리가 훨씬 크게 변했다. 그전에는 유선 전화가 인류의 생활 양식을 얼마나 크게 형성했는지 사실상 다들 생각해 본 적도 없을 만큼, 사람들의 보편적 일상으로 뿌리 깊게 자리 잡고 있었다. 유선 전화는 모든 가정에서 가장 중요한 단일 기능을 수행했고, 아무도 이를 의심하지 않았다.

1990년에 사람들이 전화벨을 무시하는 빈도가 얼마나 드물었는지 보여주는 통계는 없다. 이런 질문을 아무도 제기한 적이 없었을(또는 고려조차 하지 않았을) 것이기 때문이다. 전화벨을 무시하는 것은 상상도 할 수 없는 일이었다. 우선 옛날 다이얼식 전화기의 벨소리는 80데시벨로 설정되어 2층집 기준으로 모든 방에 들릴 수 있었다. 다른 예로, 자동 응답기가 없는 전화는 발신자가 포기할 때까지 끊임없이 울렸다. 전화벨 소리를 '멈추려면' 전화를 받는 수밖에 없었다. 그러나 모든 사람이 항상 전화를 받는 가장 큰 이유는 누가 전화를 걸었는지 알 수 없기 때문이었다. 벨이 울린 모든 전화는 잠재적으로 인생을 바꾸는 사건이 될지도 모를 일이었다. 텔레마케터일 수도 있지만, 가족의 죽음을 알리는 소식일 수도 있다. 옆집 이웃일 수도 있지만, 아주 지위 높은 인물일 수도 있다. 누군지 알아낼 방법은 수화기를 드는 수밖에 없었다.* 전화는 받아보기 전까지는 한 통 한 통이 똑같이 중요했으므로, 놀라우리만치 평등주의에 충실한 장치였다. 집에 있으면서 특정 전화를 피하고 싶다면 유일한 해결책은 수화기를 든 후 걸쳐 놓아 전화를 받지 않는 것이었다.

시간의 흐름은 막을 수 없고, 세상은 변한다. 오래되지 않은 과거에 대해 글을 쓸 때면 항상 그때가 굉장히 소중해 보이고, 조금이라도 변한 게 있으면 그때가 훨씬 좋았다느니 안 좋았다느니 등으로 구구절절 열변을 토하게 된다. 휴대전화가 없던 세상

---

* 이는 발신자 확인 장치의 도입과 확산으로 바뀌게 된다. 이 서비스는 1987년 뉴저지주에서 처음 시행되었지만 널리 사용되지 않다가 90년대 중반에 전역으로 확대되었다. 그러나 이 과도기에 잠시 "*(별표)69"가 도입된 적이 있으니, 이때는 발신자를 반쯤 확인할 수 있었다는 점에서 특히 우스꽝스러운 시기였다. 1993년경 많은 전화 회사에서 "*69"로 전화를 걸면 마지막으로 전화를 건 사람이 누구인지 알 수 있는 기능을 도입했다. 이것은 통상 장난 전화 발신자를 추적하는 용도였지만, 더 유용한 용도는 사랑의 열병에 빠진 자들이 자신이 좋아하는 사람이 전화를 걸어 메시지를 남기지 않고 끊었는지 확인하기 위함이었다. 1994년 R.E.M.은 이에 관한 노래 〈Star 69〉를 발표했다.

이 더 즐거웠다고 주장하기도 쉽지만, 동시에 더 열악했다고 주장하기도 쉽다. 그러나 그때는 거의 붙박이 생활이었다. 현대인들은 요즘 스마트폰 중독 현상을 걱정하지만, 유선 전화를 쓰던 시절에 훨씬 일상의 제약을 받았다. 중요한 전화를 받아야 할 땐 거실에 앉아 하염없이 기다려야만 했다. 다른 방도가 없었다. 누군가를 찾아야 하는데 어디에 있는지 모른다면 그 사람이 올 때까지 기다려야 했다. 따라서 사람들은 서로를 믿어야 했다. 전화로 약속을 잡고 집을 나갔다면 그 약속은 변경될 수 없었다. 모든 사람이 약속된 시간과 장소에 나타나야 했다. 약속 장소를 조정하지 않는(그리고 조정할 수도 없는) 기계에 의해, 사람들의 생활은 융통성을 별로 발휘하지 못하고 마치 각본처럼 움직여야 했다. 그러나 정작 이러한 독단적 제약을 가하는 기계 자체는 덜 중요했다. 식기세척기와 크게 다르지 않은 하나의 가전제품일 뿐이었다. 2년마다 새 전화기를 구입한다는 생각은 추수감사절마다 새 화장실을 설치하는 것만큼 미친 짓처럼 보였을 것이다.* 전화기 자체에 흥미롭거나 화를 돋우는 요소는 없었다. 그리고 취향이나 독립성과 무관했다(모든 가족 구성원이 같은 전화번호를 공유했다). 전화기는 한 가지 확실한 기능을 제공하면 그만이었고, 사람들은 이게 신뢰할 만한 도구인지 딱히 의심해본 적도 없었다.

1992년 영화 〈클럽 싱글즈Singles〉에서 로맨스의 주인공 캠벨

---

* 어릴 적 우리 집 전화기는 부엌 벽에 한 대가 있었다. 내가 그곳에서 살았던 18년 동안 우리는 줄곧 같은 전화기를 썼다. 어느 시점에 전화기가 교체된 적 있을지 몰라도, 그저 나는 눈치채지 못했다. 만약 교체된 적이 있었다면, 어머니가 똑같은 기능에 똑같은 색상, 똑같은 모델을 선택했을 것이기 때문이다.

스콧Campbell Scott은 술김에 클럽의 공중전화로 사랑하는 여성 카이라 세드윅Kyra Sedgwick에게 전화를 걸지만, 그의 두서없는 고백은 상대방의 자동 응답 전화기의 카세트테이프가 풀리면서 엉망이 된다. 10년만 지나면 이 두 쌍방의 장치가 모두 무용지물이 된다. 공중전화는 자취를 감추고, 아날로그 자동 응답기는 디지털 음성 메일로 대체되기에 이른다. 그러나 이 영화 장면은 유선 전화가 자리 잡은 90년대 초반의 풍경을 유려하게 묘사한 것으로 남아 있다.

당시 전화기는 더 이상 성능이 향상할 여지도 없어 보였고, 특유의 단점도 얼마든지 참을 만했다. 중요한 전화 통화가 있으면 그저 집에서 기다리면 그만이었다. 그래야만 자기 의지대로 계획을 세우고 메시지를 확실히 수신할 수 있었다. 그러지 않고서야 달리 방법이 있었겠는가? 휴대전화는 벽돌 정도의 크기에 4,000달러였으니, 아무리 백만장자에게도 계륵이었다. 캐나다 맥주 라바트 블루Labatt Blue의 TV 광고 줄거리는 술집에 휴대전화를 가져오는 사람은 누구든지 무조건 민폐남이라는 인식을 전제하고 있었다.* 〈청춘 스케치〉에서 벤 스틸러가 처음으로 등장할 때 카폰 통화에 몰입한 모습으로 등장한 것도 비슷한 맥락이었다. 청소년 시트콤 〈베이사이드 얄개들Save by the Bell〉에서 등장인물 잭 모리스는 휴대전화를 학교에 가지고 다녔고, 이는 시간을 멈추는 그의 능력만큼이나 우스꽝스럽게 그려졌다. 전화 통화는 집에서

---

* 라바트 블루 광고에서 민폐남으로 설정된 캐릭터는 나중에 외설적인 외주 제작 게임 쇼 〈스터즈〉를 진행하게 될 코미디 배우 마크 디칼로Mark DeCarlo가 연기했다.

해야 했고, 전화가 있어야 마땅할 곳은 집이었다.

물론 이는 변했다. 1992년에 지역 번호를 자랑하는 것은 자신이 사는 지역 사회를 집단적으로 표현하는 수단이었다. 2002년에는 자신이 떠난 장소에 대한 개인적 연결 고리였다. 1920년대 자가용의 부상으로 갑자기 사람들이 원할 때 어디로든 이동할 수 있게 되었듯, 거실에 사람들을 붙잡아 두던 기계는 그들을 해방해 주는 기계로 바뀌었다. 족쇄는 우리가 의도적으로 교체하기도 전에 사라졌다.

* * *

때로 1995년은 미래가 시작된 해인 것처럼 보인다. 마지막으로 읽은 책이 W. 조셉 캠벨W. Joseph Campbell의 『1995년: 미래가 시작된 해1995: The Year the Future Began』인 사람에게는 특히 그렇다.

1995년이 초기 인터넷이 기지개를 켜는 데 중요한 해였음은 두말할 나위가 없다. 먼저 실용적이고 유망한 웹 브라우저인 넷스케이프 내비게이터Netscape Navigator가 등장했다(설치 소프트웨어 비용은 39달러였다). 또 샌프란시스코 출신의 기업가 크레이그 뉴마크Craig Newmark는 크레이그리스트Craigslist라는 소규모 웹 사이트를 시작했다. 크레이그리스트는 안내 광고의 대안으로 등장해, 나중에는 본의 아니게 미국 신문업계를 완전히 격파하기에 이른다. 아마존은 그해 여름에 아직은 단순한 서점으로 슬슬 활동 준비를 시작했다. 미국 방언 학회American Dialect Society는 이미 1994년에 "사이버cyber"와

1993년에 "정보 고속도로information superhighway"를 올해의 단어로 선정한 데 이어, 1995년 "월드 와이드 웹"을 올해의 단어 중 하나로 선언했다. 그러나 1995년까지도 인터넷은 환상의 대상이었다. 온라인에 접속한 적이 있는 인구는 미국 성인의 14%에 불과했다.

대중의 인터넷 이해도는 불균형적으로 향상됐다. 그 발자취를 거슬러 올라가 보자. 초기 언론이 인터넷을 보도하는 내용은 문외한들에게 딴 세상 얘기처럼 난해했다. 1993년 말, 《뉴욕 타임스》는 넷스케이프 네비게이터 이전에 나온 웹 브라우저이자 현재의 인터넷이 발전하기까지 촉매제가 된 모자이크 넷스케이프Mosaic Netscape에 관해 짧은 기사를 실었다. 기술 분야 내에서 모자이크 넷스케이프는 즉시 판도를 바꿀 소프트웨어로 인식되었다. 과거에는 순전히 텍스트 위주의 경험이었다면, 모자이크 넷스케이프는 그래픽 요소가 추가되고 웹이 도달할 수 있는 범위를 늘렸다. 그러나 기사에서는 다음과 같은 한계도 언급했다.

> 그러나 모자이크를 사용하는 데에는 상당한 장벽이 남아 있다. 이용자가 글로벌 인터넷에 직접 연결된 컴퓨터를 가지고 있어야 한다. 현재 많은 기업과 거의 모든 대학은 이러한 연결망을 갖추고 있지만 대다수의 개인용 컴퓨터 이용자는 현재 델파이Delphi나 AOL과 같은 통신 서비스를 통해서만 간접적으로만 인터넷에 연결할 수 있다.

지금은 이 문제를 이해하기 쉽지만 가정용 컴퓨터를 소유한 가구가 전체 가구의 4분의 1도 안 되던 시절에 이 문제가 얼마나 혼란스러웠을지 상상해 보자. AOL과 같은 통신 서비스 업체의 얼리 어답터에게도 당혹스러운 일이었다. 그들이 아직 "글로벌" 인터넷에 도달하지 않았다면 지금까지 그들은 어느 수준의 인터넷에 도달하고 있었단 말인가? 차이점이 무엇일까? 인터넷을 설명하는 방식은 현학적이고 지루한 면이 있었다. 무엇이 중요한지 제대로 설명하지 않은 채 뭔가 중요한 일이 일어나고 있다고 주장하는 전문 용어만 계속 난무했다. 기술을 위한 기술 같았다. 1993년에 창간된 《와이어드》는 많은 독자들이 접근하거나 상상하지 못하는 기술계의 지형을 심도 있게 다룬 기사를 제공했다. 그러나 학문적, 상업적 양쪽의 이유로 보도 방식이 반전되었다. 갑자기 인터넷이 간단하다고 설명하기 시작했고, 이용자가 작동 원리를 몰라도 인터넷을 즐길 수 있다는 주장이 빠지지 않았다.

1995년 TV 프로그램 〈인터넷 쇼The Internet Show〉는 이 흐름을 올라탄 전형이었다. 휴스턴 주변에서 촬영되었으며, 『바보들의 인터넷The Internet for Dummies』의 저자 존 리바인John Levine과 기술 저널리스트이자 스티브 워즈니악Steve Wozniak의 자서전을 공저한 지나 스미스Gina Smith가 진행했다. 〈인터넷 쇼〉는 1980년대에 한해 제작되었어야 제격이었을 것이다. 공영 텔레비전에서 방영되었고 누구의 소유권도 없는 추상적인 디지털 세계를 예찬했지만, 뭔가 상품을 홍보하는 듯한 분위기를 풍겼다. 진행자의 설명에 따르면 인터넷은 단순히 "네트워크의 네트워크"였다. 그들의 메시지는 인터넷을 그 이상 이해해 봤자 흥미롭긴 하겠지만 꼭 필요하지는 않다는 암시였다. 〈인터넷 쇼〉는 10대를 위한 운전 교육 수업 영상과 비슷한 유형으로 제작되었다. 리바인은 인터넷에 대해 "어떻게 보면 인터넷은 여러분의 자동차와 아주 비슷합니다. 멋진 장소로 운전하기 위해 모든 부품의 작동 원리를 알 필요는 없으니까요"라고 말한다. 그렇다면 멋진 장소를 몇 군데나 갈 수 있을까? 실제로 그리 많지는 않았다. 스미스는 "인터넷에서 할 수 있는 일이 수천 가지는 못 돼도 수백 가지가 있습니다"라고 말한다. 그러나 1995년에는 7보다 크면 무조건 큰 숫자처럼 들렸다.

〈인터넷 쇼〉를 다시 보면 진지해서 더 웃긴 풍자처럼 보인다. 마치 선사 시대 골동품처럼 대부분 정보가 너무 구식이어서 잘못을 지적하기조차 무의미할 정도다. 그러나 여전히 의도하지 않은 통찰력을 제공하기도 한다. 어느 시점에서 스미스는 "너드[nerd]"와 "긱[geek]"의 차이점을 설명한다.* 이 두 분류 사이에는 틀림없이 의미론적 차이가 있지만 스미스는 열정의 차이를 기준으로 경계선을 긋는다. 그녀는 "'너드'가 컴퓨터와 기술에 집중하는 사람이라면, '긱'은 컴퓨터와 기술에 집중하면서 이런 생활을 즐기는 사람"이라고 주장했다.

이 대조에서 알 수 있는 것은 (아무래도 1995년이었던 만큼) 당연히 인터넷 종사자들만이 이 두 부류 중 하나에 속한다는 전제에서 스미스의 말이 일리가 있었다는 것이다. 컴퓨터와 기술에 집중하는 생활은 아직 보편적인 삶의 방식이 아니었다. 그러나 5년

---

* 형식상 너드는 더 내성적이고 자기중심적인 반면, 긱은 너드와 관심사가 비슷하되 사회생활을 더 편안하고 능동적이다.

안에 수백만 명이 대개 자신의 의지에 상관없이 이러한 생활 방식에 들어서게 된다. 이로 인해 어쩌다 보니 많은 사람들이 스미스가 분류한 너드에 포함되었고, 소수의 긱들은 너드들이 기뻐해야 마땅하다고 주장했다.

* * *

1996년 영국의 기술 기업가인 키스 티어Keith Teare는 "지금은 인터넷이 수백만 명의 열망에 초점을 맞추고 있다는 점이 중요하다. 인터넷이 정말로 사람들의 꿈을 실현해 줄지 여부는 별로 중요하지 않다"라고 썼다. 2년 앞서 티어는 영국 최초의 인터넷 카페 중 하나인 사이버리아Cyberia를 열었다. "인터넷 사용자들 사이에 퍼져 있는 낙관주의는 전체 사회에 만연한 비관주의와 극명하게 대조된다."

90년대 중반 웹의 얼리 어답터들은 영토 확장에 미쳐 있었던 알렉산더 대왕처럼 인터넷에 낙관적이었다. 냉소적인 분위기가 가득한 시대였음을 고려한다면 인터넷에 대한 긍정적이고도 거의 복음주의에 가까운 믿음이 생겨났다는 것은 도무지 납득하기가 어려운 일이다. 이제 인터넷에서 재창조하지 못할 것은 없었다. 자칭 사이버 포르노 에디터라는 리사 팔락Lisa Palac은 1994년 《GQ》 기사에서 "90년대 여성들에게 인터넷의 의미는 70년대 여성들에게 자위 기구의 의미와 같을 것이다. 그 정도로 영향력이 커질 것이다"라고 말했다.

이처럼 잔뜩 부풀어 오른 기대는 인터넷이 지식인들의 전유물에서 탈피하면서 더욱 힘을 얻었다. 이론상 네트워크의 네트워크가 달성할 수 있는 규모는 이미 엄청났고, 계속 확장되는 영향력은 앞으로 더욱 확장될 가능성이 있었다.

그러나 이 힘의 범위를 인지하는 사람의 수는 여전히 적었다. 인터넷은 가만히 관찰해서는 이해할 수 없는 매체였다. 밖을 보려면 안으로 들어가야 했다. 그 결과, 사회가 곧 변하리라는 것을 알고 있던 일부 인구는 세계의 나머지 인구도 자기네와 같은 방식으로(그리고 같은 목적으로) 인터넷을 이용하고자 할 것이라고 쉽게 추측할 수 있었다. 이제 인터넷 숭배는 다른 모든 사람들도 당연시하는 현재 상태로 변화했다.

니콜라스 네그로폰테Nicholas Negroponte는 1995년 저서 『디지털이다Being Digital』에서 "자연의 힘처럼 디지털 시대는 거부하거나 멈출수 없다. 디지털 시대에 종국의 승리를 가져올 강력한 특성은 네가지가 있다. 바로 분권화decentralizing, 세계화globalizing, 조화harmonizing, 권한 부여empowering다"라고 기술했다.

이 주장에서 흥미로운 점은 네그로폰테가 암시하는 내용이나 그것이 (대부분) 옳았다는 사실이 아니다. 그보다 그의 확신이 얼마나 강한지가 더 주목할 만하다. 네그로폰테는 이것이 '일어날 수 있는' 일이라고 예측하지 않았다. 그는 그렇게 되지 않을 리가 없으며 이 피할 수 없는 변화가 본질적으로 바람직한 현상이라고 말했다. 같은 해에 기술업계의 억만장자 빌 게이츠Bill Gates는 기술의 변화를 열렬한 낙관주의로 제시하는 또 다른 책 『미래로 가는 길The Road Ahead』을 출간했다. 여기서 게이츠는 마이크로소프트 직원들에게 보내는 문서에서 쓰는 언어와 같은 언어를 사용하여 인터넷을 "파도에서 수영하는(swim in its waves)" 법을 배우지 못한 사람에게 위협적일 수 있는 해일에 비유했다. 여기서도 가혹한 뉘앙스의 단어가 긍정적으로 표현되는데, 본래 "파도"가 은유적으로 굉장하다는 의미가 들어 있기 때문이다.

정치 용어로 표현하기엔 어폐가 좀 있으나 단순히 비유하자면, 이러한 낙관주의는 사회적 자유지상주의와 마르크스주의의 교차 지점에서 촉진되었다고 볼 수 있다. 다시 말해 인터넷은 전통적으로 돈이나 지위로만 극복할 수 있었던 제도적 장애물을 근절할 테고, 이 과정은 문화 전체를 민주화할 것이었다. 그리고 계층 구조를 평평하게 함으로써 사회를 재설정할 것이었다. 디지털 영역 내에서 그 전제는 사회적 측면으로나마 이미 자명했다. "인터넷에서 유명"해지는 것은 기존 세계에서의 명성과 관련이 없었다(1993년 《와이어드》는 "온라인상 미국에서 가장 유명한 인물"은 64세의 퇴역 육군 대령 데이비드 휴스Dave Hughes라고 주장했다). 이제 아무런 의제를 표방하지 않는 네트워크를 통해, 현실과 달리 가치 중립적 능력주의가 좌우하는 세계가 가능해지거나 가능하리라 믿어졌다. 온라인에서 모든 시민은 정확히 동등했다. 사회의 지배권을 기계에 넘겨도 위험해 보이지 않았다. 위험이 있다면 그 원인은 기존 사회에서 비롯되었을 것이었다. 인터넷 선구자들은 정부가 가상 공간에도 침투해 웹이 제거한 제한을 똑같이 법적으로 부과하려고 시도할 것이라고 믿었다. 여기까지는 내부자들의 견해였다. 외부자들은 인터넷계 내부자들이 중시하는 가치가 중대한 위험이 될 것이라 생각했다.

1994년 《타임》은 이 주제를 처음으로 비중 있게 다룬 「인터넷이라는 이상한 신세계The Strange New World of the Internet」라는 불길한 제목의 커버스토리를 실으면서, 자유를 지상 목표로 삼는 기업에 의해 발생할 수 있는 잠재적 혼란을 은연중에 경고했다.

> 인터넷은 중앙 명령 체제의 권한 없이 구축되었다. 다시 말해 소유자도, 운영자도 없으며, 아무도 누군가를 영원히 쫓아낼 수 없다. 비상시 차단할 수 있는 마스터 스위치조차 없다. 미국 군용 컴퓨터에 침입하려던 독일 스파이를 붙잡아 인터넷에서 유명해진 버클리대 천문학자 클리포드 스톨Clifford Stoll은 "인터넷은 지금껏 존재했던 진정한 무정부 상태와 가장 가깝다"라고 말했다.

정치권에서는 통제할 수 없는 것을 통제하려는 시도가 여기저기 있었다. 그러나 효과가 없었고 대체로 격렬한 반발만 이끌었다. 1996년 의회는 온라인 음란물을 규제하기 위한 통신 품위법Communications Decency Act을 통과했다.* 이 법안은 신성 모독이나 음란

---

* 1996년 이후 통신 품위법의 가장 중요한 세부 사항은 "230조"에 요약되어 있다. 230조에 따르면 인터넷 플랫폼은 제삼자로서 개인 이용자가 게시한 콘텐츠에 법적 책임을 지지 않는다. 페이스북, 트위터, 틱톡 등이 아직 등장하기 10년 전이었으므로 당시에는 이 법안이 오늘날만큼 중요해 보이지 않았다. 그러나 230조가 없었다면 소셜 미디어는 아마 존재하지 않았을 것이다(또는 지금 우리에게 익숙한 방식과 확실히 다를 것이다).

물의 단속과는 거의 관련이 없었고, 결과적으로 인터넷을 더욱 통제하기 어렵게 만들었을 뿐이었다. 하지만 이에 자극받아 인터넷을 직설적으로 유토피아라고 묘사한 「사이버 공간 독립 선언문 A Declaration of the Independence of Cyberspace」이 작성되었다. 이는 샌프란시스코에 기반을 둔 전자 프런티어 재단Electronic Frontier Foundation을 공동 설립했고 그전에 록 밴드 그레이트풀 데드Grateful Dead 노래를 작사하기도 한 48세의 시인 존 페리 발로John Perry Barlow가 썼다.* 스위스 다보스에서 작성된 이 선언문은 1,000단어가 채 되지 않았으며, 생각이 같은 많은 기술 관료들이 공유했다(온라인 입소문virality의 초기 사례 중 하나다). 문단은 짧았고, 무엇보다 대화체가 아니었다. 실제보다 작성된 지 오래된 느낌이 들도록 공들여 쓰였다. 여기서 인터넷은 "거래, 관계, 생각 그 자체"로 표현되고 있다. 그리고 적들은 "살과 강철로 된 기력 빠진 거인"이라고 깎아내려 놓았다. 발로는 정부가 서로 평화롭게 합의한 피지배자들에게서 권력을 빼앗을 것이며, 인터넷 시민은 어떤 경우라도 이에 동의하지 않는다고 주장했다. 다음은 문서 중간의 일부다.

> 우리는 인종, 경제력, 군사력, 출생 신분에 따른 특권이나 편견 없이 모두가 들어갈 수 있는 세상을 만들고 있다.
> 우리는 어디서나 누구든 침묵이나 순응해야 한다는 두려움 없이 자신의 신념을 표출할 수 있는 세상을 만들고 있다.

---

* 초기 인터넷에 대한 재미있는 사실 중 하나는 인터넷 철학의 상당 부분이 기술에 사로잡힌 히피족에 의해 만들어졌다는 것이다.

당신들이 재산, 표현의 자유, 정체성, 사회 운동, 맥락에 적용하는 법적 개념은 우리에게 적용되지 않는다. 이 개념들은 모두 물질에 기반을 두고 있지만, 이곳은 물질세계가 아니다.

이러한 목표를 현대에 와서 평가하자면 보는 사람의 정치 성향에 따라 세 가지 방식으로 볼 수 있다. 대체로 달성되었거나, 명백히 전혀 달성되지 않았거나, 늘 똑같은 방식으로 여전히 논의 중이거나. 돌이켜보면 이 글은 다른 새로운 국가를 건설하거나 기존 국가에서 탈피하려는 시도처럼 읽히지만 둘 다 현실이 되지 않았다. 대신 구세계와 신세계를 잇는 다리가 건설되었다. 그 다리는 색인index이었다.

* * *

초기 인터넷 주창자들이 즐겨 쓰던 단어와 문구는 이제 인터넷을 조롱할 때 사용하는 단어와 문구로 변했다. 오늘날 대화에서 이 표현들을 쓰는 사람은 자신이 하는 말의 정확한 의미를 모른다는 신호이거나 자조적 풍자를 나타내는 방법이다. 이 중에는 아직 더 좋은 표현이 등장하지 않았음에도 금세 조롱의 의미로 격하된 단어도 있다. 《더 네이션》이 인터넷과 관련해 처음 내놓은 1993년 7월 12일자 기사에는 "인터넷 전문가들은 '정보 고속도로'라는 용어를 빈껍데기 같은 구절이라고 폄하한다"라는 문장이 포함되어 있지만 "그래도 이 개념은 인터넷의 작동 방식을 쉽게 이해하기 위한 비유로 작용한다"라며 좀 더 누그러진 어조로 문장을 마무리한다. 어설프긴 해도 신조어 "고속도로"가 널리 퍼지면서, 일반인 중에서도 아마 관심 있는 사람이라면 네트워크의 네트워크가 어떻게 연결되는지 머릿속에 그려 보는 데 분명 도움이 되었을 것이다. 이 용어는 어디서나 쓰이는 인터넷 관련 명사가 되었다. 어디서나 쓰이는 인터넷 관련 동사가 있다면 '서핑surfing'이었다. 당시에는 별로 주목되지 않았지만 이 두 가지 설명 사이에는 부정할 수 없는 모순이 있었다. '정보 고속도로'는 마치 인터넷이 두 목적지 간의 경로를 정하고 따라갈 수 있는 지도책 같은 체계적 특성을 의미한다. '서핑'은 예측하거나 제어하기 어려운 일종의 이동 행위를 의미하며, 서퍼는 자신의 이해 범위를 넘어서는 힘에 휩쓸리는 가운데 균형을 유지하려 노력한다. 여기서도 비유가 어설프다. 그러나 같은 어설픈 비유라도 후자가 전자보다 더 정밀한 비유에 가까웠다.

구글Google이 있기 전에도 검색은 가능했다. 다만 실제로 쓸모가 적었고 아무도 신경 쓰지 않았을 뿐이다. 구글 이전에 최고의 검색 엔진은 알타비스타altavista로, 1995년에 등장 당시 상당한 도약처럼 느껴졌다. 알타비스타는 간단한 인터페이스로 검색이 가능한 텍스트 데이터베이스였다. 누군가 검색창에 "곰"이라는 단어를 입력하면 곰이라는 단어가 포함된 웹페이지 목록이 표시되었다. 그러나 이는 알래스카를 배회하는 잡식성 동물, 미식축구팀 로고, 얼굴에 털이 난 건장한 게이 남성 등을 포함할지 모를 무작위 정보를 원하는 사람에게만 유용했다. 별 도움은 안 되었지만 인상적이긴 했다. 어떤 도서관이 서가가 없는 대신 시설 전체에 걸쳐 책을 다양한 꾸러미로 보관한다고 상상해 보자. 알타비스타는 막연하게 한 책 꾸러미를 가리키며 "제가 알기로는 저쪽에 곰에 관한 책이 있는 것 같습니다"라고 말하는 사서와 같았다.

이는 알타비스타를 폄하하는 뜻이 아니다. 1995년에 책 한 무더기 분량의 회색곰에 관한 정보를 화면에 보여준다는 것은 정말 획기적이었다. 그러나 여기에 관심을 보일 사람이 누구일지, 그리고 인터넷에 가장 관심이 있는 사람에게 그것이 어떤 영향을 미치게 될지 살펴보자.

정돈되지 않은 공공 도서관은 알파벳순과 듀이 십진 분류법에 따라 서가를 정리한 도서관만큼 실용적이지(또는 대중적이지) 않다. 그러나 정돈되지 않은 도서관은 여전히 오후에 시간을 내어 자신의 관심 분야와 약간이나마 관련 있을지 모를 수십 권의 책을 무작정 훑어보는 수고를 개의치 않는 유형의 탐구적 고객을 끌어들일 것이다. 철학적으로 말하자면 초기 인터넷 사용을 서퍼에 비유하는 사고방식이 있었다. 여기서 경험의 핵심은 질서에 대한 기대를 내려놓고 정보의 범람을 받아들이는 것이었다. 알타비스타에서 10분은 세 시간이 될 수 있었다. 시간이 사라졌다. 이 형체 없는 과정은 형체 없는 아이디어 뱅크들을 끌어들였다.

그러나 그 후 구글이 인터넷에 형체를 부여했다.

구글 검색 엔진은 스탠퍼드 대학원생 래리 페이지Larry Page와 세르게이 브린Sergey Brin이 개발했다. 둘 다 1973년생으로, X세대 인구 집단에 딱 들어맞았다. 그들이 사회에 미친 영향에 비하면 두 사람 모두 특별히 눈에 띄는 외모는 아니다. 페이지는 미시간주에서 자랐으며 대체로 사회성에 서툰 인물로 알려졌다. 브린은 러시아에서 태어나 1979년 미국으로 이민했으며, 보통 더 열정적인 인물로 비쳤다. 리처드 브랜트Richard L. Brandt가 전기『구글 웨이The Google Guys』의 서두에서 언급했듯. 이 두 사람을 나란히 놓고 보면 각자 개성이 뚜렷하면서도 서로 공통점이 있었다. 이 책은 구글의 가치가 약 1,400억 달러에 달하며 상승 가도를 달리던 2009년에 출판되었다.

제품부 사장인 페이지는 회사의 미래 방향을 잡는 중요한 사색가이며 굵직굵직한 고용 결정에 큰 영향력을 행사한다. 수학의 귀재이자 기술부 사장인 브린은 구글의 기술적 접근 방식의 결정권자이며 회사의 윤리관 정립에 깊이 관여한다.

그들은 이 검색 엔진의 원래 이름을 "백럽BackRub"이라고 지으려다가 수학 용어 "구골googol(10의 100제곱)"의 철자를 잘못 입력한 "구글"로 바꾸었다. 구글이 다른 모든 검색 도구보다 훨씬 우수하고 인기가 많은 이유는 당연히 복잡하다. 완전한 답변이 불가능할지도 모른다. 그러나 불완전한 답변으로도 충분하다. 검색 결과를 유의미한 방식으로 "순위 지정"하는 알고리즘, 즉 고상하게 페이지랭크PageRank라고 불리는 기능이 일등 공신이다. 이 개발의 기원은 페이지와 브린이 스탠퍼드 재학 시절 쓴 「대용량 하이퍼텍스트 웹 검색 엔진의 해부The Anatomy of a Large-Scale Hypertextual Web Search Engine」라는 덜 고상한 제목의 논문으로 거슬러 올라간다. 결정적인 발전은 알고리즘이 '다른' 웹사이트에 있는 콘텐츠의 양과 질을 측정하는 방식이었다. 특정 용어를 검색하면 중요도가 높은 순서대로 가장 관련성 있는 "1순위" 정보가 먼저 눈에 보이게 되었다. 이것이 구글을 자체 존속할 수 있게 해주었다. 가장 관련성이 높은 결과를 보여줌으로써 추가 웹 트래픽이 해당 결과로 유도되어 관련성이 갈수록 더욱 높아졌다. 구글은 비인간적이어서 더욱 발전할 수 있었다. 또한 구글의 홈 화면에는 광고가 없었기 때문에 구글이 검색 기능에만 충실한 공정한 시스템이라는 인상(어쩌면 착각)을 주었다. 시간이 갈수록 구글 알고리즘은 이전에는 존재하지 않았던 것을 창조했다.* 바로 '모든' 지식을 공유하는 '합의'를 만들어 낸 것이다. 누군가 어떤 질문을 하고 상대방이 "그냥 구글에서 검색해 봐"라고 대답하면, 구글 첫 페이지의 상단에 표시되는 내용이 완벽한 답변을 대신했다.

이 변화에 대해서는 논쟁의 여지가 있다. 현실 구성을 지시하는 알고리즘을 걱정하기는 쉽지만 구글이 일상생활의 다른 여러 측면을 바꿔 놓은 것만큼 걱정스럽지는 않을 것이다. 수십 년이 지난 지금도 우리는 모든 사람들에게 집단 지성에 동등한 접근권을 제공하는 기술이 개인의 정신과 사회 전체에 가져올 변화를 가늠하고 있다. 이제 똑똑한 사람의 정의가 뒤집혔다. 사람들은 아무것도 기억할 필요 없이 모든 지식을 조금씩 알 수 있게

---

* 돌이켜보면 이 엄청난 변화가 순식간에 일어난 것처럼 느껴지더라도 실제로 그렇지는 않았다는 점에 유의해야 한다. 1996년 많은 일간지에서 언급한 "구글"이란 단어는 사실 수집가들 사이에서 인기 상품이 된 1919년 만화 캐릭터 "바니 구글Barney Google"을 가리킨 것이었다.

되었다. 몇 년 후 사회과학자들은 이 현상에 "디지털 기억 상실증 digital amnesia"이라고도 하는 "구글 효과the Google Effect"라는 이름을 붙였다. 그러나 기억력 저하는 변화의 일부에 불과했다. 모든 형태의 데이터에 동등하게 액세스할 수 있게 되어 사회가 평준화되었다. 온라인상에 난무하는 근거 없는 의견들은 사라지지 않았고, 그러한 의견이 애초부터 전혀 근거 없는 게 아니라는 착각을 불러일으켰다. 인터넷은 이제 편리하고 보편적인 도구가 되었고, 소위 너드와 긱의 전유물에서 완전히 탈피했다. 굉장히 구체적인 목표를 누구나 빠르고 새로운 방식으로 달성할 수 있는 도구였다. 구글 이전 세계에서 인터넷은 사람들이 컴퓨터와 통신을 바라보는 관점을 바꿔 놓았다. 반면에 구글 이후 세계에서 인터넷은 사람들이 삶을 바라보는 관점을 바꿔 놓았다.

* * *

여기서 어려운 질문은 90년대에 걸쳐 기술이 기계적으로 어떻게 변화했는지에 관한 것이 아니다. 그건 누구나 이해할 수 있기 때문이다. 더 답을 알기 어려운 질문은 이러한 역학이 변화를 경험한 사람들의 심리에 어떤 영향을 미쳤느냐다.

우리는 기술이 사람을 변화시킨다고 직관적으로 믿는 편이고, 인터넷은 이 과정을 굉장히 직접적으로 보여주는 예처럼 느껴지기도 한다. 그러나 인터넷과 사회 발전 사이의 관계는 그보다 부수 현상일 수도 있다. 다시 말해 사회는 항상 변화하고, 단지 인터넷의 부상은 그 자연스러운 과정을 우연히 더 가시화한 사건이었을 뿐인지도 모른다. 기술의 측면에서 90년대는 인간의 소통 방식이 재창조되고 네트워크 컴퓨팅의 힘이 확장된 시기로 규정할 수 있었다. 이러한 재창조로 인해 당연히 1989년의 25세 청년과 2001년의 25세 청년의 심리는 다를 수밖에 없다. 그러나 또 한편으로는, 1969년의 25세 청년과 1981년의 25세 청년도 똑같이 극적으로 차이가 났고, 두 시기의 청년 모두 각각 본질적으로 같은 통신 도구를 사용했다. 그렇다면 어떻게 사람들의 사고를 바꾼 것이 인터넷이라고 할 수 있을까? 혹은 어쨌든 사람들의 사고가 바뀌지 않으리라고 할 수도 있을까? 짧게 대답하자면, 알 수 없다. 길게 대답하자면, 어떤 사회 역학이 자연 발생적 요인 때문이라 보기엔 워낙 빠르게 역전되어, 그 모든 요인을 합당하게 설명하려면 결국 온라인 커뮤니케이션으로 귀결된다는 것이다.

예를 들어 "신상 털기doxing"라는 단어와 같은 개인 정보 보호의 개념을 생각해 보자. 'dox'라는 단어는 '기록documents'의 약어로, 90년대 초 해커 문화에서 유래했다. 누군가 자신의 개인 정보를 온라인에 공개적으로 '기록'하면 그의 신상이 '기록'되어 잠재적으로 모든 종류의 실제적 위협과 공격에 노출될 수 있다. 신상 털기는 그 자체가 저절로 폭력의 한 형태로 분류되었다. 재미있는 점은 인터넷 시대 이전에 대부분 미국인은 스스로 신상을 공개했다는 것이다. 집 주소와 전화번호가 기재된 전화번호부가 매년 전 지역 가정에 무료로 배포되었기 때문이다. 자기 집 번호가 전화번호부에 포함되지 '않기' 원하는 전화 고객은 매월 부과금을 내야 했다.*
그리고 실제 전화번호부를 보유할 필요조차 없었다. 전화 교환원
에게 전화를 걸어 상대방의 동의 없이 거의 누구에게든 집 전화로
즉시 연결을 요청할 수 있었다. 단지 상대방의 성 철자를 알고 그
가 사는 지역 번호를 대충 짐작할 수 있으면 그만이었다.

한때는 거주지 등록 절차의 정상적인 연장선으로 간주되던
관행이, 그것도 통계상 범죄가 감소한 10년 사이에 어쩌다 무서
운 공격 행위로 바뀌었을까? 두 가지 측면에서 설명할 수 있다.
첫째, 초기 인터넷은 익명성을 중심으로 구축되었다. 대화명으로
만 알려진 사람들로 채워졌고, 전혀 알지 못하는 익명의 낯선 사
람들과 상호 작용하는 세계였다. 이로써 모든 사람은 비밀성이라
는 새로운 기대치를 확립했다. 온라인에서는 현실 생활에 미칠
영향을 신경 쓰지 않고 무엇이든 원하는 대로 말하고 행할 고유
한 권리가 있다고 생각하게 된 것이다. 신상 털기는 개인이 온라
인에서 만든 페르소나와 본래의 신분 사이의 벽을 제거했고, 그
결과 그러한 벽이 필요하다는 믿음이 증폭되었다. 둘째, 사람들
은 두 개의 분리된 현실을 동시에 유지하는 과정에서 두 현실의
안정성이 모두 약해지는 결과를 맞이했고 이제 지구 전체의 연결
방식이 위험하고 통제 불가가 되었다는 '기분'에 사로잡혔다. 이
용자가 무형의 사이버 세계에 참여하려면 통제권을 포기해야 했

---

* 1980년대 내내, 전화번호가 목록에 등재되지 않은 미국인의 비율은 지역에 따라 다르지만 10%
대 초반으로 추정되었다. 번호를 등록하지 않은 인구가 가장 많은 지역은 캘리포니아주였으며,
번호를 등록하지 않는 것은 지위의 상징으로 간주되기도 했다.

다. 많은 사람들이 그동안 아무런 거리낌 없이 전화 주문으로 쇼핑해 왔음에도, 아마존에서 신용 카드로 안심하고 책을 주문하기까지는 오랜 시간이 걸렸다. 마찬가지로 디지털 정보를 네트워크의 네트워크에 입력하는 것은 아무리 전화번호부가 차로 닿는 거리 이내에 사는 수백만 주민에게 배포되더라도 전화번호부에 같은 정보를 게시하는 것과는 완전히 다르게 보였다. 무궁무진하게 뻗칠 수 있는 인터넷의 범위는 완전히 새로운 유형의 보이지 않는 불안을 낳았다.

그러나 그 외에도 더 강력한 역전 현상들이 있었다.

인터넷이 외부 산업까지 재창조한 과정을 가장 쉽게 보여주는 사례는 1999년 출현한 냅스터napster였다. 18세의 대학 중퇴자 숀 패닝Shawn Fanning이 개발한 냅스터는 대중음악을 영영 돌이킬 수 없이 바꿔 놓았다. 부분적 이유는 패닝이 설계한 노래 공유 프로그램이 매우 효율적이었기 때문이다. 냅스터에서 처음 MP3 파일을 다운로드해 본 사람들은 하나같이 똑같은 반응을 보였다. "이렇게 빠르고 쉬울 수가." 하지만 냅스터를 이용하는 더 큰 이유는 무료이기 때문이었다. 냅스터가 본모습 그대로 지속된 기간은 불과 2년 동안이었다. 유사한 불법 복제 서비스이지만 속도는 훨씬 빠른 라임와이어LimeWire, 메가업로드Megaupload 등에 자리를 내주었고, 전통적인 기업들은 냅스터의 스트리밍 매커니즘을 복제했다. 그러나 냅스터가 음악의 '의미'에 미친 영향은 엄청났고 예상 밖이었다. 60년대 초반 이후로 줄곧 앨범을 싱글보다 중요시했던 관습은 뒤집혀 버렸다. 전통적으로 중요했던 장르의 의미가 무색해졌고, 실물 음원을 소비하는 문화를 말살했다. 팝 음악 소비의 지평을 근본적으로 확장하여 사람들이 평소 같았으면 결코 구매하거나 감상하지 않았을 음악을 접하게 하기도 했다. 또한 사람들이 시간의 흐름에 따라 음악을 생각하고 기억하는 방식을 재정립했다. 가장 중요한 점은 녹음된 음악의 유형적 가치를 거의 0으로 만들었다는 것이다.

21세기 음악 산업의 붕괴를 논할 때면 항상 산업 자체를 탓하고 싶은 유혹이 든다. 물론 새로운 시스템이 필요하다는 주장이 정당화될 만큼 1990년대 내내 음반 판매 방식에 문제가 있었음은 의문의 여지가 없었다. 그중 가장 두드러진 문제점이 CD의 소매 가격이었다. 1980년대에 처음 도입된 CD는 레이저를 이용해 기존의 모든 음원 형식보다 더 나은 음질을 제공하는 고급 제품이었기 때문에 비닐 레코드나 카세트보다 약간 더 비쌌다.* 1991년 말 CD는 지배적인 음원 매체가 되었다. 처음에 CD 제조 비용은 장당 약 4달러였다. 그러나 90년대 중반에는 20센트 이

---

* CD의 역사에서 가장 쉽게 잊힌 부수적 시기로, 잠시 사람들이 CD롬에 열광했던 때가 있었다. CD롬은 "읽기 전용 기억 장치"를 바탕으로 방대한 데이터를 담을 수 있는 CD로, 덮어쓰거나 수정할 수 없었다. 80년대 후반에 개발되었지만 90년대에 대개 미스트Myst 같은 컴퓨터 게임용 플랫폼으로 인기를 얻었다. 1994년 버진 인터랙티브 엔터테인먼트Virgin Interactive Entertainment Inc.의 사장은 "CD롬은 뜻밖의 행운과 같다"라고 말했다. 브리태니커 백과사전은 1995년에 CD롬 버전을 도입해, 검색형 쌍방향 백과사전을 선보였다. 완구업체 마텔은 1997년 패션 디자이너 바비Barbie Fashion Designer라는 CD롬 타이틀을 출시하여 아이들이 컴퓨터 화면으로 개성껏 바비 의상을 만들 수 있게 했다. 이 게임은 1년에 100만장이 팔렸다. 그러나 폐쇄적이고 단방향인 CD롬은 특히 고속 인터넷이 보편화되면서 개방적이고 양방향인 인터넷에 밀려 사라졌다. 21세기가 시작되면서 가정용 컴퓨터와 CD롬의 관계는 홈시어터와 레이저 디스크(거의 완전히 사라진 과도기의 기술)의 관계와 같아졌다.

하로 떨어졌다. 포장 비용은 약 30센트였다.* 그러나 완제품 CD의 정가는 약 17달러로 불가해하게 올라갔다.** 음반사 측은 디지털 CD가 더 많은 데이터를 저장할 가능성이 있으므로 이제부터 새로 발매되는 앨범은 재생 시간이 더 길어질 것이라고 해명했다. 이것은 종종 단점이자 장점으로 작용했다. 많은 아티스트들은 아무도 원하지 않는 덜 중요한 노래를 넣어 CD의 남는 공간을 꽉꽉 채우고픈 욕구를 배길 수 없었다(1997년 오아시스^{Oasis}의 3집이자 대체로 평가가 안 좋았던 〈Be Here Now〉 앨범의 재생 시간은 71분이 넘었다). 소비자들은 CD의 장점 중 하나가 영원히 간직할 수 있다는 점이라고 믿었다. 그러나 이는 서서히 사실이 아닌 것으로 판명되었다(CD는 손상되면 전혀 재생할 수 없기 때문에 흠집 난 CD는 흠집 난 레코드보다 훨씬 쓸모없었다). 또한 CD가 지배적인 매체가 되는 전환기에 들어서면서, 음반 수집가들이 이전에 레코드나 카세트테이프로 소유했던 음악을 CD로 다시 구입해야 하는 번거로움도 실망스럽기는 마찬가지였다. 이 대대적인 재구매 추세로 말미암아 특히 90년대 사이에 전체 앨범 판매 수익이 거의 두 배 증가했다(사람들은 새 앨범을 구입하는 동시에 이전 앨범도 꾸준히 재구매했다). 이글스의 베스트 앨범 〈Their Greatest Hits 1971-1975〉

---

* 초기에 CD 포장 방식은 어처구니없이 과했다. CD가 쉽게 훔칠 수 있는 크기와 너비라는 이유로 길이 12인치짜리 "긴 판지 상자"에 포장되었다. 마치 신발 상자 안에 포장된 신발 끈 같은 모양새였다. 긴 상자는 1993년경에 단종되었지만 대체품도 실망스러웠다. 플라스틱 CD 케이스는 길고 좁은 스티커로 봉인되어 제거하기가 귀찮았고, 때로는 소비자가 처음 뜯으라 할 때 케이스를 깨뜨리게 하는 원인이 되었다.

** 이 수치는 닐 스트라우스^{Neil Strauss}가 쓴 1995년 7월 《뉴욕 타임스》 기사에서 가져왔다. 당시에도 사람들은 부풀려진 CD 가격이 터무니없다고 생각했다. 그래도 마땅한 대안이 없을 뿐이었다.

는 1976년 2월 100만 장 판매를 돌파해 미국 음반 산업 협회로부터 플래티넘 인증을 받았다. 이후 1990년에는 누적 판매량이 1,200만 장을 넘어서더니, 1999년에는 2,600만 장으로 훌쩍 뛰었다. 결국 이 앨범을 한번 구매한 사람들 대부분이 재구매한 것으로 보였다. 오랜 경력의 아티스트가 자신의 이전 발표곡을 CD로 리마스터링해 재발매하는 일은 점점 더 보편화되어, 전보다 음량이 약간 더 보강된 과거 앨범의 "새로운" 버전을 내놓는 일이 흔해졌다.

음반사들은 욕심을 굽히지 않았다. 그러나 기업이 아무리 탐욕스러워도 그들 탓으로만 돌리기에는 냅스터 시대의 소비자 심리 변화를 완전히 설명할 수 없다. 무료 음악의 단맛을 경험한 소비자들은 공짜 음악을 '당연시'하게 되었다. 신기술의 등장으로 사람들은 표면상 성립이 불가능해 보이는 관념을 채택할 수 있었다. 그렇다. 그들은 창작자의 동의 없이 무언가를 공짜로 얻었지만 그들은 그것을 훔치지 않았다. '절도'가 아니라, 바로 '공유'였다. 근거는 세 갈래로 나뉘었다. 첫 번째 근거이자 핵심 쟁점은 물리적으로 아무것도 가져가지 않았다면 이를 절도로 간주할 수 없다는 것이었다. 예컨대 얼터너티브 록 밴드 매치박스 트웬티 Matchbox 20 앨범을 소유한 사람은 이미 소유한 앨범을 뺏기지 않았다. 음반 소매점의 재고가 축나는 것도 아니고, 도매점이 약탈당하지도 않았다. 단지 1과 0의 디지털 해방이었다. 두 번째 근거는 이 모든 공유가 합의에 따른 행위라는 점이었다. 즉, 공테이프에 비닐 레코드를 녹음하는 흔한 관행과 다를 바가 없다는 얘기다.

마지막으로 세 번째 근거는 사실 논거라기보다는 경제적 합리화에 가깝다. 음반사는 고의적으로 소비자를 착취하고 뮤지션에게 제대로 보상하지 않았으므로, 음반사가 냅스터로 놓친 수익은 애초부터 전혀 얻을 자격이 없었다는 것이다.

이 세 번째 주장이 실제로 냅스터를 방어하기에는 가장 깔끔한 논거였다. 음반 녹음 계약은 일반적으로 뮤지션과 작곡가에게 CD 판매 수익의 10% 미만을 저작권료로 지급하는 등 원작자의 창작력에 비해 불공평한 관행으로 악명이 높았다(그리고 그 저작권료조차도 아티스트가 음악을 녹음하고 홍보하기 위해 선지급한 여섯 자릿수의 금액을 충당한 후에야 받을 수 있었다). 실제로 메이저 음반사에 소속된 아티스트가 앨범 판매로 돈을 벌 수 있으려면 대개 적어도 100만 장을 팔아야 했다. 다운로드에 가장 반대한 뮤지션이 메탈리카 같은 슈퍼스타들인 이유가 바로 이 점 때문이었다. 중간급의 아티스트는 불법 다운로드로 인한 손실이 훨씬 적었고, 무명 아티스트는 오히려 대개 도움이 되는 편이었다. 반대로 두 번째 논거, 즉 인터넷을 통한 음악 공유가 카세트테이프에 물리적으로 음악을 복제하는 것과 다르지 않다는 주장은 이론적 차원에서만 이치에 맞았다. 기술의 발전 속도 때문에 이 비유가 무의미해졌기 때문이다. (대부분 이용자가 아직 전화로 통신에 접속하던) 2000년경 냅스터 이용자는 정기적으로 분당 약 1만 4,000곡을 공유했다.

그러나 첫 번째 근거는 여전히 까다롭고 복잡한 문제다.

불법 파일 공유의 정당성을 지지하는 논리도 이해 못할 바가 아니었다. 절도의 전통적 정의를 받아들인다면 피해자는 무언가를 잃어야 하고 가해자는 피해자의 의지에 반하여 무언가를 가져가야 한다. 하지만 냅스터에서 그런 일은 일어나지 않았다. 주인 대리인 이론을 근거로 대는 견해도 있었다. 즉, 누군가가 어떤 제품을 합법적으로 구매했으면 그는 자신이 구매한 제품에 누가 접근할 수 있고 없는지 결정권이 있다. 예를 들어 한 자동차 고객이 포드 머스탱을 샀다면 자신의 모든 이웃에게 언제든 그 차를 빌려주는 것은 그녀의 재량일 것이며, 포드는 그녀의 관대함 때문에 자동차 판매에 타격을 입을 것이라 주장할 수 없다. 냅스터 지지자들은 CD에 대해서도 같은 주장을 했다. 누군가 록 밴드 툴Tool 앨범을 17달러 주고 샀다면 그 앨범을 어디다 쓸지 결정하는 건 자기 권리 아닌가? 무언가를 공짜로 주는 사람이 어떻게 불법 복제자로 분류될 수 있는가?

물리적 세계라면 이러한 논거는 반박 불가였을 것이다. 하지만 이곳은 물리적 세계가 아니었다.

인터넷 세계는 가상의 돈으로 된 세계에 비유할 수 있었다. 현재 전 세계 통화의 90% 이상이 디지털 화폐다. 디지털 화폐는 숫자 개념으로서 존재하는 돈으로, 돈 가치가 있다는 사회적 합의가 있기에 가치를 지닌다. 이는 가상의 돈이지만, 실물 돈과 같은 가치를 지닌다는 데 동의하겠다는 사회 집단의 의지에 따라 가치가 부여된다. 그리고 이 가상의 돈이 계속 작동하려면 어느 정도 한정되어야 한다. 누군가가 1달러 지폐를 1만 번 완벽하게 복사할 수 있다 해도 똑같은 가치의 1만 달러를 새로 창출하지는 못할 것이다. 왜냐하면 시중에 유통되는 모든 화폐의 가치를 야금야금 떨어뜨릴 것이기 때문이다. 이용자 1만 4,000명이 매분 똑같이 돈 복사에 착수한다면, 1달러 지폐의 가치는 0에 가까울 것이다.

이것이 파일 공유가 음악계에 일으킨 결과다.

냅스터의 등장으로 사람들이 음악을 덜 좋아하게 된 것은 전혀 아니었다. 아마 오히려 음악을 더 좋아하게 되었을 것이다. 그러나 냅스터는 음악이라는 더 광범위한 개념을 추상화 과정을 통해 더 적은 가치로 축소했다. 음악의 존재 목적은 절대 순수한 상품이 아니지만, 상품이 되면서 음악이 개인에게 이해되는 방식과 나타내는 의미에 대한 프레임이 생겨났다. 2014년에 반자본주의 이론가 마크 피셔Mark Fisher는 이렇게 말한다.

> 21세기는 음악가들에게 재앙이라고 볼 수 있다. 기술 변화의 핵심은 음악의 생산보다는 음악의 소비와 유통에서 일어났다. 20세기가 음악가들에게 이상적인 환경이었다는 얘기는 아니다. (중략) 하지만 돌이켜 보면 점점 잘된 일로 보였다. 역설적이게도 그전까지 대형 음반사는 자기네 뮤지션을 시장 압력으로부터 보호했기 때문이다.

과거에는 음악이 청취자의 개성을 반영하는 거울로도 기능했다면, 공짜 음악으로 음악에 접근할 기회가 평등화되면서 이 기능은 사라지게 되었다. 타워 레코드Tower Records 같은 매장에서 대부분 CD 가격은 약 17달러였다. 타워 레코드 고객은 평균 20달러를 지출하므로 대개 그 금액 범위 내에서 구매 결정을 내려야 했다. 예컨대 고객은 메탈 밴드 콘Korn을 좋아할 수도, 컨트리 밴드 딕시 칙스Dixie Chicks를 좋아할 수도 있다. 재즈 피아니스트 빌 에반스Bill Evans의 옛날 앨범 대신 얼터너티브 록 밴드 카디건스Cardigans의 새 앨범을 사는 게 더 현명한 선택일지 저울질하기도 할 것이다. 이 소비자는 스카 밴드 서브라임Sublime을 좋아하는 마리화나 골초 유형이거나, 인디 밴드 뉴트럴 밀크 호텔Neutral Milk Hotel을 좋아하는 반항아 유형일 수도 있다. 누군가가 소장한 앨범을 구경하는 일은 일종의 가벼운 로르샤흐 성격 테스트와 비슷한 재미가 있었다. 기존의 음악은 제한과 희소성이 있기에, 이러한 개인 취향의 차이가 의미 있었다. 그러나 냅스터는 이 취향의 차이를 불필요하게 만들었다. 이제 소비자는 집을 나서지 않고도 거의 무료로 모든 아티스트의 모든 곡을 확보할 수 있게 되었다. 대학생은 기숙사 방에서 넉넉한 용량의 하드 드라이브와 노래 제목을 검색창에 입력하려는 의지만 있으면 타워 레코드에서 파는 모든 음반을 소유할 수 있었다. 제한도, 희소성도 사라졌다. 이로써 사람들이 음악을 보는 관점은 결코 돌이킬 수 없는 방식으로 바뀌어 버렸다.

* * *

작가 래리 맥머트리Larry McMurtry는 1999년에 짧은 논픽션 작품인 『데어리퀸에서 읽은 발터 벤야민Walter Benjamin at the Dairy Queen』을 출간했다. 이 책의 제목은 그가 책을 쓴 배경을 가리켰다. 그는 작은 마을의 데어리퀸 매장 안에서 벤야민의 1936년 에세이 『이야기꾼The Storyteller』을 읽었다. 이 책을 계기로 맥머트리는 자신의 삶을 더 폭넓은 관점에서 바라보게 되었다. 『데어리퀸에서 읽은 발터 벤야민』은 맥머트리가 전통적인 회고록을 쓰려고 처음 시도한 책이지만, 그보다는 대부분 텍사스주의 정체성, 미국 카우보이의 신화, 독서의 즐거움, 책 수집에 대한 집착 등 다른 내용이 주를 이루었다. 특히 기억의 의미에 주목한 부분이 눈에 띈다. 맥머트리는 이렇게 썼다.

> 발터 벤야민은 선견지명이 있는 사람이었다. 하지만 언론이 우리에게 전달한 내용이 곧 현재 우리의 기억으로 각인되었다는 점을 알면 그도 조금 놀라리라는 생각이 든다. 미디어는 우리에게 정치, 스포츠, 재해 등 모든 중요한 사건의 기억을 제공할 뿐만 아니라 이러한 기억을 편집하기도 한다.

맥머트리는 『데어리퀸에서 읽은 발터 벤야민』을 출간할 당시 63세였다. 그는 앞서 언급한 A그룹으로 분류되어 오랜 세월을 살았기에, 인터넷과 그다지 친해질 일이 없었다. 그가 쓴 위의 문장은 텔레비전 뉴스를 가리키고 있었다. 그러나 맥머트리의 주장(그리고 벤야민의 예측)은 텔레비전이나 라디오, 인쇄물보다 온라인 담론에 더 잘 적용된다. 아마 1995년까지도 인터넷은 컴퓨터 기술의 확장 정도로만 여겨졌을 것이다. 90년대 말 무렵 인터넷은 단지 호스트 역할을 할 뿐인 컴퓨터의 힘을 빌려 그 자체로 작동하는 하나의 대중 매체가 되었다. 그리고 이 새로운 형태의 미디어의 커다란 차이점은 정보를 '담을' 수 있는 용량이었다. 이제 진정 일시적인 것은 없다. 순간은 덧없이 지나가지만 그 순간의 기록은 고정된다. 맥머트리는 기억을 왜곡하는 미디어에 대해 우려를 표출하면서, 사람들이 자기 삶을 돌아보는 방식의 내면적 과정이 변형될 것을 걱정했다.

시민권 수호를 위한 행진, 반전 시위와 같은 대규모 공개 시위에 참가한 후 집으로 와서 같은 시위가 텔레비전 방송으로 재구성된 화면을 본 적 있는 사람이라면 내가 의미하는 바를 알 것이다. 참가자들이 단지 이제 막 몰려들기 시작하는 모습이 텔레비전에서는 명령 따라 동원된 듯한 모습으로 비칠 뿐 아니라, 혹시라도 폭력이 발생하면 항상 그 장면이 제일 먼저 보여질 것이다.

그가 설명하는 것은 대부분 현대인에게 친숙한 과정이다. 어떤 사건이 매개체를 거치면서 형성된 느낌이 같은 경험에 대한 개인의 본래 기억을 덮어쓰고, 개인은 자신의 마음속에 있는 이 기억에 따라 사건을 재해석할 수밖에 없게 된다는 것이다. 인터넷은 이 과정을 단축했다. 소프트웨어가 무자비하고 융통성 없이 모든 사람들을 대신해 기억을 도맡는다. 언어와 이미지는 절대 사라지지 않는다(링크가 끊어질 수 있지만 데이터는 여전히 저장된다). 해석도 없고, 오해석도 없다. 매개화된 사건은 맥락이 거짓이거나 보이지 않더라도 곧 기억으로 남는다.

이것은 인터넷 자체에도 마찬가지로 적용된다.

1990년대 인터넷에 관해 정말 혼란스러운 점은 그 중요성의 역설이다. 인터넷은 그 시대에 등장한 가장 중요한 문물이었지만 그 중요성의 정도는 여전히 과대평가되고 있다. 사실 그 자체와 사람들이 체감하는 기억이 서로 일치하지 않는다.

90년대 전반에 걸쳐 웹이 발전해 온 발자취는 웹 자체에 역사가 기록된 덕분에 쉽게 추적할 수 있다. 따라서 인터넷의 성장 추이만큼 쉬운 연구 주제도 거의 없다. 인터넷 산업이 발전한 모든 과정을 검증할 수 있고, 시대를 앞선 미래학자가 누구였는지 모두 확인할 수 있다. 이렇게 기록된 모든 역사는 사실상 거의 오류가 없다. 잘못된 것이 있다면 사람들이 인터넷을 매우 다루기 어려워했을지언정 90년대의 일상이 분명 인터넷과 얽혀 있었다는 오해다. 그러나 실은(적어도 대부분 기간 대부분 사람에게는) 그렇지 않았다. 1997년에 미국의 팩스 판매 수익이 처음(이자 마지막)으로 10억 달러를 넘었다. 중소기업들로서는 인터넷보다 팩스가 더 요긴했다. 팩스는 1990년대 내내 기술 분야에서 필수품이었다. 그러나 팩스는 스스로 역사를 생성하고 이어 갈 수 없었으므로 팩스의 기억은 인터넷에 기록된 형태의 기억, 즉 이 80년대 기이한 폐물의 유일한 역사적 의미는 더 우수한 기술에 의해 대체되었다는 기억으로 남아 있다.

어니스트 헤밍웨이Ernest Hemingway의 소설 『태양은 다시 떠오른다 The Sun Also Rises』에서 한 등장인물은 어쩌다 파산했느냐는 질문을 받는다. 그는 "두 가지 방법이 있다. 점진적으로, 그리고 갑자기"라고 답한다. 이 통찰력 있는 인용문은 거의 모든 것에 적용될 수 있는 만큼 지난 한 세기 동안 워낙 자주 언급되어 그 문장이 통째로 진부한 표현이 되었다. 헤밍웨이가 설명한 변화는 대부분 것들에 적용할 수 있다. 그러나 무엇보다도 인터넷이 문화생활의 피할 수 없는 소용돌이가 된 과정을 제대로 요약한 셈이었다. 인터넷은 우리 곁으로 서서히 침투하고 있는 무정형 개념이지만 2년 정도 지나면 실감이 날 것이라는 게 늘 되풀이되는 설명 방식이었다. 그것은 피할 수 없는 미래이자 아직 사용할 수 없는 활동 공간이었으며, 알지도 못하고 만나고 싶지도 않은 낯선 사람들에 의해 장악되는 영역이었다. 공상 과학 소설가 레이 브래드버리Ray Bradbury는 1995년 대학에서 강연 중 이렇게 말했다. "저는 컴퓨터와 정보 고속도로 같은 모든 것들을 이해하지 못합니다. 누가 이 안에 있는 모든 사람과 친하게 지내고 싶겠습니까?"

* * *

여기서 일어난 현상을 설명하자면 기억에 망원경을 갖다 댄 듯, 먼 과거의 사건을 현재 시제로 바라보다 보니 원래부터 늘 그랬다는 착각을 불러일으켰다고 볼 수 있다. 현대 버전의 인터넷이 시작된 시기는 전반적으로 1990년대라는 게 정설이다. 인터넷이라 하면 사람들이 떠올리는 (긍정적이든 부정적이든) 뿌리 깊은 고정 관념이 있으며, 이는 진위에는 동의하지 않는 사람들이라도 수긍한다. 예를 들면 정치와 사회 조직의 재편, 청소년 일상의 변화, 연결과 소외를 동시에 일으키는 모순성, 전반적인 뉴스 주기의 가속화 등이 있다. 바로 이런 것들이 인터넷을 복잡하게 하는 특성이다.

　문제는 이러한 확고한 고정 관념이 90년대에는 전혀 해당하지 않고, 거의 전적으로 소셜 미디어의 확산과 더 관련이 있다는 것이다. 페이스북은 2004년에야 시작했고, 트위터는 2006년에야 설립되었다. 인스타그램은 2010년에야 개시했다. 가장 초창기의 소셜 미디어 경험에 해당하는 것은 AOL과 컴퓨서브CompuServe의 기본 화면에 탑재된 "대화방"이었다. 이곳에서 90년대 후반의 사람들(대부분 10대)은 문화에 대해서든 개인사에 대해서든 임의의 주제를 놓고 익명의 공개 메시지를 주고받았다. 사람들이 '인터넷'의 장단점을 설명할 때마다 그들은 대개 인터넷이 처음 침투하던 90년대에 전혀 일어나지 않은 경험을 설명하는 경우가 많다. 그러나 이러한 복잡성은 '항상' 존재했던 것 같은 '느낌'이 들고, 초창기에 인터넷이 사회를 재창조할 것이라는 논의가 가정한 시나리오조차도 21세기 들어서야 이해할 수 있게 되었다. 인터넷의 힘은 워낙 압도적이고 절대적이게 되어, 이제는 실제보다 더 오래 존재한 것 같고 현재에 이른 인터넷의 모습은 원래부터 늘 그랬던 것처럼 보인다.

　1995년 9월 《워싱턴 포스트》와 《뉴욕 타임스》는 둘 다 저자의 정체를 모른 채 「산업 사회와 그 미래Industrial Society and Its Future」라는 제목의 논설을 게재했다. 두 신문사에 이 선언문을 발송한 사람은 1978년부터 직접 제작한 폭탄을 우편으로 보내곤 했던 반(反)기술 테러리스트 유나바머the UNAbomber였다. 그는 자신의 선언문이 전문 게재되지 않으면 공격을 계속하겠다고 주장했다. 이 익명의 폭탄 테러범은 이미 10년 동안 악명이 높았다. 그가 처음에 공격 목표로 삼은 대상이 대학과 항공사였다고 해서 "유나바머"라는 별명이 붙었다. 그는 이미 세 명을 죽이고 스물세 명에게 부상을 입혔다. 폭탄에 딸린 단서는 잘못된 방향으로 유인했고, 그가 희생자를 선택하는 방식은 무작위였다. 미 연방수사국 FBI와 미 주류·담배·주류·화기 단속국 ATF는 몇 년에 걸쳐 광범위하게 수색했지만 범인의 프로필이나 소재에 전혀 근접하지도 못했다. 수동 타자기로 작성된 이 3만 5,000단어짜리 선언문이 유일하게 유력한 단서를 나타냈다. 신문사들은 유나바머의 요구에 따랐는데, 부분적으로는 두려움 때문이기도 했지만 이 사람이 누구인지 알아내기 위한 수단이기도 했다. 누군가가 이 글을 읽고 구문론과 문체를 통해 폭탄 테러범을 식별할 수 있기를 바라는 마음에서였다.

「산업 사회와 그 미래」는 한 사람의 기본 철학적 관념을 복잡미묘하게 탐구한 글이다. 유나바머는 기술의 진보가 1760년경부터 모든 문명을 손상시키고 불안정하게 만들었다고 가정한다. 그리고 인류가 기계에 의존하게 되면서 인간성을 이해하는 방식 자체가 달라졌고, 이로써 인간의 자유가 제한되었다고 주장한다. 그는 "기술은 자유에 대한 열망보다 더 강력한 사회의 힘"이라고 썼다. 기술 시스템이 무턱대고 받아들여지고 피할 수 없게 만연해지면서, 사람들은 인위적 목표를 세우고 이 목표를 비합리적으로 추구하게 되었다. 따라서 개인은 자율적으로 생각하고 느끼는 능력을 상실하고 소위 사회가 요구하는 비합리적인 규칙을 자진해서 채택하도록 설득당했다는 것이다. 유나바머는 "좋은" 기술과 "나쁜" 기술 사이에 차이가 없다고 주장한다. 둘 다 똑같은 공생구조의 일부이며, 자기도 모르게 통제당하려는 소비자에 대한 통제를 확고히 한다는 점에서 그렇다.

이 선언문이 최대한 부정적인 맥락에서 부풀려 기술한 것이 있다면 바로 인터넷이다. 그러면서도 이 글은 다른 어떤 설명보다도 인터넷을 가장 정확히 설명한다. 그러나 이는 완전히 우연의 일치이든지, 아니면 선언문 명제가 당혹스럽게도 참으로 입증된 경우다. 「산업 사회와 그 미래」는 1971년 이후로 전기 없이 지내 온 사람이 썼다. 「산업 사회와 그 미래」는 인터넷에 관한 내용이 아니다. 그냥 그렇게 보일 뿐이다.

본명이 테드 카진스키Ted Kaczynski인 유나바머는 현재 콜로라도주 최고 보안 교도소에 수감되어 있다. 1942년 시카고에서 태어난 그는 수학 천재였으며 16세에 하버드 대학교에 입학했다. 25세에는 캘리포니아 대학교의 수학 교수가 되었다. 그러나 카진스키는 위험한 사상을 지닌 골칫거리였다. 전투적 언어를 사용하고 고집불통이었다. 결국 1969년에 교수직을 사임하고 몬태나주 시골의 외딴 오두막으로 거처를 옮겼다. 전기도 수도도 없이 고독한 생활을 하던 그는 자전거로 돌아다니고 식량을 손수 재배했다. 취미는 원어로 된 고전을 읽고 나무와 금속으로 수제 폭탄을 만드는 것이었다. 그는 대부분 폭탄을 자신과 생면부지인 대학

교수들에게 우편으로 보냈다. 1996년에 마침내 체포되었을 때 카진스키는 수염이 덥수룩했고, 똑똑하고 염세적이고 꾀죄죄한 환경 테러리스트의 전형처럼 보였다. 그의 변호사는 카진스키의 심신 미약을 주장하려 했으나 카진스키가 거부했다. 정신 질환자로 인정받으면 자신의 모든 신념이 담긴 선언문의 신뢰성이 무력해진다는 것을 알았기 때문이다. 스스로 변호를 맡기로 결정한 그는 종신형을 받고 사형을 면했지만, 모든 면에서 기술을 증오했던 자신의 신념을 버리지는 않았다.

3만 5,000단어에 달하는 「산업 사회와 그 미래」에서 "인터넷"이라는 단어는 딱 한 번(그것도 지나가듯) 등장하지만, 세상이 발전해 온 과정을 비추어 볼 때 인터넷을 빼놓고 카진스키를 생각하기는 어렵다. 전기 없이 사는 사람이 네트워크 컴퓨팅의 진정한 의미를 이해하기란 불가능하지만, 카진스키의 핵심 이데올로기와 인터넷 시대의 환경은 마치 연결 고리가 '분명' 있는 것처럼 느껴진다. 그리고 결국 하나의, 더 정확히 말하면 두 개의 연결 고리가 확실히 생겨났다. 첫째, 카진스키는 가장 급진적 유형의 반기술 환경운동가 사이에서 민중의 영웅이 되었고, 이들 운동가 집단과 개인은 인터넷의 도움 없이는 서로의 존재를 발견할 수 없었을 것이다. 다소 앞뒤가 안 맞는 듯하지만, 반기술 사회가 존속할 수 있으려면 기술이 필수 요소다. 인터넷이 있기에, 「산업 사회와 그 미래」라는 디지털화된 텍스트는 영원히 남을 것이다.

둘째, 인터넷이 아니었다면 카진스키는 여전히 몬태나주에서 자유의 몸으로 살고 있을 것이다.

카진스키의 테러가 워낙 용의주도하고 상대방을 헷갈리게 했으므로 FBI는 그가 누구인지 알아낼 방법이 거의 없었다. 그가 체포된 유일한 이유는 동생 데이비드 카친스키 David Kaczynski가 「산업 사회와 그 미래」를 읽고, 당시 관계가 소원해져 있던 형의 분위기를 감지했기 때문이다. 일부 생각과 문장은 테드가 과거에 데이비드에게 보낸 손 편지를 연상시켰다. 데이비드가 「산업 사회와 그 미래」를 읽은 이유는 단순히 아내의 성화에 못 이겨서였다.

데이비드는 형이 살인자일 가능성이 있다고 믿지 않았다. 그러나 그의 아내는 아니었다(그녀는 항상 테드가 수상하다고 느꼈다). 그녀는 데이비드에게 혹시 모르니 선언문을 꼭 읽으라고 당부했다. 《워싱턴 포스트》와 《뉴욕 타임스》에 선언문이 실린 다음 주, 부부는 근처 잡지 가게에 가서 한 부를 사려고 했다. 그러나 이미 두 신문은 다 팔렸다. 그래서 그들은 기사를 찾기 위해 근처 대학 도서관으로 갔지만 신문에서 선언문이 게재된 부분은 치워져 있었다. 데이비드는 포기하고 집에 가려다가 사서에게서 또 다른 선택지가 있다는 말을 들었다. 바로 인터넷이었다. 데이비드는 인터넷이라는 말을 들어 봤지만 사용한 적은 없었다. 몇 년 후 그는 "이 반기술 테러리스트가 형이 맞는지 알아내기 위해, 마침내 나도 이 첨단 신기술에 합류했다"라고 회상했다. 데이비드는 난생처음 컴퓨터 통신에 접속했다. 발신음, 열한 번의 재빠른 삑 소리, 고음의 호각 소리, 스테레오 백색 잡음 순으로 이어지는, 90년대 통신을 대표하는 모든 잡소리를 듣는 그의 모습이 상상이 가지 않는가. 그는 자기 형이 본능적으로 경멸하는 디지털 세계로 들어갔다. 네트워크의 네트워크에서 기사를 본 그는 자신이 상상한 최악의 시나리오가 사실임을 확인했다. 그리고 경찰서에 갈 수밖에 없었다. 형이 더는 무고한 사람을 죽이지 않도록 막아야 했다.

테드 카친스키는 자신의 말이 옳았음을 입증한 셈이었다. 기술의 힘은 자유를 향한 그의 열망보다 더 강력했다.

그럴 수도 있고 아닐 수도 있습니다

지금부터 할 이야기는 워낙 다수의 사람들에게 여러 차례 일어났기 때문에 다시 꺼내기에는 다소 지겨운 감이 없지 않다. 다만 그 이야기의 두 버전은 같은 적이 없었다. 큰 틀은 같았지만 세부 사항은 항상 달랐다.

이야기인즉슨 이런 식이다. 어떤 사람이 밤에 혼자 운전한다. 라디오에는 들을 만한 노래가 나오지 않거나, 어쩌면 FM 방송 전파가 잡히지 않는 황량한 고속도로를 지나는 중이다. 운전자는 졸지 않으려고 전파가 더 멀리 전달되는 AM 주파수로 바꾼다. 그러면 필연적으로 들리는 목소리가 있다. 차분하고 침착한 목소리의 (겉보기에는) 평범한 남자가 불안정하고 황당한 주제를 이야기한다. 그는 전화를 건 청취자에게 "당신이나 지인 중에 추파카브라Chupacabras(주로 아메리카 대륙에 산다는 미확인 흡혈 동물. - 옮긴이)에 물린 사람이 있습니까?" 같은 질문을 한다. 질문하는 그의 말투에는 상대방을 업신여기는 기색이 전혀 느껴지지 않는다. 다음 청취자가 정부가 애리조나 사막 밑에 준군사 조직을 세웠다고 주장하면, 진행자는 차분한 목소리로 "거기서 그들이 뭘 하는 것 같나요?"라고 묻는다. 세 번째 청취자가 자칭 사탄이라며 많은 가톨릭 사제들이 좀비가 되어 자신을 따르고 있다고 주장한다면, 진행자는 짐짓 차분한 목소리로 "음, 그럴 수도 있고 아닐 수도 있겠네요"라고 말한다.

프로그램은 이런 식으로 다섯 시간 동안 진행된다. 세상에 알려진 모든 지식이 반드시 진리는 아니며, 현실의 가장자리는 정부나 언론의 생각과 달리 더 어둡고 동떨어져 있다고 주장하는 라디오 청취자들의 장황한 전화 사연이 걸러지지 않은 채 쉬지 않고 이어진다. 이러한 주장들에도 흔들림 없는 목소리로 응답해준 사람은 아무리 가능성이 희박해 보이는 사건도 중립적으로 받아들이는 안경 쓴 중년 남성 아트 벨Art Bell이었다.

1945년생인 벨은 전직 공군 군의관 출신으로, 네바다주 패럼프에 있는 자택에서 라디오 쇼를 진행했다. 가장 유명한 프로그램은 〈대서양에서 태평양까지 AMCoast to Coast AM〉으로, 145개 방송국에서 생중계했으며 한때 일주일에 약 1,000만 명이 청취하는 것으로 추정되었다(또한 벨은 외계인과 초자연적 현상을 집중 조명하는 사전 녹음 외주 제작 쇼 〈환상의 세계Dreamland〉도 방송했다). 〈대서양에서 태평양까지 AM〉에서 긴장의 묘미는 청취자가 전화로 들려주는 기이한 사연이었지만, 프로그램의 중심을 이루는 축은 벨의 열린 태도였다. 그는 때로 의심을 나타내기도 했지만, 절대 이러쿵저러쿵 판단하지는 않았다(그리고 그는 이 프로그램이 단지 재미를 위한 방송일 뿐이라고 오랫동안 주장했지만, 1991년에는 자신이 UFO를 보았다고 주장하기도 했다).

당시 벨의 위상은 시대적 산물이었다. 90년대 초는 엉뚱한 생각에 빠지기 쉬운 시대였지만, 마음 맞는 엉뚱한 사람들끼리 힘을 합치기는 쉽지 않았다. 인터넷 이전 시대에 음모론자로 꿋꿋이 남아 있으려면 대개 그러한 신념을 혼자서 간직해야 했다. 그런 사람들은 신빙성 떨어지는 책을 읽고, 비주류 잡지에 사연을 보내고, 홀로 차고에 틀어박혀 〈대서양에서 태평양까지 AM〉을 들었다. 근거 없는 음모론이 현실 정치에까지 스며든다는(혹은 주류 신문에 의해 반쯤 검증되는 것조차) 발상 자체가 어처구니없었다. 음모론의 배출구 역할은 오직 인터넷만 할 수 있었다. 소셜 미디어 이전 시대에는 음모론을 믿는 인구 규모를 측정할 방법이 없었고, 기존 생각과 다른 주장을 외치는 개인은 이성적인 세계에서 신뢰를 잃을 각오를 해야 했다. 올리버 스톤이 1991년 영화 〈JFK〉를 개봉했을 때 이 영화는 대부분 미국인이 믿고 있던, 즉 존 F. 케네디 암살에 연루된 총격범이 한 명이 아닐 것이라는 음모론을 다루었다. 그러나 〈JFK〉는 개봉되기도 전부터 유수의 언론사들에게 혹평의 대상이 되었다. 스톤은 음모론을 부채질하는 정신 나간 사람으로 취급되었다.[*]

---

[*] 1998년 CBS 뉴스의 여론 조사에 따르면 여전히 미국 국민의 74%가 존 F. 케네디 대통령의 1963년 암살에 관한 공식 정부 문서인 「워런 위원회 보고서」에 은폐된 사실이 있다고 생각하는 것으로 나타났다. 다소 놀라운 점은 케네디 암살 음모론에 대한 믿음이 21세기 동안 약간 감소한 반면 다른 수많은 음모론에 대한 믿음은 꾸준히 증가했다는 것이다.

〈대서양에서 태평양까지 AM〉은 상습적으로 이상한 생각에 빠지는 사람들을 위한 한밤중의 등불과도 같았지만 반사회적 비주류를 정상 궤도로 올려놓지는 못했다. 오히려 음모론을 믿는 사람들이란 못 미더운 이야기꾼이자 웃기는 괴짜라는 통념을 강화시켰다. 그보다 음모론자들을 정상화하는 데 훨씬 더 일조한 것은 드라마 〈X 파일The X-Files〉이었다. 1993년 폭스에서 처음 방송한 〈X 파일〉은 두 명의 FBI 요원이 괴물과 불가사의한 범죄 사건을 조사하는 내용의 SF 드라마였다. 요원의 이름은 폭스 멀더와 다나 스컬리였다. 데이비드 듀코브니David Duchovny가 연기한 멀더는 모든 음모론의 가능성을 믿었는데, 그가 열두 살 때 누이가 외계인에게 납치된 것도 부분적 이유였다. 질리언 앤더슨Gillian Anderson이 연기한 스컬리는 과학으로 입증할 수 없는 것은 무엇이든 믿지 않는 의사였다. 이 드라마의 독창적인 긴장감은 대개 멀더와 스컬리가 서로 섹스를 하지 않음으로써 더 야릇한 분위기를 자아낸 플라토닉 관계에서 비롯되었다(마침내 두 사람이 섹스를 했을 때 팬들은 실망했다). 이 프로그램은 또한 성별에 대한 전통적인 고정 관념을 뒤집었다는 점에서 주목할 만했다. 직관적이고 감정적인 남자와 객관적이고 냉정한 여자가 주인공이었다. 이러한 역학으로 〈X 파일〉은 더욱 사랑받았다. 그리고 그것은 어쩌면 은연중에 음모론적 사고에도 똑같이 작용했을 것이다.

텔레비전은 캐릭터 중심의 매체이며, 시청자는 자신이 가장 좋아하는 화면 속 캐릭터를 통해 프로그램을 경험하는 경향이 있다. 〈X 파일〉시청자의 약 절반이 좋아한 캐릭터는 냉소적이고 강박적인 미남 폭스 멀더였고, 그를 규정하는 문구이자 영화 〈X 파일〉의 부제인 "나는 믿고 싶다"는 결국 밈이 되었다. 멀더는 음모론이 진짜라고 확신했을 뿐 아니라, 세상이 어떻게 돌아가는지 이해하고 자아감을 확인하기 위해서라도 음모론이 진짜이길 '원하기도' 했다. 그는 많은 의문을 품으면서도 여전히 이성에 귀를 기울이는 영리하고 독립적인 사람이라는 점에서 나름 이해할 만하고 바람직한 유형의 초자연주의자였다. 누군가 스스로 폭스 멀더 같다고 여긴다면 그들은 아트 벨의 라디오 쇼에 전화해 히스테리를 부리는 아웃사이더 유형을 의미하는 게 아니었다. 자신을 호기심 많고 개방적인, 평범한 사람으로 본다는 뜻이었다.

그리고 이러한 자세는 새로운 표준이 되었다.

7장

지금 보면 말도 안 되는 일들

"사건이 끝난 후 현명해지기는 쉽다"
_『토르 다리의 문제』의 셜록 홈즈

이상한 뉴스가 비중 있게 보도될 때, 그 보도는 세 가지 비판 중 하나를 받는 경향이 있다. 가장 흔한 비판은 언론이 이상함에 너무 집착한 나머지 실제 중요성을 과장한다는 것이다. 직관에 반하는 듯한 두 번째 비판은 언론이 해당 소식을 '충분히' 이상하다고 인정하지 않아서 그 소식이 실제로 얼마나 신기한지를 과소평가한다는 주장이다. 세 번째 비판은 처음 두 가지의 모순된 조합이다. 그 이상함이 너무 속속들이, 그러면서도 기계적, 무비판적으로 다루어지는 바람에 이상이 정상으로 변하고 결과적으로 그 뉴스가 이상하지 않게 느껴진다는 것이다.

마이클 조던의 프로야구 도전은 세 번째 범주에 들어간다.

1922년 소설 『토르 다리의 문제The Problem of Thor Bridge』에서 셜록 홈즈는 "사건이 끝난 후 현명해지기는 쉽다"라고 말한다. 뻔한 만큼 더욱 깊은 의미가 와닿는 격언이다. 그러나 겉으로 보기에 반박의 여지가 없어 보이는 이 격언은 조던의 야구 경력에는 적용되지 않으며, 여전히 명쾌한 이해가 불가능한 시나리오다. 조던이 시카고 화이트 삭스Chicago White Sox 팜시스템에서 외야수로 보낸 13개월은 세월이 흘러 결과적으로 보니 조던의 전설적인 전체 경력에서 매력적이면서도 흥미로운 일화로 남았다. 조던은 1993년 처음 농구에서 은퇴했을 때 이미 세 번의 MVP와 3년 연속 NBA 우승 타이틀을 획득한 미국에서 가장 유명한 운동선수였다. 1995년 농구로 복귀하자마자 그는 독보적 스타 자리를 재탈환했고, 또다시 세 번의 우승 타이틀을 획득했으며, 세계 농구 역사상 가장 위대한 선수의 위치에서 (다시 일시적으로) 은퇴했다. 막간에 야구 선수로서 그의 경력은 종종 분석의 대상이 되었지만 어떤 식으로도 절대 제대로 설명할 수는 없었다.

1984년 NBA 드래프트에서 전체 3순위로 시카고 불스에 입단한 조던은 예상치 못한 마케팅 잠재력과 이기적 성향을 지닌 선수였으며 팬들을 열광시키는 득점 기계였다. 그는 승리에 집착했지만 자신이 팀 승리의 주역이었을 때만 만족했다. 한동안 조던은 신발 역사상 가장 유명한 운동화인 나이키 에어 조던(1985년에 처음 판매되었으며 당시 소매가는 65달러였다)을 탄생시킨 것으로 가장 잘 알려져 있었다. 시카고 불스는 1991년에야 처음으로 NBA 파이널에 진출했다. 7전 4선승제의 파이널에서 만난 상대는 경험은 풍부하지만 기량이 떨어지고 있던 로스앤젤레스 레이커스Los Angeles Lakers였다. 1차전 홈경기에서 패하자 여론은 조던이 팀을 우승시키기 어려울 것이라는 쪽으로 기울었다. 그러나 불스는 다음 네 경기에서 레이커스를 내리 격파했고, 다음 2년간 리그를 지배했다.

조던의 막강한 힘은 의심의 여지가 없었고, 코트에만 국한되지도 않았다. 그는 NBA 총재 데이비드 스턴David Stern을 제외하면 농구계에서 가장 영향력 있는 사람이었다. 국제농구연맹이 1992년 올림픽에 프로 선수의 출전을 허용하기로 결정했을 때, 조던은 자신이 가장 싫어하는 디트로이트 피스턴스Detroit Pistons 선수 아이제이아 토머스Isiah Thomas를 미국 대표팀 명단에 포함하지 않을 경우에만 출전하겠다고 사적으로 말했다. 마침내 프로 선수들로 구성되어 대대적으로 홍보된 "드림팀"이 결성되었을 때, 확실히 동시대 최고의 선수 12명 중 한 명인 토머스가 제외된 건 놀랍지도 않았다. 팀 내 다른 몇몇 선수들도 토머스와 마찰을 빚었지만, 오직 조던의 의견만이 중요했다. 그는 많은 적을 두었지만 진정한 경쟁자는 없었다. 피닉스 선스Phoenix Suns의 찰스 바클리Charles Barkley가 1993년에 리그 MVP를 수상했고, 이는 직전 시즌 통계로 검증된 그의 수비 활약 덕분이었다는 게 중론이었다. 하지만 바클리가 트로피를 받았다고 해서, 그가 실제로 조던보다 '뛰어나다고' 진심으로 생각하는 사람은 아무도 없었다(그해 6월 챔피언십 시리즈에서 선스가 불스에 패했을 때 조던은 경기당 평균 41득점을 기록했다). 그의 아홉 번째 시즌이 끝날 무렵, 조던과 다른 모든 선수들 간의 격차는 엄청났다. 93년 그의 은퇴는 예상치 못한 일이었지만 이유는 있었다. 조던은 지쳤고, 약간 싫증도 났으며, 그해 7월에 아버지 제임스 조던 시니어James R. Jordan Sr.가 살해되어 비탄에 빠진 터였다.

그러나 아무래도 야구로 전향하겠다는 그의 결정은 이해하기 어려웠다.

조던의 결정을 가장 일반적으로 해석하는 견해는 아버지의 죽음과 관련이 있다. 1994년 조던은 "아버지를 생각해서 야구를 시작했다"라고 말했다. 조던은 아버지를 우러러보았고(그가 경기 도중 혀를 내미는 습관도 기계공인 아버지가 자동차를 수리할 때의 모습에 영향을 받은 것이었다), 그의 아버지가 가장 좋아하는 스포츠는 항상 야구였다. 다른 해석 역시 아버지의 죽음과 관련지을 수 있었다. 조던이 야구를 시도한 이유가 NBA로부터 비밀리에 징계를 받고 있었기 때문이라는 (다소 잔인한) 음모론도 등장했다. 그가 도박 중독과 조직범죄에 얽혀 징계에 들어갔고, 도박 빚을 갚지 않은 데 대한 보복으로 아버지가 살해되었다는 소문이었다.

가장 단순히 설명하자면 조던이 단순히 야구를 좋아해서라고 볼 수 있겠지만, 그의 주변 사람 중 그렇게 믿는 사람은 거의 없을 것이다. 조던이 어떻게 다른 종목으로 원활하게 전환할 수 있으리라고 이성적으로 판단했는지 상상하기 어렵다. 보 잭슨Bo Jackson과 디온 샌더스Deion Sanders는 미식축구와 야구를 동시에 해냈지만, 대학 시절부터 두 스포츠 양쪽에서 뛰어났던 데다가 프로 선수들 사이에서도 보기 드문 선천적 운동 능력을 지녔다. 반면에 조던은 이제 31세였고, 고등학교 이후로 야구를 하지 않았으며, 농구에만 적합한 198cm의 호리호리한 체격이었다. 그래도 조던은 농구라는 한 종목에 워낙 비상한 재능이 있었기 때문에 다른 종목에서의 가능성을 부정하는 것은 섣부르게 보였다. 시카고 불스의 구단주인 제리 라인스도프Jerry Reinsdorf는 동시에 시카고 화이트 삭스 구단주이기도 했다. 조던은 여전히 불스와 계약 기간이 남아 있었고, 라인스도프는 조던에게 연봉 400만 달러를 계속 지불하기로 동의했다. 조던은 앨라배마주 버밍햄에 있는 화이트 삭스 산하 AA 마이너리그로 배정되었다. 그의 새로운 경력이 끝없이 보도되었고, 대개 그의 희박한 성공 가능성에 초점을 맞췄다. 《스포츠 일러스트레이티드》의 표지에는 「그만둬요, 마이클(Bag It,

Michael!)」이라는 표제와 함께 나쁜 공에 헛스윙하는 조던의 사진이 실렸다.《스포츠 일러스트레이티드》는 조던이 프로야구를 진지하게 여기지 않는 아마추어라고 주장했다. 그의 자존심과 기술을 지적한 비난이었다. 그러나 이 잡지가 넓은 시야에서 맥락화하지 못한 것은 1990년대 미국 야구의 이상한 향방, 그리고 조던이 안타까운 시도를 한 이때가 아마 야구를 여전히 미국 스포츠의 중심으로 봐도 타당할 마지막 시기였으리라는 점이다.

* * *

야구의 예외주의 개념(즉, 야구가 미국인의 일상에서 독자적 위치를 차지했고 언제나 국민적 취미로 인식될 것이라는 개념)은 그러한 생각의 타당성이 통계상 무색해진 후에도 오랫동안 존속했다. 1990년에는 야구보다 미식축구를 좋아하는 사람이 두 배 이상이었고 이는 70년대 중반부터 쭉 그랬다. 그러나 제2차 세계대전 직후 몇 년 동안 야구는 미국의 다른 모든 팀 스포츠를 합친 것보다 더 인기가 있었고, 사람들은 여전히 그 기억의 영향 아래에 있었다. 물론 사람들이 어떤 스포츠를 좋아하는지 조사하는 것은 과학이라 하기엔 부정확하다. 자기 연고지 팀이 일시적으로 승승장구하거나 슈퍼스타급 선수 한 명을 보유했느냐 여부에 따라 결과가 오락가락하기 때문이다(NBA에 대한 대중의 관심은 조던의 은퇴로 감소했다가 그가 복귀하자마자 반등했다). 그러나 야구에서만 볼 수 있는 사람들의 뿌리 깊고 독특한 애착은 20세기 전반 동안 변함없이 견고했고, 그 이후 수십 년 동안에도 여전히 유지됐다. 1980년대 야구 영화들(1984년 〈내추럴The Natural〉, 1988년 〈19번째 남자Bull Durham〉, 1989년 〈꿈의 구장Field of Dreams〉)은 단순히 야구를 이야기의 배경으로만 이용한 게 아니라, 타격과 투구로 이루어진 한 종목을 넘어 거의 종교에 가까운 황홀한 경험으로 덧칠했다. 1988년 MLB 중계의 시청률은 급격하게 떨어졌지만, 뉴욕 양키스New York Yankees는 지역 방송 중계권을 당시 최고 계약 액수인 4억 8,300만 달러에 팔 수 있었다.

야구가 어떤 이유로든 다른 스포츠보다 더 중요하다는 정서는 늘 굳건히 유지되었다. 소위 전문가들이 특히 더 야구를 진지하게 받아들였다. 1941년 테드 윌리엄스Ted Williams가 0.406의 타율을 기록하고 조 디마지오Joe DiMaggio가 56경기 연속 안타를 기록했던 당시의 기억은 여전히 남아 있다. 1997년에 소설가 돈 드릴로Don DeLillo가 출간한 걸작 『언더월드Underworld』의 서문은 1951년 뉴욕 자이언츠New York Giants 대 브루클린 다저스Brooklyn Dodgers의 플레이오프 경기로 시작한다. 야구의 전성기는 백인 중산층 사회의 정점과 겹쳤고, 미식축구가 야구의 인기를 능가하기 시작하자 때로 이는 야구가 전국적으로 쇠퇴하는 징조로 여겨졌다. 보수적인 야구 전문가 조지 윌George Will은 "미식축구는 미국인 일상의 가장 나쁜 두 가지 특징을 결합한다. 첫째는 일종의 폭력이고, 둘째는 이 폭력에 위원회가 개입한다는 것이다"라고 썼다. 1994년 PBS는 20세기 스포츠의 숨은 역사를 기록한, 켄 번스Ken Burns 제작의 다큐멘터리 〈야구Baseball〉를 방송했다. 번스가 직전에 제작한 PBS 9부작 시

270

리즈가 남북 전쟁을 주제로 한 것은 우연이 아니었을 것이다. 야구는 미국인의 생활을 이해하는 방법이었다.

이러한 지배적 사고가 여전히 사실이거나 적어도 여전히 통용되는 가운데, 조던이 마이너리그 팀 버밍햄 바론스Birmingham Barons에 입단했다.

94년 스프링캠프는 조던의 합류가 단연 화제였다. 조던은 비록 MLB 수준에서 경쟁할 기회가 사실상 없었음에도 그 어떤 MLB 선수들보다 압도적인 존재감을 과시하는 대형 유명 인사였다. 사실 그는 기껏해야 다듬어지지 않은 유망주였다. 시즌이 시작되자 다시 본업 선수들에게 초점이 맞춰졌다. 샌디에이고 파드리스San Diego Padres의 토니 그윈Tony Gwynn은 50년 동안 아무도 기록하지 못한 4할 타율로 절정의 타격감을 과시했다. 애틀랜타 브레이브스Atlanta Braves 투수 그렉 매덕스Greg Maddux의 평균자책점은 1.56으로 1971년 퍼거슨 젠킨스Ferguson Jenkins 이후 최고의 제구력을 자랑했다. 최고의 팀은 몬트리올 엑스포스Montreal Expos였다. 그러나 이 모든 기록은 파업으로 8월에 시즌이 중단되고 월드 시리즈가 취소되면서 무효가 됐다. 비관론자들은 이번 파업으로 야구가 완전히 망할 것이라고 생각했다. 사실 망하지는 않았다. 그러나 과거의 야구가 미래의 야구보다 더 좋았다고 남게 될, 그리고 야구가 절대 제힘으로 재기하지 못할 반전의 계기가 되었다.

프로 운동선수의 파업 가능성(그리고 이에 대응한 사무국의 직장 폐쇄)은 새삼스럽지 않았다. 1981년 50일간의 야구 파업으로 713경기가 취소된 바 있었다. 80년대 NFL에서는 1982년과

1987년 각각 두 번의 파업으로 시즌이 잠시 중단되었다. 90년대 말 NBA 구단주들은 직장 폐쇄를 단행해 시즌 개막을 3개월 연기했다. 그러나 1994년 야구 파업은 심한 후유증을 남겼다. 선수도 구단주도 리그에 대한 영향이나 팬들에 관심이 없다는 믿음, 그리고 그간 야구를 신성시하다시피 하던 오랜 고정 관념이 알고 보니 터무니없었다는 믿음이 급격하게 퍼졌다.

이번 파업은 노사 양측이 똑같이 욕을 먹은 흔치 않은 사례였다.

스포츠 리그가 파업이나 직장 폐쇄에 돌입할 때마다 백만장자 선수와 억만장자 구단주의 갈등으로 보는 시선이 흔하다. 한편으로는 이해가 가지만 특이하게도, 거의 20세기 내내 대중은 대개 억만장자의 편에 섰다. 구단주는 대개 지역 사회에 얼굴이 알려지지 않은 중년 사업가다. 그들이 엄청난 부자이긴 하지만 일반인들에게 와닿지는 않는다. 반면에 선수는 더 눈에 띄고 젊으며 보통 소수 집단이다. 선수들의 연봉은 신문에 자주 공개되는 데다가, 그들은 사회의 필수 인력도 아니고 대개 남들에게는 취미에 불과한 활동을 통해 엄청난 돈을 번다는 인식이 있었다. 프로 선수들이 파업할 때면, 선수로서 재량(자유 계약 선수라는 형태로)을 확대하거나 리그 수익에서 더 큰 몫을 가져가려는 의도일 때가 많다. 선수들은 비교적 부유하고 유명하기 때문에 탐욕스럽고 배은망덕하게 비치기 쉽다. 또한 프로 운동선수는 거의 이타적인 이유로 경기를 뛰고 '싶어' 하리라고 믿는 순진한 관점도 있다. 반면 구단주는 교체 가능한 사업가로 간주되므로 최선의 비즈니스 이익을 위해 이기적으로 행동할 것이라고 여겨지거나 그

272

런 행동이 허용된다.

1994년에도 역시 이러한 의견이 나돌았다. 그러나 새로운 변수가 하나 더 있었다. 구단주가 흑심을 품고 협상하고 있다는 인식이 높아졌다. 구단주들은 무엇보다 선수 연봉을 통제할 방법을 원했다. 그러나 그들이 이미 연봉 통제를 시도했다가 신뢰할 수 없는 사람들로 낙인찍혔다는 것이 문제였다. 1980년대에 구단주들은 피터 유버로스Peter Ueberroth MLB 총재에게서 직접 자기들끼리 담합하라는 조언을 들었다. 유버로스가 은밀히 조언한 내용은 구단주가 자유 계약 선수에게 선수의 실제 시장 가치를 반영하는 계약을 제시하지 않기로 공동으로 합의함으로써 입찰 경쟁과 그에 따른 연봉 상승 가능성을 없애라는 것이었다. 가장 악명 높은 예는 몬트리올 엑스포스를 떠나기 위해 시카고 컵스Chicago Cubs와 50만 달러 계약을 체결한 올스타 출신 자유 계약 선수 안드레 도슨Andre Dawson이었다. 그는 몬트리올 올림픽 경기장의 거친 인조 잔디 때문에 무릎 부상 위험이 있다며, 엑스포스를 떠나 천연 잔디 구장을 쓰는 컵스로 이적하고 싶어 했다. 그가 컵스에서 받는 연봉 50만 달러는 엑스포스가 지불할 용의가 있는 금액의 절반이고 그에게 실제 합당한 가치에 비하면 3분의 1 정도였지만, 다른 팀은 아무도 이적을 제안하지 않았다. 도슨은 급여 삭감을 수용했고 이적 후 다음 시즌 내셔널 리그 MVP로 선정되었다. 유버로스는 1989년 총재직에서 물러나고 바트 지아매티Bart Giamatti 내셔널 리그 회장으로 대체되었다(그리고 몇 달 후 사망했다). 1991년 중재 위원회는 MLB 사무국이 세 가지 담합 관련 고충 사항에 대해 선수들에게 총 2억 8,000만 달러를 지급할 책임이 있다고 결정했다. 이제 은밀한 담합 전략은 쓸모없어졌다. 투명하고 새로운 전략은 연봉 상한제였다.

1992년부터 구단주들은 엄격한 연봉 상한제를 추진하기 시작했다. 그들은 또한 리그 수익에서 선수들의 몫을 56%에서 50%로 줄이고 연봉 조정 관행을 끝내고자 원했다.* 선수들은 단체 교섭이 만료되는 1994년 마지막 날 이러한 변화가 강제 시행되는 것을 막으려면 파업 선언이 유일한 해결책이라고 믿었다. 그들은 구단주들이 포스트시즌 취소를 막기 위해 항복할 것이라는 전제하에 1994년 8월 12일로 파업 기한을 정했다. 그러나 선수들은 구단주들의 결심을 잘못 판단했다. 구단주들은 스물여덟 구단 중 열아홉 구단이 이미 손실을 보고 있다며, 월드 시리즈를 취소할 의향이 있었다. 화이트 삭스 구단주 라인스도프는 필요하다면 다음 시즌도 직장 폐쇄를 계속할 용의가 있다고 주장했다. 그는 시즌 없이 1년을 보내는 편이 손해가 덜할 것이라고 말했다.

리그의 신임 총재 버드 셀릭 Bud Selig 은 9월 14일 공식적으로 시즌을 종료했다. 90년 만에 처음으로 월드 시리즈가 치러지지 않았다. 그해 12월 각 구단은 연봉 상한제를 시행했다. 이는 나중에

---

* 야구에서 연봉 조정은 몇 년간 해당 팀에서 경력을 쌓되 아직 완전히 자유 계약 선수 자격이 되지 않은 선수의 연봉을 책정하는 방식이다. 양측이 새로운 금액에 타협하지 못하는 경우 선수와 팀은 각자의 제안을 주고받고, 중재 위원회는 양 당사자의 주장을 경청한다. 그다음 위원회는 두 금액 중 하나를 수락하지만 그 중간 금액은 허용하지 않는다. 양자택일 결정을 강요함으로써 양측이 가장 합리적이고 현실적인 금액을 제안하도록 동기를 부여한다는 생각에서다(지나치게 높거나 낮은 금액은 둘 다 폐기될 것이기 때문이다).

사치세로 대체되면서 폐지되었다.* 이듬해 1월에 빌 클린턴 대통령은 노사 간 협상을 재개하고 합의를 도출하라고 요구했다. 그러나 아무 일도 일어나지 않았다. 구단주들은 87년 NFL이 파업 때 그랬듯이 대체 선수들로 1995년 시즌을 꾸리기로 결정했다. 그러나 인기가 없는 것은 둘째 치고, 법적으로도 실행이 불가능했다. 선수들은 마침내 1995년 3월 말, 열여덟 경기가 단축된 시즌에 복귀하기로 합의했다. 그러나 리그가 재개되었을 때 관중 수는 줄었고 TV 시청률은 훨씬 더 하락했다. 더 중요한 점으로, 야구의 사회적 위치가 예상치 못하게 추락했다. 번스의 다큐멘터리 〈야구〉는 월드 시리즈가 취소될 무렵 방영되었고, PBS 역사상 가장 높은 시청률을 기록한 시리즈 중 하나가 되었다. 그러나 당시 여전히 진행되고 있던 스포츠는 번스가 미국 역사의 근간을 이룬다고 칭송했던 그 스포츠가 더 이상 아니었다.

94년 파업은 모든 사람이 막연히 의심한 시나리오가 반박 불가로 입증된 사례였다. 프로 스포츠는 돈만 신경 쓴다는 냉소적인 주장이 수십 년간 제기되어 왔지만, 이제는 야구 관계자 중 이를 굳이 부인하려는 사람조차 없는 듯했다. 월드 시리즈 취소로 훨씬 짜증이 난 사람은 구단주와 선수들보다 팬들과 기자들로 보였다. 구단주들은 적자를 보고 있다고 계속 엄살이었지만, 입장권

---

* 사치세는 리그에서 지정한 팀 예산(모든 팀에 동일한 예산)보다 선수 연봉에 더 많은 돈을 지출하는 모든 팀에 부과하는 징벌적 세금이다. 즉, 구단은 선수에게 원하는 만큼 지불할 수 있으며 선수는 받을 수 있는 금액에 제한이 없다. 그러나 구단이 예산 금액을 초과하면 세금을 내야 하므로 팀이 예산 한도를 지키도록 동기를 부여하는 효과가 있다(이론적으로 리그 내 연봉 경쟁을 균형 있게 유지할 수 있다).

가격은 올랐고 1994년에는 948개 경기를 치르지 않았음에도 야구장을 찾은 관중 수가 5,000만 명을 넘었다. 미국의 평균 가계 소득은 연 3만 5,000달러 이하인 가운데, 뉴욕 메츠New York Mets 선수 바비 보니야Bobby Bonilla는 연간 630만 달러를, 디트로이트 타이거스Detroit Tigers의 세실 필더Cecil Fielder는 920만 달러를 벌고 있었다. 양쪽 당사자의 어떤 불평이든 모두 농락처럼 느껴졌다.

파업이 여전히 진행 중이던 1995년 초, 클린턴 대통령은 NBC 앵커 톰 브로코Tom Brokaw에게 말했다.

야구가 특별한 스포츠라고 진심으로 믿는 미국인이 상당히 많을 테고, 브로코 씨와 나도 그중 한 명일 겁니다. 그리고 아시다시피 수백 명의 구단주와 그보다 수백 명 더 많은 선수가 있습니다. 야구는 매년 20억 달러 상당의 수익을 창출합니다. 약 1,000명의 구단주와 선수가 그 돈을 나누고 미국인들이 다시 야구를 즐기게 할 방법을 알아내야 합니다.

그 말에는 일리가 있었지만 결과는 나쁘게 돌아왔다. 클린턴의 주장은 어떤 식으로든 야구가 미국인의 것이라는 환상과 어긋났고, 현대 정치인이 하는 발언으로서도 적절하지 못했다.

1994년 파업 사태는 야구의 정신을 훼손했고, 모두가 지는 싸움이었다는 데 의견이 모아졌다. 그러나 형식적으로는 양측이 둘 다 이겼다. 선수들은 연봉 상한제 폐지를 이끌어 냈고 그 어느 때보다 빠른 연봉 인상을 경험했다(파업 10년 후, 리그에서 최고 연봉을 받는 선수는 1995년 보니야 연봉의 네 배를 벌었다). 구단 가치도 극적으로 증가했다. 1994년 가치가 1억 300만 달러였던 클리블랜드 인디언스Cleveland Indians는 10년 후 가치가 2억 9,200만 달러로 올랐다. 구단주들은 자신들이 어떻게 나오더라도 야구 팬들은 여름이면 어쩔 수 없이 돌아올 것이라 확신했다. 실제로 이 확신은 옳았고, 세 시즌이 지난 후 야구는 부흥기에 준하는 호시절을 맞이했다. 1998년 몇 달 동안 야구는 다시 한 번 전국이 열광하는 스포츠가 되었다. 그러나 인기도 잠시, 야구계의 배후에서 벌어진 또하나의 사건이 결국 역풍을 일으켰다. 또 한 번 모두의 의심이 반박 불가한 사실로 입증된 것이다.

* * *

94년 파업을 계기로 야구의 이미지는 바뀌었다. 냉소가 늘고 환상은 줄었다. 이런 과정은 모든 스포츠에서(그리고 모든 미국인의 일상 속에서) 어느 정도 일어나고 있었다. 그러나 미식축구나 농구와 달리, 야구의 진화 속도는 사람들의 변화하는 사고방식을 따라잡지 못했다.

1995년의 미식축구는 1945년의 미식축구와 비교해 환골탈태했다. 프로 농구도 마찬가지여서 50년대 최고의 선수였던 조지 마이컨George Mikan은 80년대에 등장했다면 NBA 선수 명단에도 들지 못했을 것이다. 미식축구와 농구의 신체적, 기술적 발전은 과거와 현재를 비교할 수 없을 만큼 극적이었다. 그러나 야구는 이들과 다르게, 그렇게 발전하지 않았다. 다른 종목에 비해 야구는 보는 재미로든 선수 역량으로든 예나 지금이나 거의 달라지지 않았고, 1935년에 은퇴한 과체중 알코올 중독자(베이브 루스Babe Ruth)를 여전히 역대 최고의 선수로 꼽아도 전혀 무리가 아니었다. 역사적으로 야구의 매력 중 하나는 시간의 초월성이었다. 타격과 투구 기술이 변함없었고 호박 화석처럼 굳어졌다. 과거의 통계와 현재의 통계가 비교 가능한 보기 드문 종목이었다.

그러다 갑자기 브래디 앤더슨Brady Anderson이 한 시즌에 50개의 홈런을 쳤다.

브래디 앤더슨은 볼티모어 오리올스Baltimore Orioles에서 전성기를 보낸 중견수였다. 그는 1988년 입단해 공격적이고 발 빠른 선두 타자로 활약했다. 그가 50년대에 뛰었다면 "펀치와 주디Punch and Judy"(단타형 타자)라고 불렸을 것이다. 그는 데뷔 후 8년 동안 945경기에 출전해 총 72개의 홈런을 쳤다. 그의 첫 전성기는 92년으로, 21개의 홈런을 치고 53개의 도루를 기록해 올스타에 뽑혔다. 그러나 서른두 살이 되던 1996년 뭔가 달라졌다. 앤더슨은 강력한 장타자가 되었다. 1980년대 내내 한 시즌에 50홈런을 친 선수는 단 한 명도 없었다. 90kg도 안 되는 몸무게에 큰 주목을 받지 못하던 그는 직전 시즌 불과 16개의 홈런을 쳤을 만큼, 장타보다는 원하는 방향으로 타구를 보내는 능력이 더 강점인 타자였다. 하지만 이제 앞 세대 최고 강타자들의 업적을 갈아치우는 통계를 쌓고 있었다. 96년 여름 《스포츠 일러스트레이티드》는 설명할 수 없는 이유로 커리어의 정점을 보내고 있는 다수의 야구 선수들을 집중 조명한 기사를 내보냈다. 기사에 따르면 앤더슨은 타호 호수 근처에 있는 자택에 140제곱미터 규모의 체육관을 짓고 "산을 뜀박질로 오르내리는 등 평소 혹독한 훈련"으로 시즌을 준비한 "운동광fitness fanatic"이 되었다. 다음 시즌 《스포츠 일러스트레이티드》는 앤더슨에 대한 또 다른 기사를 통해 이 모든 일이 어떻게 가능했는지 설명하고자 했다.

> 그는 185cm, 86kg에 가는 허리, 넓은 어깨, 굵은 목과 허벅지 등 라이트 헤비급 복서의 체격을 지니고 있다. (중략) 팔뚝은 거대하고, 사방으로 뻗은 힘줄은 마치 거친 강줄기 같다. (중략) 그렇다면 비결이 뭘까? 1996년 앤더슨은 어떻게 홈런수를 직전 4년간 평균 수치의 세 배 이상으로 올렸을까? (중략) 본인이나 팀 동료, 코치, 감독 아무도 한 가지 확답을 내놓지 못한다. 그의 정신력이 신체적 장점을 따라잡았다는 설명밖에는 뾰족한 답이 없었다.

브래디 앤더슨은 《머슬 앤 피트니스》 잡지에 등장했지만, 스테로이드나 기타 경기력 향상 약물performance-enhancing drugs, PED에 대해 양성 반응을 보인 적은 없다. 그가 약물을 사용한 적이 없기 때문일지도 모르지만, 검사를 받은 적이 없어서라는 게 더 타당한 이유일 것이다. 야구 선수들의 경기력 향상 약물 검사는 2003년에야 시작했다. 1997년 시즌에 앤더슨은 18개의 홈런을 치는 데 그치며 원래 모습으로 퇴보했다. 다소 역설적이게도 이는 앤더슨이 약물을 사용하고 있다는 가정에 '반하는' 최적의 근거가 되었다. 야구 선수들에게 스테로이드steroid 검사를 하지 않는다면 왜 앤더슨은 약물 사용을 중단했을까? 왜 이런 예외가 1996년에만 발생했을까? 이는 타당한 질문이었고, 이 질문의 타당성이 확실히 무력화되려면 지금은 우리 모두 알고 있는 그 답 외의 다른 원인이 있어야만 했다.

야구에서 90년대 후반은 동시대에 발생한 다른 모든 사건을 무색하게 할 만큼 스테로이드 시대로 영원히 정의될 것이다. 96년에 앤더슨의 상상을 초월한 활약은 그 시기 가장 기억에 남는 세부 사항 중 하나에 끼지도 못한다. 그해엔 전체적으로 타율이 말도 안 되게 급상승했고, 추후에 거의 모든 정상급 선수들이 약물에 의존했냐는 질문을 받았다(시애틀 매리너스Seattle Mariners에서 2년 연속 56홈런을 친 켄 그리피 주니어Ken Griffey Jr.는 의심의 여지 없이 당대의 보기 드문 슈퍼스타 중 한 명이다). 이 약물 스캔들은 94년 파업보다 야구계에 더 큰 타격을 입혔다. 가장 우울한 에피소드는 잠시 야구의 정점으로 여겨지던 20세기 후반에 나타났다. 1998년 미국은 스포츠 역사상 가장 놀라운 홈런 경쟁에 사로잡혔다. 간결한 스윙에 극기심이 강하고 덩치 좋은 세인트루이스 카디널스St. Louis Cardinals의 마크 맥과이어Mark McGwire는 70홈런을 기록했다. 그는 여름 내내 도미니카 공화국 출신 매력남인 시카고 컵스의 새미 소사Sammy Sosa에게 쫓기는(때로는 추월당하기도 하며) 입장이었다. 소사는 예상 외로 66개의 홈런을 쳤고, 타구가 멀리 뻗을 때마다 아이처럼 타석에서 깡충 뛰었다. 두 라이벌은 서로를 진심으로 좋아하는 모습을 보여 기분 좋은 선의의 경쟁 분위기를 증폭시켰다. ESPN의 가장 공신력 있는 앵커 밥 레이Bob Ley는 스포츠가 미국인들을 이토록 기분 좋게 만든 건 1980년 올림픽에서 미국 하키팀이 소련을 꺾었을 때 이래 처음이었다고 평했다. 맥과이어와 소사는 야구의 부흥을 일으켰다. 나중에 두 사람 모두 경기력 향상 약물을 사용했다는 사실이 밝혀졌을 때(그들은 수년 동안 부인했지만), 이해할 수 없다기보다 실망스럽다는 반응이 더 컸다. 배신감을 느낀 팬들도 있었지만, 대부분은 그저 바보가 된 기분이었다. 맥과이어는 야구 역사상 가장 위풍당당한 풍채의 타자였으며, 웬일인지 나이가 들수록 더 몸집이 좋아졌다. 소사는 서른 살에 아직 여드름이 있었다. 이제 와서 돌이켜 보면 너무나 뻔해 보인다. 사건이 끝난 후 현명해지기 쉽다는 게 딱 이런 경우다. 그러나 이러한 뒤늦은 합리화로는 문제 자체를 인식하기도 어렵다는 난점을 해결할 수 없다.

스테로이드 시대의 기억은 완전히 다른 두 진영으로 나뉘는 경향이 있다. 첫 번째 진영은 모든 사람이 실상을 알고 있었으나 일부러 눈감았다고 주장한다(그 결과를 모두가 즐겼기 때문이다). 두 번째 진영은 이 일을 아무도 몰랐다고 주장한다(그리고 팬들은 순진하고 미숙했다). 그러나 인지적 현실은 그보다 훨씬 복잡했다.

확실히 세상에 스테로이드라는 약물이 존재하고 그것이 운동선수의 체격과 속도를 빠르게 한다는 인식이 있었다. 캐나다의 근육질 단거리 선수 벤 존슨Ben Johnson은 1988년 올림픽에서 칼 루이스Carl Lewis를 꺾었으나 스타노졸롤stanozolol 양성 판정을 받고 금메

달을 박탈당했다. 그러나 이러한 화학 물질이 어떻게 작용하고 왜 효과적인지는 여전히 혼란스러웠다. 경기력 향상 약물에 대해 현재 널리 이해되고 있는 것은 그 '총체적' 효능이었다.

아나볼릭^{Anabolic} 스테로이드는 테스토스테론의 합성 유도체이며, 테스토스테론은 근육을 성장하게 한다. 그러나 그것은 장점의 일부일 뿐이며 중요한 점은 더더욱 아니다. 운동선수가 스테로이드에 의존하면 더 고된 훈련을 소화하고 더 빨리 회복할 수 있다. 타자와 투수 쌍방의 심리에 미치는 영향도 있다. 스테로이드에 의존하는 타자는 자신의 신체적 우위를 인지하므로 자신감이 붙고, 투수는 상대 타자가 약물을 복용한다는 의심이 들면 투구 시 자신감이 위축될 수 있다. 이러한 세부 정보는 이제 웬만큼 알려져 있다. 그러나 90년대에는 스테로이드에 대한 정보가 덜 알려진 편이었다. 마치 스테로이드가 마법의 특효약인 양, 운동선수가 이러한 약물을 주사하면 즉시 더 강해진다는 오해가 있었다. 합리적인 사람들은 마법과 현실은 다르다고 믿는 데 익숙해져 있으므로 스테로이드가 실력 없는 선수를 괜찮은 선수로 만들거나 괜찮은 선수를 뛰어난 선수로 만들 수 있다는 개념이 얼토당토않다고 생각했다. 운동선수의 근육이 나날이 커지고 속도가 빨라지는 현상은 쉽게 눈에 띄었지만, 이미 수십 년 전부터 그래 왔다. 항상 신세대가 구세대보다 더 체격이 크고 더 잘 달린다. 또한 복잡한 기술을 요하는 운동에서 약물이 얼마나 도움이 되는지 사람들 사이에서 의견이 분분했다. 벤 존슨이 직선 단거리를 더 빨리 달리는 데 스테로이드가 도움이 될 수 있다는 건 이해하기 쉬웠지만,

90년대

야구는 기술이 전부나 다름없는 스포츠였다. 눈과 손의 협응력이 가장 중요했고, 홈런은 비거리가 150m가 됐든 130m가 됐든 담장만 넘어가면 그만이었다.

무엇보다 오로지 추측에 근거한 의심을 불편해하는 분위기가 있었다. 프로야구에는 스테로이드 검사가 없었고, 선수들도 스테로이드를 언급하지 않았다. 《스포츠 일러스트레이티드》 기사에서 브래디 앤더슨을 언급한 그 구절은 지금 보면 우스꽝스러우리만치 신빙성 있어 보이지만, 당시에는 그러한 상황을 전문적으로 보도할 다른 방법이 없었다. 입증이 불가능하고 모든 관계자가 부인하는 한, 추적할 수 없는 어떤 위반 행위로 누군가를 비난할 수 없었다. 그리고 반증도 쉽지 않았다. 이 기간 선수들이 약물 사용 혐의를 워낙 단호하고 완고하게 부인했기 때문에 그들에게 적대적 입장을 취하다가는 음모론자로 보이기 십상이었다. 90년대는 냉소적인 시대였지만 상호 신뢰라는 낙관주의에 입각한 사회계약도 여전히 작동했다. 어떤 사람이 반증할 수 없는 것을 주장하면 그 사람의 말을 믿는 게 일반적이었다.

버드 셀릭 총재는 통계 수치의 폭발적인 향상을 수상히 여겨, 전직 《시카고 트리뷴》의 야구 전문 기자인 제롬 홀츠먼Jerome Holtzman에게 야구의 역사적 통계와 동떨어진 최근의 홈런 급증 현상을 조사해 보고서를 제출할 것을 의뢰했다. 그러나 1940년대부터 야구를 지켜봐 온 홀츠먼은 조사를 시작하기도 전에 즉시 셀릭에게 아무 걱정할 일 없다고 확신시켰다. 셀릭은 나중에 회고록에서 이렇게 썼다.

나는 그에게 타격 지표의 급상승 요인을 분석해 보고서로 정리해 달라고 요청했다. 리그가 얼마나 투명하게 운영되고 있는지, 특히 스테로이드 사용에 대해 어떤 풍문이 들리는지 알고 싶었다. 그는 내가 얼마나 걱정하는지 이해했지만, 그간의 야구 역사와 벗어나는 일이 일어나고 있다고는 생각하지 않았다. (중략) 그는 누구든 스테로이드를 지적하면 '긁어 부스럼 만드는' 결과만 낳을 것이라고 말했다.

선수들은 결백하지 않았지만 반박할 수 없는 증거가 드러날 때까지는 결백하다고 볼 수밖에 없었다. 이 신뢰가 붕괴한 훨씬 더 터무니없는 예는 야구가 아닌 사이클 쪽에서 일어났다. 랜스 암스트롱Lance Armstrong은 1997년 고환암을 기적적으로 극복하고 미국 스포츠 역사상 가장 위대한 사이클 선수가 된 국민 영웅이었다. 텍사스주에서 나고 자란 그는 투르 드 프랑스Tour de France에서 7년 연속 우승했다. 커리어 내내 암스트롱은 프랑스 언론을 중심으로 꾸준히 도핑 혐의를 의심받았다. 그는 계속 혐의를 부인했고, 의심하는 이들을 제소했으며, 반박하는 동료와 지인들을 가만두지 않았다. 암스트롱은 자신의 영향력을 이용하여 시스템을 통제했으며, 허위 사실을 유포하는 사람들에게 자기 명예를 걸고 소송을 제기했다. 특히 사이클은 항상 약물 문제와* 얽혀 있었던 만

---

* 암스트롱은 온갖 종류의 경기력 향상 약물을 시도했지만 통상 EPO라는 약칭으로 불리는 에리스로포이에틴erythropoietin을 특히 애용했다. 이는 일반적으로 혈액의 산소 운반 능력을 높이는 빈혈 치료제다. 심리적 부작용 중 하나는 의욕을 자극한다는 것이다.

큼, 2013년 마침내 암스트롱이 자신의 죄를 인정하자 과거 그를 향한 대중의 잘못된 믿음은 다수가 한꺼번에 순진하게 속아 넘어간 사례로 재해석되었다. 그러나 1999년에는 그렇게 단순하지 않았다. 정면을 응시하며 "나는 경기력 향상 약물을 복용한 적이 없다"라고 말하곤 했던 암스트롱은 암으로 죽을 고비를 넘긴 자선가이자 슈퍼맨이었다. 부정하기에는 그의 정의로운 이미지가 너무 강했다. 그의 말을 믿어주는 것이 인본주의적 의무처럼 느껴졌다.

90년대 스테로이드 사건의 양면성은 대중이 뭔가를 명백히 그럴 리 없다고 인식해서 부정한 경우가 아니었다. 대중은 뭔가가 믿기 어려웠지만 입수 가능한 최선의 증거를 바탕으로 믿기로 한 것이었다. 어처구니없긴 했지만 지금 우리가 기억하는 만큼 심히 말도 안 되는 일은 아니었다.

* * *

1998년 프로야구의 허울뿐인 영광에 사람들이 완전히 환멸을 느끼기까지는 수년이 걸렸다. 야구는 그해 여름 유난히 기억에 남는 스포츠 중 하나일 뿐이었다. 6월에 조던과 시카고 불스는 유타 재즈Utah Jazz를 물리치며 NBA 챔피언으로서 두 번째 3연패를 거뒀다. 조던은 시리즈의 마지막 득점을 기록했고 여섯 번째로 파이널 MVP로 선정되고는 곧바로 다시 은퇴했다(하지만 이번에도 잠시만이었다). 이제 35세가 된 조던은 시즌 종료 후 팀을 해체하고 (조던이 좋아하고 존경했던) 필 잭슨Phil Jackson 감독을 해임하겠다고 한 단장 제리 크라우스Jerry Krause에게 혐오감을 느꼈다. 또한 그는 시차를 두고 두 번 리그를 지배해 봤기 때문에 더는 증명할 것이 남아 있지 않았다.

조던이 농구에 처음 복귀한 것은 1995년 봄이었다. 그는 그해 초 야구를 그만두었다. 이때는 셀릭 총재가 여전히 선수들의 파업으로 비어 버린 명단을 마이너리그 선수들로 채우는 방안을 심각하게 고려한 시기였다. 조던은 파업 선수들과 뜻을 같이한다고 표명했으며, 자신이 파업에 불참하는 유명 인사로 이용되기를 원하지 않았다. 그는 버밍햄 바론스에서 3개의 홈런과 114개의 삼진을 비롯해, 0.202의 타율이라는 보잘것없는 기록을 남겼다. 두 마리 토끼를 잡으려던 그의 시도는 실패했다. 그러나 이 실패가 시간이 지남에 따라 재평가되는 방식이 특히 주목할 만하다. 바론스에서 조던의 감독은 테리 프랑코나Terry Francona였으며, 나중에 보스턴 레드 삭스Boston Red Sox의 감독으로 부임해 월드 시리즈에서 두 번 우승했다. 2020년 프랑코나는 조던이 3년 동안 야구에 전념했다면 MLB에 진출했을 것이라고 주장했다. 조던이 워낙 농구 선수로서 걸출했기 때문에 사람들은 그가 야구도 꽤 잘했다고 서서히 확신하게 되었다.

2001년에 조던은 두 번째로 은퇴를 번복했고, 이번에는 그가 소유주 중 한 명이기도 했던 워싱턴 위저즈Washington Wizards에서 뛰었다. 선수이자 구단 경영진이기도 했으므로 사실상 자신과 계약한 셈이었다. 그다음 초창기 시절 불스에서 자신의 감독이었던 덕 콜린스Doug Collins를 감독으로 임명했다. 조던은 여전히 리그의 다른 어떤 선수보다 유명했다. 《워싱턴 포스트》는 조던이 두 번째로 농구에 복귀하자 다른 팀과 별도로 그를 독점적으로 취재할 전담 기자를 지정했다.* 위저즈는 조던이 몸담은 2년 동안 플레이오프에 진출하지 못했고, 조던은 두 시즌 모두 부상을 겪었다. 이 마지막 컴백은 결국 위대한 선수로 남을 수 있었던 그의 기억을 먹칠한 이기적이고 도 넘은 행위였다는 게 세간의 인식이었다. 그리고 야구로의 전향과 함께, 그의 과한 자신감이 자아도취로 이어진 사례 중 하나로 취급되곤 했다. 그러나 이러한 부정적인 평가는 위저즈에서 조던의 실제 성적을 무시하는 처사다. 그는 워싱턴에서 첫 번째 시즌에 경기당 평균 22.9점을 득점했고, 두 번째 시즌에는 평균 20점을 기록했다. 마흔 살의 나이로 뉴저지 네츠New Jersey Nets와의 경기에서 43득점을 올리기도 했다. 그의 두 번째 컴백은 실수였을까? 아마 그럴지도 모르지만, 대실패까지는 아니었다. 어처구니없긴 했지만 지금 우리가 기억하는 만큼 심히 말도 안 되는 일은 아니었다.

---

* 기자 마이클 레이히Michael Leahy는 나중에 이 경험을 바탕으로 『다른 것이 중요하지 않다면When Nothing Else Matters』이라는 책을 썼다. 조던의 위저즈 시절을 비판적으로 다루고 있다.

기억하고 싶지 않은 성공

우연히 잊히는 것이 있는가 하면 일부러 잊는 것도 있다. 그러나 아무리 잊으려 노력해도 실제로 잊히지 않을 때도 있다. 대개 기억이란 허둥지둥 뒤늦은 합리화를 수반하기 때문이다. 1996년 러시아 최초의 민주 선거에 미국이 개입한 사건은 이 세 번째 범주에 속한다. 대주가인 보리스 옐친 대통령은 미국 비밀 공작원과 빌 클린턴의 지원 덕분에 낮은 지지도를 극복하고 러시아 대통령으로 재선에 성공했다.

이 반전의 소식이 처음 수면 위에 떠올랐을 때, 이는 미국 국정 운영의 대성공으로 환영받았다. 7월 15일자 《타임》 표지에는 「구원의 손길을 내미는 미국: 미국 참모들이 옐친의 승리를 도운 비결」이라는 거침없는 표제가 실렸다. 수십 년 후, 미국이 다른 나라의 선거(특히 러시아 선거)에 간섭한다는 것은 더 사악한 의미를 띠게 되었고, 이 사건에서 미국의 역할이 과장되었다고 뒤늦게 합리화하고픈 유혹을 불러왔다. 그러나 이 일이 일어난 건 사실이었고, 옐친이 미국 없이 재선에 성공했으리라고는 거의 상상할 수 없다.

러시아 소비에트 연방 사회주의 공화국의 지도자로서 옐친은 91년 러시아 최초의 민선에서 대승을 거두었지만, 러시아 사회는 거대한 영토에서 국가 통제 공산주의가 자본주의 및 주권 민주주의로 격변할 때 으레 예상할 수 있는 혼란의 수렁을 경험하고 있었다. 러시아 의회는 93년에 옐친을 탄핵하려 했지만, 옐친은 군대를 배치해 이를 통제했다. 옐친의 지지율보다 사망한 지 40년이 된 독재자 이오시프 스탈린의 지지율이 높다고 반농담으로 주장하는 사람들도 있었다. 당시에는 러시아 공산당 당수인 겐나디 주가노프^{Gennady Zyuganov}가 96년 대선에서 쉽게 승리할 것으로 보였다.

미국의 관점에서 볼 때 러시아가 공산주의로 복귀하는 것은 달갑지 않은 일이었다. (선거 전 여론 조사에서 지지율이 바닥을 기던) 옐친은 완벽한 후보는 전혀 아니었지만 가능한 최선의 선택이었고 클린턴도 개인적으로 그를 좋아했다.* 클린턴은 옐친이 국제통화기금 IMF로부터 102억 달러의 대출을 받도록 도왔다. 그러나 옐친의 재선에서 더 흥미로운 (그리고 검증이 더 어려운) 측면은 모스크바의 프레지던트 호텔에 비밀리에 머물며 옐친의 선거 전략을 "미국 입맛에 맞추라는" 미국인 공작원 세 명의 임무였다.

리처드 드레스너^{Richard Dresner}, 조지 고튼^{George Gorton}, 조 슈메이트

---

* 클린턴은 애주가가 아니었지만 옐친의 알코올 의존증을 유쾌하게 여겼고 항상 그를 성격 좋은 술꾼으로 표현했다. 한번은 옐친이 취한 듯한 상태로 클린턴에게 두서없이 전화를 걸어 잠수함에서 비밀리에 정상회담을 하자고 제안했다.

Joe Shumate 등 미국 정보원들은 순진한 평면 TV 판매원으로 가장해 모스크바로 이동했다. 그들이 실제로 맡은 일은 정치 경험이 없음에도 옐친의 선거 운동을 주도한 옐친의 36세 딸 타티아나 디아첸코Tatiana Dyachenko를 돕는 것이었다. 세 명은 4개월간 임무를 수행하고 25만 달러를 받았다. 그들은 소련의 사고방식으로 성장한 러시아 정치인들이 유권자들의 바람이나 생각을 고려할 필요를 전혀 느껴본 적이 없다는 걸 깨달았다. 옐친이 자신의 첫 임기를 잘 수행했다고 주장해서는 승산이 없었고(잘하지 못했기 때문에) 미래에 원대한 공약을 내걸어 환심을 살 수도 없었다(러시아 국민은 그의 어떤 말도 믿지 않게 되었기 때문에). 옐친은 정략적으로 대대적인 친서방 이미지로 변신해야 했다. 따라서 네거티브 전략으로 가야 했다.

정보원들은 두 가지 계획을 세웠다. 그중 하나는 1992년 미국 대선 기간 부시의 모든 언행을 분석하고 무조건 이와 반대로 행동하는 것이었다(옐친과 마찬가지로 부시도 자신이 인기 없는 대통령이라는 사실을 받아들이지 않았다). 더 미묘한 나머지 전략은 러시아 국민이 원하는 것 대신 배급제로의 회귀, 내전 가능성, 결코 사라지지 않을 사회적 불안의 우려 등 그들이 두려워하는 것에 초점을 맞추는 것이었다.

나중에 드레스너는 다음과 같이 설명한다.

우리는 러시아 국민에게 '옐친과 함께라면 당신들은 최소한 평온하게 지낼 수 있을 것이다'라는 메시지를 전달하려 노력했다. 그래서 선거 기간 내내 불안을 자극하는 주장을 쉴 새 없이 펼쳤고, 마지막 TV 광고는 소련 시절 독재 정치의 아픈 과거를 부각하는 데 총력을 기울였다.

여기에서도 1996년 러시아 대선에 미국이 얼마나 중요한 역할을 했는지 정확히 파악하기는 어렵다. 다만 우리는 95년에 옐친의 인기가 훨씬 뒤처졌지만, 96년에는 무슨 이유에선지 쉽게 승리했으며, 대부분 역사가들이 선거 전 과정을 약간 혹은 심하게 부패했다고 여긴다는 것은 확실히 알고 있다. 선거 개입에 대해 미국은 러시아 대선 결과에 국익이 얽혀 있고, 옐친이 민주주의의 확장이라는 희망을 걸기에 최선의 후보였으며, 피 흘리지 않고 국제 정책의 성과를 내는 것이 외교의 본질이라는 입장을 표명했다. 그것은 음모가 아니라 계획이었고, 그 계획은 효과가 있었다. 단지 우리가 기억하고 싶지 않은 계획이었을 뿐이다.

8장

모든
가능성이
펼쳐지는 극장

"할 수 있다는 사실에 도취한 나머지,
과연 해도 되는지는 생각해 보지 않았다"

_『쥬라기 공원』의 이언 말콤

꼭 필요하지 않은 물건을 사고파는 모든 행위의 이면에는 대답하기 어렵고도 불가피한 질문이 따른다. 소비자의 수요는 자신의 순수한 욕구일까, 아니면 욕구를 부추기는 판매자의 설득에 넘어간 결과일까? 이 질문의 문제는 한편으로는 의미에 있고('필요'하지 않은 것을 '원한다'는 것은 실제로 무슨 의미일까?), 또 한편으로는 경제력 측면에 있다(부유층의 수요 중에는 빈곤층이 구입할 생각조차 하지 않는 품목이 포함되기도 하고, 그 반대도 마찬가지다). 그러나 이 문제가 진정 복잡한 이유는 상반되는 이 두 가지 가능성이 항상 그럴듯하고, 때로는 동시에 작용하기 때문이다. 이러한 현상은 비일비재하지만, 이를 무엇보다 명백히 보여주는 사례는 단연 1993년 음료 산업이었다.

색깔 있는 음료를 얼마든지 구할 수 있던 90년대 시장에서 당시 사람들이 투명한 음료를 원했다는 증거는 없다. 사람들의 머릿속에 존재하지 않았으니 원하고 자시고 할 것도 없었다. 펩시콜라를 마시지 않는 사람들은 여러 가지 이유가 있었겠지만 "빛깔이 너무 진하다"는 아니었다. 또한 더 연한 맥주에 대한 수요는 항상 있었어도, 병을 꿰뚫고 신문을 읽을 수 있을 정도로 무색투명한 맥주를 바라는 사람은 아무도 없었다. 그렇다면 이렇게 투명한 음료들이 나온 이유는 무엇일까? 대략 1992년부터 1995년까지, 왜 음료업계는 투명한 음료를 간절히 원하는 소수의 소외된 소비자층을 파고들었을까? 굳이 설명할 근거를 찾자면, 세간의 통념은 항상 '순수함'과 관련이 있었다. 투명한 음료는 인공 색소가 첨가되지 않고 겉보기에 물과 닮았기 때문에 몸에 더 좋다는 착각을 일으켰다. 물론 이 때문에 투명한 음료를 찾는 소비자도 어딘가에는 있었을 것이다. 하지만 이 점만으로는 투명 음료가 탄생한 이유도, 나중에 사라진 이유도 설명하지 못한다. 쿠어스Coors Brewing Company 의 지마Zima는 기존의 자사 맥주를 활성탄 필터로 반투명하게 걸러내고 감귤 향을 가미한 제품으로, 의도적인 무성의로밖에 이해할 길이 없는 당시의 문화가 음료의 형태로 구현된 것이었다. 지마의 등장은 생뚱맞았다. 그렇지만 지마를 과연 기발했다고까지 볼 수 있을까? 유일하게 내릴 수 있는 결론은 "어느 정도"는 그랬다는 것이었다.

1992년 쿠어스는 지마를 출시하면서 이를 "맥아로 만든 스프리처spritzer"라고 설명했다. 러시아어로 '겨울'을 뜻하는 지마의 제품명은 미래지향적인 글꼴로 포장에 표기되었다. 지마의 도수는 일반 맥주와 비슷한 4.7도였고, 맥주 애호가와 동일한 소비자층을 겨냥했다(쿠어스는 주류 매장에 지마를 와인 쿨러 옆에 두지 말라고 구체적으로 명시했다). 맛은 맥주와 전혀 달랐다. 싸구려 샴페인에 스프라이트를 섞은 맛에 가까웠고, 맥주와 달리 오히려 접할수록 익숙해지기 힘든 맛이었다. 지마는 신제품이 나올 때마다 조금씩 더 이상해졌다. 그러나 마치 종말 이후 흑백의 황무지에서 온 듯한 이 음료에는 뭔가 삐딱한 매력이 있었다. 분명 지마가 어떤 '특정 소비층'을 겨냥했으리라는 추측이 나돌았지만 그 소비층이 누구인지는 아무도 알지 못했다. 그들은 여성을 겨냥했을까? 아니면 은근히 미성년자를 노렸거나, 성소수자 집단을 목표로 삼았을까? 맥주를 좋아하지 않으면서도 남자다운 맥주 애호가로 분류되고 싶어 하는 애매한 소비자층이 존재했을까? 지마에 취하면 음주 측정기 테스트를 통과할 수 있을까? 실은 직장에서도 몰래 술을 마시고 싶은 알코올 중독자를 위한 것이 아니었을까? 처음에는 지마의 신비주의가 가장 큰 장점이었다. 1994년에 쿠어스는 아무도 이해 못하는 이 불가사의한 맥주를 130만 배럴이나 판매하는 놀라운 기록을 달성했다.

일간지 《빌리지 보이스》와 인터뷰한 36세의 한 가구 배송 기사는 이렇게 말했다.

> 언젠가 밤에 열다섯 잔을 마신 적이 있는데 음주 운전 단속에 걸리지 않았다. 숨을 내쉴 때 술 냄새가 나지 않는다. 다만 한 가지 짜증 나는 점은 쿠어스가 헛소리만 늘어놓고 그 안에 무슨 성분을 넣었는지는 밝히지 않는다는 것이다.

이 같은 반응은 흔했다. 사람들은 지마를 보고 일반 맥주보다 더 순수하고 건강한 버전이라고 생각한 것이 아니라, 기묘하고 어쩌면 수상쩍다고 생각했다. 맥주를 투명하게 만든 비밀 성분은 무엇일까? 여기에 무슨 짓을 한 걸까? 사실 지마는 쿠어스 제품군 중 맥주 특유의 모든 외형적 특성을 제거하고 감귤 향을 가미한 가장 저렴한 버전일 뿐이었다. 정말이지 그 외엔 별것 아니었다. 그러나 한동안은 그 점이 오히려 소비자에게 통했다. 뭐라고 설명하기 어려운 아이디어였다.

크리스털 펩시Crystal Pepsi도 마케팅 비용 4,000만 달러와 그에 한참 못 미치는 개발비만 빼면 동일한 전략으로 탄생했다. 펩시코PepsiCo는 크리스털 펩시를 1992년 시범 출시 후, 1993년 버펄로 빌스Buffalo Bills와 댈러스 카우보이스Dallas Cowboys 간의 슈퍼볼에서 광고를 선보이며 본격적으로 시장에 출사표를 던졌다. 광고는 밴 헤일런의 히트곡이자 1992년 MTV 뮤직 어워드에서 '올해의 비디오' 부문을 수상하기도 한 〈Right Now〉를 삽입했고, 나아가 원곡의 뮤직비디오와 비슷해 보이도록 제작되었다. 이 노래와 제품은 점점 떼려야 뗄 수 없는 관계가 되었다. 지금 이 순간을 소중히 하자는 메시지가 담긴 〈Right Now〉는 피아노 선율이 돋보이는 세련된 록 음악으로, 크리스털 펩시에 현대적인 감각을 불어넣었다. 이 광고가 원곡의 뮤직비디오와 너무 흡사한 나머지, 원곡 비디오가 광고처럼 보이기 시작할 정도였다. 제품 자체는 완전히 아무것도 아니었다. 기존의 펩시콜라에서 식용 색소가 빠지고, 열량이 27칼로리 낮을 뿐이었다(그러나 고과당 옥수수 시럽과 카페인 함량은 똑같았다). 그런데도 많은 소비자들이 크리스털 펩시의 맛이 원래 콜라와 다르다고 인식한 이유는 사실 심리적 측면 때문이었고, 바로 그 이유로 크리스털 펩시는 오래가지 못했다.

크리스털 펩시는 처음 출시되었을 때 놀라운 실적을 기록했다. 연 매출이 약 5억 달러에 달하며 금세 전체 탄산음료 시장의 1%를 점유했다. 지마가 그랬듯 사람들의 호기심을 자극하는 데 성공했다. 참신함은 두말할 나위가 없었지만, 몇 가지 단점이 있었다. 크리스털 펩시는 시각을 사로잡는 데 치중한 제품이었다. 세븐업7Up과 닮았기 때문에 사람들은 세븐업의 맛을 예상했지만, 투명한 외양과 달리 일반 콜라 맛이 났다. 이처럼 익숙한 외양의 제품에서 예상 밖의 특성을 감지하면, 인간의 뇌는 이를 긍정적으로 받아들이는 대신 생리적 불안을 느낀다.* 펩시는 첫째, 사람들을 무의식적으로 불편하게 하는 음료를 내놓았고 둘째, 이 충격적인 신제품이 자사의 전체 비즈니스 모델에서 중심이 되는 기존 펩시콜라의 더 건강한 대체재라고 은연중에 암시했다. 하필이면 1993년 코카콜라도 비호감 이미지를 대놓고 표방한 또 다른 반투명 음료 탭클리어Tab Clear를 출시했다. 이것도 일부러 불친절하게 만든 제품이었다.

탭클리어는 카페인이 없고 뒷맛이 강한 다이어트 콜라였다. 이전 버전인 탭Tab 콜라도 찾는 사람이 거의 없었지만, 무색투명한 신제품 탭클리어는 한층 더 인기가 없었다.** 그러나 탭클리어는 외견상 크리스털 펩시의 경쟁 제품처럼 '보였기' 때문에, 예상대로 두 제품은 상점에서 나란히 진열되었고 사람들도 이 둘을 서로 연관 지어 생각하게 되었다. 크리스털 펩시가 기존 펩시콜라

---

* 다음 내용은 2014년 학술 논문 「일치 기반 제품 평가에서 각성의 역할The Role of Arousal in Congruity-Based Product Evaluation」에서 발췌했다. "신제품은 소비자의 기대와 일치하지 않을 때가 많다. 연구 결과에 따르면 소비자들은 적당히 기대 밖인 제품은 선호하는 반면 지나치게 기대에 어긋나는 제품에는 거부감을 보인다고 한다. (중략) 이를 통해 제품 출시 때 소비자의 흥미를 일으키는 것이 점진적 혁신에는 유리할지 몰라도, 진정한 혁신에는 불리할 수 있음을 알 수 있다."

** 코카콜라가 만든 최초의 다이어트 음료인 탭은 2020년에 결국 단종되었다.

의 눈속임 버전에 불과했다면, 탭클리어는 코카콜라 역사상 최악의 제품과 비슷한 음료를 카페인 없는 다이어트 음료로 오해하기 쉽게끔 포장한 것이었다.

스티븐 데니Stephen Denny의 2011년 책 『킬링 자이언트Killing Giants』에서 코카콜라의 마케팅 전략가인 서지오 지먼Sergio Zyman은 다음과 같이 말한다.

> 우리는 탭클리어 제품을 출시하여 크리스털 펩시 바로 옆에 배치했고, 이 과정은 동반 자살이나 마찬가지였다. 애초부터 자폭 행위였다. 펩시는 자기네 브랜드에 막대한 돈을 썼지만, 우리가 망쳤다. 사실 둘 다 6개월 만에 망했다.

멍청한 아이디어로 탄생한 음료와 동반 자살하겠다고 불친절한 음료를 만든 발상은 이 시대의 전체적인 마케팅 추세를 설명할 적절한 은유다. 90년대 초반 소위 투명 마케팅 열풍Clear Craze을 타고 쓸데없는 제품이 다수 생산되었다. 투명 아이보리 비누, 투명 구강 청정제, 투명 휘발유까지 나왔다. 이들은 기업이 추측만 믿고 색다르게 개발한 제품이었다. 1993년 애시 디로렌조Ash DeLorenzo는* 지역 일간지 《필라델피아 인콰이어러》에 "요즘 물에 뭐가 들어갔는지, 음식에 뭐가 들어갔는지 걱정하는 사람이 많다. 불순물이 눈에 안 보이면 불순물이 없다는 게 사람들이 생각하는

---

* 디로렌조는 여기에서 "트렌드 분석가 및 예측 전문가"로 소개되었다.

투명이란 개념이다"라고 말했다. 여기서도 핵심 단어는 '사람들의 생각'이다. 무의식적인 불안을 조성하더라도, 어딘가 낯선 듯 친숙해 보이는 제품을 소비하는 것이 (잠시) 유행한 적이 있었다. 그러나 그렇게 인정하기에는 바보 같아 보였으므로 반쯤이라도 실증에 근거한 가짜 설명이 필요했다. 그 설명은 과학적이어야 했고, 정녕 통하지 않는다면 "과학적인 흉내"라도 내야 했다.

1975년 한 광고 책임자는 멕시코산 매끄러운 돌을 상자 안에 넣어 애완돌Pet Rock이라고 명명하고는 가격을 4달러로 책정해 1년 만에 수백만장자가 될 수 있었다. 70년대에는 대놓고 멍청함을 표방한 아이디어를 충분히 유쾌하게 받아들였다. 반면에 90년대에는 멍청한 아이디어를 기발한 것처럼 포장해야 했다. 지마와 크리스털 펩시는 그 사소한 예였다. 그러나 더 규모가 큰 사례도 있었다.

* * *

1992년 여름, MTV는 〈리얼 월드The Real World〉를 방영하기 시작했다. 뉴욕의 한 복층 아파트에 일곱 명의 낯선 젊은이들을 모아놓은 후, "사람들이 예의를 버리고"(출연자들은 바로 실행에 옮겼다) "진심을 터놓기 시작"(이는 좀처럼 실행하지 않았다)할 때 발생하는 일을 촬영했다. 이 시리즈는 서른세 편의 에피소드가 이어졌으며, 본질적으로 리얼리티 쇼라는 장르를 개척한 당대의 성공작이었다. 시간이 지남에 따라 〈리얼 월드〉는 공개적으로 방송되는 사회적 실험으로 여겨졌다. 물론 실제 실험은 아니었고, 대본 없는 연속극에 가까웠다. 이와 정반대인 사례가 1991년에 인류의 생존 가능성을 확인하기 위해 1만 2,000제곱미터 크기의 현실 시뮬레이션 안에 여덟 명을 투입한 바이오스피어 2^{Biosphere 2}였다. 바이오스피어 2는 엄밀히 말해 실험이 맞았고, 또 과학이었다. 그러나 그 전개 양상은 MTV도 결코 조작하지 못할 긴장감으로 가득 찬 대본 없는 연속극과도 같았다.

바이오스피어 2 시설은 지금도 존재하며, 마치 옵티머스 프라임이 튀어나올 듯한 차고처럼 애리조나 사막 위에 우뚝 솟아 있다. 가장 가까운 마을은 인구가 겨우 3,500명 남짓한 오라클^{Oracle}이다. 전망 좋은 위치에서 보면 클리블랜드에 소재한 로큰롤 명예의 전당의 확대 버전과 비슷하다. 다른 각도에서 보면 해나 바베라^{Hanna-Barbera}의 만화 〈슈퍼 프렌즈^{Super Friends}〉에 나오는 정의의 전당^{Hall of Justice}과 약간 비슷해 보인다. 이 5층짜리 온실은 현재 애리조나 대학교가 소유하고 있다. 이 시설이 여전히 존재한다는 사실을 아는 학부모는 이곳에서 일주일간 진행되는 과학 캠프에 아이들을 보내기도 한다. 북미에서 이처럼 거대하고 복잡한 것이 잊히기도 쉽지 않지만, 이를 기억하는 소수의 사람들에게는 영원한 기억으로 남을 것이다.

먼저 이름을 살펴보자. "바이오스피어 2"라고 명명된 이유는 이미 바이오스피어 1, 즉 현실의 지구가 존재했기 때문이다. 바이오스피어 2의 목표는 바이오스피어 1의 세계를 유리로 덮인 환경에서 재현하는 것이었다. 약간 당혹스럽게도 바이오스피어

2가 등장하기 십여 년 전 1970년대에 러시아가 시베리아에 바이오스-3[BIOS-3]라는 프로젝트를 건설한 적이 있었다.* 바이오스-3는 훨씬 작은 규모로 지하에 구축된 폐쇄형 시스템으로, 소련 우주 계획의 일환이었다. 수십 년 후, 바이오스피어 2가 투손 북부에 건설되었을 때 언론에 보도된 메시지는 비슷했다. 이 역시 궁극적으로 우주 식민지의 건설 가능성을 시뮬레이션할 목적이라는 것이었다. 이것이 공식적으로 표방된 목표였지만, 나중에 밝혀지듯 결코 현실적이지 않았다. 바이오스피어 2는 유리 천장으로 덮인 기밀 구조다. 대기가 없는 달(또는 대기가 희박한 화성) 표면에 그러한 구조물을 짓기는 불가능할 것이다. 실제로 바이오스피어 2는 현재 우리 모두가 살고 있는 지구를 이해하기에 더 적합한 생태계 프로젝트였다. 그래도 우주에서의 삶을 대비하는 거대한 실험실을 가정한 계획이 언론의 관심 대상이 된 이유는 이해하기 쉽다. 인간의 과오로 지구가 변하고 있고, 이 변화가 갈수록 통제 범위를 넘어서고 있다는 인식이 점점 커지고 있었기 때문이다.

20세기 후반에는 "지구 온난화"라는 용어가 그보다 좀 더 포괄적인 "기후 변화"보다 더 흔히 쓰였다. 1998년은 당시 기준으로 역사상 가장 더운 해였고, 과학자들은 1956년 이후 대기 중 이산

---

* 러시아는 한동안 이런 종류의 계획을 수행해 왔다. 1965년에 바이오스-1[BIOS-1]을 구축했고, 1968년에 수정을 거쳐 바이오스-2로 명칭을 변경했다. 1972년에는 비밀 시설인 바이오스-3를 완공해 수년 동안 운영했다.

화탄소 농도의 증가 추세를 경고해 왔다.[*] 하지만 이 과학 데이터가 일반인들에게 의미하는 바는 여전히 오락가락했고 각자 해석하기 나름이었다. 1992년 여론 조사에[**] 따르면 미국인의 68%가 지구 온난화를 사실이라고 믿었다. 1994년에는 57%로 떨어졌다가, 2000년에는 다시 70%로 돌아왔다. 이는 사람들이 마법처럼 해결되기 바라며 무시, 부정, 재고를 반복하는 문제였다. 바이오스피어 2는 마법 같은 현실주의의 특성이 있었다. 지상에 있는 한 우주 정거장은 원래 용도와 달리 실존적 문제의 해결사가 될 것처럼 보였다.

그렇다면 바이오스피어 2는 무엇이었을까? 객관적으로 설명하자면 인상적이다. 일곱 가지 다양한 생물 군계를 포함하는 일련의 돔과 공간으로, 열대우림, 사바나, 작은 바다, 안개 자욱한 사막, 약간의 습지, 농경지, 그리고 그 안에 거주하며 연구하는 여덟 명의 인간을 위한 "주거" 용지 등으로 구성되었다. 또 3,800종의 식물과 동물이 서식할 수 있도록 다양한 기후대로 설계되었다. 완공하기까지 4년 이상이 걸렸고, 비용은 1억 5,000만~2억 달러였으며, 미국 내 최고 부자 중 한 명인 에드 배스Ed Bass라는 텍사스주 출신 사업가가 대부분 자금을 조달했다. 한편 바이오스피

---

[*] 1956년 캐나다의 물리학자 길버트 플래스Gilbert Plass는 「기후 변화와 이산화탄소의 관계에 관한 이론The Carbon Dioxide Theory of Climate Change」이라는 연구 논문을 발표했다. 그러나 이후 문제는 훨씬 심각해졌다. 1994년 지구 대기의 이산화탄소 농도는 358ppm이었다. 현재는 400ppm이 훌쩍 넘는다.

[**] 이 설문 조사는 매사추세츠주에 소재한 케임브리지 연구 조사 인터내셔널Cambridge Reports/Research International에서 실시했다.

어 2를 주관적으로 설명하자면 수치화하기가 곤란하다. 1974년 배스는 시너지아 목장Synergia Ranch이라는 뉴멕시코주의 한 마을에서 얼마간 시간을 보냈다. 지금도 운영 중인 이 목장(혹자는 공동체commune라고 부르기도 한다)은 하버드 대학교 출신 지질학자 존 앨런John P. Allen이 세우고 운영했다. 배스와 앨런은 스페이스 바이오스피어 벤처Space Biospheres Ventures라는 회사를 공동 설립하여 결국 바이오스피어 2의 이론을 현실로 만들었다. 그러나 그들이 이렇게 하게 된 동기는 여전히 약간 아리송하다.

앨런은 바이오스피어 2를 구축한 이유로 세 가지를 들었다. 첫째, "생태 기술ecotechnology(환경을 해치지 않고 사회의 필요를 충족하는 과학)"을 구현하기 위해서였다. 여기까진 이해가 간다. 둘째, 거의 무엇이든 의미할 수 있는 기업 용어의 조합인 "잠재력 개발을 위한 사업"이었다. 하지만 셋째 요소이자 앨런이 공동 설립한 "모든 가능성이 펼쳐지는 극장the Theater of All Possibilities"은 뻔뻔스러우리만치 기묘했다. 애리조나 사막의 거대한 돔형 생태계가 연극 예술과 무슨 관련이 있을까? 왜 이런 대규모 연구 프로젝트가 1967년 샌프란시스코 히피족이 설립한 실험적인 유랑 극단과 연결되었을까? 생명 과학과 아방가르드 연극이 무슨 관련이 있을까? 처음부터 이 모험을 얼마나 진지하게 받아들여야 하는지 의문이 제기되었다. 건설이 막 시작되던 1987년 주류 과학 잡지인 《디스커버》는 바이오스피어 2를 아폴로 달 착륙 이후 가장 흥미로운 미국 벤처 사업이라고 불렀다. 그러나 이런 견해는 소수 의견에 불과했다. 1991년에 《빌리지 보이스》는 이 프로젝트를 다룬 기사를 3회에 걸쳐 연재하며, 이 실험의 과학적 엄격성에 의문을 제기하고 앨런을 광신도들의 집단 자살로 이끈 교주 짐 존스Jim Jones와 비교하는 등 가차 없이 혹평했다. 바이오스피어 측은 이러한 평가에 동의하지 않았으나 예상만큼 격렬하게 반발하지는 않았다.

배스는 1991년 그의 드문 인터뷰에서 이렇게 주장한다.

> 60년대에는 우리를 달로 보낸 미 항공우주국 NASA에 열광하던 시기가 있었다. 우리가 하는 일을 생각 없는 순응이나 조작 등으로 본다면 두렵고 충격적인 프로젝트가 될 것이다. 그러나 프로젝트에 쏟아부은 헌신, 극기, 노력 등을 생각하면, NASA의 달 착륙과 바이오스피어 2 사이에는 공통점이 많다고 본다.

앨런의 "모든 가능성이 펼쳐지는 극장"이라는 표현은 과장법이 아니었다. 물론 일종의 연극단이었지만 가능한 '모든' 아이디어에 적용되었다. 앨런은 인생의 모든 단면이 연극의 한 형태라고 믿었다. 70년대에 시너지아 목장 주민들은 아무 경험이 없는 상태에서 맨땅에 헤딩하듯 선박 건조에 도전했다. 그들은 성공했고 전 세계를 여러 차례 항해했다. 배스와 앨런이 진정 무엇을 달성하려 했는지는 명확히 알기 어렵다. 어쨌든 그들은 바이오스피어 2를 완공했고, 1991년 9월에 가동을 시작했다. 첫 번째 임무에는 네 명의 남성과 네 명의 여성(미국인 다섯 명, 영국인 두 명, 벨기에

인 한 명)이 참여했다. 그들은 전신 점프슈트를 입고 입장했는데, 이 의상 때문에 바이오스피어 2를 우주 정거장에 비유하는 긍정적인 인식과 정신 나간 맹신이라는 부정적인 인식을 둘 다 부채질했다. 소위 바이오스피어 거주자들은 2년 동안 돔 내부에 머물러야 했다. 바이오스피어가 효과적으로 작동한다면 거주자들은 어떤 필요를 충족하기 위해 시설을 떠날 필요가 없을 것이었다. 여기서 폐수 시스템을 담당하던 당시 44세의 생태 연구원 마크 넬슨Mark Nelson은 수치를 들며 일과를 기억했다.

1991년 9월 26일, 우리는 실험을 시작하기 위해 바이오스피어 2에 입성했다. 우리는 우주 비행사처럼 산더미 같은 일들로 하루를 보내야 했다. 깨어 있는 시간 중 농사에 25%, 연구와 유지 관리에 20%, 보고서 작성에 19%, 요리에 12%, 생물 군계 관리에 11%, 축산에 9%를 보냈다. 나머지 시간은 언론 인터뷰 등 잡다한 일들을 처리했다. 또한 쉬는 날을 잡아 휴식을 취하고 생물들의 성장 추이를 관찰했다. 우리는 식량을 재배하고 가축을 길러 잡아먹었다. 또한 연구실에서 일하고 장비를 유지 관리하며 주어진 생활 공간에서 시간을 보냈다. 영양가 좋은 식량을 재배하는 것이 최우선 과제였으며, 누구나 일주일에 5일간 하루에 서너 시간씩 일해야 했다. 우리 중 아무도 농업 지식이 없었다. 배고픔이라는 낯선 경험과 친해져야 했다. 우리는 먼 옛날 조상들의 생존 방식으로 살아가야 했다. 시간이 지날수록 우리의 농사 기술도 당연히 향상했다. 배고픔은 큰 동기 부여가 되었다. 굶지 않으려면 뭐든 키워야 했다.

식량 부족은 넬슨의 일지에서 암시하는 뉘앙스보다 더 심각한 문제였다. 농작물은 꿀벌과 벌새에 의해 수분을 받아야 했지만 둘 다 폐사했다. 넬슨은 체중이 10kg 정도 빠졌고 적어도 다른 한 명은 그 두 배가 빠졌다. 그러나 의학적 관리에 따라 진행된 이 "건강한 굶주림"은 이곳에서 지내면서 마주할 문제의 기나긴 목록 중 세 번째에 불과했다. 가장 시급한 문제로 숨 쉴 공기가 부족했다. 토양의 미생물이 생성하는 이산화탄소가 광합성으로 생성되는 산소보다 더 많았다. 16개월 후 산소 수치는 20.9%에서 14.2%로 떨어졌고, 이는 스위스 알프스 정상에서 생활하는 것과 같았다. 뾰족한 수가 없었으므로 외부 산소를 시설 안으로 주입해야 했고, 거주자 여덟 명은 잠시나마 산소를 들이켜는 행복감을 맛봤다.

이렇게 필요한 산소를 주입하다 보니 실험의 기본 조건이 완전히 망가졌다. 이 실험은 내부가 밀폐된 완전히 폐쇄적인 시스템이어야 했다. 연구원이 외부의 도움 없이 생존할 수 없다면 그들이 이 시스템 안에서 어떤 생명 군계를 조성하든 무의미할 것이었다. 그 갈등은 두 번째 시급한 문제, 즉 질서의 붕괴로 이어졌다. 거주자의 절반은 외부의 도움 없이 지구를 시뮬레이션할 수 있음을 증명하려는 목표를 포기하고 싶어 했다. 대신 그들은 현실 세계와 '거의' 단절된 거대한 실험실에서 과학을 연구할 수 있는 흔치 않은 기회에 의의를 두었으면 했다. 나머지 절반은 매일 시설의 결함을 해결하고 생존에 필요한 일을 뭐든지 하는 한이 있더라도 원래 목표대로 밀고 나가기를 원했다. 여덟 명의 연구원은 두 편으로 나뉘어 대립했다. 2년 동안 같은 공간에 갇힌 두 그룹은 결국 서로 말조차 섞지 않으려 했다(주먹다짐은 없었지만 몇 차례 침을 뱉었다는 소문은 있었다).

그럼에도 바이오스피어 2의 첫 임무는 93년에 완료되었다. 계획대로는 정확히 아니었지만 약간의 성과도 있었다. 그러나 대중의 눈에는 임무 실패로 보였다. 어쭙잖은 성과보다 연구원들이 일상에서 직면한 문제가 훨씬 많은 관심을 받았다. 이 관심은 1994년 3월에 두 번째 임무를 개시하고 스페이스 바이오스피어 벤처를 관리할 새로운 인물 스티브 배넌Steve Bannon을 영입하면서 더욱 뜨거워졌다.

2016년 대선 배후에서 포퓰리즘 전략을 주도해 도널드 트럼프의 승리를 이끈 것으로 이름을 떨치게 될 배넌은 전직 골드만삭스의 투자 은행가였다. 그는 바이오스피어 2에 들어오자마자 간접비가 과하다고 지적했다. 그러자 내부의 일부 연구원들은 배넌의 비용 절감 조치가 그들의 목숨을 위협할지 모른다고 걱정했다. 배넌이 고용된 지 닷새 후, 앞서 첫 번째 바이오스피어 미션을 끝내고 퇴소한 연구원 두 명이 내부 거주자들의 건강상 위험을 우려해 새벽 3시에 몰래 이곳으로 들어왔다. 그들은 주 개폐구 중 한 개와 비상구 몇 개를 열고, 창문도 몇 개 부숴 놓았다. 나흘 후에는 두 번째 미션의 책임자가 포기하고 바이오스피어 2를 뛰쳐나갔다. 미처 마치지 못한 임무는 9월에 조기 종료되었고, 그 후 몇 차례 소송전이* 있었으며, 결국 뉴욕에 있는 컬럼비아 대학교가 시설을 인수했다. 컬럼비아 대학교는 향후 8년 동안 시설을 관리하며 주로 해양 생물 군계를 이용해 지구 온난화가 산호초에 미치는 영향을 연구했다.

바이오스피어 2가 남긴 유산은 여전히 해석의 여지가 있다. 어떻게 보면 가장 놀라운 업적은 건물 자체인 것처럼 보인다(건물의 수석 엔지니어인 윌리엄 뎀스터William Dempster는 구조물을 밀폐 상태로 유지하는 거대한 폐 모양의 확장 챔버expansion chamber를 개발했다). 그러나 역사적으로 가장 유익한 교훈은 이 프로젝트가 어쨌든 시도된 적이 있다는 점이다. 이는 어느 특정한 시대에만 가능했던, 다양한 세계관이 교차하고 충돌한 사례였다.

바이오스피어 2는 기후 변화와 (80년대에 처음 인식되기 시작한 이래 90년대에도 여전히 흔한 우려 사항이던) 핵무기 대학살이라는 두 가지 위협을 해결해줄지도 모른다는 기대를 받았다. 앨런은 건설 단계에서 이렇게 말한다.

서구 문명은 단순히 죽어가고 있는 것이 아니다. 이미 죽었다. 우리는 이미 폐허가 된 서구 문명을 조사해 새로운 대체 문명을 건설하는 데 유용한 모든 것을 얻고자 한다.

---

* 바이오스피어 2 종료 후 법적 공방과 관련해 가장 자주 거론되는 에피소드는 배넌이 프로젝트의 원년 멤버 중 한 명이자 나중에 두 번째 임무에서 돔을 파괴하기도 한 해양 생물학자 아비게일 알링Abigail Alling을 언급한 내용이다. 그는 알링을 "자기중심적이고 착각에 빠진 젊은 여성"이자 "능력 없는 섹시녀bimbo"라고 표현했다.

또 다른 요인은 한때 국가의 책임으로 여겨졌던 문제를 매우 부유한 민간인이 더 잘 해결할지도 모른다는 믿음이 확산하던 시대 상황을 들 수 있다(같은 시기에 대선에 출마한 로스 페로에 대한 열광도 우연이 아니다). 그러나 세 번째 요인으로, 낯선 세계관의 등장도 작용했다. 바로 허튼소리투성이인 뉴에이지 사상이 성숙기에 오르고 정상화된 것이었다.

앞서 언급한 "모든 가능성의 극장"은 단순히 바이오스피어 2의 바람잡이 쇼가 아니라, 철학적 추진력이었다. 앨런은 야금 채굴 기술자였지만 극작가이자 작가이기도 했으며 때로 조니 돌핀 Johnny Dolphin이라는 필명으로 책을 쓰기도 했다. 그의 감성은* 무대 예술, 생태학, 생명 공학 등 외견상 서로 동떨어져 보이는 분야들을 일종의 종말론적 종교의 낙관주의 버전으로 통합함으로써 이러한 역설을 성립하게 했다(《빌리지 보이스》 기자 마크 쿠퍼Marc Cooper가 프로젝트를 맹렬히 비판하면서 이렇게 표현했다). 바로 이 이유로 오직 그때의 시대 상황에서만 바이오스피어 2가 탄생할 수 있었다.

뉴에이지 사상이 하나의 운동으로 떠오르던 70년대 초반, 이는 사회 관습에서 의도적으로 벗어난 삶을 사는 사람들이 실천하는 비주류 이데올로기였다. 가장 문제가 된 사례는 1974년에 창설된 뉴에이지 분파 헤븐스 게이트Heaven's Gate 같은 분리주의 교도였다. 그들은 금욕적, 극단적 기독교 광신도로 발전했으며, UFO가 찾아와 자신들을 새로운 차원의 실존으로 데려갈 것이라고 믿

---

* 서로 무관하긴 하지만 1981년 영화 〈앙드레와의 저녁 식사My Dinner with Andre〉에 막연하게 어떤 극장의 워크숍을 연상시키는 "모든 가능성이 펼쳐지는 극장"이 묘사되는 대목이 나온다.

었다. 결국 1997년 3월, 신도 서른아홉 명의 집단 자살로 끝이 났다(자살한 광신도들은 나이키를 신고, 주머니에 정확히 5.75달러를 넣고, 바르비투르산염이 섞인 사과 소스를 일부러 삼키고, 머리에 비닐봉지를 쓴 후 우주선을 기다렸다). 21세기가 시작될 무렵까지 뉴에이지 사상은 과거 레이건 이전 시대의 기이한 잔재가 되었다. 그러나 같은 시대에 초기 뉴에이지 선구자 중 일부가 성숙한 기업가로 거듭나는 시기도 있었다. 약 1985~1995년의 짧은 시기에는 존 앨런(바이오스피어 2 건설 당시 62세) 같은 사람이 에드 배스(당시 46세) 같은 억만장자에게 반드시 과학적이지는 않은 과학 프로젝트에 그렇게 큰돈을 투자하도록 합리적으로 설득하는 일이 가능했다. 사람들에게 별나게 비치는 건 단점이 아니었다. 주목받기 위해서는 별난 인상이 필요했다.

사회가 "신뢰성" 있다고 간주하는 것은 거의 항상 당시 경제적 지배층에 속하는 인구 집단이 정한 기준에 따라 좌우된다. 90년대 초반에 뉴에이지 교리가 그나마 가장 진지하게 신뢰를 얻을 수 있었던 이유는 뉴에이지 사상에 가장 깊이 빠져 있던 사람들이 그 사상을 사회에 도입할 충분한 사회적, 경제적 힘을 행사한 유일한 시기였기 때문이다.* 그들은 이제 무엇이든 가능하고, 과

---

* 이 시대에는 프로 농구 감독 필 잭슨 같은 인물이 한편으로는 여러 차례 챔피언 타이틀을 획득하고 리그 최고의 감독으로 평가받는 동시에, 또 한편으로는 선불교와 아메리카 원주민의 우주론을 끊임없이 옹호해도 이상하게 취급받지 않았다. 잭슨은 이러한 개념을 실용화해 시카고 불스(그리고 나중에는 로스앤젤레스 레이커스) 부임 시절에 적용했다. 이는 수십 년 동안 스포츠 감독들이 사용해 온 전통적인 동기 부여와 마음 챙김 기술과 크게 다르지 않았다(다만 그들은 직접적인 뉴에이지 언어를 사용할 의도가 없었고 그렇게 광범위한 경외와 찬탄까지는 전혀 표하지 않았을 뿐이다). 1995년 잭슨은 『신성한 링 Sacred Hoops: Spiritual Lessons of a Hardwood Warrior』이라는 자기 계발서를 출간했다.

거에 인간이 받아들였던 한계가 반드시 실제는 아니라고 믿었다.

그렇게 상상한 사람들은 자신들이 생각한 이유 때문은 아니지만 어쨌든 결과적으로 옳았다.

* * *

뉴스는 1997년 2월에 나왔지만 이 획기적 사건이 일어난 지는 이미 7개월이 지난 상태였다. 이 소식은 사전 경고 없이 스코틀랜드에서 전해졌고, 갑자기 많은 사람들이 다음 문장으로 시작하는 유례없는 대화를 하도록 촉발했다. "그 양에 대해 들어봤어?"

유전학에 대해 잘못 알려진 논거, 그리고 돌리 파튼Dolly Parton과 관련된 꽤 잘 알려진 농담이 함께 화제의 정점에 올랐다.

프린스턴 대학교 분자 생물학 교수인 리 실버Lee Silver는 《뉴욕 타임스》와의 인터뷰에서 "믿기지 않는다. 한마디로 한계가 없어졌다. 모든 공상 과학 소설이 현실이 될 것이다"라고 말했다.

사건의 진상은 이랬다. 전년도 7월, 에든버러에 있는 로슬린 연구소에서 영국 유전학 연구팀이 암컷 양을 복제했다. 277번의 시도가 필요했지만, 52세의 발생학자 이언 윌머트Ian Wilmut는 마침내 양 한 마리의 세포에서 추출한 DNA를 다른 양의 미수정 난자 세포와 결합하는 데 성공했다. 핵이 제거된 난자 세포는 복제를 위한 그릇이 되었다. 원세포는 암컷 양의 젖샘에서 나왔고, 이 이유로 결국 새끼의 이름은 (글래머 컨트리 가수 돌리 파튼에게 경의를 표하고자) "돌리"가 되었다. 연구소는 6개월 동안 정보를 비밀로 유지했는데, 과학 학술 저널이 주류 언론에서 이미 다룬 연구를 출간하기를 꺼린 것도 부분적 이유였다(그리고 이 성과가 즉시 받게 될 관심은 불 보듯 뻔했다). 또한 그들은 돌리가 무사히 살아남는지 확인하고 싶었다. 그리고 돌리는 살아남았다. 돌리는 완전히 정상으로 보였고, 다른 헛간에 있는 다른 양들과 다르지 않았다.

《뉴욕 타임스》에 실린 실버의 호들갑스러운 반응은 약간 개인적 정황 때문이었을지도 모른다. 그가 포유류 복제가 불가능한 이유를 설명하는 책을 출판하려고 할 때 공교롭게도 돌리가 태어났다는 뉴스가 터졌기 때문이다. 그러나 이후 대중도 실버와 대체로 비슷한 반응을 보이게 되었다. 복제를 생각하는 관점에는 항상 두 가지 반응이 따른다. 첫 번째 반응은 이 놀라운 성과가 판도를 바꿀 것이며 생명을 재창조할 수 있는 과학의 잠재력을 증명했다는 것이다. 두 번째 반응은 복제를 두려워하고 통제해야 하며 어떤 형태로든 비극적 시나리오는 불가피하다는 견해다. 이토록 놀라운 일이 어떻게 위험하지 '않을' 수 있겠냐는 것이다.

90년대 복제에 대한 불안은 거의 전적으로 매스 미디어의 영향에 따른 결과물이었다. 돌리의 탄생 이후, 빌 클린턴 대통령은 "우리의 이상과 사회의 핵심에 있는 가족의 신성한 유대를 위협할 가능성이 있다"라며 인간 복제를 금지하는 입법 계획을 발표하지 않을 수 없었다. 이 선언은 어떻게 보면 보이지 않는 뱀파이어를 금지하는 법안을 발표하는 것과 전혀 다를 바 없었다. 돌리의 탄생은 인간 복제의 이론적 가능성을 의미했을 뿐이며, 이론적 가능성이야 원래 늘 있어 왔다. 최고 수준의 과학 전문 지식,

인간 복제에 대한 관심, 그리고 그 목표 달성에 필요한 무한한 자금을 동시에 갖춘 누군가가 존재한다는 증거는 없었다.* 또한 일반인 중에는 포유류 복제의 메커니즘과 진정한 의도를 이해하는 사람이 별로 없었다.

농업 분야에 대해서 사회는 그동안 품종개량 개념을 전혀 거리낌 없이 받아들여 왔다. 즉 두 가지 식물이나 동물의 바람직한 특성을 동시에 지닌 품종을 생산하기 위한 의도적인 재배와 사육은 이미 수천 년 동안 계속되었다. 품종개량은 그 과정이 비효율적이라는 단점이 있었다(원하는 특성이 한 유기체에서 다음 유기체로 전달될 단순한 '확률'에 달려 있다). 포유류 복제가 성공한다면 원하는 특성이 새로운 동물에 항상 정확하게 복제될 것이었다. 게다가 복제 인간이 이미 세상에 존재한다는 사실을 받아들이지 않으려는 편협한 거부감도 사람들 사이에 있었다. 이를테면 일란성 쌍둥이는 거의 100% 동일한 DNA를 공유하며, 자연스럽게 발생한 복제에 해당한다. 그러나 '복제'라는 단어를 사회가 받아들이는 의미는 줄곧 십중팔구 부정적이었다. 이는 돌리가 탄생하기 전이나 후나 마찬가지였다. 돌리가 실험실에서 태어난 사건은 단순히 그러한 불안이 확대되고 가속화된 과정을 보여주는 변곡점 역할을 했다.

---

* 썩 중요하지는 않지만 여기에 한 가지 예외가 있으니, 리처드 시드Richard Seed라는 시카고 출신 물리학자가 있었다. 그는 정부의 복제 금지가 시행되기 전에 바로 인간 복제에 착수하겠다고 선언했다. "우리는 신이 될 수 있다. 관심 없는 사람은 그냥 꺼졌으면 좋겠다. 그들의 도움은 필요가 없고, 참여할 필요도 없다. 하지만 누군가 내가 신이 되는 걸 방해한다면 우리 다 같이 참담한 결과를 맞이할 것이다." 시드는 건당 100만 달러의 비용으로 인간을 복제하는 영리사업을 시작할 계획이었다. 그러나 그의 시도는 전혀 성공에 근접하지도 못했다.

돌리가 탄생하기 전 사람들은 복제를 두려워하고 거부하는 태세를 취했다. 대개 복제를 바라보는 관점은 메리 셸리^{Mary Shelley}의 『프랑켄슈타인^{Frankenstein}』을 현대적으로 해석한 것과 비슷하게 공상 과학적이었다. 복제가 가능해지면 과학자들은 오래전 죽은 생명을 되살릴 테고, 소설가들은 너 나 할 것 없이 최악의 인물이 다시 살아나는 시나리오를 쓸 것으로 보였다. 창의성 면에서 단연 누구도 따라올 수 없는 인물은 1994년 스릴러 『모래^{The Day After Tomorrow}』를 발표한 소설가 앨런 폴섬^{Allan Folsom}이었다. 이 소설은 극저온으로 얼어붙은 아돌프 히틀러의 머리를 복제하려는 음모를 다뤘다. 10년 후인 2004년, 이 소설과 무관한 동명의 재난 영화 〈투모로우^{The Day After Tomorrow}〉가 복합 상영관에서 개봉했고, 이 영화의 인기는 1994년 『모래』의 존재감을 사실상 지워버리게 된다. 그러나 폴섬의 소설은 잠시 꽤 대박을 쳤다. 그의 첫 작품임에도 리틀 브라운^{Little, Brown} 출판사는 저작권료로 200만 달러를 지불했다. 이 책은 《뉴욕 타임스》 베스트셀러 목록에 3위로 데뷔하여, 히틀러를 재소환한 이야기만큼 잘 팔리는 상품이 없다는 것을 증명했다.

복제를 다룬 소설 중 훨씬 오랜 수명을 자랑한 작품은 『쥬라기 공원』이었다. 복제의 핵심 지식에 충실한 동시에 이만큼 주류에서 성공한 작품은 없었다. 여러 편의 소설을 쓴 과학 소설가 마이클 크라이튼^{Michael Crichton}이 1990년 발표한 『쥬라기 공원^{Jurassic Park}』은 호박에 갇힌 고대 곤충에서 DNA를 추출한 곤충학자들의 연구에서 일부 영감을 얻었다. 크라이튼은 곤충 DNA가 산 채로 갇힐 수 있다면 어쩌면 티렉스 DNA도 가능하지 않을까 하고 상상했을 것이다. 448페이지 분량의 『쥬라기 공원』은 화석화된 선사 시대 곤충 속 혈액으로 복제된 살아있는 공룡으로 가득 찬 섬을 배경으로 한다. 다소 예상 가능하지만, 공룡은 보안이 허술해진 틈을 타 탈출하여 난동을 일으킨다. 매끄러운 전개에 독자 친화적인 이 소설은 엄청난 인기를 끌었고, 1993년에는 스티븐 스필버그Steven Spielberg의 영화로 각색되어 몇 년간 역대 최고 흥행 수익을 올린 영화로 기록되었다. 스필버그의 영화는 재미도 있지만 이제는 주로 기술적 업적으로 더 잘 기억된다. 컴퓨터 그래픽으로 제작된 공룡은 전례 없이 실물과 비슷했다. 또한 완전한 디지털 사운드를 사용한 최초의 영화이기도 했다.

크라이튼의 소설은 90년대를 대표하는 중요한 영화를 탄생시킨 것 외에 적어도 두 가지 다른 이유로도 중요하다. 하나는 대중에 카오스 이론chaos theory을 소개했다는 점, 또 하나는 일반인들에게 별로 친숙하지 않은 소수의 학문인 고생물학 이론을 대중화했다는 점이다(공룡을 조류로 진화하기 전의 온혈동물로 취급하거나, 용각류를 비수생 무리 동물로 보는 개념 등). 『쥬라기 공원』은 책에서든 영화에서든 과학에 반대하지는 않는다. 다만 초창기 고질라Godzilla 영화들에서의 원자폭탄 실험처럼 복제를 인류의 도 넘은 이기심의 결과로 묘사하고 있다. 영화에서 불길한 어조를 전달하는 대변자는 제프 골드블럼Jeff Goldblum이 연기한 냉소적인 수학자 이언 말콤으로, "당신네 과학자들은 할 수 있다는 사실에 도취한 나머지, 과연 해도 되는지는 생각해 보지 않았다"라고 말한다. 사실

일반인들의 주된 대화 주제는 복제와 그 기능상 목적(특히 줄기세포 연구 같은 미래 과학 분야) 간의 관계가 아니었다. 그들은 항상 최악의 가능성, 즉 존재하지 말아야 할 것을 재창조하려는 세속적 욕망을 가장 걱정하는 경향이 있었다.

이후에도 유전자 조작을 다룬 픽션들은 복제의 성공 후 뒤따르는 형이상학적 비극에 집중했다. 1992년 영국의 TV 영화 〈조안나 메이의 복제The Cloning of Joanna May〉는 남몰래 전처의 복제 인간 세 명을 만든 남편의 지배욕을 그린 이야기였다(문제는 전처와 그녀의 복제 인간 모두의 동의를 구하지 않았다는 것이다). 1996년 마이클 키튼Michael Keaton 주연의 코미디 영화 〈멀티플리시티Multiplicity〉는 일에 치여 사는 자신의 생활을 더 수월하게 만들기 위해 자신을 여러 명 복제한 남편에 관한 영화다(문제는 자신을 새로 복제할 때마다 갈수록 더 열등한 버전으로 탄생한다는 것이다). 1997년 디스토피아 영화 〈가타카Gattaca〉는 엄밀히 말해 복제 관련 영화가 아니지만, 유전적으로 조작된 아기가 평범하게 태어난 아기보다 생물학적, 사회적으로 우월하다는 전제로 이야기를 풀어간다(문제는 영화의 홍보 문구에 나타나 있듯이, "인간의 영혼을 위한 유전자는 없다"라는 것이다). 이같은 비유는 국경을 초월해 워낙 보편화되어, 이탈리아 태생의 독일 의학자 지오바니 메이오Giovanni Maio도 대부분의 복제 관련 영화에 내재된 네 가지 메시지를 다음과 같이 설명했다.

1. 복제 인간은 악하다(그리고 원본 인간은 선하다).
2. 복제 인간의 창조자는 금기를 어긴 죄로 벌을 받는다

3. 복제 인간은 문명의 쇠퇴 속에서 탄생한다.

4. 복제 인간이 파괴된 후에야 질서가 회복된다.

복제 관련 영화가 복제가 야기할 문제에 집중한다는 사실은 그다지 놀랍지 않다. 영화에서는 갈등이 중요하기 때문에 복제본이 또 복제될 때 모든 일이 잘 풀리는 줄거리는 별로 영화답지 않다. 영화 속 과학자들은 실제 과학자들보다 더 악한 경향이 있다. 그렇지만 유전공학에 대한 대중의 민감도와 실제로 현재 진행 중인 기술 발전의 괴리는 현대 서구 문화에서 반과학 운동의 이정표로 볼 수 있다. 복제 양 돌리의 탄생은 90년대 학계가 이룩한 가장 큰 도약이었다. 어떤 이들은 결코 달성될 수 없는 목표라고 생각했다. 하지만 현실이 되었다. 또 어떤 이들은 돌리가 체내에 수많은 약점과 기형이 있을 것이라고 추측했다. 그렇지 않았다. 다른 사람들은 돌리가 몇 달밖에 살지 못할 것으로 예상했다. 그러나 돌리는 6년 넘게 살았고, 실내에서 사육된 양이 흔히 걸리는 기도암으로 죽었다. 어떤 지표로 봐도 이 실험은 성공했다. 그러나 이 성공은 또 다른 가설에 불을 지폈을 뿐이었다. 즉 결국 어떤 결과물이 나오든 오직 끔찍할 테고, 이 끔찍한 미래가 과거의 예상보다 더 빨리 다가오고 있다는 것이다.

2000년 영국 밴드 라디오헤드는 〈Kid A〉라는 앨범을 발표했다. 발매를 앞두고 유독 뜨거운 기대감이 일었다. 1997년에 발표된 전작 〈OK Computer〉는 명반으로 평가받았고, 라디오헤드는 음악의 예술성을 중시하는 동시에 상업적으로도 가장 인기 있는 밴드로 널리 알려졌다.

〈Kid A〉는 발매 전 베일에 가려 있었고, 평론가들에게 선공개되지도 않았다.* 10월에 마침내 앨범이 나오자 반응은 복잡했다. 그들의 이전 음악과는 다르게 일렉트로니카 또는 포스트 록 장르에 더 가까웠다. 멜로디는 덜 선명했고 가사는 난해했다. 〈Kid A〉는 미국과 영국 차트에서 둘 다 1위를 기록했지만, 앨범에 대한 반응은 한마디로 "어렵다"였다. 한 록 앨범에 이토록 진지한 해석이 오간 것은 오랜만이었고, 그중 일부는 제목의 의미에 주목했다. 영국 음악지 《뉴 뮤지컬 익스프레스》는 〈Kid A〉가 라디오헤드의 보컬리스트 톰 요크가 이미 존재한다고 믿었던 최초의 복제 아기를 가리킨다고 주장했고, 이 사소한 언급이 확산되었다. 팬들에게는 이러한 연관성이 이해가 갔다. 라디오헤드(특히 요크)는 음악 외적으로 소외, 사회 불안, 기업의 횡포가 확대되는 디스토피아에 관한 세계관을 구축해 왔기 때문이다. 유전공학의 위협에 대한 집착은 예상대로 요크다운 태도처럼 여겨졌다. 그러나 복제 인간과 복제에 관련된 다른 많은 것들과 마찬가지로, 이 역시 사람들이 그렇게 믿고 싶어 한 기우일 뿐이었다. 요크는 마침내 그해 12월 《롤링 스톤》과의 인터뷰에서 "〈Kid A〉는 정말 인간 복제에 관한 것인가?"라는 질문에 이렇게 답했다.

---

* 앨범 발매 일주일 전 MTV2 방송국은 〈Kid A〉의 비닐 레코드를 입수해 단순히 앨범 전곡을 턴테이블로 재생하고 그 모습을 화면에 비추는 방송을 내보냈다. 47분 동안 빙글빙글 도는 레코드판을 기꺼이 바라보는 시청자가 많았을 만큼 〈Kid A〉에 대한 기대가 뜨거웠다. 이 방송을 녹화한 팬들도 있었다.

그건 전적으로 내 탓이다. (웃음) 처음에 나는 우리 앨범 아트 작업을 담당한 스탠리 돈우드Stanley Donwood와 함께 프랑켄슈타인 같은 괴물이 탄생하는 〈시험체Test Specimen〉라는 만화를 그렸다. (중략) 우리가 유전자 변형 식품에 대해 읽은 내용에서 대략적으로 영감을 받고 아이디어가 나왔다. 우리는 인간 종족의 DNA가 돌연변이를 일으킨다는 발상에 사로잡혔다. 그중에는 곰 인형들이 돌연변이를 일으켜 아이들을 잡아먹기 시작한다는 에피소드도 있다. (중략) 우리가 자주 쓰는 농담이었고, 다만 그다지 재미있지 않을 뿐이었다. 그러나 평상시와 마찬가지로 거기에는 우리의 여러 가지 망상과 불안이 담겨 있다. 〈Kid A〉는 그저 머릿속에 번뜩여서 지은 제목이자, 시퀸서 이름 중 하나였다.

언제나 그렇듯 세상은 변하고 있었다. 그러나 갈수록 사람들이 변화를 이해하는 속도보다 세상이 더 빨리 변할 것으로 보였다. 따라서 사람들은 단지 변화에 적응한 척해야 했다.

너무 형편없어서 마음에 들어요

900년 전의 사건을 가지고 사람들의 기분을 불쾌하게 하는 글을 쓰기는 쉽지 않은 일이지만 웨슬리언 대학교 교수 윌리엄 맨체스터William Manchester는 그 어려운 일을 해냈다. 1992년 그의 스무 번째 저서인 대중 역사서 『불로만 밝혀지는 세상: 중세의 정신과 르네상스A World Lit by Fire: The Medieval Mind and the Renaissance』는 그 책을 읽은 웬만한 학자들에게서 혹평을 받은 아주 흥미로운 베스트셀러였다. 비판하는 사람들에 따르면 맨체스터가 저지른 실수 중 일부는 책의 부제에서 엿볼 수 있다. 맨체스터는 수 세기 전 조상들의 머릿속을 파헤치는 데 집착했고, 대부분 그들이 역겹고 멍청했다고 결론지었다. 이 책의 핵심은 맨체스터가 중세를 바라보는 전반적인 견해가 담긴 첫 번째 단락의 마지막 문장에서 찾을 수 있다. "현존하는 기록들을 조합해 볼 때 중세 시대는 끊임없는 전쟁, 부패, 무법, 이상한 미신에 대한 집착, 거의 구제 불능의 무지로 점철되어 있었다."

이 문장이 주목할 만한 이유는 여러 가지 이유가 있는데, 완전히 틀렸을 수 있다는 점도 그중 하나다. 그러나 그 책의 더 두드러진 특징은 대중 역사서에서 종종 발견되는 특징이기도 하다. 즉, 먼 과거를 분석하고자 하는 글은 독자에게 그 글이 쓰인 당대의 정서를 예리하게 파악할 수 있게 하는 통찰력을 제공하는 기능도 있다는 것이다. 중세를 암흑시대라고 표현한 맨체스터의 묘사는 공교롭게도 『불로만 밝혀지는 세상』이 출간되고 인기와 비판을 동시에 받았던 90년대의 명암을 마치 네거티브 필름처럼 선명하게 부각하고 있다.

적어도 북미에서 90년대는 끊임없는 전쟁의 시대가 아니었다. 냉전이 끝났고, 걸프전은 짧았으며, 아프가니스탄 전쟁은 사소한 사건에 불과했다. 90년대에도 (당연히) 약간의 부패가 있었지만, 항상 그래왔고 앞으로도 그럴 것이다. 그러나 이란-콘트라 사건은 과거의 일이었고, 엔론 사태와 버니 메이도프Bernie Madoff의 폰지 사기는 아직 닥치지 않은 미래의 문제였다. 90년대는 무법 시대도 아니었다(범죄가 감소했고, 수감 인구는 증가했지만 주로 비강력범이었다). 또한 이상한 미신에 사로잡힌 시대도 아니었다(대중은 점점 더 세속화되고 아메리칸드림의 환상에서 벗어나기 시작했다). 그리고 그 시기 사람들은 결코 "구제 불능으로 무지"하지 않았다. 90년대는 사람들이 뭔가를 생각하는 동시에 자신이 그 생각을 왜 하고 있는지 궁리하는 데 다시 많은 시간을 보냈던, 완전한 메타인지metacognition의 시기였다. 모든 생각마다 더 깊은 의미가 들어 있다고 가정했고, 원래의 인지 과정을 정당화하기 위해 그 생각의 의미를 해부해야 했다. 따라서 사색하기 좋아하는 사람들은 자꾸만 새로운 진정성New Sincerity을 도입하고 또 도입했다.

새로운 진정성은 여러 버전이 있으나, 항상 같은 동기로 통합된다. 즉 사람들은 자신의 감정에 솔직해야 한다는 믿음, 그리고 예술의 소비자는 고의로 감정적 측면을 배제하는 예술가에게 보상해서는 안 된다는 믿음이다. 80년대 후반 텍사스 동부 음악계에서 새로운 진정성을 추구하는 움직임이 일었지만, 이곳 뮤지션들은 모두 폭넓은 대중적 인기를 얻기에는 너무 진지했다. 1991년 9월,《에스콰이어》는 새로운 진정성에 대한 기사를 길게 실었다. 그리고 코카인 같은 습관은 낡은 진정성Old Sincerity의 일부이고("기분 전환을 위해 임기응변, 거짓말, 부정행위를 유도한다"), 엑스터시는 새로운 진정성("아이러니를 타파한다")에 걸맞은 약이라고 비유하며 이 개념을 조롱했다.《에스콰이어》는 이 문제를 놓고 두 가지 다른 표지를 사용했다. 하나는 데이비드 레터맨David Letterman이 웃는 모습이고 다른 하나는 찌푸린 모습이었다. 새로운 진정성을 지지하는 사람들은 레터맨이 멋지게 나온 표지를 원할 것이라는 가정에서였다. 새로운 진정성 논리는 영화, 특히 케빈 코스트너Kevin Costner가 제작한 영화에 (매우 간략하게) 적용되었다. 그러나 그 영향력의 절정기는 90년대 후반이었으며, 그때 일시적으로 문학계에서 지배적 사고방식이 되었다. 이 운동은 (흔히 그랬듯이) 데이비드 포스터 월리스의 에세이가 주도했지만, 용어는 데이브 에거스Dave Eggers와 제이디 스미스Zadie Smith 같은 작가들이 가장 꾸준히 사용했다. 그리고 홈스쿨링으로 출발해 하버드 대학교까지 졸업한 제디다이어 퍼디Jedediah Purdy가 1999년 25세의 나이에 발표한 논픽션『평범한 것들을 위해For Common Things: Irony, Trust, and Commitment in America Today』와 같이 진정성을 옹호하는 논쟁으로까지 이어졌다.

퍼디는 이렇게 말한다.

나는 순진함을 고귀함의 경지로 돌려놓자고 주장하려는 게 아니다. 그러나 나는 현재 만연하는 성찰적 회의주의가 영혼을 좀먹는다고 생각한다. 이는 고상함을 가장한 게으름이다.

새로운 진정성은 마치 신이 스스로 들 수 없는 바위를 만들 수 있는지 묻는 것과 같은 심리적 딜레마였다. 진정성 개념에 '반대'하는 사람은 얼간이일 뿐일 테니, 한편으로는 원칙적으로 새로운 진정성을 '반대'하기가 어려웠다. 그러나 또한 아무도 자신에게 갖다 붙이고 싶지 않은 특성이자, 누구도 책으로 내고 싶어 하지 않는 주제였다. 자신이 어떤 종류의 새로운 진정성을 추구한다고 공개적으로 주장하는 것은 다른 모든 사람들은 거짓말쟁이라고 은근히 암시하는 셈이었다(퍼디는 "새로운 진정성은 새로운 우월 의식new smugness과 크게 다르지 않은 것 같다"라고 말했다). 그만큼 헷갈리는 개념이었다. 에거스는 회고록에 자신의 취약성을 완전히 드러내며 암울한 인생사를 썼지만(그는 부모를 암으로 여의었다) 책 제목은 냉소적이게도『비틀거리는 천재의 가슴 아픈 이야기A Heartbreaking

Work of Staggering Genius』라고 지었다. 게다가 그 안에 담긴 유머는 영리한 포스트모더니즘의 가장 정통한 버전처럼 보였다(그는 〈리얼 월드〉의 출연 멤버가 되려고 오디션에 응시했다가 떨어진 경험을 긴 지면을 할애해 서술하기도 했다).

새로운 진정성에는 회색 지대가 없었다. 지나치게 신경 쓰거나 아예 신경 쓰지 않거나 둘 중 하나였기 때문이다. 아이러니한 거리감이 서서히 문화를 병들게 한다고 믿는 사람들에게 이는 창작에 가장 심각한 위기를 가져왔다. 그 외 대부분 사람들에게는 보이는 것에 비해 별로 중요하지 않은 상상의 문제였다. 그러나 새로운 진정성은 자기 성찰이라는 호사를 누릴 수 있는 자들이 감정을 소모하지 않는 편안함을 지나치게 불편해한 결과였고 또 앞으로도 그렇게 기억될 것이다.

감정을 소모하지 않기로 하면 재미있고도 차원 높은 모순점이 생겨날 수 있었다. 90년대는 인디 밴드 페이브먼트Pavement가 당대 최고의 밴드로 평가받는 동시에, 아무런 노력도 하지 않는(그리고 열심히 노력하는 다른 뮤지션들을 비웃는) 다섯 남자로 취급되어도 이상하지 않은 시대였다. 토드 솔론즈Todd Solondz 감독의 〈해피니스Happiness〉 같은 영화는 외로움을 날카롭게 해부하고 소아성애라는 불편한 주제를 묘사했지만, 또 한편으로는 아주 웃기기도 했다(특히 어떤 진지한 맥락에서든 형언할 수 없이 슬프게 느껴져야 할 순간에도). 빌 클린턴 대통령의 탄핵 소추는 (의미상) 심각했고 (정황상) 우스꽝스러웠다. 너무 진지하게 신경 쓰지 않는다면 어떤 경험이든 즐거울 수 있다. 그런데 이것이 사색적인 사람들에게는 순수하게 즐겨야 할 순간에도 불편하게 다가왔다. 인생에서 가장 좋은 것이 곧 가장 중요한 것이 되어야 하지 않을까? 허구의 작품에도 현실과 같은 도덕성이 배어 있어야 하지 않을까? 다른 사람의 가장 깊숙한 내면에서 공감을 끌어내지 못한다면 예술의 목적은 무엇일까? 그리고 무언가를 "너무 형편없어 마음에 들 정도"라고 표현하는 건 단지 생각과 감정의 아름다운 부조화를 피하기 위한 수단이 아닐까?

스트레스성 질환을 야기하는 문제의 핵심은 "실제로는 중요하지도 않다고 여기는 걸 즐기는 데에서 오는 죄책감"이었다. 이를 해결하려면 냉소를 덜어내야 했고, 냉소를 덜어내는 한 가지 방법은 진정성을 더 적극적으로 표현하는 것이었다. 그러나 의도적으로 진정성 있어지려고 애쓰는 것은 명령에 따라 자발적이 되는 것과 같았다. 그건 정반대의 결과를 가져 올 것이었다. 모순을 타파하는 것이 목표라면, 낡은 진정성으로는 부족했다. 그래서 우리는 자꾸만 새로운 걸 만들고 또 만들어야 했다.

9장

평범해
보이는 것이
사랑받는다

"나는 세상의 왕이다!"

_제임스 카메론, 미국의 영화 감독

나는 지금 역사상 전례 없는 순간에 책을 쓰고 있다. 그러나 이 책을 언제 쓰든 마찬가지일 것이다. 내가 이 문장을 입력하고 있는 현재 전 세계가 팬데믹 국면에 처해 있지만, 나는 코로나19가 발발하지 않았더라도 현재를 역사적으로 '전례 없는' 순간이라고 생각할 것이다. 지금까지 지나간 모든 시기는 어쩌다 그 시기를 살게 된 사람들의 눈에 항상 전례 없는 시대였다. 중국 격언인 "당신이 흥미진진한 시대에 살기를(중국 전통 격언이라고 알려져 있으나 기원에 대해 의견이 분분하다. 여기서 흥미진진한 시대란 다사다난한 시대를 의미하므로 상대방이 평안한 삶을 살지 않도록 저주를 보내는 말이다. - 옮긴이)"이 그렇게 말하는 본인의 삶에 적용되지 않으리란 법은 절대 없다. '바로 지금'이 우리가 존재할 수 있는 유일한 순간인 만큼, 지금 우리가 살고 있는 이 시점에도 뭔가 흥미로운 현상이 벌어지고 있다. 오늘날 아직 인생 경험이 짧은 어린 청년들에게 대부분 미국 문제의 근본 원인이 무엇이냐고 묻는다면 그들은 "자본주의"라고 대답할 가능성이 크다.

도널드 트럼프부터 조 바이든 정권까지 근래 실시된 여론 조사를 보면 18~29세 연령층, 특히 민주당원일 경우 자본주의보다 사회주의를 더 긍정적으로 본다는 것을 지속적으로 알 수 있다(한때 유망한 후보였던 엘리자베스 워런Elizabeth Warren은 2020년 대선 캠페인에서 자신의 정체성을 사회주의자로 규정하기를 꺼린 탓에 인기가 떨어졌고, 온라인에서 그녀의 열성 지지자들의 목소리를 쑥 들어가게 했다).

자본주의는 미국인 일상의 곳곳에 연결되어 있으므로 빈부 격차, 노예 제도의 잔재, 주택난, 수요 독점, 우울증, 선택의 자유에서 오는 불안, 슈퍼히어로 영화 프랜차이즈 등 거의 모든 사회적 병폐의 원인으로 꼽힐 수 있다. 소위 말해 이 병폐는 은밀하게 어디에나 존재한다고 간주되었고, 바로 여기서 오늘날과 1990년대의 차이점이 드러난다. 90년대에 아직 인생 경험이 짧은 어린 청년들에게 대부분 미국 문제의 근본 원인이 무엇이냐 물었을 때 대답은 "자본주의"가 아니었을 것이다. 더 가능성 높은 대답은 "상업주의"였을 것이다.

이러한 변화는 다른 질문을 유도하게 한다. 이데올로기의 관점에서 두 세대가 품은 불만의 핵심적인 차이는 무엇일까?

표면적으로는 둘 다 냉소주의의 변종처럼 보인다. 그러나 정확히는 그렇지 않다. 상업주의에 대한 반감은 무의식적으로 낙관주의를 내포한다. 다시 말해 상업주의의 구성 요소인 상품들 자체에는 그것이 무엇이 됐든 나름의 가치가 있다는 (어쩌면 순진한) 전제를 기반으로 한다. 단지 사회적 병폐는 이 상품들이 대중에 제시되는 방식 때문에 발생한다는 것이다. 말하자면 예술은 본질적으로 좋은 것이지만, 예술 문외한의 취향까지 겨냥하려고 애쓰는 작품은 상업주의에 굴복했으므로 나쁘다는 결론이다. 예컨대 플란넬 셔츠를 입는 것은 쿨하지만, 쿨하게 보이고 싶어서 일부러 플란넬 셔츠를 입는 사람은 예외다. 크리스마스는 즐겁지만, 추수 감사절 2주 전부터 〈징글벨〉을 틀어 대는 쇼핑몰은 눈꼴사납다. 상업주의의 문제점은 속셈에 있고, 이는 상품을 내보이는 방식을 통해 인식할 수 있다. 바로 이 점에서 상업주의에 대한 반감은 자본주의에 대한 반감과 다르다. 자본주의는 그 자체가 문제이기 때문이다. 자본주의를 통해 생산된 모든 것은 자본주의의 존속을 돕는 도구다. 따라서 사람들이 가장 원하는 상품일수록 자본주의를 가장 효과적으로 지탱하는 기능을 한다는 점에서 눈엣가시가 된다. 자본주의가 유일하게 중시하는 목표는 그 자체의 영속이기 때문에, 자본주의의 본질적 장점 같은 개념은 불필요하다. 자본주의에 대한 반감은 의식적으로 비관주의를 띤다. 그것은 (특히 미국인이라면) 일상적 현실의 구조 자체가 해롭다는 전제에서 작동한다.

이 차이가 90년대를 살았던 사람과 90년대에 태어난 사람 간의 관념적 차이를 이해하기 위한 좋은 출발점이다. 90년대에도 확실히 자본주의에 반대할 수는 있었지만, 그 의견을 남들에게 설득력 있게 피력하기는 훨씬 어려웠다(특히 비자본주의 국가들이 모두 붕괴하거나 노선을 포기하고 있었기 때문이다). 반대로 요즘에도 여전히 상업주의에 반대하는 입장을 취할 수는 있지만, 그러다가는 거의 모든 혁신의 원천인 창작욕에 반할 수 있다("더 상업적"인 상품을 개발하려는 의지는 이제 타협이 아니라 기업의 당연한 목표다). 이런 경향은 반복되곤 한다. 1993년 상업주의에 반발하는 23세와 2023년 자본주의에 반발하는 23세는 감정적으로 서로 동일 선상에 있을지도 모른다. 그러나 그들이 어린 나이에 한때 채택한 세계관은 당시 한때를 지배한 사회 구조에 순응화되고, 해석은 그 근본적 충돌에 관여한 적 없는 후대의 몫이다. 모든 시대가 현재 시점에서는 전례 없이 특이한 시기로 느껴지듯, 어느 시점에서나 현재의 문화는 그 원인은 달라질지언정 늘 위기에 처해 있다고 간주된다. 그리고 90년대에는 상업주의가 그 위기의 원흉으로 꼽혔다면, 오늘날은 자본주의다. 철학적으로 두 개념은 유의미한 차이점이 있다. 그러나 두 입장 모두 공통된 하나의 적을 공유한다. 바로 대중적으로 크게 성공한 예술의 심리적 지배력이다.

표면상의 추세를 봤을 때, 주류에서 아주 인기 있는 예술은 무엇이든 가치를 깎아내리고 반문화에서 파생한 비주류 예술을 추켜세우려는 지성적 경향이 있다(흔히 비주류에서 미래에 새로운 표준이 될 아이디어가 탄생한다는 역설적인 전제에 기초한다. 그러나 미래가 되면 그 아이디어들은 더 이상 중요하게 여겨지지 않을 것이다). 이 방법론은 한 사회에서 수십 년 동안의 궤적을 살피기 위한 목적이라면 타당하다. 그러나 여전히 특정 시점을 놓고 보면 그 안에서 사회를 지배하는 힘은 주류 세력이다. 비주류에서 탄생한 모든 예술은 주류 예술계를 지배하는 모든 작품(또는 예술가)에 대한 반작용이다.

메가톤급 성공을 거두는 작품과 비주류에 머무는 작품의 차이는 얼마나 상업성을 '받아들일지'가 관건이라는 게 1980년대부터 중론이었다. 지금 와서 돌이켜 보면 특정 상품이나 작품이 성공하는 이유는 그것이 가처분 소득이 가장 풍족한 사람들의 세속적 욕구에 잘 맞췄기 때문이라는 당연한 시장 논리의 결과였다. 두 가설 모두 반론의 여지 없이 타당하다. 대중적 인기라는 것은 어차피 항상 누군가는 주류, 누군가는 비주류로 나뉘게 마련인 제로섬 게임이므로, 무언가가 엄청난 성공을 거둔 요인을 설명하는 것은 어떤 논리를 들더라도 별 도움이 되지 않는다. 그러나 한 가지 알 수 있는 것은 엄청난 성공이 의도적으로든 우연히든 그 작품의 '가치values'를 표현한다는 것이다. 이 가치는 대중문화가 원하는 것이자 반문화가 거부하고자 하는 것을 나타내는 지표가 된다.

* * *

〈Achy Breaky Heart〉라는 노래를 논하려면 그 곡의 어마어마했던 인기와 끔찍한 노래라는 압도적인 공감대 사이의 부조화를 눈여겨볼 수밖에 없다. 이 곡은 시도 때도 없이 흘러나와 사람들이 질려서 조롱과 반발을 일으킨 경우가 아니었다. 오히려 처음에 사람들은 〈Achy Breaky Heart〉를 듣자마자 비웃었다. 그러나 이 곡이 차트에 오르기 시작하자 어느새 노래에 맞춰 춤을 추며 즐기고 있었다. 1990년 돈 본 트레스Don Von Tress라는 내슈빌 출신 작곡가가 만든 이 노래는 원래 1991년 컨트리 그룹 마시 브라더스Marcy Brothers가 〈Don't Tell My Heart〉라는 제목으로 불렀다. 마시 브라더스의 버전은 코러스 부분이 달랐고, 가사 중 "achy"와 "breaky"를 좀 더 표준어에 가까운 "aching"과 "breaking"으로 각각 바꾸었다. 그들이 부른 버전은 실패했다. 그로부터 1년 후, 캘리포니아주에서 빌리 레이 사이러스Billy Ray Cyrus라는 무명 가수가 마시 브라더스의 버전과 거의 동일하게 편곡되었으면서 원곡의 일상어 가사를 살린 커버곡을 발표했다. 그 곡은 폭발적 성공을 거두었다.

〈Achy Breaky Heart〉는 컨트리 싱글로서는 거의 10년 만에 처음으로 판매량 100만 장을 돌파했다. 《빌보드》 컨트리 차트 1위는 물론 팝 차트에도 4위까지 오르며 〈Smells Like Teen Spirit〉을 능가하는 절정의 인기를 누렸다. 이 노래는 바의 댄스플로어에서 일렬로 줄지어 같은 스텝을 흉내 내는 라인 댄스를 재유행시켰다. 노래 자체는 히트할 만한 요소를 음악적으로 영악하게 짜깁기한 것에 불과했다. 멜로디도 가사도 단순 반복이었고, 모든 코드 진행과 벌스는 청자가 즉각 반응하고 귀에 착착 감기도록 하는 데 초점이 맞춰졌다. 사이러스는 흔히 원 히트 원더one-hit wonder (한 곡만 히트한 반짝 가수)로 취급되었으나 사실이 아닌 것으로 판명되었다(그 후로도 사이러스는 서른 곡 이상을 차트에 올려놓게 된다). 때로 〈Achy Breaky Heart〉가 참신한 곡이라는 평도 있으나, 사실 따지고 보면 뻔한 노래다(이 곡의 주선율과 작곡 기법은 당대에 유행한 대부분 주류 컨트리 음악의 전형을 고스란히 따랐다). 이 곡에서 유일하게 참신한 점이 있다면 그 엄청난 성공의 규모다. 그리고 사실 그 성공은 문화가 두 반대 방향으로 동시에 움직일 때 일어나는 현상의 예로 설명할 수 있다.

록은 여전히 대중문화의 중심에서 전성기를 누리고 있었지만, 이데올로기 측면에서는 그 지배적 위치로부터 스스로 멀어지고 있었다. 명성을 좇고 섹시한 이미지를 연출하는 발상이 언제부터인지 낯뜨겁게 보이기 시작했다. 그런지 뮤지션들은 기존 로커들의 치렁치렁한 긴 머리, 화려한 무대 연출, 특히 남성성 과시를 공공연히 경멸했다. 커트 코베인은 1991년 MTV 〈헤드뱅어스

볼Headbangers Ball)에 노란 드레스를 입고 출연했다. 밴드 머드허니는 "웃통 벗고 근육질을 자랑하며 남성성에 집착하는" 가수들을 조롱했다. 그러나 상남자 특성을 갈망하는 대중의 수요는 여전히 존재했고, 이러한 전형적인 로커 이미지를 갈수록 컨트리 아티스트들이 잠식하기 시작했다. 사이러스는 이러한 전이 과정을 상징하는 전형이었다. 그는 꽁지 머리에 민소매 셔츠를 즐겨 입고 공연했으며, 전통 컨트리를 따르기보다는 80년대 파워풀한 록의 영향을 받아 현대화된 컨트리를 추구했다. 그는 어느 정도 계산된 레드넥Redneck (햇볕에 그을린 농부의 목에서 유래한 말로, 남부 시골의 보수적, 저학력 백인 남자에 대한 멸칭이기도 하다. 음악에서는 남부 지역 특유의 정서가 담긴 컨트리나 서던록 계통 장르를 말한다. - 옮긴이) 이미지를 차용하고 등장했다. 그가 저작권료로 받은 160만 달러 수표를 지역 은행의 드라이브 스루 창구에서 현금으로 바꾸려 했다는 소문이 잘못 알려지기도 했다. 말투는 전형적인 시골 남부인이었다. 켄터키식 느린 화법은 컨트리 뮤지션다웠고, 창법도 컨트리 장르에 걸맞았다. 그러나 〈Achy Breaky Heart〉를 대중에게 선보인 방식은 보통 스스로 컨트리를 좋아하지 않는다고 생각하는 팬들에게도 먹혀들었다.

사이러스는 "그냥 누구나 몸을 흔들 수 있는 노래일 뿐이다"라고 말하곤 했다. 전통주의자들은 사이러스의 독특한 페르소나가 다소 튄다고 생각했다(92년 선배 컨트리 가수 웨일런 제닝스Waylon Jennings는 〈굿모닝 아메리카Good Morning America〉에 출연해 "사이러스의 신발이 너무 꽉 끼는 것 같다"라고 의미심장하게 말했다). 그러나 지형이 바뀌고 있었다. 평범한 소비자가 "새로운 컨트리"에서 좋아했던 점은 평범한 소비자가 "옛날 록"에서 좋아했던 점과 같았다. 음악 자체도 좋아야겠지만, 그보다 그 음악에 따라붙는 추억과 라이프스타일이 팬들에게는 더 큰 의미가 있었다. 사이러스의 음악은 당당히 옛 감성으로 회귀하는 쪽을 택했다. 커트 코베인은 에어로스미스와 레드 제플린 같은 그룹을 즐겨 들으며 성장했고, 그들과 같은 장르의 록 뮤지션이 되었으며, 자신의 노래 중 하나를 〈Aero Zeppelin〉이라고 제목 지었다. 그러나 90년대는 코베인 같은 사람이 여전히 에어로스미스와 레드 제플린을 좋아한다고 밝히면 자존심 상하는 세상이 되었다.* 그런데 사이러스는 이를 개의치 않았다. 그의 음악은 레드 제플린 스타일과는 전혀 달랐지만 레드 제플린과 같은 목표를 지향했다. 바로 보편성이다. 그들의 음악에는 어떤 의미나 상징도 전혀 부여되지 않았다. 이제 록 아티스트들 대신 컨트리 아티스트들이 그 몫을 떠안았다.

〈Achy Breaky Heart〉는 이 같은 크로스오버의 소소한 예였다. 지금부터 살펴볼 가스 브룩스^{Garth Brooks}는 스케일부터 달랐다.

* * *

가스 브룩스는 90년대에 단연 가장 왕성한 활동을 펼친 뮤지

---

* 1993년에 코베인은 "나는 에어로스미스와 레드 제플린의 음악을 들으며 자랐고 그들이 쓴 멜로디를 정말 좋아했지만, 오랜 세월이 지나서야 그들 음악 중 많은 부분이 성차별적이라는 것을 깨달았다. 그저 남근주의와 섹스를 노래하기 때문이다"라고 말했다.

선이었다. 그는 솔로 아티스트 역사상 가장 큰 성공을 거둔 인물이기에, 어느 시대에 활동했더라도 그 무렵의 10년간 가장 잘나갔을 것이다. 그는 90년대에 열두 장의 앨범을 발매했고, 그중 여덟 장이 1,000만 장 이상 팔렸다. 최악의 판매량을 기록한 앨범은 그의 두 번째 크리스마스 앨범이었으나 그래도 100만 장 이상 팔렸다. 이렇게 어마어마한 수치가 브룩스에게는 예사였다. 어떤 시대의 어떤 뮤지션도 그처럼 당당하게 판매량에 신경 쓰는 경우는 없었다. 브룩스는 돈에도 관심이 없진 않았지만 그보다 자신의 음악을 널리 대중화하는 데 더 관심 있었다. "월마트의 경영 방침"을 신조로 삼은 그는 90년대 후반 앨범 소매가를 인하하는 전략을 감행해, 발매 첫 주에 역시나 천문학적인 판매량을 기록했다. 브룩스는 항상 박리다매를 중시했다. 90년대 중반에 전 세계에서 220회의 콘서트를 열었을 땐 모든 티켓 가격을 20달러로 제한했다. 이로써 단기적으로는 분명 손해를 봤지만, 모든 공연에서 100% 매진을 보장할 수 있었다. 컨트리 음악은 전통적으로 국지적 인기를 누리는 게 통념이었지만, 브룩스에게는 적용되지 않았다. 그가 맨해튼 센트럴 파크에서 무료 공연을 열었을 때 98만 명이 모였다.* 90년대의 (장르를 불문하고) 다른 어떤 아티스트도 브룩스 한 사람의 상업적 영향력을 따라갈 수 없었다.

---

* 적어도 당시 브룩스 소속사의 홍보팀이 발표한 바에 따르면 그렇다. 실제로 98만 명의 팬이 물리적으로 센트럴 파크에 모이기는 힘들 것이다. 그러나 1981년 사이먼 앤 가펑클Simon & Garfunkel이 센트럴 파크에서 60만 명의 관객을 동원한 바 있고, 브룩스는 그보다 더 많은 관객을 동원한 것으로 보인다.

그러나 이렇게 대성공한 브룩스가 90년대를 상징하는 인물로 인정되는 일이 드물다는 점은 의아하다. 그는 1989년 봄에 첫 번째 앨범을 내놓았고, 2000년 가을에 (5년간 잠정적으로) 은퇴를 발표했다. 그의 전성기는 정확히 이 10년의 범위 안에 속한다. 이 기간 내내 그의 위치에 대해서는 이견이 없었다(간혹 브룩스의 노래는 모르는 사람이라도 그의 인기만큼은 잘 알았다). 또한 그는 컨트리 장르를 화려한 스타디움 공연으로 대변되는 록의 대체재로 진화시킨 일등 공신이었다. 현대화된 버전의 홍키-통크honky- tonk는 음악적으로 조지 스트레이트George Strait를 연상시켰지만, 그의 라이브 공연은 록 밴드 키스Kiss의 영향을 받아 쇼맨십이 있었으며, 작곡 방식은 빌리 조엘Billy Joel에 대한 존경심이 묻어났다(두 아티스트 모두 브룩스가 커버하고 자주 언급했다). 이런 그가 역사적으로는 저평가되는 게 이해 가지 않는다. 그렇지만 브룩스는 어쩌면 이 성공의 절정기에 이미 훗날의 인기 하락을 예감했을 수도 있으며, 그래서 일찍이 더 악착같이 앞만 보고 달렸는지도 모른다.

유명 연예인이 '평범해' 보이면 더 사랑받는 오랜 전통이 있다. 브룩스도 그 전통에 해당하며 아마 그중에서도 최상위 포식자일 것이다. 먼저 촌스러울 정도로 소박한 가스라는 그의 이름부터가 그렇다. 마치 어떤 소설에서 작가가 멋있지 않은 캐릭터에게 의도적으로 붙인 이름 같다.* 그는 운동선수 출신답게 주말에 가볍

---

* 브룩스의 본명은 아버지의 이름을 딴 '트로이얼Troyal'이고, '가스'는 그의 중간 이름이다. 이때는 〈웨인즈 월드Wayne's World〉에서 다나 카비가 맡은 가스라는 캐릭터의 인기와 더불어, 대중문화에서 '가스'라는 이름이 가장 활발히 오르내린 시기였다.

90년대

게 소프트볼을 즐길 만큼 열정적이고 활발했다(오클라호마주 시골의 고등학교 미식축구 팀에서 선발 쿼터백으로 활동한 브룩스는 무승 5패를 기록했지만, 여전히 오클라호마주 대표 투창 선수로도 활약할 만큼 활기가 넘쳤다). 또한 탈모에 시달렸기 때문에 항상 카우보이모자를 썼다. 그러나 브룩스가 대중의 공감을 살 수 있었던 가장 큰 특성은 일종의 자연스럽고 좋은 의미에서의 대중성이었다. 그의 대표곡인 1990년 싱글 〈Friends in Low Places〉는 전 여자친구와의 이별에 미련을 버리지 못한 어느 블루칼라 노동자가 그녀의 호화로운 결혼식에 나타나 술에 취해 슬픔의 건배를 올린다는 내용이다. 확실히 이 노래는 계급 차의 장벽을 담고 있다. 그러나 특이점은 부유층인 등장인물에게 가식적이거나 부도덕하다는 프레임을 씌우지도 않았고, 노래하는 화자를 동정적이거나 극사실적으로 그리지도 않았다는 점이다. 가사에 이런 의미들을 부여할 수도 있지만, 이는 진심으로 그 감정을 느낀 청자들의 몫일 뿐이다. '비천한 친구들'이라는 제목의 메시지는 문자 그대로 계급 차를 '수용'하는 것이다. 이는 "상아탑"에 사는 부유층의 삶이 술집을 드나드는 자신의 삶보다 반드시 더 낫지는 않다는 구절에서 뚜렷이 나타난다. 가사의 결정적 대목은 "난 괜찮아(I'll be okay)"라는 후렴구다. 브룩스의 음악은 통속적이긴 해도 빈곤층과 지배층의 대립 구도를 그리지는 않았다. 대신 계급 차는 중요하지 않으며 궁극적으로는 누구나 평범한 것을 원한다는 메시지를 암시했다. 그는 어떻게든 동시에 여러 페르소나를 표현할 수 있었다. 팬들 사이에서 브룩스는 비정치적인 인물이었다. 팬들이 그의 앨범

〈No Fences〉나 〈The Chase〉 등을 좋아한다고 해서 음악 외적인 어떤 의미가 있는 것은 아니었다. 브룩스가 당시 대부분 주요 컨트리 아티스트보다 더 공공연히 정치관을 표출했다거나 그의 견해가 보수주의 성향이 많을 듯한 컨트리 팬들의 성향을 대변하지 않았다 해도 문제 되지 않았다. 그는 가정 폭력과 동성애자의 권리를 다룬 가사를 쓰기도 했고, 1992년에는 로스앤젤레스 폭동에서 영감을 받은(그리고 공감을 표하는) 싱글 〈We Shall Be Free〉를 발표하기도 했다. 하지만 이런 메시지를 노래했다고 해서 욕을 먹지도 않았고 칭찬을 듣지도 않았다.

언론은 당연히 브룩스의 행보(그리고 그가 경험한 성공)를 어떻게 맥락화해야 할지 혼란스러워했다. 그는 《롤링 스톤》의 표지에 등장했지만 1993년 한 번뿐이었다. 브룩스는 90년대 컨트리와 70년대 록의 관계를 언급하던 중, 툭 내뱉듯 자신과 이글스를 비교하는 발언을 했다. 그가 말한 요지는 음악적 유사성을 가리켰지만, 언론은 결국 브룩스가 스스로 인식하는 야망에 더 초점을 맞췄다. 브룩스가 대학에서 광고학을 전공했다는 사실도 의심을 부채질했다.

음악 평론가 에릭 와이스바드Eric Weisbard는 《스핀》에 "수년 동안 팬들은 '도시 취향의' 친구들에게 브룩스의 음악이 얼마나 멋진지 설명하려고 노력했다"라고 썼다. 그러나 (대체로 긍정적인) 같은 앨범 리뷰의 뒤에 가서 그는 "브룩스의 성공이 완전히 거품인지 아닌지 확신할 수 없었다"라고 인정하고 브룩스의 앨범 커버의 기호학적 의미에 의문을 제기한다. 일각에서는 브룩스의 대성공을 일종의 대중문화계의 유니콘 기업처럼 분석하려 시도하며, 브룩스만의 혜안으로 반지성주의를 전략적으로 활용한 사례로 보기도 했다.

그러나 실제 이유를 설명하자면 별로 복잡하지 않았다.

요컨대 세 가지가 합쳐졌다. 첫 번째는 취향이었다. 대부분 창작자들과 달리 브룩스는 자신의 개인적 음악 취향이 자연스럽게 상업적 대성공으로 연결되었다. 덕분에 그는 히트곡을 만들려고 머릿속으로 '구상'할 필요가 없었다. 자기 귀에 듣기 좋은 대로 곡을 쓰면 그만이었다. 라디오 친화성을 아주 서슴없이 표방한 브룩스의 곡들은 그 자신의 행위 능력이 유기적으로 확장된 소산처럼 보였다. 이러한 자연스러움은 두 번째 요소인 그의 다작으로 증명되었다. 90년대 내내 브룩스가 앨범을 발표하지 않은 유일한 해는 1996년뿐이었다. 그는 다른 아티스트가 자신의 지배권을 넘볼 기미가 보이면 절대 기회를 허용하지 않은 일 중독자였다.[*] 그러나 가장 중요한 것은 세 번째, 그의 남다른 목표 의식이었다. 그는 가능한 한 언제나 최대한 많은 관객에게 최고의 즐거움을 선사하는 것이 유일한 목표였다. 그 시대의 지배적 가치관에 영향받지 않았고, 소비자의 입맛에 맞는 음악 만들기에 전념한다고 해서 예술적 신뢰성이 훼손된다고 보지 않았다. 브룩스는 다

---

[*] 이 기간 브룩스와 대적할 유일한 라이벌은 컨트리와 록을 본격적으로 결합한 캐나다 아티스트 샤니아 트웨인Shania Twain이었다. 그녀의 앨범 〈The Woman in Me〉와 〈Come On Over〉는 AC/DC, 데프 레퍼드Def Leppard 등 하드록 밴드의 프로듀서로 가장 잘 알려진 장르 변신의 귀재이자 완벽주의자 로버트 존 머트 랭Robert John "Mutt" Lange이 공동 작곡하고 제작했다. 트웨인의 이 앨범 두 장은 총 3,200만 장을 판매하게 된다. 트웨인과 랭은 1993년에 결혼했다가 나중에 이혼했다.

른 모든 개념적 추상화와 문화적 교차점과 거리를 둔 채 활동했다. 그는 신뢰성의 상징이 되는 것에 관심이 없어 보였고, 이를 이유로 그에게 타격을 줄 정도로 비판하기도 어려웠다. 그래서인지 브룩스는 현존하는 최고의 인기 아티스트로 우뚝 솟아 있었음에도, 언론에서는 그를 진지하게 받아들이기가 쉽지 않았다. 이 모순된 반응이 브룩스의 접근법을 입증했다. 그는 모두가 이미 알고 있는 상식을 증명해 줄 사람이 필요하지 않았다.

재즈 피아니스트 델로니어스 몽크Thelonious Monk는 "천재는 자기다움을 가장 충실히 표현하는 사람"이라고 말한 적이 있다. 그 정의에 따르면 브룩스는 그 시대의 전형적인 천재였다. 그토록 유명하면서 자기다움을 편안하게 받아들인 뮤지션은 브룩스밖에 없었다. 그가 추구하는 음악과 팬들이 기대하는 음악 사이에는 괴리가 없었다.

* * *

1980년대 말과 21세기 초 텔레비전 방송의 차이점은 화질이나 시청 방식, 광고 수익의 금전적 인센티브에 있지 않다. 이 모든 것도 분명 변화했지만 그 변화는 부차적, 점진적이었다. 고화질은 1998년에 미국에 도입되었지만, HDTV를 가진 가정은 별로 없었다(ESPN은 2003년에야 고화질로 경기를 중계하기 시작했다). 최초의 디지털 녹화 시스템인 티보TiVo는 1999년에야 상용화되었다. 90년대 사람들은 텔레비전에 방송되는 광고를 오롯이 지켜보며 방송을 기다렸고, 전통적인 텔레비전이 아닌 다른 장치에서 본 방송을 스트리밍하는 것은 상상할 수 없었다. 시청자가 몸소 경험하는 텔레비전 방송의 소비 방식은 거의 변함없이 유지되었다. 그러나 실질적으로 텔레비전 방송의 의미는 변화했다.

80년대에 가장 주목할 만한 TV 드라마는 〈댈러스Dallas〉였다.* 시대정신을 반영한 점도 부분적 이유이지만, 가장 큰 이유는 순전히 인기가 많아서였다. 미국 인구가 2억 2,600만 명에 불과했던 1980년 〈댈러스〉에서 주인공을 누가 쐈는지 밝혀지는 에피소드는 약 8,300만 명이 동시에 시청했다. 그리고는 1991년 5월에 마침내 종영되었다. 〈소프라노스The Sopranos〉는 1999년 1월 HBO에서 첫 전파를 탔으며, 〈댈러스〉가 인기 있던 시절에는 존재하지 않았던 "고품격 텔레비전 방송prestige television"의 모델이 되었다. 〈댈러스〉는 중요한 의미가 있는 드라마였지만 고품격의 무게감은 전혀 없었다.

CBS에서 금요일 밤 방영한 〈댈러스〉는 텍사스 석유 부호의 이야기를 다룬 연속극이었다. 재미있고 흥미진진한 오락용 드라마로 평가받았으며, ABC에서 수요일에 방영하고 덴버의 석유 재벌을 다룬 라이벌 드라마 〈다이너스티Dynasty〉와 크게 다르지 않았다.

---

* 1980년대에 평론가들이 가장 극찬한 텔레비전 쇼는 사실주의 측면에서 비약적 도약으로 평가받은 경찰 드라마 〈힐 스트리트 블루스Hill Street Blues〉일 것이다. 그러나 〈힐 스트리트 블루스〉에 가장 긍정적인 리뷰조차도 이 드라마가 기존 드라마와 다르게 수준 높다는 점을 당혹스럽게 여겼다. 1985년 (다름 아닌!) 《TV 가이드》의 커버스토리에서 (다름 아닌!!) 프린스턴 대학교 교수 겸 소설가 조이스 캐럴 오츠Joyce Carol Oates는 〈힐 스트리트 블루스〉가 (다름 아닌!!!) 프린스턴 대학교의 동료 교수들이 시청한 유일한 프로그램이었다며, "텔레비전 방송은 재미있고 기분 전환이 되지만 이성과 감정을 자극하지는 않는다"라는 기본 법칙을 깼다고 언급했다.

〈댈러스〉의 마지막 회는 시청률이 소폭 증가했으나 대체로 큰 관심을 받지는 못했다(1980년에 〈댈러스〉를 시청했던 8,300만 명 중 다수는 이 드라마가 1991년까지도 제작되고 있다는 사실조차 몰랐다). 또한 〈소프라노스〉는 그렇게 표현되지는 않았을지언정 재미있는 오락물이었다. 가족 관계의 역학과 심리 치료에 관한 마피아 드라마 〈소프라노스〉는 전에는 극장용 영화에서만 볼 수 있었던 작품성을 인정받았으며, 이제 텔레비전 매체가 영화 매체보다 뛰어날 수도 있다는 (이전 같았으면 상상할 수 없을) 새로운 가능성을 제시했다. 2007년 〈소프라노스〉 마지막 회의 마지막 10초에 대한 시청자와 평론가들의 분석은 10년 동안 이어졌다.

그렇다면 1991년부터 1999년까지 무엇이 달라졌을까?

길게 대답하자면 복잡하다. 그러나 짧게 대답하자면 한층 더 난해해진다. 바로 허구에 감정을 소모하는 행위의 타당성이다.

90년대 초에 텔레비전이 어떻게 인식되었는지는 〈사인필드〉의 네 번째 시즌 중 3초짜리 한 장면에 거의 다 요약되었다 해도 과언이 아니다. "The Pitch"라는 제목의 2부작 에피소드는 두 주인공인 제리와 조지가 자신들의 지루한 일상을 바탕으로 시트콤을 제작해 NBC에 출품하려는 내용을 다루고 있다. 여기서 탁월한 발상은 심오한 메타 코멘터리meta-commentary에 있었다. 〈사인필드〉는 제리 사인필드Jerry Seinfeld와 래리 데이비드Larry David의 따분한 일상을 중심으로 전개되는 NBC 시트콤으로, 두 사람은 이미 허구인 극 중에서 자신들의 이야기를 소재로 허구적 작품을 만들어 낸다. 이러한 고차원적 자기 인식은 당시 텔레비전 방송계에서 사실상 찾아볼 수 없던 것이었다. 그야말로 혁신이었다. 그러나 이 에피소드의 결정적 순간은 조지(래리 데이비드를 모델로 한 캐릭터다)와 드라마 속 가상의 NBC 사장인 러셀 달림플(실제 NBC 중역 워런 리틀필드Warren Littlefield를 모델로 했다) 간의 대화에서 비롯된다. 조지는 NBC 측에 자신의 프로그램을 설명하며, 이야기나 갈등도 없이 "아무 내용도 없을 것"이라고 당당히 주장한다. 어느 시점에서 그는 등장인물이 조용히 독서하는 장면도 있으면 좋겠다고 제안한다. 조지에 따르면 이 프로그램의 핵심은 아무 일도 일어나지 않는다는 것이었다.

달림플이 묻는다. "음, 내가 이걸 왜 보고 있죠?"

조지가 대답한다. "TV에 나오니까요."

조지는 눈치 없게 대답하는 듯하지만, 그는 90년대 내내 텔레비전이 어떤 식으로 취급되었는지를 제대로 짚은 셈이었다. 방송 소재는 무엇이든 될 수 있었고, 이전에 있었던 창작의 제약은 상당히 사라지고 있었다. 그러나 그 자유가 어떻게 활용되는지는 별로 중요하지 않았다. 다시 말해 콘텐츠의 질은 상관없었다.

나중에 자신의 팟캐스트를 개설하기도 한 코미디언 마크 마론Marc Maron은 1993년 케이블 방송의 확장에 대한 논설에서 "잊지 말라, TV는 그저 TV일 뿐이다. 물건을 팔고 오락을 제공하는 게 목적이다"라고 썼다. 전 연방통신위원회 FCC 위원장 마크 파울러Mark Fowler는 거실의 텔레비전이 "또 다른 가전제품일 뿐이다. 화면이 딸린 토스터다"라고 말했다. 시청자는 전원을 켜고 그저 나오는 대로 화면을 바라보았다. 텔레비전 앞에서 보내는 시간은 많았으나 기대치는 매우 낮았다. 사람들은 더 재미있는 오락거리가 마땅히 없을 때(결국 바꿔 말하면 남는 시간의 대부분) 텔레비전 앞에 앉았다.

* * *

과거는 아무도 기억하지 못하는 기억으로 가득 찬 마음의 폐품 처리장이다. 90년대의 《빌보드》 싱글 차트를 아무 날짜나 골라 쭉 훑어보면 엄청난 인기를 누렸다가 역사적 기록에서 완전히 지워진 노래가 항상 있었다는 걸 알 수 있다. 이런 과정은 그럴 만한 이유가 있다. 《빌보드》 싱글 차트는 '핫 100' 노래가 매주 바뀌므로 톱 40 라디오를 즐겨 듣지 않는 음악 팬은 유명한 싱글을 한 번도 못 들어본 채 지나칠 수도 있다. 영화관은 주말마다 상영작이 물갈이된다. 주목받은 소설도 판매량이 1만 부에서 정체되다가 5년 지나면 절판된다. 가장 인기 있는 오락물들은 적재적소에 제공되었다가 일회용처럼 사라진다. 90년대 텔레비전 방송이 이 폐품 처리장에서 구별되는 점은 규모였다. 즉, 시답잖은 프로그램을 꼬박꼬박 시청한 후 자기도 모르게 기억에서 지워버리는 엄청난 수의 시청자가 있었다.

〈사인필드〉가 "The Pitch" 에피소드를 방영하기 직전인 1991~92년 동안, 시트콤 〈두 모녀의 방Room for Two〉은 텔레비전 방송 중 10번째로 높은 시청률을 자랑하고 있었다. 〈두 모녀의 방〉은 패트리샤 히튼Patricia Heaton(나중에 〈내 사랑 레이몬드Everybody Loves Raymond〉

에 출연한다)과 린다 라빈Linda Lavin(과거 장수 시트콤 〈앨리스Alice〉에 출연한 바 있다)이 출연했다. ABC에서 두 시즌 동안 방영되었으며, 첫 번째 시즌은 일곱 편의 에피소드로 구성되었다. 그해 닐슨 시청률은 16.7%를 기록했는데, 시청률 1%는 텔레비전을 보유한 미국 가구 수의 1%를 가리킨다. 1992년에 미국 가구 수는 9,500만 가구가 조금 넘었고, 그중 약 98%가 적어도 한 대의 텔레비전을 가지고 있었다. 그렇다면 〈두 모녀의 방〉의 모든 에피소드당 평균 시청자 수는 최소 1,550만 명이라는 계산이 나온다. 이는 24주의 전체 방영 기간에 걸쳐 훨씬 더 많은 시청자를 끌어들인 CBS 시트콤 〈우리 아빠는 해병대 소령Major Dad〉 바로 다음 순위에 해당했다. 그러나 오늘날 텔레비전의 역사에 관한 백과사전을 쓴다면, 500페이지 분량을 쓰더라도 이 프로그램 중 하나도 언급되지 않을 것이다. 그들의 역사적 중요도는 0만도 못하다. 그렇다면 이러한 변변찮은 프로그램을 전술한 〈소프라노스〉의 마지막 회보다 더 많은 사람들이, 그것도 매주 시청했다는 것은 무슨 의미일까?

이는 〈사인필드〉에서 조지가 한 말이 옳았다는 뜻이다.

이때만 해도 텔레비전은 시청 가능한 시간대와 공간의 제약을 받았다. 텔레비전은 그저 가까이에 있을 뿐이었다. 시청자는 당연한 듯 수동적으로 방송을 소비했다. 방송사에서 어떤 프로그램을 런칭할 때 가장 중요하게 고려하는 요소는 바로 앞에 어떤 프로그램이 편성되느냐였다. 시청자들은 채널 돌리기를 무엇보다 귀찮아했기 때문이다. 〈프렌즈〉도 만만찮게 인기 있었지만, 특히 같은 요일 밤에 방영된 〈사인필드〉처럼 굉장한 인기를 누린 프로그램은 이 원칙의 단골 기준으로 사용되었다. 커스티 앨리 Kirstie Alley 주연의 〈베로니카의 벽장Veronica's Closet〉은 NBC의 목요일 밤 편성되었을 때 매주 2,400만 명의 시청자 수를 유지했다. 그러나 시간대를 월요일로 옮기자 시청자 수는 800만 명으로 떨어졌다. 테아 레오니Téa Leoni가 주연한 타블로이드 신문 관련 코미디 〈적나라한 진실The Naked Truth〉은 ABC에서 그럭저럭 성공을 거두다가 1997년 NBC로 옮겨 〈사인필드〉 직후 시간대에 편성되었다. 그랬더니 순식간에 시청률 4위에 올랐으나 이듬해 종영되었다. 종영 이유는 중요하지 않았다. 그 시간대라면 어떤 프로그램을 갖다 놔도 비슷하게 성공할 것이었기 때문이다. NBC가 실제로 사람들이 조용히 잡지를 읽는 프로그램을 제작해도 〈사인필드〉 직후에만 방송한다면 (적어도 한 에피소드나마) 분명 2,000만 명의 시청자 수는 확보했을 것이다.

〈소프라노스〉 이후 텔레비전 방송계는 개성껏 창작력을 발휘할 공간이 되었다. 제작자들은 이전에 시청자들이 TV에서 본 적 없는 작품을 만들겠다는 목표를 세웠다. 70년대와 80년대에 텔레비전 방송은 프로그램의 '유형type'을 중심으로 구성되었다("한 시간 후 서부극, 병원 드라마, 가족 시트콤, 성인 시트콤 등이 방송될 예정입니다"). 90년대 초반은 80년대의 진화된 연장선이었다. 프로그램의 유형만 중요한 게 아니라, '분위기feel'도 중요했다. 말하자면 70년대 후반, 표면상으로는 독특한 듯하지만 기성곡들과 다를 바 없는 취향과 작곡으로 만들어졌으며 (청취자가 채널을 절대 돌리지 않기를 바라는 마음에) 러닝타임이 아주 긴 노래를 틀어주는 것이

350

목표였던 FM 라디오 방송과 약간 비슷했다. 광고주들은 이러한 추세를 주도하는 힘을 새롭게 발견했다. 즉, 모든 텔레비전 시청자가 같지 않다는 것이었다. 시청자의 규모도 중요했지만, 그 시청자가 누구였는지는 더 중요했다. 도시에 사는 스물다섯 살 시청자 한 명이 시골에 사는 예순다섯 살 시청자 두 명만큼의 가치가 있었다. 1995년 안젤라 랜즈베리Angela Lansbury 주연의 미스터리 드라마 〈제시카의 추리극장Murder, She Wrote〉의 30초 광고비는 11만 5,000달러였다. 〈제시카의 추리극장〉은 11번째 시즌이 방송 중이었고, 여전히 미국에서 가장 인기 있는 프로그램 10위 안에 들었다. 그러나 〈사인필드〉의 친근한 아류작이자 단 두 시즌만 방영된 〈싱글 가이The Single Guy〉에 삽입된 광고비는 같은 30초짜리라도 31만 달러였다. 〈싱글 가이〉는 〈사인필드〉 직후에 방영되었다는 이유로 더 단가가 높았고, NBC는 이 방송이 목요일 밤에 어울린다고 판단해서 그 시간에 배치했다. 〈싱글 가이〉가 〈사인필드〉와 비슷한 분위기는 전혀 아니었다. 그보다 〈프렌즈〉와 비슷한 분위기였다.

〈사인필드〉의 '분위기'를 복제하려는 시도는 그간 여러 번 있었지만 항상 효과가 없는 것으로 판명되었다. 〈사인필드〉의 코미디 관점은 다른 프로에서 의도적으로 재현하기에는 특유의 개성이 너무 강했다. 마치 맞지 않는 바늘에 용케 실을 꿰어 낸 것처럼, 등장인물들은 염세적이지만 시청자에게 비호감을 유발하지 않았다. 비슷한 분위기를 연출하려 했던 프로그램은 어느 방향으로든 점점 지나치게 왜곡되었다. 〈사인필드〉는 회를 거듭할수록

극 중의 캐릭터가 실제 인물이라는 것을 받아들인 시청자들만 재미를 느낄 수 있는 부조리극 성향이 강해졌다. 그 영역 밖에 있는 사람에게는 그 유머가 이해가 안 갈 것이다. 90년대 중반 영국 코미디 쇼인 〈매시 앤 피스Mash and Peas〉는 〈사인필드〉를 패러디한 적이 있다. 이 촌극은 '제리'가 열쇠를 잃어버렸다고 지루할 정도로 반복해서 설명하지만 나머지 출연진은 듣지도 않고 잔소리하고 신경질을 내며 비이성적으로 행동하는 에피소드를 패러디했다. 이 패러디는 〈사인필드〉의 실제 에피소드와는 전혀 닮지 않았지만, 배경지식이 없는 사람에게 〈사인필드〉의 고차원적 개그가 얼마나 재미없고 황당하게 느껴질지는 완벽하게 보여줬다. 〈사인필드〉의 분위기는 〈사인필드〉에서만 통했다. 복제본이 원본을 닮을 수 없었다.

그러나 〈프렌즈〉의 분위기를 복제하는 아이디어라면 통할 법했다.

〈사인필드〉와 〈프렌즈〉는 같은 날 밤에 같은 방송사에서 방영된 엄청난 인기 시리즈였기 때문에 사람들 마음속에 언제나 붙어다닐 것이다. 피상적으로 본다면 공통점이 차이점보다 더 커 보인다. 둘 다 연애에 관심 많은 백인들의 이야기였고, 뉴욕을 배경으로 하되 로스앤젤레스에서 촬영되었다. 〈사인필드〉가 먼저 방영되지 않았다면 〈프렌즈〉도 제작되지 못했을 것이다. 하지만 두 작품의 '분위기'는 서로 달랐다. 〈프렌즈〉의 분위기는 광고주가 좋아하는 전형이었다. 광고주가 원하는 모든 필요조건을 충족했고, 그 조건 중 일부는 매우 구체적이었다.

352

10년 동안 방영된 〈프렌즈〉는 웨스트빌리지에 사는 남자 셋, 여자 셋의 여섯 친구가 등장한다. 1994년 첫 방송 당시 등장인물들은 모두 24~27세로 설정되었지만, 겉모습은 그보다 좀 더 나이 들어 보였다. 반면에 종영될 무렵에는 모두 34~37세쯤 되었겠지만 그보다 좀 더 어린 듯 행동했다. 그들의 정신 연령은 모두 영원히 29세에 머무른 듯했다. 이 시리즈는 가족보다 우정을 더 중요시하고 아직 자신의 가정을 꾸리지 않은 '어중간한' 성인기의 고민을 다루었다. 이는 미국인들이 결혼을 미루고 성인으로서의 전통적인 책임감을 떠맡기를 거부하기 시작하던 몇몇 사회적 추세를 뚜렷이 반영하고 있었다. 하지만 〈프렌즈〉는 단순히 20대 시청자를 끌어들이겠다는 의도로 만든 20대에 관한 프로그램이 아니었다. 〈프렌즈〉는 특정 세대의 존재를 직접적으로 드러내지 않고 그 세대의 관심사를 정확히 짚어 낸 본보기였다. 〈프렌즈〉의 분위기가 갖는 특징은 시대를 초월한 보편적 프리즘을 통해 현재를 묘사했다는 점이었다.

〈프렌즈〉가 방영되기 1년 전, 폭스에서 〈리빙 싱글Living Single〉이라는 시트콤을 처음 방송했다. 브루클린에 사는 두 남성과 네 여성 등 젊은이 여섯 명(모두 흑인)이 등장한다. 이후 등장한 〈프렌즈〉는 몇 년 동안 더 탐나는 광고 타깃을 겨냥한, 〈리빙 싱글〉의 다듬어진 백인 버전 아류작일 뿐이라는 평을 흔히 듣곤 했다 (1996년 〈프렌즈〉가 전국 시청률 3위를 기록했을 때, 흑인 가구 안에서는 겨우 99위를 차지했다). 일부 유사점은 부인하기 어렵다. 다만 애매한 한 가지는 두 프로그램 다 현대성을 적극적으로 수용했지만 이를 추상적으로만 사용했다는 점이었다. 〈리빙 싱글〉 오프닝 주제가의 핵심 가사는 "90년대 같은 세상에서 친구들이 있어서 다행이야"였다. "90년대 같은 세상"이 어떤 세상을 의미하는지는 노래나 극 중에서 설명되지 않는다. 그 함축적 의미는 비록 등장인물들이 드라마 밖 현실 세계에서 일어나고 있는 어떤 현상과 반드시 연결되지는 않더라도, '바로 현재'에만 일어날 수 있는 일을 경험하고 있다는 것이었다.

〈프렌즈〉의 작동 방식도 같았다. 드라마 〈베이워치Baywatch〉에 대한 쓸데없이 반복되는 농담, 1995년 록 밴드 후티 앤 더 블로피시Hootie & the Blowfish 콘서트에 관한 인상적인 에피소드, 1998년 안젤라 바셋Angela Bassett 주연의 영화 〈레게 파티How Stella Got Her Groove Back〉를 언급하는 이례적인 에피소드 등이 간간이 있었지만, 전반적으로 〈프렌즈〉는 90년대 문화에 국한된 시대성이 느껴지지 않을 만큼 보편적인 주제를 다루는 편이었다. 가령 극 중에서 배우로 등장하는 조이의 우상은 드라마 〈올 마이 칠드런All My Children〉의 주연이자 당시 이미 활동 경력이 20년도 넘은 수잔 루시Susan Lucci였다. 등장인물들은 어쩌다 그 시대에 유행한 옷을 입기도 했지만(그때는 헐렁한 셔츠가 표준이었다), 굳이 유행을 따르는 패션을 추구하지는 않았다. 오히려 그들이 당시 문화를 받아들였다기보다 그들이 문화에 영향을 미쳤다고 보는 게 옳다(제니퍼 애니스톤Jennifer Aniston이 레이어드 보브컷을 선보인 후, 이는 그녀의 캐릭터 이름을 따서 "레이첼 머리"로 불렸고 미국에서 가장 인기 있는 헤어스타일이 되었다). 〈프렌즈〉의 대부분 에피소드에서는 사건이 예고 없이 전개된다. 그러나 지금 와서 시리즈의 전반적인 궤적을 보면 전형적인 X세대에서 벗어난 외모와 말투의 캐릭터를 통해, 전형적인 X세대의 관심사들이 표출되고 있음을 알 수 있다. 거의 모든 에피소드마다 여섯 친구들은 한낮에 커피숍에서 시간을 보낸다.* 등장인물 중 단한 명만(매튜 페리Matthew Perry가 연기한 챈들러) 전통적인 사무직에 종사하고 있으며, 그것도 감옥에 갇힌 로봇 같은 생활로 묘사된다. 그들이 표현하는 걱정거리는 자신들의 생활 환경과 일치하지 않는다. 그들은 모두 먹고살기 급급한 사람이라면 감당하지 못할 맨해튼의 고급 아파트에 거주할 재력과 매력적 외모를 갖췄음에도 항상 어떤 고민과 씨름하고 있다. 가장 결정적으로, 〈프렌즈〉는 끊임없이 '갈망'을 이야기한다. 사랑에 대한 갈망, 성공에 대한 갈망, 기존에 정의된 의미에 기반하지 않은 유의미한 관계에 대한 갈망 등이 나온다. 〈프렌즈〉는 사랑과 우정의 유일한 차이는 육체적 장벽이며, 함께 잠자기에 가장 좋은 상대는 아마도 가장 좋은 친구일 것이라는 90년대식 사고를 활용했다(그리고 시리즈가 종영될 때까지, 두 쌍이 커플로 발전했다).

〈프렌즈〉는 당시 부상하던 X세대의 전형처럼 보이지 않는 캐

---

* 드라마 속 센트럴 퍼크Central Perk라는 이름으로 설정된 가상의 커피숍은 미래에 복원될 경우 예상되는 모습이 그 당시의 기호학적 의미와 상당히 어긋날 가능성이 높다. 가령 오늘날 어떤 텔레비전 프로그램이 "1990년대 중반 커피숍"을 재현하려 했다면 〈프렌즈〉의 센트럴 퍼크보다 훨씬 쿨하든지 아니면 기업 프랜차이즈 같은 공간으로 구현했을 것이다. 그 커피숍의 분위기는 당시 단골 고객들의 특성을 짐작할 수 있게 그려질 것이기 때문이다. 그러나 〈프렌즈〉 속 커피숍은 정확히 중도의 위치에 있다. 밋밋하고 대낮에 편안하게 머핀을 먹을 수 있는 장소이지만 스타벅스 같은 체인이나 부, 계급, 몰인정을 풍자하는 기표는 아니다. 센트럴 퍼크는 가능한 한 가장 중립적인 공간으로 설정되었고, 아무것도 상징하지 않았다. 거의 어느 시대의 어느 도시에나 존재할 법한 곳이었다.

릭터들이 그 세대가 직면한 딜레마에 빠져 있는 모습을 그렸다. 이러한 부조화가 〈프렌즈〉 특유의 '분위기'이자, 다른 프로그램이 필사적으로 따라 하고 싶어 한 것이었다. 물론 〈프렌즈〉의 대단한 인기는 배우들 사이의 찰떡 호흡과 그 캐릭터들이 자아내는 공감의 깊이가 원동력이었다(2002년에 여섯 명의 주연 배우들은 한 명이라도 빠지면 프로그램이 제대로 작동하지 못한다고 판단한 NBC 측의 양보로 각 에피소드당 100만 달러를 지급받는 계약을 성사할 수 있었다). 그러나 가장 중요한 건 문화적 시의성으로부터의 분리였다. 어떤 캐릭터도 쿨하게 설정되지 않았기 때문에 쿨하지 않은 시청자라도 그들에게 끌릴 수 있었다. 〈프렌즈〉는 그 시대의 산물이 아니라, 그 시대 속의 작품이었다. 그리고 90년대에 어떤 의미를 부여하거나 나아가 극의 배경이 '90년대'라는 티를 내지 않고도 90년대의 불안한 시대정신을 직접적으로 다뤘다. 이것이 〈프렌즈〉가 무심한 듯 자연스럽게 당시의 현대성을 표현하는 방식이었다.

* * *

〈프렌즈〉, 〈사인필드〉, 그 외 계속해서 이들과 비슷한 질감으로 제작된 NBC 시트콤은 모두 "필수 시청 프로그램"으로 분류되면서 목요일 밤 안방을 점령했다. 활동적인 젊은 층이 목요일에는 집에 머물고 주말에는 놀러 나갈 것이라는 가정하에 목요일 저녁은 광고주에게 특히 매력적인 시간대로 간주되었다. 따라서 NBC의 목요일 밤 시트콤들은 가장 돈 되는 시간대를 차지한 가장 돈 되는 프로그램이었다. 한창때에는 이들 프로그램 중 일부라도 시청하는 사람이 매주 약 7,500만 명에 달했다.

"필수 시청" 라인업의 중심 타자는 스티븐 스필버그가 추천하고 마이클 크라이튼이 20세 때 쓴 각본을 바탕으로 만든 강렬한 의학 드라마 〈ER〉이었다. 인기도 좋았고, 구성도 파격적이어서 한 에피소드는 생중계되는가 하면 또 어떤 에피소드는 역순으로 방송되었으며 첫 시즌의 2화는 쿠엔틴 타란티노가 연출하기도 했다. 또한 〈치어스〉의 스핀오프인 〈프레이저Frasier〉도 목요일 밤에 방송되었다. 켈시 그래머Kelsey Grammer 주연으로 시애틀에서 라디오 쇼를 진행하는 정신과 의사의 삶을 바탕으로 한 〈프레이저〉는 20세기 후반에 비평가들에게서 가장 극찬을 받았으며 5년 연속 에미상 최우수 코미디 시리즈를 수상했다. 21세기에 〈ER〉이나 〈프레이저〉만큼의 시청률과 찬사를 받는 시리즈가 나온다면 자동으로 '고품격' 텔레비전 방송 범주에 들어갈 것이다. 그러나 이 두 프로그램에 대해 남아 있는 주된 기억은 90년대에 아무리 텔레비전을 많이 본 시청자들조차도 얼마나 무심하게 시청했는지를 방증한다.

전체적으로 〈ER〉의 출연진은 놀라운 배우들의 집합체였다. 그러나 대부분 면면을 보면 〈ER〉을 발판 삼아 영화로 진출한 배우들(가장 명백한 예가 조지 클루니George Clooney), 텔레비전 드라마에서만 주연이 될 수 있는 중견급 배우(특히 안소니 에드워즈Anthony Edwards), 그리고 언젠가 중간급 영화에서나마 배역을 꿰차기를 바라며 경력을 갈고닦으려는 배우들로 나뉜다. 그 인기와 호평에도

〈ER〉은 배우들이 떠나기 위한 출발점이거나 결국 돌아오는 귀착점이었다. 쿠엔틴 타란티노가 자신이 쓴 에피소드를 연출하기로 동의했을 때, 그가 왜 이류 매체에서 작업하려는지 어리둥절하다는 반응이 있었다(그는 불과 두 달 전에 〈펄프 픽션〉으로 오스카상을 수상한 터였다). 〈프레이저〉가 남긴 것은 훨씬 더 당혹스러웠다. 극도로 대중적인 매체에서 나오는 방송치고 뻔뻔하리만치 고상했다. 〈프레이저〉는 은근히 수준 높은 코미디를 추구하던 블루칼라 프로그램 〈치어스〉와는 완전히 달랐다. 그보다 격조 높은 지성적 코미디를 대놓고 표방한 화이트칼라 프로그램이었다. 등장인물들은 융 심리학, 피아니스트 세르게이 라흐마니노프 Sergei Rachmaninoff, 시인 알프레드 테니슨 Alfred, Lord Tennyson 등에 대한 농담을 무심하게 툭툭 던졌다. 그 주된 기능은 중산층의 속물근성과 오만한 자의식의 충돌을 풍자하는 것이었다. 영리한 대본에 절묘한 캐스팅이 조화를 이루었다. 그러나 에미상을 수상하고 평단의 찬사를 받는 등 최고의 위치에 오르자 〈프레이저〉의 역설이 더욱 두드러졌다. 바로 텔레비전을 절대 보지 않을 법한 캐릭터들이 중심을 이룬다는 점이다. 자기 혐오적인 엘리트주의는 이 드라마의 영리함을 보여주는 징표였다.

1997년 얼터너티브 록 밴드 하비 데인저 Harvey Danger가 〈Flagpole Sitta〉라는 노래로 소소한 히트를 기록한 바 있다. 그 노래의 가사 중 "난 텔레비전도 없어(And I don't even own a TV)"라는 구절이 나오는데, 이 시대에 특정 부류의 사람들이 이런 말을 자주 하곤 했다. 일종의 허세이기도 했지만, 또한 자신이 지적이고 성숙한 사람이라는 의미이기도 했다. 텔레비전이 없다는 건 바꿔 말해 수동적인 노예가 아니란 뜻이었다. 수동성은 시간 때우기가 목적인 매체와 상호 작용해야만 얻는 결과이기 때문이다. 당시 거의 모든 지성인은 텔레비전이 영화는 물론 당시 대부분 다른 오락물보다 열등하다는 생각을 반사적으로 사실로 받아들였지만, 그렇게 봐야 할 근거가 점점 더 희박해지고 있었다. 텔레비전 방송을 낮잡아 보는 풍조와 텔레비전 방송의 인기는 별개였다. 통계를 보면 텔레비전은 다른 어떤 매체보다 대중에게 인기 있었다. 그러나 여기서 거듭 말하지만, 90년대에는 그 자체가 문제점이었다. 다시 말해, 누구나 좋아하는 작품이 과연 훌륭할 리가 있겠는가?

* * *

영화 〈타이타닉Titanic〉의 성공 신화는 영화의 모체가 된 역사 속 실화만큼이나 거의 모두가 안다. 〈타이타닉〉이라는 영화가 있다는 것만 알면서 이 영화가 금세 인기를 얻고 극장가를 휩쓸었다는 사실을 모를 리는 없을 것이다. 만일 모른다면 이는 마치 타이타닉호가 영국의 호화 여객선이었다는 사실만 알고 빙산에 부딪혔다는 사실은 모르는 것과 다를 바 없다. 〈타이타닉〉은 박스 오피스에서 18억 달러를 벌어들여 역대 최고 수익을 올렸다. 나아가 재개봉 덕분에 누적 수익은 총 22억 달러까지 늘어났다. 재개봉 효과를 차치하더라도 비현실적인 수치 같다. 더 놀라운 것은 이러한 재정적 성과도 이 영화가 사회에 끼친 영향과 비교하면 사소해 보인다는 것이다. 영화계 문화는 〈타이타닉〉의 이전과 이후로 나뉘었다. 그전까지 한 방향으로 움직이는 것 같던 영화계는 〈타이타닉〉 이후 다시 방향을 틀었다.

〈타이타닉〉은 〈스타워즈〉 이후 20년이 지난 1997년 개봉했다. 두 영화는 흥행 실적 외에도 창의성 면에서 공통점이 있다. 두 영화를 대본만 놓고 판단한다면 분명 끔찍한 영화라는 결론이 나올 수밖에 없다. 그러나 이러한 결론에는 중요한 점이 빠져 있다. 이렇게 대규모로 흥행한 블록버스터는 3단계 과정을 통해 탄생하나, 이 단계 중 대본은 중요하지 않다. 1단계는 관객이 영화관으로 향할 때 품는 기대감(즉, 영화를 통해 일상 탈출을 간접 경험하고 격한 감동을 맛보고 싶은 마음)이다. 2단계는 순전히 경험적인, 관객이 영화 자체를 즐기는 단계다(즉, 시각적 몰입과 명확한 교훈). 3단계는 1단계의 기대감에 부합할 만큼 2단계를 만족스럽게 경험한 후 광적으로 푹 빠지는 단계다. 한마디로 본말전도의 상황이다. 영화가 상영되기 전과 후에는 무의식적으로 많은 감정의 소용돌이가 수반되는 한편, 영화가 상영되는 동안에는 비판적 사고를 물리치려고 의식적으로 노력한다.

이 과정이 효과를 발휘하면, 관객들은 넋을 잃는다. 그 결과 일부 소비자들은 같은 영화를 돈 주고 연거푸 보러 가기도 한다. 그 사례인 〈스타워즈〉는 전체 엔터테인먼트 산업의 공식을 변화시켰고, 80년대에는 〈스타워즈〉 모델을 약간 변형한 여러 (영화를 포함해 모든) 대중문화가 탄생했다. 그러나 90년대에는 이 철학이 영화계에 부정적 영향을 미쳤을 뿐 아니라 필요 이상으로 제작비에 무리

360

수를 두는 관행으로 이어지기 시작했다. 독립형 블록버스터의 제작비 증가세가 전반적인 박스 오피스 수익의 증가세보다 가팔랐다. 한 영화에 1억 달러를 투자하는 것은 모험이었고, 여러 영화에 5,000만~7,000만 달러를 투자하는 쪽이 더 안전했다.

그러나 〈타이타닉〉의 제작비는 2억 달러였다.

그야말로 입이 떡 벌어지는 액수였다.

지금 결과론적으로 보면 〈타이타닉〉의 제작은 오판이 아니었지만, 그해 12월 개봉하기 전까지만 해도 의심 섞인 시선이 많았다. 그 한 가지 이유로는 정해진 결말 때문에 줄거리를 융통성 있게 바꿀 여지가 없다는 점도 있었다. 이야기의 결말을 누구나 확실히 안다면, 이 이야기를 어떻게 극적으로 풀어 갈 수 있겠는가? 영화가 성공하려면 1912년 일어난 사건에 대중이 비현실적인 수준의 높은 관심을 보여줘야만 할 것 같았다. 또 하나로 거론된 치명타는 영화와 바닷물의 관계였다. 1995년 케빈 코스트너는 극지방 만년설이 녹은 후의 지구를 디스토피아로 그린 〈워터월드 Waterworld〉의 주연(과 사실상 총괄)을 맡았다. 〈타이타닉〉이 나오기 전까지만 해도 당시 역대 최고의 제작비가 투입된 영화였다. 그리고 〈워터월드〉는 결국 전 세계적으로 수익을 거뒀지만, 바닷물에 지나치게 의존했다는 비판을 포함해 실패작이라는 굴욕스러운 평가를 받았다. 제임스 카메론 James Cameron 감독의 바다에 대한 외골수 같은 집착은 그 우려를 더욱 가중했다. 그가 바닷물을 예술적으로 완벽히 표현하고자 얼마나 헌신했는지는 두말하면 잔소리다. 사실적인 타이타닉호의 난파 영상을 얻기 위해 그는 제작진을 데리고 대서양 해저 1만 2,500피트까지, 그것도 열두 번이나 잠수했다. 심지어 〈타이타닉〉 각본을 쓰기도 전인 1995년에 말이다. 카메론은 두 편의 〈터미네이터Terminator〉와 또 하나의 수중 서사시인 1989년작 〈어비스The Abyss〉로 가장 유명한 액션물 전문 감독이 되어 있었다. 그는 자신의 비전에 영향을 미치는 모든 것에 비타협적인 자기 도취적 독불장군으로도 명성이 자자했다. 또한 함께 일하는 여성과 곧잘 사랑에 빠졌다가, 새로운 프로젝트에 착수할 때면 애정이 식는 경향이 있었다. 영화 〈터미네이터〉에 출연하는 행운과 카메론의 네 번째 아내가 된 불운을 모두 겪은 배우 린다 해밀턴Linda Hamilton은 "카메론은 〈타이타닉〉과 바람나서 나를 떠났다"라고 말했다. 수십 년 후, 카메론의 이러한 성격은 때로 그의 추진력과 완벽주의의 증거로 여겨지게 되었다. 돌이켜 보면 카메론은 〈타이타닉〉에 생명을 불어넣을 수 있었던 유일한 폭군이었음이 틀림없어 보인다. 그러나 당시 그는 오만한 성격 탓에 사람들의 신뢰를 얻지 못했다. 카메론은 제작비를 펑펑 쓰려 안달 난 것처럼 보였다(등장인물들이 배 안에서 캐비아를 먹는 장면에서 그는 실제 벨루가 캐비아를 준비했다).

〈타이타닉〉은 1997년 7월 개봉 예정이었지만, 계획대로 되지 못했다. 항상 예정보다 제작이 늦어졌다. 마침내 크리스마스 직전에 미국에서 개봉했으며, 상영 시간은 3시간 14분이었다. 이 말도 안 되게 긴 상영 시간은 엎친 데 덮친 격 악재였다. 이 때문에 대부분 영화관은 저녁 시간대에 〈타이타닉〉을 한 번만 상영해야 했고(보통 다른 영화 같으면 두 번 상영할 수 있다), 달리 말하면 저녁 관객을 통상 수준의 절반밖에 동원할 수 없었다. 카메론은 약 1억 달러의 적자를 볼 것이라고 개인적으로 예상했다. 그러나 뚜껑을 열고 보니 평가도 좋았고, 입소문도 엄청났으며, 관객들은 반복해서 관람했다. 이 영화는 15주 연속 미국 박스 오피스 1위를 기록했으며, 그 후 3개월 동안 상위 10위권에 머물렀다. 엔딩 크레딧에 흘러나온 셀린 디온^{Celine Dion}의 〈My Heart Will Go On〉은 20개국 싱글 차트에서 1위를 차지했다. 또한 아카데미상 열네 개 부문 후보에 올라 열한 개 부문을 수상했다. 카메론 감독은 감독상을 수상하면서 자신이 쓴 각본 중 가장 낯 뜨거운 대사인 "나는 세상의 왕이다!"를 인용했다. 이런 태도가 90년대의 다른 인물에게서 나왔다면 거의 누가 됐든 자조적 아이러니처럼 보였을 것이다. 하지만 카메론이었기에 그렇지 않았다.

* * *

〈타이타닉〉의 엄청난 성공은 돌이켜 보건대 90년대를 설명하는 방식이 대부분 간헐적으로만 적용될 수 있음을 입증한다. 〈타이타닉〉이라는 대작의 특성은 90년대에 광범위하게 퍼진 고정 관념과 모순된다. 그렇다고 이러한 고정 관념이 잘못되었다는 의미는 아니다. 단지 언제든 무시될 수 있고, 개인의 야망에 따라 구애받지 않을 수 있다는 의미일 뿐이다.

〈타이타닉〉의 표면상 줄거리는 침몰을 상상할 수 없었던 한 선박의 침몰에 관한 이야기다. 인물에 초점을 맞추자면 바다에서 잃어버린 파란색 다이아몬드 목걸이가 발단이 되어 시간순으로 전개되는 가난한 청년과 부잣집 아가씨의 사랑 이야기다. 여주인공은 당시 22세의 케이트 윈슬렛Kate Winslet이 맡아 이 작품으로 스타덤에 올랐다. 그녀는 동년배 여배우 중 가장 화려한 스포트라이트를 받았다. 그러나 다른 여배우가 주연을 맡았더라도 여전히 〈타이타닉〉은 성공했으리라고 상상할 수 있다. 하지만 레오나르도 디카프리오Leonardo DiCaprio 없는 〈타이타닉〉의 성공은 상상이 가지 않는다. 〈타이타닉〉 이후 디카프리오를 둘러싼 열광은 불안을 야기하리만치 상상을 초월했다. 전례 없이 상승한 그의 주가는 서로 다른 두 가지 현상의 산물이었다. 그는 할리우드라는 거대한 단일 시스템에서 슈퍼스타에 오른 마지막 배우이자, 새로이 부상하던 포스트모던 시대에 유명 인사가 된 최초의 배우였다. 그는 언제까지나 이 두 가지 현상을 동시에 겪은 유일한 인물로 남을 것이다.

디카프리오는 〈타이타닉〉 이전까지는 그저 젊고 괜찮은 배우였다. 그는 호리호리한 체격, 위압적이지 않은 태도, 자신감 있어 보이는 유쾌한 카리스마를 지녔다. 1993년에는 〈길버트 그레이프What's Eating Gilbert Grape〉에서 지적 장애 소년을 연기해 호평을 받았고, 1996년에는 셰익스피어 원작의 〈로미오와 줄리엣Romeo + Juliet〉에 클레어 데인즈Claire Danes와 출연해 본격적으로 소녀 팬들의 가슴을 설레게 했다. 그는 매튜 매커너히Matthew McConaughey를 제치고 〈타이타닉〉의 남자 주인공으로 발탁됐고, 후속작에서도 괜찮은 연기를 선보였다(하지만 윈슬렛과 달리 오스카상 후보로는 지명되지 못했다). 하지만 관객들의 반응이 워낙 뜨거워서 〈타이타닉〉을 보도하는 언론 기사들은 사람들이 레오나르도 디카프리오에 그토록 열광하는 이유를 설명하는 데 지면을 할애할 수밖에 없었다. 이전에는 남학생들이 한 영화를 여러 번 관람하곤 했다면, 이제 〈타이타닉〉은 여학생들이 주도적으로 재관람하고 있다는 점을 강조하는 기사들이 연거푸 쏟아졌다. 디카프리오는 스물세 살이었지만 외모는 더 어려 보인 반면 연기는 더 원숙해 보였다. 또한 (입증도 반증도 불가하지만) 디카프리오가 연기한 캐릭터에 대한 인식과 실제 인물로서 그에 대한 인식이 하나로 합쳐졌고, 〈타이타닉〉은 단지 남자 주인공을 감상하기 위한 수단일 뿐이라는 견해도 생겨났다. 어린 팬들이 〈타이타닉〉 영화 티켓을 사고 디카프리오를 보는 게 아니라, 디카프리오를 보려고 티켓을 샀다가 어쩌다 그 영화가 〈타이타닉〉이 된 셈이었다. 역사상 가장 크게 성공한 영화보다도 그의 존재감이 더 컸다. 그리고 여기서 주목할 점은 그 성공 자체보다도, 이렇게 어마어마한 인기를 얻고 유지하기 위해 디카프리오가 무엇을 했느냐다. 답은 거의 아무것도 하지 않았다는 것이다.

디카프리오는 은둔자가 아니었다. 영화 홍보에 필요한 모든 공식 석상과 각종 시상식에 참석했으며, 사교 생활도 활발히 했다.* 그러나 자기 홍보는 별로 하지 않았다. 인터뷰를 거의 하지

---

* 이 기간 디카프리오와 관련해 주로 나돌던 성인용 가십은 "섹스 패거리Pussy Posse"라는 젊은 배우들의 무리(디카프리오의 가장 절친한 친구인 토비 맥과이어Tobey Maguire, 마술사 데이비드 블레인David Blaine, 나중에 〈앙투라지Entourage〉의 스타가 되는 케빈 코널리Kevin Connolly가 포함되었다)에서 그의 주도적 역할에 초점을 맞춰졌다. 이들은 뉴욕과 로스앤젤레스의 나이트클럽과 술집을 돌며 질펀하게 놀곤 했다. 이들 중 몇 명은 〈점원들〉과 비슷한 애드리브 중심의 흑백 영화 〈돈스 플럼Don's Plum〉에 출연해 모두 자전적인 가상의 캐릭터를 연기했다. 식당을 배경으로 한 이 영화는 거의 하루 만에 촬영을 끝냈지만, (최종 결과물이 그들의 치부를 드러내고 문제의 소지가 있다고 판단한) 디카프리오와 맥과이어의 반대로 북미 지역에서 개봉 판로가 법적으로 막혔다.

않았고 〈타이타닉〉 이후 6년 동안 단 다섯 편의 영화에만 출연했다(그중 하나는 우디 앨런Woody Allen 감독의 〈셀러브리티Celebrity〉에서 맡은 작은 역할이었다). 자기 자신이나 자신의 야망을 거의 드러내지 않은 그는 신비하고 실물보다 과장된, 먼 과거에서 온 가공의 스타처럼 처신했다. 이제 달라진 것은 과묵한 디카프리오를 대신해 그에 대해 쉴 새 없이 떠들어 대는 사람들이 늘어났다는 점이었다.

팬들은 하이틴 잡지 《타이거 비트》에서 디카프리오의 사진을 오려 침실 벽을 도배하는 것만으로는 성에 차지 않았다. 공개 토론방에서 서로 모르는 사이지만 마음 맞는 팬들끼리 디카프리오에 대해 이야기꽃을 피우고, 그를 칭찬하고, 요즘 대세라고 추켜세워야 했다. 기존 언론들이 주로 어린 팬들에게 인기 있는 연예인의 기사화에는 소홀한 경향이 있던 가운데, 대신 디카프리오는 매일 팬들 사이에서 온라인상으로 열렬히 심층 분석되었다. 그의 일거수일투족이 화젯거리가 되었다. 《보스턴 글로브》의 한 기사는 AOL 게시판에서 가장 뜨거운 논쟁거리 중에는 디카프리오의 성적 취향에 대한 막연한 우려도 있었다며, 이는 전혀 근거 없는 논쟁이라고 지적했다. 이와 관련해 인터뷰한 한 10대는 이렇게 말했다. "그가 양성애자일 수도 있겠다는 생각이 들었다. 왜냐하면 내가 본 한 사진에서 그는 셔츠를 중간까지 풀어 헤친 상태였기 때문이다. 그런데 그건 좀 이상해 보였다."

〈타이타닉〉 이후 디카프리오의 후속작은 17세기를 배경으로 한 〈아이언 마스크The Man in the Iron Mask〉였다. 제작비는 3,500만 달러였다. 대체로 혹평을 받았지만 박스 오피스 수익은 무려 1억

8,300만 달러였다. 대부분 10대들의 아이콘과 달리, 디카프리오가 영화계에서 발휘하는 티켓 파워는 향후 20년 동안에도 별로 감소하지 않았다. 그는 다른 대부분 배우들보다 적은 수의 영화에 출연했지만, 그의 출연 사실만으로도 해당 영화는 중요한 작품으로 인정되었다. 〈타이타닉〉 이후 디카프리오는 지난 세기에서 건너와 시대를 가로지르는 불변의 배우로 남게 되었다. 그는 자신이 출연을 결심한 몇 안 되는 영화를 통해서만 이해할 수 있는, 건드릴 수도 속을 알 수도 없는 플레이보이였다. 그의 성공은 당시 스타덤의 정의와 상충했으며, 소비자가 진정 원하는 것을 언론이 얼마나 의도적으로 왜곡해 왔는지를 보여준 살아있는 표본이었다. 아마 이것이 〈타이타닉〉이 20세기에 가장 성공한 영화가 된 이유를 가장 쉽게 이해할 방법일 것이다.

지금 90년대 영화 문화에 관해서 가장 "흥미롭게" 보이는 것은 명시적으로 "흥미롭게 만들려고 노력한" 모든 영화들, 그리고 심심풀이용 하이콘셉트 영화 중에 전문적 견지에서 재맥락화했을 때 "흥미로워 보이는" 몇몇 영화들이다. 전자의 범주에는 당시 급증하기 시작한 독립 영화와 이전에 무시되었던 소수의 관점을 탐구하는 영화가 포함된다. 후자의 범주에는 겉보기에 시시해 보이나 추종자를 양산한 영화와 정치 풍자의 과장된 버전 등이 포함된다. 그러나 〈타이타닉〉에서 가장 흥미로운 한 가지는 어떤 메시지도 표현하지 않겠다는 목표에 철저히 집중했고, 그래서 그때나 지금이나 재미있다는 점이다. 이 영화는 관습을 전혀 깨지 않았다. 계급 간의 역학은 원시적이고 통찰력이 없다. 캐릭터는 (기껏해야) 2차원의 전형이다. 가장 감동을 극대화할 시퀀스는 컴퓨터 작업으로 만들 수 있다. 영국의 연극영화학 교수 숀 쿠빗^{Sean Cubitt}의 말마따나 〈타이타닉〉은 무엇보다 기술적 측면을 중요시한 현실 도피성의 "신바로크 영화"였다. 화면상 등장인물의 행동은 미리 정해진 세계 안에서 예측 가능하게 흘러간다(〈타이타닉〉은 한마디로 과거 역사적 사건의 세 시간짜리 재현이다). 그들의 역할은 어차피 피할 수 없는 결말을 마무리하는 것뿐이고, 유일한 임무는 배와 함께 가라앉는 것이다. 〈타이타닉〉에서 가장 인상적인 점은 컴퓨터 아키텍처다. 폄하처럼 들릴지 몰라도, 사실 칭찬이다. 〈타이타닉〉은 모든 사람들이 항상 인정하면서도 한편으로는 완전히 받아들이기를 꾸준히 거부한 영화계의 축적된 현실을 활용했다. 어떤 사람들은 이에 도전하는 영화를 원하지만 대부분 사람들은 그렇지 않다. 연기를 관심 있게 보는 관객도 있지만 배우에 관심을 두는 관객이 더 많다. 컴퓨터 그래픽으로 만든 화려한 시각적 볼거리를 영화의 오락적 요소로만 치부하는 사람도 있지만, 대부분 사람들은 그것이 그 영화의 핵심 목표라고 생각한다.

〈타이타닉〉은 이러한 진리를 그 시대의 어떤 영화보다 충실히 실행에 옮겼다. 카메론 감독의 오만함은 완전히 유효한 것으로 검증되었다. 그의 아이디어는 절대 끔찍한 게 아니라, 그저 고리타분했을 뿐이다. 그리고 그 덕에 〈타이타닉〉이 그토록 대성공할 수 있었다.

〈스타워즈〉는 어떻게 팬을 배신했는가

〈조 블랙의 사랑Meet Joe Black〉은 1998년 11월 개봉했다. 브래드 피트Brad Pitt가 저승사자로 출연하고 러닝타임이 세 시간이 넘는 이 영화는 초자연적 요소가 담긴 진부한 로맨스였다. 유일하게 인상적인 장면은 피트가 24프레임 안에서 미니밴과 택시에 치이는 장면이다. 제작비에 9,000만 달러가 들었고, 미국 박스 오피스에서 4,400만 달러를 기록했으니 무시해도 좋을 실패작이었다. 그러나 〈조 블랙의 사랑〉은 진기한 기록이 있다. 티켓을 구매하고 이 영화를 1분도 보지 않은 관객들 사이에서 거의 확실히 역대 최고 수익을 올렸다는 점이다.

전국의 영화관에서는 〈조 블랙의 사랑〉의 상영 전에 〈스타워즈 프리퀄〉 3부작 중 1999년 여름 개봉이 예정된 첫 번째 편 〈보이지 않는 위험The Phantom Menace〉의 131초짜리 예고편을 공개했다. 그 결과 예상치도 못했고, 과거에도 전례 없던 현상이 나타났다. 〈조 블랙의 사랑〉의* 티켓을 제 돈 주고 구입해 〈보이지 않는 위험〉 예고편을 본 후 바로 극장을 나가는 관객이 많더라는 소문이 무수히 나돌았다.

박스 오피스 통계를 분석하는 기업 엑시비터 릴레이션Exhibitor Relations의 대표 폴 더가러비디언Paul Dergarabedian은 《뉴욕 타임스》에서 "사람들이 예고편 보러 극장에 몰려간다는 건 들도 보도 못한 일이다. 사상 초유의 일이었다"라고 말했다.

실제로 얼마나 많은 티켓 구매자가 예고편만 보고 극장을 나왔는지, 또는 그러한 관행이 널리 퍼졌다고 주장하는 모든 기사가 과장은 아닌지 확인할 길은 없다(98년 《뉴욕 타임스》의 모든 트렌드 관련 기사는 독자가 반박하기 어려웠기 때문에 자동으로 옳다고 여겨졌다). 그러나 북미의 거의 전역에서 확실히 그럴 법한 '기운'이 감지되었다. 아무도 이를 이상하게 생각하지 않았다. 개봉 전 지나치다 싶을 만큼 부풀어 오른 〈보이지 않는 위험〉에 대한 기대감은 과거 어떤 영화에 대한 기대감과 비교해도 완전히 차원이 달랐다. 할리우드에서는 스타워즈의 열혈 팬들이 개봉 6주 전부터 티켓

---

* 〈보이지 않는 위험〉 예고편은 1998년 다른 두 편의 영화 〈워터보이The Waterboy〉와 〈비상계엄The Siege〉 상영관에서도 선보였다. 그러나 유독 〈조 블랙의 사랑〉만 실제로 이와 같은 특이한 현상과 연결되었다. 애덤 샌들러Adam Sandler 주연의 10대 취향 영화 〈워터보이〉는 그 영화 나름의 '장점'이 있어서(여기서 장점의 의미를 어떻게 해석할지는 차치하고) 대성공을 거두었다. 〈비상계엄〉은 아랍인들을 불쾌하게 한 것으로 가장 많이 기억되는 개성 없는 액션물이었으나 〈보이지 않는 위험〉 예고편을 다 본 팬이 기왕이면 이것도 보고 가자고 생각할 만한 영화였다. 반면에 〈조 블랙의 사랑〉은 상영 시간이 길고 지루했으며, 외계인 종족 캐릭터 우키Wookiee를 좋아할 팬들에게는 어필하지 않을 작품이었다는 점에서 특이한 케이스였다.

을 사기 위해 영화관 밖 길가에 줄지어 텐트를 치기 시작했다. 그건 생각보다 훨씬 한심한 일이었다. 당시 어떤 영화관 체인도 〈보이지 않는 위험〉을 상영한다는 확실한 보장이 없었기 때문이다. 그럼에도 사람들이 구할 수도 없는 영화 티켓을 사려고 거리에 죽치고 앉아 있는 일이 벌어졌고 또 어쩌면 놀랄 일도 아니었다.

〈보이지 않는 위험〉을 둘러싼 열광은 몇 가지 명백한 요소가 융합된 결과였다. 20세기 후반 가장 인기 있었던 영화의 정식 확장 버전이 나왔고, 심지어 원작자인 조지 루카스George Lucas가 그대로 각본과 감독을 맡았다. 오랫동안 절대 현실이 되지 않을 줄 알면서도 15년간 은근히 초조한 기다림을 자진해서 품어 온 팬들에게 꿈은 현실이 되었다. 누적 수익이 10억 달러가 넘었다는 사실은 거의 언급할 필요도 없는 결과론일 뿐이다(그보다 수익이 적었다면 실망스러웠을 것이다). 더 중요한 것은 〈보이지 않는 위험〉이 결국 X세대 정신을 가장 안타깝게 배척한 동시에 가장 가혹하게 재확인했다는 점이다.

90년대의 젊은이들이 숭상했던 대중문화는 종종 근거 없는 믿음에 기반을 두고 있었다. 바로 어린 시절에 좋아했던 것은 성인이 되어서도 항상 소중하게 남는다는 굳건한 믿음이었다. 통속적인 키치 문화로 출발해 결국 기성 문화의 전복을 상징한 70년대 대중 예술(이를테면 저돌적 인물의 상징인 스턴트맨 에빌 나이벨Evel Knievel, 시트콤 〈굿 타임스Good Times〉, 팝 밴드 아바ABBA)은 원래부터 '늘' 지금 기억되는 그대로 보이고 경험되었다고 잘못 생각하기 쉽다.

이를 가리켜 단순히 '향수nostalgia'라 하기엔 그 의식 작용이 능동적이고 체계적이라는 점에서 썩 정확한 표현은 아니다. 그보다 이러한 사고 과정의 목적은 지난날 자신이 소비한 예술의 가치를 머릿속에서 의식적으로 높임으로써, 그 예술에 대해 늘 한결같이 품어 온 감정적 기억과 현재 가치를 일치시키려는 것에 가깝다. 그 가장 전형적인 예가 바로 1977년 오리지널 〈스타워즈〉다. 팬들은 〈스타워즈〉를 향한 집착에 너무 많은 시간과 노력을 투자한 나머지, 그들의 마음속에서 이 영화는 원래의 본질과는 완전히 딴판으로 재창조되었다. 즉, 그들에게 〈스타워즈〉란 성인을 위한 인간의 감정에 관한 영화였다. 〈보이지 않는 위험〉이 마침내 개봉했을 때, 1977년 10세의 나이에 원작을 본 사람들은 이제 32세가 되었다. 그리고 그 32세의 팬들이 본 것은 더 정교하지만 깨달음은 별로 주지 않는, 컴퓨터 특수 효과로 가득 찬 원작의 느린 재탕이었다. 영화도 별로였지만, 그게 문제가 아니었다. 문제는 〈보이지 않는 위험〉이 팬들로 하여금 자의적으로 재구성한 채 간직해 온 추억을 깨뜨리게 하여 배신감을 느끼게 했다는 것이었다.

평론가들도 〈보이지 않는 위험〉을 싫어했지만, 골수팬들은 더 싫어했다. 가장 만만한 욕받이는 자자 빙크스라는 새로운 캐릭터였다. 토끼 귀를 가진 수륙 양생 종족인 자자 빙크스는 영화 역사상 최초로 완전히 컴퓨터 그래픽으로 만들어진 캐릭터였으며, 대다수 사람들은 그저 짜증만 유발하는 캐릭터로 여겼다. 그렇지 않은 사람들은 인종 차별의 가능성에 주목했다. 컴퓨터 기술의

장인인 조지 루카스 감독이 실제 감정이 없고 자신이 대면하지 않아도 되는 가상 캐릭터를 설계하기 좋아하는 만큼, 일각에서는 자자 빙크스가 감독의 냉정한 관점이 가장 집결된 캐릭터라는 평도 있었다.

이런 인상 비평은 편향적이기는 했지만 매우 인상적인 것이었다. 루카스는 자신이 어떤 결과물을 내놓아도 만족하지 않았을 듯한, 낯선 사람들로 이루어진 모든 세대를 만족시키기 위해 뼈 빠지게 노력했다. 그가 이렇게 인색한 평가를 받고 괴로워했을까?

그럴지도 모르지만, 썩 그렇지는 않았다.

루카스는 "팬들이 좋아하지 않는다면 유감이다. 그들은 가서 〈매트릭스〉를 보는 게 좋을 것이다"라고 말했다.

10장

2차원적
4차원

"진짜가 뭔가? 진짜의 정의를 어떻게
내리지?"

_<매트릭스>의 모피어스

〈타이타닉〉은 90년대 할리우드 영화 중 박스 오피스 성적으로 입증된 흥행 챔피언이었다. 가장 꾸준히 성공한 스타는 톰 행크스Tom Hanks였지만, 멜 깁슨Mel Gibson, 톰 크루즈Tom Cruise, 덴젤 워싱턴Denzel Washington, 줄리아 로버츠Julia Roberts도 빼놓을 수 없다. 쿠엔틴 타란티노는 이 시대의 가장 독창적인 감독이지만, 이는 좀 더 편향이 섞였기에 이견이 있을 수 있다. 〈슬래커〉나 〈파이트 클럽Fight Club〉은 90년대 세대를 가장 잘 설명하는 영화로 손색없지만, 이러한 평가도 분명 주관적이다. 같은 것을 보고 다른 답을 얻는 경우는 많다. 그러나 가능한 '모든' 맥락을 고려할 때, 모든 기간을 통틀어 90년대의 어떤 영화도 〈매트릭스〉만큼 광범위한 중요성을 지녔다고 주장하기 어렵다. 〈매트릭스〉는 영화를 보지 않은 사람들도 인정할 만큼 단연 지배적이었다.

〈매트릭스〉는 인간과 자기 인식 컴퓨터 사이의 전쟁 중에 구축된 컴퓨터 시뮬레이션 세계를 다룬 공상과학 액션 영화였다. 이 영화는 결국 블록버스터가 되었지만, 블록버스터에 어울리지 않게 일련의 여러 모순점도 맞물려 있었다. 각본과 감독은 1999년에는 아직 형제였던 릴리 워쇼스키Lilly Wachowski와 라나 워쇼스키Lana Wachowski 자매가 맡았다. 〈매트릭스〉 주인공이 (계속 거짓되고 날조된 삶을 살 수 있게 하는) 파란 알약을 삼킬지 (실물 세계를 있는 그대로 경험하게 하는) 빨간 알약을 삼킬지 선택하는 장면은 두 감독이 결국 성전환 수술을 결정하게 될 전조였음을 이제는 확연히 알 수 있다. 이처럼 영화 속에서 선택의 은유적 의미는 워쇼스키 형제에게 다시 투영되었으며, 릴리 워쇼스키는 결국 이것이 원래 주제상의 의도였다고 인정했다(원래 대본에는 트랜스젠더 캐릭터도 있었지만 제작 준비 단계에서 제작사의 뜻에 따라 무산되었다). 이제 〈매트릭스〉의 역사적 중요성을 고려할 때 트랜스젠더를 정교한 비유 장치로 활용한 이 영화의 통찰력은 초기에 팬들이 열광하던 기술 적 업적(특히 카메라 각도가 움직이는 동안 화면 속 동작이 정지되는 강 렬한 '총알 피하기' 장면이 대표적이다)을 뛰어넘는 중요한 핵심이 되 었다. 그러나 젠더 문제는 〈매트릭스〉라는 퍼즐 중 한 조각일 뿐 이다. 여기서 여러 변형된 아이디어가 예상치 못한 방식으로 파 생되었다.

〈매트릭스〉는 1999년 3월 31일에 개봉했다. 여름 특수기도 아 니고 휴일도 아니었다(영화계에서 휴일로 쳐주지 않는 부활절을 포함 하지 않는 한 그렇다). 처음 닷새 동안 3,700만 달러를 벌어들었는 데, 이는 비성수기에 개봉한 R등급 영화로서는 전례 없는 액수였 다. 그해 봄에 개봉한 이유 중 하나는 〈보이지 않는 위험〉과의 경 쟁을 피하기 위한 것이었고, 결과적으로 현명한 결정이었다. 그 러나 더 큰 교훈은 흥행과 개봉 날짜의 상관관계가 기존의 통념 만큼 중요하지 않더라는 것이었다. 〈매트릭스〉를 통해 이제 주 요 기대작이 언제 어디서나 개봉해도 성공할 수 있음이 확인되 었다. 영화의 흥행 파워는 더 이상 사회의 관습에 좌우되지 않았 고, 그 관습은 마음먹기에 따라 바꿀 수 있었다. 또한 〈매트릭스〉 는 키아누 리브스^{Keanu Reeves}가 배우로서나 개인으로서나 재평가되는 발판이 되었다. 90년대 거의 내내 리브스는 덜떨어진 유명인 이미지였다. 그는 외모만 출중하고 (적어도 전통적인 연기 기준에 따르면) 연기자로서는 그저 개성 없는 배우로 가장 잘 알려져 있었다. 1993년에는 학문계까지 이어진 포스트모더니즘의 과열 양상을 반영하듯, 파사데나에 소재한 아트센터 디자인 대학ArtCenter College of Design에서 "키아누 리브스 영화론"이라는 과목을 개설한 적도 있었다. 해당 교수는 "좋은 배우가 되는 법이나 뛰어난 자질을 가르치는 과목이 아니다. 나는 리브스의 영화를 다 보지도 않았다. 수업에서 권위를 내려놓더라도 학생들에게 더 친숙하게 다가가려는 의도였다"라고 설명했다. 대학에서 리브스에 관한 수업을 개설했다는 건 한마디로 리브스를 학구적으로 풍자하는 방식이었다. 1989년 리브스는 코믹물 〈엑설런트 어드벤처Bill & Ted's Excellent Adventure〉에서 시간을 여행하는 얼간이를 연기했으며 그 캐릭터의 특성은 한 개인으로서 리브스에게도 덧씌워졌다. 그는 지성인이 해석하는 멍청이와 멍청이가 연기하는 지성인 사이의 중간쯤에 해당했다.

리브스는 스타였지만 주로 아무 생각 없이 볼 수 있는 오락물에 출연했다(1994년 히트작 〈스피드Speed〉는 속도계가 시속 50마일 미만으로 떨어지면 폭발하도록 장치된 버스를 소재로 했다). 또 그에게는 재미있는 취미가 있었으니, 무색무취의 얼터너티브 록 밴드 독스타Dogstar에서 베이시스트로도 활동한 것이었다. 리브스는 멤버들 사이에서 자신만 돋보이지 않도록 노력했지만, 당연히 이 밴드는 오직 리브스의 존재감만 도드라졌다. 리브스의 쿨한 매력은

90년대 쿨함의 전형과 달랐다. 그는 백치미 있는 상남자 타입이었다. 그러나 〈매트릭스〉에 캐스팅되면서 모든 것이 바뀌었다. 한때는 무미건조하고 맹하다고 평가되던 그의 모든 특성이 매력으로 둔갑했다. 이전에 순진하게 보였던 멍한 이미지는 이제 지혜로운 이미지로 비쳤다. 〈매트릭스〉는 심오한 의미가 있었고, 평소 느끼기는 쉬우나 이해하기는 어려웠던 개념들에 대한 통찰력을 제공했다. 그리고 이 영화에 대한 이러한 진지한 평가는 리브스 개인에게도 전이되어 향후 20년 동안 이어질 그의 이미지 형성에 일조하게 된다. 영화 속에서는 리브스의 캐릭터가 '매트릭스'에 흡수되었다면, 영화 〈매트릭스〉는 리브스의 대외적 이미지에 흡수되었다.[*]

그렇다면 도대체 이 영화의 어떤 점이 영리했기에, 한 힙스터 멍청이를 힙스터 코페르니쿠스로 탈바꿈하게 했을까? 이전에도 지적인 공상과학 영화가 없었던 건 아니다. 릴리 워쇼스키는 《뉴욕 타임스》에 "우리는 다양한 주제에 관심이 있었다. 현대적 맥락에서 신화의 의미 있는 재해석, 양자 물리학과 선불교의 교집합, 자기 삶을 들여다보는 성찰 등을 반영하고자 했다"라고 말했다.

그의 말도 모두 맞지만, 가장 결정적인 요소는 각본에 담긴 비

---

[*] 리브스를 유능한 배우로 띄워 주려는 언론 분위기는 2020년 말 《뉴욕 타임스》가 21세기 최고의 배우 25명의 목록을 발표하고 리브스를 전체 4위에 올린 것이 절정이었다. 물론 이제 분별력 있는 독자라면 거의 누구나 이런 종류의 순위가 제멋대로라는 것을 안다. 《뉴욕 타임스》도 어떤 주관성이 개입된 순위를 매기려면 독자의 관심을 끌게끔 약간 엉뚱하게 짤 필요가 있음을 인정한다. 순위에 오른 25명의 배우들은 실제 연기력뿐 아니라 대표성을 감안해 뽑혔고, 이 명단을 짠 사람은 겨우 기자 두 명이었다. 여기서 메릴 스트립Meryl Streep은 아예 순위에 끼지도 못했다. 그러나 리브스가 상위 5위 안에 들었다는 사실을 통해 한때 평단에서 꾸준히 조롱받던 인물에 대한 평가가 얼마나 호의적으로 변했는지 알 수 있다.

유 장치였다. 영화가 시작하고 약 20분 경과 후 주인공(리브스가 연기한 컴퓨터 해커 네오)은 빨간 알약을 삼키고 그의 멘토(로렌스 피시번Laurence Fishburne이 연기한 모피어스)가 설명하는 비현실의 본질을 알게 된다. 네오는 항상 실제라고 생각해 온 것이 정교한 시뮬레이션임을 깨닫는다. 그가 이동해 있는 곳은 현실과 구분되지 않는 컴퓨터 프로그램 내부였다.

네오는 "이게 진짜가 아닌가요?"라고 묻는다.

이에 모피어스는 "진짜가 뭔가? 진짜의 정의를 어떻게 내리지?"라고 수사적으로 반문한다.

이 질문 자체는 획기적이지 않았다. 철학자 르네 데카르트René Descartes가 17세기에 이미 같은 주제로 글을 썼고, 영화 속 언어의 대부분은 장 보드리야르(8년 전 「걸프전은 일어나지 않았다」를 집필한 바로 그 프랑스인)의 사상에서 직접 가져왔다.* 이 특정 대사가 엄청난 파급 효과를 일으킨 이유는 그 개념이 인용된 장치와 배경 때문이었다. 통상 한 학기짜리 수업을 들어야 이해할 법한 철학적 개념이 개봉 첫 주 주말에 100만 명 이상이 관람한 주류 영화 속의 단 90초 안에 함축되다니 말이다. 더 결정적으로, 이 영화는 1999년에 개봉했다. 그리고 이때는 마침 현대라는 테두리 안에서 대중이 흐름 따라(그리고 쉬지 않고) 달려온 지난 수십 년을 한 번쯤 되돌아볼 만한 시점이었다.

〈매트릭스〉는 컴퓨터를 논하는 듯 보이지만, 실은 텔레비전에

---

* 보드리야르가 〈매트릭스〉의 거의 모든 면에 반대한 점을 감안할 때, 이 영화가 자신의 사상을 오용한 데에 격렬히 비판하고 속편에 대해 함구한 것은 놀랄 일이 아니었다.

관한 영화였다.

현재 관점에서 평가하기에 역사적으로 눈에 띄는 90년대 사건이 몇 가지 있다. 예컨대 1991년 클래런스 토머스Clarence Thomas 대법관 청문회, 1994년 O.J. 심슨O.J. Simpson이 포드 브롱코를 타고 도주한 사건, 1999년 콜럼바인 고교 총기 난사 등이 있었다. 이들은 평온한 일상에 동요를 일으키고 미래를 바꾸었다. 이 사건들의 전말은 지금 우리가 익히 아는 그대로다. 그러나 이 모든 사건이 과감한 텔레비전 생중계를 통해 집단적으로 경험되는 동안, 사람들은 실제로 무슨 일이 일어나고 있고 자신이 무엇을 보고 있는지 거의 이해하지 못했다. 이러한 정보의 오해석은 다음 세 가지 요소가 우리 스스로 만든 매트릭스와 즉시 결합되면서 생성된 결과물이었다. 바로 화면에 제시된 이미지, 그 이미지들의 의미에 대한 추측성 해석, 그리고 그것이 시청자의 내면에 투영되는 방식이다.

진짜란 무엇일까? 진짜를 어떻게 정의해야 할까?

〈매트릭스〉가 반향을 불러일으킨 이유는 비현실적인 허구여서가 아니었다. 오히려 그 반대였기 때문이다.

* * *

앨프리드 P. 뮤러 연방 정부 청사Alfred P. Murrah Federal Building의 폭파는 모든 면에서 아무리 생각해도 최악의 사건이었다. 1995년 4월 19일 아침, 의심스러울 게 없는 26세의 건장한 남성이 렌터카 회사 라이더Ryder에서 빌린 밴을 몰고 오클라호마시티로 진입했다. 밴에는 2,000킬로그램이 넘는 폭발물이 들어 있었다. 그는 9층 높이의 청사 입구 근처에 차량을 주차하고 2분 후 폭파되도록 심지에 불을 붙이고 자리를 떠났다. 이 폭파로 정부 청사의 전면이 날아가고, 건물의 절반이 즉시 주저앉았다. 사망자 수는 168명이었다(아동도 19명 포함되었는데 대부분 어린이집에 맡겨진 상태였다). 아무런 사전 경고도 없이, 그것도 외견상 정치적 상징성이 없는 도시에서 일어난 참변이었다(그래서 전반적인 공포가 더욱 증폭되었다). 범인인 티모시 맥베이Timothy McVeigh는 미국 시민권자이자 훈장을 수훈한 경력이 있는 퇴역 군인이었다. 그는 걸프전에 참전한 적이 있고 정부를 혐오했다. 그가 확연히 심신 장애가 있다면 그의 행동을 이해하기가 더 쉬웠을 테지만 그렇지 않았다. 그는 2001년 처형될 때까지 설득력 있고 냉철한 언어로 자신을 변호했고, 자국민을 공격한 자신의 행위를 과거 정부의 탄압에 비유하는 글을 쓰기도 했다. 언젠가 그는 기자에게 자신의 사형이 '168 대 1'이라는 배심원 정족수를 의미할 뿐이라고 말하며 일말의 후회도 내비치지 않았다. 그는 최후의 만찬으로 민트 초코칩 아이스크림 두 파인트를 먹고는 침착하고 조용히 독극물 주사를 기다렸다. 맥베이가 테러를 저지른 정황이 공개되자 백인 우월주의 소설『터너의 일기The Turner Diaries』등 그의 사상에 영향을 끼친 요소들에 큰 관심이 쏠렸고, 맥베이는 앞으로 수십 년 동안 반미주의자들에게 민중의 영웅이 되었다. 이 테러의 과정은 상상할 수 있는 최악의 시나리오로 전개되었다.

그러나 이 테러는 이례적이게도 안정적인 방식으로 대중들에게 받아들여졌다. 사건 직후 너무나 명백한 언론의 오보 덕분이었다.

폭파 당일 밤, CNN은 모든 면에서 중동 국가가 원흉일 소지가 다분하다고 보도했다. CBS 앵커 코니 정Connie Chung도 미국 정부 소식통의 전언에 따르면 중동 국가 출신 테러리스트의 소행일 가능성이 역력하다고 전했다. 《월스트리트 저널》은 이 사건을 베이루트에서 흔히 볼 수 있는 유형의 자동차 폭탄 테러와 비교했다. 이렇게 사람들은 정부 청사가 폭파된 이유를 이틀 동안 잘못 알고 있었다. 그러나 맥베이가 일단 체포되자 설명이 반전되었고 의문이 해소되었다. 그는 시리아가 아닌 뉴욕주 북부 출신이었고, 국제적으로 연결된 테러리스트가 아니었다. 두 사람의 도움을 받긴 했지만(테리 니콜스Terry Nichols와 마이클 포티어Michael Fortier로, 그중 포티어는 개입의 정도가 워낙 미미하여 수감된 지 9년도 안 되어 풀려났다), 한 개인의 소행이었다. 그는 목표도 확실했다. 체포 당시 그는 존 윌크스 부스John Wilkes Booth가 링컨 대통령을 암살한 후 외쳤다고 알려진 라틴어 문구 "폭군은 언제나 이렇게 되리라(Sic semper tyrannis)"라고 적힌 티셔츠를 입고 있었다. 맥베이는 연방 정부 청사를 폭파한 이유에 대해 1992년 루비 능선Ruby Ridge에서 일가족과 정부가 대치한 사건과 1993년 텍사스주 웨이코에 있는 다윗교Branch Davidian 시설을 정부가 포위 공격한 사건을 직접적이고 솔직하게 거론했다. 언론의 추측이 완전히 틀린 것으로 판명 났기 때문에 이 대대적인 정정 보도는 더욱 신빙성 있게 다가왔다. 맥베이는 정부에 대한 개인적 혐오 때문에 스스로 일을 벌인 미국 역사상 최악의 자국민 테러리스트였다. 이제 범인의 정체와 동기는 전 국민이 확실히 알게 되었다. 이번 폭파 사건도 음모론이 돌긴 했지만, 이 정도로 진상이 깔끔히 밝혀진 이상 믿는 사람은 거의 없었다. 심지어 맥베이의 동조자들조차도 반체제자 맥베이가 저지른 단독 범행임을 알았다. 왜일까? 오클라호마시티 테러 사건은 규칙을 증명하는 예외 사례이기 때문이다. 음모론은 불확실하게 전달된 정보가 점차 퍼지면서 생겨난다. 반면에 이번 사건은 토글스위치처럼 단박에 반전되었다. 말하자면 우리는 먼저 한 가지 시나리오를 전해 들었고, 그다음 범인의 입을 통해 전혀 다른 사실을 확인했다.

맥베이에게 동기를 부여한 사건들에 관해서라면 그 해석의 여지는 좀 더 다양해진다. 루비 능선 사건은 아이다호주 시골의 오두막에 사는 한 백인 분리주의자 가족과 관련이 있었다. 가족은 11일 동안 연방 보안관과 총격전을 벌였고, 이 과정에서 세 명이 사망했다. 가족은 정부의 불법 행위에 의한 사망이라며 정부를 상대로 소송을 제기해 결국 300만 달러 이상의 배상금을 받았다. 웨이코 사건은 훨씬 심각했다. 1993년 봄, 한 광신도(혹은 광신도 같은) 집단이 51일 동안 연방 요원들에 포위되어 있다가 건물에 화재가 발생하는 바람에 76명이 사망했다. 그전에 다른 다윗교 신도 여섯 명은 연방 요원의 급습 작전 과정에서 사망했다.

정부와 시민이 대치한 이 두 사건의 의미와 정황에 대해서는 여전히 사람마다 의견이 분분하다. 루비 능선 사건에서 가족의 가장 랜디 위버Randy Weaver는 아마 인종 차별주의자였을 테고 분명 불법 총기를 소지했지만, 그의 아내와 열네 살짜리 아들이 억울한 죽임을 당했음은 대부분 부인할 수 없다. 전체를 포위한 정부의 공격은 이해하기 어렵고 아마도 불필요했을 것이다. 한편 구세주라 자처한 다윗교의 교주 데이비드 코레시David Koresh는 소아성애자로 의심받고 있었다. 다윗교 신도들은 자동 소총을 비축해두고, 세상이 종말로 향하고 있다고 믿었다. 그러나 그들은 지역사회를 위험에 빠뜨리지 않았다. 의심 많은 사람들은 정부가 고의로 불을 질렀다고 주장하며,* 여전히 (화염 속에서 총으로 자살한) 코레시를 지지하고 옹호하는 생존자도 있을 것이다.

맥베이 같은 사람이(그리고 실은 다른 모든 사람들도) 웨이코 사건을 이해하는 방식은 자의적 해석이 들어간 일종의 창작 과정이었다. 51일간의 대치 기간 중 웨이코는 대체로 잠잠했다. 건물 속 사람들은 화면에 잡히지 않았고 주변에는 무장한 ATF 요원이 주둔하고 있었다. 시청자는 그런 요원들을 지켜보고 있었다. 언론은 아무것도 접근할 수 없는 상황에서 가능한 한 현장에서 멀리 떨어진 채 매일(때로는 매시간) 대치 상황을 보도했고, (현장을 취재한 많은 기자들에 따르면) 당국의 뻔한 거짓말만 방송했다. 그러자 뉴스 보도는 점차 범위를 넓혔고 나중에는 온갖 잡다한 정보를 늘어놓았다(코레시의 성경 암기 능력과 싱어송라이터로서의 자질까지 끊임없이 언급되었다). 이를 탓할 수도 없는 것이, 이런 부차적 정보들

---

* 코레시와 다윗교 신도들이 집단 자살을 위해 불을 질렀다고 믿는 견해도 만만찮게 널리 퍼졌다.

이 시청자의 이목을 끌기도 했고 취재진도 딱히 더 설명할 게 없었기 때문이다. 그러나 그 결과, 서로 모순되는 잡다한 정보와 억측만 양산되어 대중은 자기가 해석하고 싶은 대로 의미를 만들어내게 되었다.* 방송 보도는 코레시가 정신 나간 미치광이라는 증거가 되는가 하면, 단순히 기인이라는 증거도 될 수 있었다. 또 다윗교 본거지가 디스토피아라는 강력한 증거이기도 했지만, 유토피아라는 증거도 미약하게나마 도출될 수 있었다. 연방 요원의 말을 믿더라도 타당했고, 의문을 제기하더라도 타당했다. 본질적으로 상황은 아무런 진전 없이 잠잠한데, 언론은 하루하루 서로 상충하는 새 소식을 자꾸 제공하려고 했다. 그러다 보니 시청자들은 실상이야 어쨌든 각자가 원하는 방식으로 이야기를 재구성하게 되었다. 다윗교 신도들에게 자연스럽게 공감하게 된 급진적 외톨이 맥베이 같은 사람이 보기에 4월 19일 ATF의 공습은 그가 이미 내면화한 정치 현실이 시각적으로 입증된 사건이었다. 그는 확성기에서 "지금은 공격 중이 아니다. 지금은 공격 중이 아니다"라는 말이 울려 퍼지는 가운데 탱크들이 벽을 뚫고 진입하는 모습을 보았다. 아무리 1993년이었다고 해도 그 정도의 모순은 너무 심한 것이었다.

---

* 직관에 반하는 듯하지만 사람들이 정보가 많을수록 이해하기 어려워한다는 이 개념은 나심 니콜라스 탈레브Nassim Nicholas Taleb의 책 『블랙 스완The Black Swan』에 잘 설명되어 있다. "두 그룹에 알아볼 수 없을 정도로 흐릿한 소화전 이미지를 보여준다. 한 그룹에는 해상도를 10단계에 걸쳐 서서히 높인다. 다른 그룹에는 더 빠르게 5단계에 걸쳐 수행한다. 두 그룹이 같은 수준으로 알아볼 수 있을 때 멈추고 각 그룹에 무엇이 보이는지 묻는다. 그 결과 5단계에 걸쳐 이미지를 확인한 그룹이 훨씬 빨리 소화전을 인식할 가능성이 높았다. (중략) 사람들은 더 많은 정보를 제공받을수록 틈틈이 더 많은 가설을 세우고. 결과적으로 판단력은 더욱 떨어진다."

웨이코의 다윗교 건물이 불타는 장면을 텔레비전에서 생중계로 지켜본 맥베이는 내부에 있는 사람들이 무고하다고 믿었다. 그리고 이러한 무고한 생명의 희생은 자신이 홀로 싸우는 전쟁에서도 감수해야 할 부수적 피해라는 믿음이 마음속에 확고해졌다. 그가 이렇게 믿게 된 것은 누구나 믿고 싶은 대로 믿는 세상이었기 때문이다.

한동안 이런 세상이 계속 이어졌다.

* * *

과거의 사건을 현재의 이상과 신념을 통해 바라보려는 인간의 본능적 습관은 강력하고 고치기도 힘들다. 이 습관은 깨달음을 얻었다는 기분에 빠지게 하지만, 실은 과거 사건이 발생한 당시의 정서를 이해하려는 노력보다 안일한 태도에 불과하다. 특히 1991년 클래런스 토머스의 대법관 인준 청문회는 복기하기 불편한 사안이다. 그 시대에 직접 겪어보지 못한 사람이 훗날 이 일을 다시 살펴보면 당시의 갈등은 우스꽝스러우리만치 단순해진다. 한때 토머스에게 가해지던 비난은 이제 더 이상 논쟁의 대상도 아닌 듯하다. 하지만 토머스의 인준 청문회는 리얼리티 쇼가 부상하기 시작하던 시기와 겹쳤고, 실제로 논의되던 방식도 마치 리얼리티 쇼를 방불케 했다. 때는 아직 1991년이었던 만큼, 이 논란은 겉보기엔 자명한 사실이었음에도 대부분 미국인들이 그전까지 고려해 본 적이 없는 너무도 생소한 시련이었다.

388

당시 43세였던 토머스는 부시 대통령에 의해 서굿 마셜Thurgood Marshall의 후임 대법관으로 지명되었다. 그의 지명은 (토머스를 사회적 약자 우대 정책에 반대하는 반동주의자로 생각한) 진보주의자에게나 (역사상 유일한 흑인 대법관 마셜을 같은 흑인으로 대체한 일종의 구색 맞추기로 생각한) 극우 보수주의자에게나 환영받지 못했다. 그러다가 1980년대 초반에 토머스 밑에서 일한 적 있는 오클라호마 대학교 법학 교수 애니타 힐Anita Hill이 FBI에 제공한 진술로 여론이 들끓기 시작했다. 힐은 토머스가 자신을 성희롱했다고 주장했다. 그녀가 제공한 일화를 확인할 길은 없었지만 매우 상세했고 완전한 날조라고 보기에는 워낙 이례적이었다. 이러한 세부 사항은 결국 방송국의 생중계와 해석을 거치면서 토머스의 자격 여부보다는 사람들이 생각하는 세상의 이치란 어떤 것인지를 가늠하는 일종의 엉큼한 리트머스 시험으로 변질되었다.

이 과정이 거의 100일간 지속되었다. 문제는 10월 11일 금요일에 터졌다. 그날 저녁 PBS 앵커 짐 레러Jim Lehrer는 "오늘 사상 초유의 사태가 발생했습니다"라고 말했다. 그의 표현은 정확했다. 힐과 토머스는 열네 명의 상원 앞에서 서로 성희롱 혐의를 두고 공방을 주고받았다. 이 위원회의 위원장이 당시 델라웨어주 상원 조 바이든이었다. 토머스가 먼저 발언하고, 힐이 그다음 발언한 후, 토머스가 다시 반박하는 식이었다. 이러한 인준 과정, 특히 힐의 발언을 토머스가 부정하는 대목은 이제 터무니없어 보인다. 그러나 1991년에 무엇보다 터무니없었던 측면은 이러한 것들이 전혀 거론되지 않았다는 것이다.

토머스는 힐보다 감정을 격하게 드러냈다. 그는 모든 혐의를 부인하고 자신이 "이 과정의 희생자"라며, 힐의 고발로 자신의 삶과 명성이 망가졌다고 설명했다(그는 특히 "힐이 나를 불편해하는 기색을 전혀 내비치지 않았기 때문에 나는 우리가 친하다고 생각했다"라며 상처를 입었다고 말했다). 증언 내내 그는 "성희롱sexual harassment"이라는 표현 대신 "이성 희롱sex harassment"이라는 어색한 표현을 사용했는데, 이는 (고의든 아니든) 힐과 토머스의 사이가 결코 육체적인 관계가 아님을 반복적으로 암시했다. 또한 토머스는 흐름을 자기 편으로 돌리고자 영리하게 화제를 전환했다. 그는 더 이상 자신의 사생활이 공개적으로 해부되는 굴욕을 참지 않겠다며, 마치 상원위원회가 대법관 임명 자체에 신경 쓰지 않는다는 듯한 어투로 이제 자신을 인준할지 말지나 결정해야 할 것이라고 말했다.

그는 "나는 대법관에 지명해 달라고 요구한 적이 없다. 그저 기회가 주어지니 영광스러웠다. 그런데 이렇게 큰 대가를 치러야 할 줄은 몰랐다"라고 말했다.

힐의 진술을 요약하자면, 토머스가 그녀의 의사에 반하여 성적으로 접근했고 수시로 그녀를 불편하게 했다는 것이었다. 상원위원회는 힐에게 언론에 공개되지 않은 더 자세한 이야기를 요구했다. 그리고 이 음란하고 자세한 이야기가 전 미국인의 이목을 끌었다. 힐은 토머스가 자신의 성기 크기와 힐의 출근 복장에 대해 이야기하기를 좋아했다고 말했다. 그녀는 토머스가 포르노를 좋아한다는 점과 실명이 거론된 포르노 스타 롱 동 실버Long Dong Silver 등과 관련된 일화를 꺼내기도 했다. 특히 그녀의 주장 중 압권은 언젠가 토머스가 자기 책상 위의 코카콜라 캔을 보고 "내 콜라(Coke)에 누가 음모를 묻혔어?"라고 물었다는 것이었다.

토머스는 등장하자마자 퇴장했고 힐이 증언을 마칠 때까지 돌아오지 않았다. 그다음 그는 힐의 모든 말을 부인하면서도 그녀의 증언을 한마디도 듣지 않았다고 덧붙였다. 그리고는 다음과 같이 핵폭탄급 발언을 쏟아냈다.

> 서커스가 따로 없다. 국가적 치욕이다. 미국 시민권자이자 흑인으로서 내가 보기에 이것은 어떤 식으로든 감히 남들과 다른 생각을 품고 자기 힘으로 자기 권리를 지키는 흑인들을 응징하는 최첨단 린치 공격high-tech lynching이자, 구질서에 굴복하지 않는 한 당신이 대가를 치르리라는 메시지다. 옛날처럼 나무에 목이 매달리지 않았을 뿐이지, 상원 위원회에 의해 린치를 당하고 짓밟히고 웃음거리가 되는 것이다.

토머스와 힐의 싸움은 주말 내내 계속됐지만 기본적으로 "최첨단 린치 공격"이라는 한마디로 일단락되었다. 토머스는 10월 15일 상원의 인준을 받았고, 이후 보수적이고 과묵하며 걸핏하면 비판받는 대법관으로 비치며 임기를 보냈다. 1991년 그의 지명과 관련해 여전히 주목할 만한 점은 전부터 늘 존재했지만 무시되곤 했던 문제에 이를 계기로 사람들이 확고한 입장을 취할 수밖에 없게 되었다는 것이다. 그리고 여기에는 텔레비전이 한몫했다.

토머스의 혐의가 평범한 윤리 강령 위반과 관련이 있었다면 이 과정은 뉴스거리를 찾는 기자들에게만 중요했을 것이다(1981년 이전에는 대법관 인준 절차가 전혀 방송되지 않았다). 그러나 이번 협의는 성적 문제가 연루되었던지라 10월 11일 증언은 ABC와 NBC에서 생중계되었고 약 2,700만 명이 시청했다(그날 밤 CBS에서 방송한 MLB 아메리칸 리그 플레이오프 시청자보다 세 배 더 많았다). 시사에 거의 관심 없거나 대법관의 이름을 한 명도 대지 못할 사람들의 눈길까지도 사로잡았다. 또한 캐스터만 없을 뿐, 마치 스포츠 경기처럼 실시간으로 생중계되었다. 이를 통해 시청자는 기자와 전문가가 사건의 의미를 논평하기도 '전에' 직접 보고 스스로 해석하게 되었다. 그러다 보니 사람들의 정상적인 견해차는 사라지고 각자 본연의 감정적 반응이 우선이 되었다. 사람들이 생각하는 중요함의 기준은 전례 없이 개인화되었다.

애니타 힐이 백인이었다면 이 과정은 전형적인 인종 간 갈등으로 흘러갔을 것이다(그리고 거의 확실히 토머스에게 타격을 입혔을 것이다). 그러나 두 당사자 모두 흑인이었기 때문에(그리고 토머스가 자신을 변호할 때 "최첨단 린치"라는 문구까지 사용했기 때문에) 타인의 아픔에 공감하는 진보주의자들로서는 누구 편을 들지 딜레마에 빠졌다. 이것을 대체로 인종 차별로 봐야 할까, 아니면 성차별로 봐야 할까? 더욱 당혹스러운 것은 사람들이 힐에 대해 생각하는 기본적인 신뢰도로, 아마도 이 점이 현재와 1991년 사고방식의 가장 뚜렷한 차이일 것이다. 토머스는 7월 1일에 지명되었다. 갤럽 설문 조사에 따르면 전 국민의 52%가 그의 임명에 찬성했으며 반대는 17%에 불과했다(31%는 의견 없음). 힐의 진술은 먼저 언론의 간접 보도를 통해, 그다음 그녀의 직접적인 증언을 통해 9월에 밝혀졌다. 사람들이 한 낯선 사람의 증언에 반응하는 방식은 항상 주관적이다. 그렇지만 힐이 상원들 앞에서 이야기하는 모습을 본다면 적어도 그녀가 이성적인 인물이라는 생각이 들지 않을 수 없다. 그녀의 언행은 침착하고 조리 있었으며, 시종일관 순순하고 조심스러운 태세를 보였다. 하웰 헤플린Howell Heflin 앨라배마주 상원이 힐에게 "순교자 콤플렉스martyr complex"(자신을 희생해 다른 사람들에게 도움을 주려는 것. - 옮긴이)가 있느냐고 물었을 때 그녀는 불쾌한 기색 없이 미소 짓기만 했다. 무엇보다 힐은 상원의 연락을 받고서야 출석해 진술했으며, 자신은 이 고발을 통해 얻을 게 없다고 분명히 밝혔다. 바로 이 이유로 힐의 증언 이후 10월 14일의 또 다른 갤럽 여론 조사에서 토머스의 인준에 대한 대중의 지지가 도리어 58%로 증가한 것은 사람들을 몹시 혼란스럽게 (어떤 사람들에게는 분통 터지게) 했다. 그리고 이러한 결과는 평범한 대중의 생각을 흥미롭게 반영한 것에 그친 게 아니라 역사를 바꾸어 놓았다. 캔자스주의 상원 밥 돌Bob Dole도 여론 조사가 반대 방향으로 나타났다면 토머스가 인준되지 못했을 것이라고 인정했다.

왜 이런 일이 일어났는지 현대식으로 설명하자면 항상 간단하다. 이 사회가 성차별적 가부장제이기 때문이다. 그러나 이 설명은 한 전문직 남성이 음모에 관한 음담패설을 꺼냈다가는 단박에 성희롱 낙인이 찍히기 십상인 요즘의 사고방식에서나 통한다. 이러한 생각이 처음부터 보편적이지는 않았다. 미국 역사상 최초의 (미국 민권법상 차별 금지 조항에 따른) 성희롱 재판은 이 청문회가 열리기 불과 15년 전에 발생했다. 많은 미국인들에게 애니타 힐 청문회는 직접적인 성행위 요구 없이도 성희롱이 발생할 수 있다는 가능성을 처음으로 생각해보는 계기가 되었다(바로 이 이유로 토머스가 "이성 희롱"이라는 특정 문구를 사용한 것은 고의적인 오해의 소지가 있다). 1991년에는 사람들이 힐의 진술을 믿는 동시에 그녀가 당한 괴롭힘이 성희롱에 해당하지 않는다고 생각해도 이상하지 않았다. 힐이 1983년 오럴 로버츠 대학교에 교수직을 지원했을 때 토머스는 그녀를 위해 추천서를 써주었다. 원치 않는 행동을 하는 상사에게 부하 직원이 도움을 요청한다는 것 역시 많은 사람들을 당혹스럽게 하는 모순이었다. 이렇게 생각하기는 남녀 모두 마찬가지였다. 《USA 투데이》의 여론 조사에 따르면 여성들 사이에서도 힐에 대한 지지율은 약 26%에 불과했다.

대부분 국민들은 그녀를 전적으로는 믿지 않았다(혹은 믿더라도 별 관심 없었다). 이 사건은 성차별을 나타냈을까? 그렇다. 사람들이 제도는 냉소하면서 제도권 인사는 신뢰하는 90년대의 당혹스러운 역설을 보여주는 초기 사례였을까? 그럴지도 모른다. 그러나 텔레비전에는 비합리적 수단을 통해 합리성을 형성하는 힘도 있었다. 텔레비전 화면을 통해 경험하면 모든 게 쇼가 된다. 텔레비전 방송은 40년 동안 시청자들을 감정적 행동이 사태의 본질이라고 받아들이게끔 만들었다. 그리고 토머스는 힐보다 훨씬 더 감정적이었다. 그는 화나고, 슬프고, 당황하고, 비타협적인 모습을 보였다. 힐은 논리적으로 주장을 펼쳤으나, 이는 결코 텔레비전에서 인기를 끌지 못했다.

* * *

　O.J. 심슨의 재판을 둘러싼 기나긴 공방이 "텔레비전 쇼처럼 경험되었다"라는 말은 토냐 하딩^{Tonya Harding}과 낸시 케리건^{Nancy Kerrigan}의 라이벌 구도에 대한 관심이 반드시 올림픽 피겨 스케이팅의 인기를 반영하지는 않는다는 점과 약간 비슷하다. 이 통찰은 통찰이라고 할 수도 없을 만큼 자명하다. 심슨 사건의 어떤 측면도 텔레비전 방송이 실생활의 기억에 미친 영향을 빼놓고는 거의 생각하기 어렵다. 이를테면 사건 당시를 재구성해 분석한 7시간 30분 분량의 ESPN 다큐멘터리 〈O.J.: 메이드 인 아메리카^{O.J.: Made in America}〉, 허구적으로 재연한 FX 채널 시리즈 〈아메리칸 크라임 스토리^{American Crime Story: The People v. O.J. Simpson}〉 등이 제작되었다. 그것은 두말할 나위 없이 90년대 최악의 범죄이자 어떻게 보면 20세기 최악의 범죄 사건이었으며, (지금으로서는 상상할 수 없는) 내리 16개월 동안 전 세계의 관심을 받은 뉴스였다. 그리고 표면상으로는 인종과 유명인 관련 문제 같았지만, 그보다 범위와 규모 면에서 미국이 실패한 초강대국으로 전락할 것을 예고하는 비극과 무지가 결합된 사건이었다는 점에서 미국 언론 역사의 전환점이었다. 그동안 한 매체로서 텔레비전을 둘러싼 모든 두려움과 의심을 입증한 쇼 프로그램과도 같았다.

　O.J. 심슨 사건에서 가장 할 말을 잃게 하는 점은 사건의 실체, 즉 한 남자가 두 사람을 살해하고 무사히 넘어갔다는 사실 자체가 완전히 시야에서 사라졌다는 것이다. 이 '세부 사항'은 마치

〈트윈 픽스〉에서 로라 파머의 피살이 사람들이 그 드라마에서 기억하는 주된 요소는 아니었듯, 언론판 맥거핀(주의를 끄는 수단)에 불과했다.

심슨은 대학 미식축구 최우수 선수상인 하이스먼^{Heisman} 수상 경력에 빛나는 1970년대 최고의 NFL 선수였고, 나중에는 배우 겸 방송인이 되었다. 그는 사건 당일 밤 전처 니콜 브라운 심슨^{Nicole Brown Simpson}과 그녀의 집에 함께 있던 웨이터 로널드 골드먼^{Ronald Goldman}을 살해한 것으로 추정되었다. 여기서 나는 언론인 특유의 직업병과 반어법을 즐겨 쓰는 버릇 때문에 "추정된다"고 표현했다. 1995년에 심슨에게 무죄를 선언한 배심원을 포함해, 1994년 6월 12일 밤에 일어난 일에 대해 여전히 의견이 엇갈리는 사람들을 추적하기는 거의 불가능하다. 배심원 중 한 명인 론 크라이어^{Lon Cryer}는 2017년에 "현장에 가서 니콜 브라운을 살해한 사람은 아마 심슨이 맞을 것 같다"라고 실토했다.

심슨의 유죄를 입증할 근거는 충분하고도 남았다. 그가 사건 당일 밤 현장에 있었다는 DNA 증거가 있었다. 또 그는 브라운을 신체적으로 학대한 오랜 전력이 있었고, 한번은 브라운이 경찰에게 직접 "심슨이 절 죽이려 해요!"라고 말했을 정도였다. 심슨은 참사가 벌어진 날 밤 어디 있었는지 알리바이가 없었다. 이는 나중에 『내가 범인이라면^{If I Did It}』이라는 제목의 책을 출판하지 않았더라면 그다지 문제가 되지 않았을지도 모르지만, 그는 이 책에서 브라운에 대한 집착을 공들여 묘사했고 만약 자신이 브라운과 골드먼을 죽일 생각이었다면 어떻게 죽였을지 굳이 '가설'을 세워

상세히 설명했다. 그의 가설은 실제 두 사람이 살해된 방식과 놀랍도록 유사했다. 자신은 살해범이 아니라고 끊임없이 주장하는 한편, 자기라면 어떤 식으로 살해했을 것이라고 회고록에 쓴 사람은 심슨밖에 없을 것이다. 보디캠을 장착하고 살인을 재현하는 심슨을 보고 있노라면 이보다 더 유죄로 보일 수가 없었다. 심슨의 유죄가 명백해 보인다는 점은 이 포스트모던 드라마의 핵심이었다. 재판 구경은 흡사 게임 쇼를 보는 느낌이었다. 과연 심슨의 변호사 '드림팀'은 도저히 믿기 힘든 근거를 가지고 재판에서 승리할 수 있을까?

'무죄' 평결이 발표되기 직전 여론 조사에 따르면 백인 미국인은 70% 이상이 심슨이 살인자라고 생각한 반면, 흑인 미국인은 70% 이상이 그가 결백하다고 생각했다. 그러나 그 수치는 보이는 게 다가 아니고 오래가지도 못했다. 재판이 있은 지 20년이 지난 후 비슷한 여론 조사에서는 이제 대다수의 흑인도 심슨을 살인자로 생각하는 것으로 나타났다(같은 생각의 백인은 80% 이상으로 증가했다). 무엇이 바뀌었을까? 그때와 달라진 중요한 점이 있다면 이 모든 텔레비전 쇼가 더 이상 중계되지 않는다는 것이다. 대상을 잘못 향한 호들갑은 이제 논리의 벽에 막혀 힘을 못 쓰게 되었다. 시간을 거슬러 오직 사실만 모아 놓고 보면 도출할 수 있는 결론은 하나뿐이다. 그러나 이 재판이 '한창 진행되는 동안'에는, 실상이야 어찌 됐든 시청자들이 텔레비전 생중계를 통해 거의 무한한 상상의 나래를 펼칠 수 있었다. 그리고 그 상상의 대부분은 캘리포니아주 브렌트우드에 있는 니콜 브라운의 자택에서 벌어진 사건과 무관했다.

허구인 듯 허구가 아닌 이 사건의 내러티브에서 심슨은 정의의 확장된 의미를 상징하는 안티 히어로 같은 존재였다. 여기서 고난도의 과제가 주어졌다. 심슨이 두 사람을 칼로 찔러 죽였다는 사실과 미국의 인종 차별 역사를 저울질해야 했기 때문이다. 심슨은 로스앤젤레스 경찰국에 의해 누명을 썼긴 했지만 진짜 유죄로 비칠 때가 많았다. 그는 대부분 경력 내내 인종을 뛰어넘어 성공한 흑인 슈퍼스타로 평가되었지만, 이제 오직 인종을 내세워 스스로를 변호할 수밖에 없는 처지가 되었다. 법정에는 미소만 사라졌을 뿐 허츠Hertz 렌터카 광고와 〈총알 탄 사나이The Naked Gun〉 등 슬랩스틱 영화에 출연했던 바로 그 남자가 앉아 있었다. 과거 언론에 비치던 심슨의 그 해맑던 모습은 이제 심슨의 본성을 감춘 사악한 환상처럼 느껴졌다.

그러나 과연 "O.J. 심슨의 본성"이란 어떤 것이었을까? 하나의 인간이었을까, 아니면 이제 보니 단지 캐릭터였을까? 흡사 일일 연속극처럼 매일같이 방송되는 이 극적인 사건에는 여러 다양한 조연들이 등장했고, 그들은 모두 한동안 유명세를 치르게 되었다. 자신의 규칙을 고수하는 로스앤젤레스 경찰국의 인종 차별주의자 마크 퍼먼Mark Fuhrman, 수영장 딸린 집에 사는 멍청한 미남 카토 카엘린Kato Kaelin, 심슨의 무죄 판결 이틀 후에 〈사인필드〉에서 패러디된 도발적인 변호사 조니 코크런Johnnie Cochran 등이 그 예다.

또한 사람들이 심슨을 전혀 언급하지 않고도 심슨의 재판을 논하는 것이 가능할 만큼 다른 화젯거리도 풍부했다. 이를테면 담당 검사인 마샤 클락Marcia Clark과 크리스토퍼 다든Christopher Darden의 관계, 그리고 클락의 다양한 헤어스타일 변천사에 엄청난 관심이 쏠리기도 했다. 서브 텍스트가 줄거리를 집어삼키는 러시아 소설처럼, 혹자는 예컨대 정의의 경제, 인종 간 관계에 대한 뿌리 깊은 편견, 한 흑인 유명인의 무죄 판결이 300년 흑인 억압의 역사를 보상할 수 있다는 상징적 의미 등 사건과 간접적으로만 연관된 고차원적 관념을 추론하기도 했다. 그러나 조작된 연출처럼 낯부끄러운 순간도 있었다. 검찰이 살인 현장에서 발견된 장갑을 (한심하게도) 심슨에게 껴보라고 시켰을 때, 심슨은 마치 장갑이 너무 작다는 듯 과한 제스처를 취했다. 코크런 변호사는 "맞지 않으면 무죄가 마땅하다"라고 주장했다. 두 사람을 살해한 혐의로 기소된 한 남자의 운명은 캐치프레이즈가 된 이 한 문장으로 기사회생했다.

1995년 이후 많은 사람들은 심슨 재판에 대한 잘못된 기억을 키워 나갔고, 이제는 결국 모두가 예상한 어쩔 수 없는 결과였던 것으로 기억된다. (굉장했던) 다큐멘터리 〈O.J.: 메이드 인 아메리카〉와 (예상보다 괜찮았던) 드라마 〈아메리칸 크라임 스토리〉를 보면 검찰 측이 명백한 전술적 실수를 저질렀고 배심원들이 DNA 과학이라는 신생 분야를 이해하지 못했음을 알 수 있다. 그러나 그때는 그런 인식이 없었다. 당시에는 대부분 사람들이 어떤 판결이 나올지 몰랐든지 심슨이 유죄 판결을 받을 것이라 제법 확신했든지 둘 중 하나였다. 그렇게 확신할 수 있었던 것은 재판 때문이 아니라, 그에 앞서 대부분 국민이 동시에 경험한 한 사건에서 비롯되었다.

사건 닷새 후인 1994년 6월 17일 금요일 아침 심슨은 당국에 출두하라는 명령을 받았다. 그러나 그는 잠적했다. 그날 오후, 그의 변호사인 로버트 카다시안Robert Kardashian은 여전히 행적이 묘연한 심슨이 남긴 편지를 읽었다. 과거 시제로 쓰인 이 편지에는 자살을 암시하는 모든 기표가 포함되어 있었다(심슨은 "나는 그동안 멋진 삶을 살았다. 지금 행방불명된 사람이 아닌 진짜 O.J. 심슨을 생각해 주길 바란다"라고 썼다). 약 한 시간 동안 사람들은 이제 심슨의 시신이 발견되는 건 시간문제인지도 모른다고 생각했다. 그러나 심슨은 멀쩡히 살아 돌아왔다. 그는 405번 고속도로를 달리는 흰색 포드 브롱코 뒷좌석에서 이전 팀 동료이자 그 차를 운전 중이던 알 카울링스Al Cowlings(나중에 알고 보니 심슨의 가장 친한 친구였다)의 머리에 총을 겨누고 있었다. 고속도로가 통제된 가운데, 경찰차와 여러 대의 뉴스 헬리콥터가 이 차를 천천히 추격했다(카울링스는 시속 40마일 이상을 거의 넘기지 않았다). 차량은 도로에서 90분을 달린 후 마침내 서부 현재 시각으로 오후 8시 직전에 심슨의 집으로 돌아왔다. 그로부터 한 시간도 채 지나지 않아 심슨은 경찰에 자진 출석했다. 차 안에서는 현금 9,000달러와 가짜 수염 등이 발견되었다.

이 광경에서 오늘날까지 가장 기억에 남는 두 가지가 있다. 하나는 고속도로 길가에 서서 어처구니없게도 추격전을 구경하는 사람들, 또 하나는 안락한 자기 집에서 추격전을 지켜본 시청자가 어처구니없게도 많았다는 사실이다. 그날 밤은 어떻게든 이해하기 어려우면서도 또 한편으로는 전혀 놀랍지 않은, 90년대의 전형적 특징이 발현된 순간이었다. 추격전을 시청한 사람은 약 9,500만 명으로 추산되며, 그중 대부분은 NBA 결승전을 보다가 NBC 뉴스 속보가 불쑥 끼어드는 바람에 얼떨결에 SUV의 저속도 추격전을 시청하게 되었다. 이는 미국 사회에 일종의 토테미즘 같은 경험이 되었다. 드라마 같은 사건이 전개되는 동안, 당시 살아 있던 거의 모든 사람이 자신이 어디서 누구와 함께 경험했는지 기억할 수 있는 보기 드문 사례 중 하나였다.

심슨 사건이 과연 90년대다웠다는 것을 바꿔 말하자면 당시 그 사건이 실제로는 드라마 같은 극적 요소가 하나도 없었다는 얘기다.

심슨의 추격전을 생중계로 보는 경험은 '생생함'과 가짜 긴장감의 교묘한 투사를 궁극적으로 보여준 사례였다. 이 추격전의 싱거운 결과를 알고 난 지금, 그 전 과정을 다시 복기하면 지루함을 넘어 지켜보기가 고역스러울 정도다. 이제는 그때 왜 그랬나 싶을 만큼 당시의 재미를 다시 느끼기 어렵다. 뉴스 앵커는 강박적으로 같은 문구를 반복했고("여러분은 지금 믿기지 않는 장면을 보고 계십니다"), 사소한 세부 사항을 추측하고(차량이 어느 차선으로 나갈 것인지), 때로는 한참 동안 침묵을 지키기도 했다.

돌이켜 보건대 그 상황에서 가능한 시나리오는 뻔한 것이었다. 즉 포드 브롱코는 멈추거나, 계속 질주하거나 둘 중 하나였다. 화면에 펼쳐지는 이미지에는 특별히 강렬한 점이 없었다. 그러나 이것은 진정 각본 없는 이벤트였다. 휴스턴 로키츠와 뉴욕 닉스의 챔피언 결정전도 각본이 없긴 마찬가지였지만, 농구는 그저 농구일 수밖에 없었다. 그에 반해 심슨 사건은 지금까지 전혀 본 적 없는 심각한 사건이면서도 비교적 위험도가 낮은 편이라는 대중의 인식이 있었고, 여기에 (특히) 재미있는 눈요깃거리까지 제공되었다.

두 사람이 한 유명 스타에게 잔인하게 살해당했다. 이 유명한 살인범은 대중에게 최대한 노출된 상태로 법망을 피해 다니고 있었다. 그는 9,500만 명의 시청자가 보는 앞에서 정말 자살할 가능성도 있었다. 그러나 이 모든 것에 공포스러운 면은 없었다. 다만 '불편할' 따름이었고, 그나마 여기에 가장 관심 있어 한 사람들은 전혀 불편해하는 기색이 없었다. 이 추격전을 회상할 때 빠지지 않고 언급되는 부분은 자동차가 고속도로를 달릴 때 육교에 모여 "그분이 나가신다(The Juice Is Loose)"라고 적힌, 급히 만든 팻말을 들고 심슨을 응원하는 구경꾼 무리다. 그때 그들은 심사가 뒤틀린 사람들로 보였고 지금도 여전히 그렇게 보인다. 그러나 또한 이것은 나중에 소셜 미디어 추동력의 초창기 버전으로 볼 수도 있다. 이는 정확한 정보도 제대로 모른 채 뉴스에 '참여'하고 싶었던 사람들의 욕구였다. 그들이 살인마를 응원하는 자기 모습이 방송에 나오기를 원했던 건 살인마가 좋아서가 아니라 사회 전체가 동시에 경험 중인 희대의 사건에 참여했다는 짜릿함 때문이었다.

* * *

　심슨의 재판이 1억 5,000만 명의 시청자에게 생중계된 지 1년 후 폭스 뉴스는 '일반' 뉴스의 대안으로 출범했지만 경쟁사와 전혀 다르지 않은 방식으로 입지를 굳혔다. CNN과 비교해도 유사점이 차이점보다 훨씬 많았다. 폭스 뉴스보다 몇 달 앞서 1996년 여름에 방송을 개시한 MSNBC도 마찬가지다.

　호주의 거물 루퍼트 머독Rupert Murdoch이 창립하고 미국의 정치 전략가 로저 에일스Roger Ailes가 지휘하는 폭스 뉴스가 정치 보도를 우파로 기울일 것이라는 가정은 의심의 여지가 없었다(머독의 제국은 포퓰리즘을 토대로 세워졌고 에일스는 레이건, 부시 정권과 함께 일한 바 있다). 그러나 폭스 뉴스는 아주 저예산으로 운영을 시작했고, 뉴욕이나 로스앤젤레스에서는 방송조차 되지 않았다.* NBC와 마이크로소프트의 연합인 MSNBC는 거의 즉시 신뢰할 수 있는 방송사로 간주되었다. 새롭게 부상하는 인터넷과 전통적인 방송 뉴스를 융합하려는 시도 외에는 고정된 관점이나 이데올로기를 제시하지 않았다(MSNBC의 초창기에 소속되어 활동한 언론인 중에는 보수 논객 앤 코울터Ann Coulter도 있었다). 각 신문 및 잡지 기자들은 MSNBC의 개국을 비중 있게 보도했고 그들의 신속한 속보 전달력을 높이 평가했다(특히 출범한 지 불과 이틀 만에 발생한 항공사 추락 사고 관련 보도가 인상적이었다). AP 통신 기자 프레이저 무어

---

*　곧바로 머독은 케이블 방송사 타임워너가 CNN의 창립자인 테드 터너Ted Turner와 공모하여 미국 주요 시장에서 폭스 뉴스의 진입을 막으려 했다며 20억 달러 상당의 반독점 소송을 제기했다.

Frazier Moore는 다음과 같이 MSNBC의 유일한 문제로 너무 외부 시선을 의식한 듯한 트렌디한 인재 영입 방식을 지적했다. "성별, 민족성, 정치 성향이 다양하게 구성된 이곳의 전문가들은 왜 다들 그렇게 젊을까? 50세 이상은* 통찰력과 의견도 없단 말인가?" MSNBC는 즉시 경쟁 태세를 갖췄으나 재정적 어려움을 겪었다. 마이크로소프트의 엄청난 현금 지원에도 MSNBC는 첫해에 직원의 20%를 감축해야 했다.

1999년 1월까지 케이블 뉴스의 황금 시간대 시청률은 여전히 예상된 궤도를 따르고 있었다. 이 시점에서 개국한 지 약 20년 된 CNN은 일 평균 시청자 수가 100만 명이 조금 넘었다. 폭스 뉴스는 약 28만 1,000명, MSNBC는 약 25만 6,000명이었다. 폭스와 MSNBC는 이류 뉴스 방송사였다. 다시 말해 CNN보다 두 채널 중 하나를 선호하는 사람이라면 대부분 개인의 뚜렷한 성향 때문이었다. CNN은 코카콜라에 비견할 만한 24시간 뉴스 채널이었고, 폭스와 MSNBC는 펩시 자리를 놓고 싸우고 있었다. 사실 이 채널 중 어느 것을 시청하든 '별로' 차이가 없었다. 이는 MSNBC가 민주당의 대변자로 진화하고 폭스 뉴스가 공화당 자체와 거의 일심동체가 된 다음 세기에 극적으로 변하게 된다.

폭스가 (시청률이 급상승한) 2000년 대선일 밤에 깨닫고 몇 년 후 MSNBC도 받아들이게 된 한 가지 사실이 있다. 사람들은 케이블 뉴스를 일종의 오락거리로 시청할 뿐, 이미 자신들이 믿는 것

---

* MSNBC의 1세대 앵커 조디 애플게이트Jodi Applegate는 32세였다.

과 상충하는 어떤 새로운 사실도 알고 싶어 하지 않는다는 것이다. 이 점은 이미 90년대 내내 점점 언론계에서 가시화되고 있었으나 솔직히 인정하기에는 너무 우울했다. 시청자가 원하는 것은 전통적인 방송 형식을 통해 거짓으로 생성된 기존의 편향을 재확인하게 해주는 정보뿐이다. 저널리즘은 객관적인 것처럼 '보여야' 했지만 그러려면 음을 소거해야만 했다. 게다가 편향은 미묘하지도 않고 예측 가능하게 표출되어야 한다. 당파적 시청자들은 정보를 실제로 접하기도 전에 어떤 정보가 주어질지 미리 예상되는 편을 좋아한다. 대재난 같은 속보가 아닌 이상, 사람들이 케이블 뉴스를 보는 주목적은 감정적 확신이다.

현재 폭스 뉴스의 성향 때문에 그들이 개국하자마자 미국의 보수적 사고를 지배해 왔다고 믿는 사람들도 있지만, 이는 사실이 아니다. 캘리포니아주 버클리 대학교에서 실시한 한 연구에서는 폭스 뉴스가 방송된 지역을 중심으로 폭스가 2000년 대선에 미친 영향을 조사했다. 조사 결과 득표율에 "중요한 영향을 미치지 않았음"을 확인했고 폭스 뉴스가 결국 "시청자 중 공화당에 투표하도록 설득해 낸 비율은 0~2.1%였다"라고 결론지었다. 계속해서 학자들은 시청자들이 매체에 내재된 편향을 이미 이해하고 있으며 "폭스 뉴스를 시청할 때 그 이해를 이성적으로 활용한다"라고 주장했다.

과거는 단순히 딴 세상이 아니다. 과거는 다중 우주 중 하나다.

＊　＊　＊

　　방송에서 "초현실적^{surreal}"라는 말만큼 상습적으로 오용되는 단어도 드물다. '초현실적'은 단순히 이상하거나 예상 밖이라는 의미가 아니다. '초현실적'은 "현실을 넘어선다"라는 의미이므로 현실에 존재하는 어떤 것도 설명할 수 없다. 호랑이 한 마리가 쇼핑몰을 어슬렁거린다면 무섭고 신기하긴 해도 호랑이가 바닥 속으로 빨려 들어가지 않는 한 초현실적이지는 않다. 〈매트릭스〉에서 한 아이가 마음으로 숟가락을 구부린 행동은 초현실적이다. 반면에 한 학생이 학교 구내식당에 들어와 급우들에게 총질한 일은 형언할 수 없게도 명백한 현실이었다. 따라서 1999년 콜로라도주 리틀턴의 콜럼바인 고교 학살은 초현실적 사건이 아니었다. 하지만 교내 보안 카메라에 찍힌 영상으로 보건대, 현실을 넘어선다는 초현실의 사전적 의미에 가장 근접한 경험이었다.

　　콜럼바인 총기 난사가 미국 최초의 학교 총기 난사 사건은 절대 아니다. 그보다 1년 앞서, 정신 질환을 앓던 한 15세 소년이 오리건주 스프링필드의 서스턴 고등학교에서 동급생 두 명을 살해하고 스물다섯 명에게 부상을 입힌 일이 있었다. 교내 총기 난사의 역사는 불편하리만치 오래되었고, 건국 이래 공교육이 처음 시작된 때까지 거슬러 올라간다. 그러나 콜럼바인 총기 난사는 차원이 다른 교내 총격 사건의 기준선을 제시했다. 실제로 발생하기에는 너무 극단적이어서 오직 상상만 가능했던 악몽이 현실에서 완전히 구현된 형태였다. 또한 설득력 있게 설명할 수 없는 시나리오에 설득력 있는 내러티브를 갖다 붙이느라 열세 명의 사망자는 묻혀 버린 메타 역사meta-history의 조작을 보여주는 매우 우울한 사례다. 이 사건이 새롭게 창작되기까지는 3단계의 전형적 과정을 거쳤다. 먼저 아수라장이 된 현장이 생중계되고 온갖 추측이 나돈다. 그다음 약 사흘간 근거 없는 억측과 잘못된 해석이 꼬리에 꼬리를 문다. 마지막으로 살인범들의 범행 동기에 대한 그간의 모든 오해를 해명하는 데 10년을 보낸다.

총격은 아돌프 히틀러가 태어난 4월 20일에 발생했으며, 이 날짜를 숫자로 축약하면 마리화나 흡연을 나타내는 속어이기도 한 4/20이 된다. 이러한 사소한 사실이 사건과 관련지어 자주 언급되었지만, 유일한 문제는 실제로 둘 다 아무런 상관이 없다는 것이었다. 초기에 방송된 화면은 교외 동네에서 흔히 볼 수 있는 평범한 학교 건물의 외부 전경만 무미건조하게 비추고 있었다. 그 안에서 무슨 일이 벌어지고 있는지 알 길은 없었으나 끔찍한 일인 건 분명했다. 학교 내부의 학생들에게서 걸려온 전화에는 총성이 울려 퍼졌다. 한 무리의 학생들이 건물에서 도망치는 모습이 포착되는가 하면, 머리에 손을 얹은 학생들도 있었다. 뒤이은 장면은 구내식당 내부의 보안 카메라에 잡힌 가장 오싹한 영상이었다. 반자동 소총으로 완전 무장한 두 학생이 나타나 테이블과 의자 아래 필사적으로 숨는 동급생을 일사불란하게 소탕하고 있었다. 정오가 약간 지난 시각에 두 가해자인 18세의 에릭 해리스Eric Harris와 17세의 딜런 클리볼드Dylan Klebold는 결국 교내 도서관에서 자살했다.

콜럼바인 총기 난사는 역사적 사건은 잘못된 첫인상으로 기억되기 쉬울 뿐 아니라, 그 잘못된 기억이 이후 바로잡힌 사실보다 더 질긴 생명력을 지닌다는 교훈을 남겼다. 참사 직후의 언론 보도가 일부 틀렸다는 것이 널리 인정된 후에도, 그때 많은 사람들에게 이미 잘못 생성된 기억은 쉽사리 지워지지 않았다(그 기억이 잘못되었음을 아는 사람들에게도 마찬가지다). 특히 해리스와 클리볼드가 교내에서 "트렌치 코트 마피아the Trench Coat Mafia"라고 불리는 반사회적 학생 무리에 속했다는 소문이 한동안 파다했지만, 완전히 사실무근이었다. 또 두 사람이 급우들과 잘 어울리지 못했다고 꾸준히 언급되었으나 근거가 빈약했다(클리볼드는 사건 얼마 전 댄스파티에 참석하기도 했다. 또한 일부 친구들이 총격 현장을 탈출하도록 봐줄 만큼 둘 다 몇몇 친구가 있었다). 그들이 "고스족Goth kids"이었다는 소문이 널리(그리고 잘못) 퍼졌고, 이어서 고스의 의미를 오해한 전 국민이 공포에 빠졌다.* 운동선수와 치어리더를 표적으로

---

* 하위문화인 고스는 20세기 청소년 문화가 가장 창의적으로 확장된 예 중 하나다. 1980년대 죽음에 집착하는 영국 포스트펑크 음악에서 파생되었다. 시간이 지나면서 패션과 라이프스타일로 확장된 고스 문화는 (대개 축 처진 분위기를 의도적으로 연출하며) 어둡고 우울하고 고풍스럽고 때로는 아이 같기도 한 스타일을 특징으로 하게 되었다. '고스풍'을 즐기는 10대들은 학교에서 인기 있는 학생이 되는 데 관심이 없었다. 그리고 드물게나마 매스컴을 통해 묘사되는 고스 문화(이를테면 조니 뎁Johnny Depp 주연의 영화 〈가위손〉의 에드워드, 〈새터데이 나이트 라이브〉 중 "고스 토크Goth Talk" 코너, 짧은 기간 방영된 MTV 시트콤 〈오스틴 이야기Austin Stories〉의 한 에피소드)는 항상 고스족들이 의식적으로 으스스하고 자발적으로 창백하게 연출한 이미지에 초점을 맞췄다. 고스는 무해하게 이상한 스타일이자, 이상하게 무해하기도 했다. 그러나 콜럼바인 사건 다음 날, 이러한 시선은 완전히 바뀌었다. 해리스와 클리볼드를 언론에서 '고스족'으로 잘못 분류하는 바람에, 고스를 잘 이해하지 못하는 어른들은 갑자기 고스족이 위험하고 폭력적이라고 생각하기 시작했다. 이 잘못된 정보로 고스 문화가 단 한 순간에 치명타를 입었기 때문에, 이전 같으면 '고스족'으로 분류되었을 10대들은 논란의 소지가 덜한 '이모emo'라는 하위문화로 갈아탔다. 고스와 많은 특징을 공유하되 스스로 고정 관념화된 또 하나의 장르인 이모는 다만 음악이 고스보다 무던한 편이고, 비교적 밝은 색깔의 옷을 즐겨 입으며, 17세기 스타일에 심취하지 않는다는 차이점이 있다.

삼았다고 보도되기도 했으나 이렇다 할 증거는 없었다. 또한 해리스는 피해자 한 명에게 신을 믿느냐고 물었고, 그렇다고 답하자 살해한 것으로 전해졌다. 그러나 알고 보니 이 질문은 두 범인이 임의로 살려주기로 결정한 전혀 다른 학생들에게 했던 것으로 나타났다.

이러한 날조가 끊임없이 생성된 것은 주로 이 참사가 벌어진 이유를 합리적으로 설명할 길이 없다는 사실을 사회 전체가 인정하고 싶지 않아서였을 것이다. 해리스는 티모시 맥베이를 본받고 싶어 한 최악의 사이코패스였다. 클리볼드는 (적어도) 우울증과 자살 충동에 시달렸다. 입이 떡 벌어지는 사망자 수를 낳았지만 엄밀히 말해 두 사람이 의도한 계획은 실패했다. 그들의 원래 목표는 프로판 폭탄으로 지붕이 무너질 만큼 학교 전체를 폭파하는 것이었다. 해리스가 쓴 일기를 보면 타락한 심성이 여실히 드러난다. 그는 자신이 인종 차별주의자라고 자랑하고, 정신병자들은 "자연 선택"의 일환으로 처단되어야 한다고 주장하며, 나치의 홀로코스트는 규모가 너무 국소적이었다고 썼다("전 인류를 죽여야 한다. 아무도 살아남아서는 안 된다"). 그는 태평하게도 자신이 죽은 후 누군가가 자신의 전기를 쓸지 궁금하다고도 적었다. 해리스가 마지막으로 일기를 쓴 4월 3일의 내용을 보면 불안과 외로움이 그의 파괴욕에 영향을 미쳤음을 알 수 있다("나는 쏙 빼놓고 자기들끼리만 온갖 재미는 다 누리는 인간들이 싫다. (중략) 내 전화번호를 알고 있으면서도 말이다"). 그러나 사후 분석에서 사실과 허구의 연금술은 그 시대의 관습 및 규범과 결합하여 취약한 형태의 인지 부조화를 촉발했다. 이를테면 해리스와 클리볼드를 구제 불능의 괴물로 취급하는 것도 전적으로 동의하는 한편, 보이지 않는 곳에서 집단 폭력에 내몰리고 있는 소외된 10대들의 아픔에 공감하는 것 역시 필요해 보였다. 1999년에는 학교 내 괴롭힘을 거의 모든 사건의 원흉으로 돌릴 수 있었다.

사회학자 도나 게인스^{Donna Gaines}는 총격 사건 직후 지역 신문 《샬롯 옵저버》에 "고등학교 내의 사회적 위계질서가 아이들의 정신에 미치는 피해를 관심 있게 지켜보는 어른은 아무도 없다. 그 결과 아이들은 소외감과 굴욕감에 시달린다"라고 말했다. 게인스의 1991년 저서 『10대의 황무지^{Teenage Wasteland}』는 뉴저지주의 소외된 10대 메탈 팬들이 동급생 네 명의 계획적인 동반 자살을 목격한 이후의 생활을 시간순으로 기록했다. 게인스의 공감적 관점은 일리가 있었으나 썩 새롭지는 않았다. 직전 25년 동안 대부분 청소년 대중문화는 겉멋 든 아이들은 학교에서 잘나가고, 본성이 착한 아이들은 인기 없다는 전제하에 작동했다. 수많은 작품 속의 고등학교에서는 한 무리와 다른 무리가 서로 대립하는 설정이 거의 빠지지 않는다.* 이 묘사가 워낙 널리 퍼져 있다 보니 콜럼바인 사건에도 반사적으로 적용되었다. 해리스와 클리볼드가 인기

---

* 주목할 만한 예외는 1990년 폭스에서 방영하기 시작한 하이틴 드라마 〈베벌리힐스 아이들〉이다. 이 드라마는 미네소타주에 살던 두 명의 '평범한' 10대가 캘리포니아주의 가장 부유한 동네로 이사하면서 겪는 갈등을 전제로 한다. 그러나 등장인물들이 서로 친구가 되고 (매우 자주) 연인 관계로 발전하면서 계층 간 긴장은 사라졌다. 대단한 성공을 거두고 문화에도 큰 영향을 끼친 이 드라마는 10년 동안 방영되었으며 텔레비전 방송 역사상 엘리트층의 도덕성을 가장 긍정적으로 그린 작품 중 하나다. 등장인물들은 실질적 책임감에서 자유로운 특권층이었지만, 모두 근본적으로 착한 캐릭터로 설정되었다.

90년대

있는 아이들을 표적으로 삼았다는 (잘못된) 믿음 때문에, 이것이 급우들의 무자비한 괴롭힘에 대한 보복이었으리라는 (잘못된) 가설이 생겼다. 이 가설은 콜럼바인 총기 난사를 고상하게 해석하는 유일한 방법이었다. 이 관점에 따르면 정신 불안이 극에 달한 두 학생이 총을 손쉽게 입수하고 만행을 저지른 특이 사례가 아니라, 소위 불건전한 비디오 게임과 허무주의적 메탈 음악에 물든 10대가 고뇌를 극단적으로 표출한 사회 전체의 문제였다.

총기 난사 후 가장 집중포화를 받은 아티스트는 의도적인 논쟁적 콘셉트를 표방하는 쇼크록의 대명사 마릴린 맨슨Marilyn Manson이었다(당시 근작인 〈Mechanical Animals〉는 《빌보드》 앨범 차트에 1위로 데뷔했다). 해리스와 클리볼드가 마릴린 맨슨의 팬이 아니라는 사실은 중요하지 않아 보였다(그들은 독일 인더스트리얼 밴드 람슈타인Rammstein을 좋아했다). 상원의원 열 명이 맨슨의 음악이 "폭력을 미화"한다고 주장하며 소속사인 인터스코프 레코드에 맨슨의 앨범 판매를 중단할 것을 요구하기도 했으나 실패했다. 맨슨은 마이클 무어Michael Moore 감독의 다큐멘터리 〈볼링 포 콜럼바인Bowling for Columbine〉 속 인터뷰에서 자신이 비극에 일조했다는 비난에 대해 게인스와 비슷하게 공감적 태도로 대응했다. 그는 피해 학생들에게 무슨 말을 하고 싶냐는 질문에 "하고 싶은 말은 아무것도 없다. 그저 '그들'의 말을 듣고 싶다. 아무도 들어준 사람이 없으니까"라고 답했다. 맨슨은 본인과 아무 관련이 없는(그러면서도 그의 경력을 끝장낼 뻔한) 사건에 관해 점잖게 반응하며 대단한 인내심을 드러냈다. 그러나 그의 한마디는 〈애프터스쿨 스페셜After School Special〉

(매회 다양한 에피소드에서 청소년 문제를 다룬 ABC 방송의 단막극 시리즈로, 마지막에는 메시지가 담긴 질문을 던지며 마무리되는 형식이다. - 옮긴이) 중 최악의 에피소드의 마지막 장면처럼 느껴지기도 했다. "아이들은 어떡해야 합니까? 아이들은 어떤 기분일까요?"

콜럼바인 총기 난사 같은 끔찍한 일이 발생하면 사람들은 세상의 이치에서 벗어나지 않으면서 이를 설명할 결정적 논거를 찾고 싶어 한다. 통상적으로는 진실을 아는 것이 도움이 되겠지만, 이 경우에는 그렇지 않았다. 진실을 알고 보니 아무 의미가 없었고, 그래서 잘못 알고 있을 때보다 더 섬뜩했다. 그래서 사람들은 진실이 밝혀져도 믿기를 거부했다.

* * *

90년대 내내 텔레비전이 중요했다는 건 쉽게 알 수 있어도 설명하기는 어려웠다. 텔레비전으로 방송되는 콘텐츠보다는 방송의 본질적인 작동 방식과 그 지배력의 중심성이 더 중요했다. 텔레비전은 일방적 위치에서 모든 정보를 주입하는 지배적 수단이 되었고, 이는 미래 세대가 절대 수긍하거나 이해하지 못할 방식이었다. 텔레비전 방송은 시청자가 보고 싶을 때가 아니라 편성된 날짜와 시간에 따라서만 볼 수 있었다. 화장실에 가고 싶으면 기다렸다가 광고가 나올 때 얼른 갔다 3분 이내에 복귀해야 했다. 눈앞의 방송이 마음에 들지 않으면 아무것도 안 보거나, 재미없어도 그냥 보거나, 방을 나가는 수밖에 없었다. 시트콤은 딱 세 대의 카메라로 촬영되었다(그래서 구도가 똑같았다). 드라마에는 중심이 되는 'A 이야기'와 덜 중요한 'B 이야기'가 있었다(그래서 다 구성이 똑같았다). 뉴스는 말 그대로 새 소식을 알렸다. 데스크 뒤에 앉은 앵커가 시청자에게 무슨 일이 일어났다고 설명했고, 방금 그 설명이 (사실상) 실제 일어났음을 증명할 영상 화면이 함께 딸려 나왔다. 인터넷 이전 시대에 지금의 인터넷 역할을 한 셈이었지만, 인터넷과는 전혀 달랐다. 사용자가 원하는 정보를 능동적으로 검색하는 게 아니라, 원하는 정보를 즉석에서 수동적으로 전달받았다. 텔레비전은 현실과 달랐지만, 90년대에는 그전이나 이후와 비교해도 유독 현실과 가까운 관계에 놓여 있었다.

〈매트릭스〉의 가장 중요한 장면으로 모피어스와 네오가 컴퓨터 네트워크 내에서 계시적인 대화를 나누는 대목이 있다. 모피어스는 네오가 한때 믿었던 가짜 현실과 그가 지금 받아들여야 하는 냉혹한 현실 사이의 차이를 설명한다. 하지만 모피어스는 그 차이를 보여주기 위해 컴퓨터 모니터나 홀로그램, 유체 이탈 방법이 아닌 텔레비전을 이용한다. 그것도 미래형 평면 텔레비전이 아닌, 1950년대 호주에서 생산된 라디올라^{Radiola} 콘솔 모델이다. 이것은 줄거리에 중요하지 않은 작은 세부 사항일 뿐이지만 강력한 의미를 내포한다. 네오는 인터넷으로 살아가는 해커이고, 그의 삶은 컴퓨터로 되어 있다. 그러나 그가 인간의 실재를 자동으로 이해하는 방식은 아직 아무것도 연결되지 않은, 그가 조작할 수 없는 2차원적 아날로그 텔레비전을 통해서다. 〈매트릭스〉의 난해한 철학이 관객들에게 통한 이유는 그들이 인터넷이라는 신문물을 이해하기 시작해서가 아니라, 지난 50년 동안 텔레비전 속에서 자생적으로 구축되어 온 하이퍼리얼리티를 이 영화가 과장적으로나마 묘사했기 때문이었다.

밴이 폭발하고 건물이 무너졌다. 한 남자와 여자가 자신들에게 일어난 같은 사건을 두고 의견이 대립했다. 한 살인범이 흰색 자동차를 타고 정처 없이 질주했고, 이는 일종의 볼거리를 연출했다. 두 10대가 동급생들을 살해했으나 아무도 이유를 모른다. 진짜는 무엇일까? 진짜의 정의를 어떻게 내려야 할까? 눈앞에 숟가락이 있지만, 아이는 숟가락이 없다고 한다. 숟가락이 있고 없고는 얼마나 마음을 기울이느냐의 차이일 뿐이었다.

감정과 무감정의 전쟁

한 사람(또는 집단)을 파악기 위해서는 그들의 감정을 확인하고 분석하는 것이 통상적인 절차다. 그러나 정말 중요하고 어쩌면 더 도움이 되는 것은 '무엇을' 느끼느냐가 아니라 그 감정을 '어느 정도' 느끼느냐일 것이다. 서로 반대되는 관점을 지닌 두 사람이라도 둘 다 신중하고 과묵한 성격이라면 거의 비슷해 보일 수 있다. 반면에 기본적인 관점이 같아도 그 인식의 경중에서 차이가 나는 두 사람은 적이 되기도 한다. 인간의 감수성은 강해야(또는 약해야) 바람직할까? 인간은 자신의 감정에 덜(또는 더) 충실해야 할까? 합리성이 감정이나 도덕적 신념보다 더(또는 덜) 중요할까? 이 영원히 좁혀지지 않는 견해차는 직접적으로 해소되는 경우는 거의 없지만 세상에 존재하는 다양한 가치관을 알려주는 역할을 한다. 이는 거의 모든 사회 갈등에서 볼 수 있는 딜레마이자, 대통령이 되지 않고도 미국인의 생활에 막대한 영향을 미친 90년대 인물 두 명에게서 가장 두드러지게 나타난다.

앨런 그린스펀Alan Greenspan은 감정의 배제를 중요시했다. 그가 정확히 그렇게 입 밖으로 낸 적은 없지만 그것이 그의 날카로운 지성을 이루는 근간이었다. 그린스펀은 역대 연방준비제도 이사회 의장 중 이전에 존재한 적이 없었고 앞으로도 존재하지 않을 법한 슈퍼스타였다. 1987년 레이건에 의해 임명된 이래 조지 H. W. 부시, 빌 클린턴, 조지 W. 부시로 이어지는 네 번의 정권을 쭉 거쳐 미국의 금융 시스템을 감독했다. 그의 임기 19년 동안 미국 경제는 상승과 하강을 거듭했지만 전반적인 궤도는 꾸준히 긍정적이었다. 스스로 공화당원을 자칭했지만 자신의 임기 중 클린턴을 최고의 대통령으로 꼽은 그린스펀은 이 기간 내내 양당의 신임을 받으며 유일하게 자리를 지킨 덕에 일당백의 싱크탱크처럼 간주되었고 미국 경제가 자동 조종 장치로 움직이듯 순항하게 했다는 평을 받곤 했다. 그러나 나중에 이 평가는 뒤집히게 되고, 그린스펀은 2006년 사임한 지 1년도 안 돼 발생한 금융 위기로 공개적 뭇매를 맞는 운명에 처한다. 하지만 의장으로 재직할 당시만 해도 그는 아무도 못 건드리는 인물이었다. 여기에는 사람들이 항상 좋아한 건 아니지만 마땅히 흠잡을 수도 없었던 그만의 초연한 철학이 한몫했다.

그린스펀은 지금까지 실존한 인물 중 가장 기인답지 않게 생긴 기인이었다(그의 외모는 61세에 처음 연준 의장직을 맡았을 때나 80세에 자리에서 물러날 때나 별반 다르지 않았다). 그는 늘 부엉이 같은 큼직한 안경을 쓰고 뚱한 표정을 지었지만 춤을 잘 추고, 줄리어드 음대를 다닌 재즈 색소폰 연주자였으며, 뉴스 앵커들(바바라월터스Barbara Walters, 그리고 결국 결혼에 골인한 안드레아 미첼Andrea Mitchell) 과 사귀기를 좋아하기도 했다. 말수가 적으면서도 설득력 있는 인물이었기에 그의 말 한마디는 유독 중요했다. 특히 1996년 연설에서 "비이성적 과열irrational exuberance"이라는 날카로운 한마디를 내뱉자, 전 세계 주식 시장은 즉시 폭락했다.

그린스펀이 축적해 온 신뢰는 감정을 배제한 채 데이터에 충실했던 그의 의사 결정 능력이 한몫했다. 그의 초창기 사상은 두 가지 철학에 기반을 두었다. 하나는 검증 가능한 사실만을 고려해야 한다는 개념이다. 또 하나는 작가이자 철학자 아인 랜드Ayn Rand의 객관주의Objectivist 이론으로, 이는 모든 사람이 항상 자신의 이기심에 따라 행동하면 사회가 더 발전한다는 가설이다. 이러한 이론을 진보주의자들에게 설득하는 것은 체르노빌 근처의 호텔 소유주들에게 원자력을 홍보하는 격이다. 여론이 그린스펀에게 등을 돌렸을 때 이러한 가치관, 특히 랜드와의 개인적 친분은 그에게 불리하게 작용했다.* 그러나 90년대(특히 후반) 그린스펀의 냉철한 계산은 효과를 발휘했다. 그는 비범한 위치에 있는 비범한 인물이었다. 숫자를 통제하는 게 그의 본분이었고, 숫자에는 감정이 없었다. 그는 자신을 포함하여 누구의 감정에도 신경 쓰지 않는(혹은 그렇게 비친) 진중한 대부였다.

---

* 그린스펀 전기『앨런 그린스펀의 삶과 시대The Man Who Knew』를 쓴 세바스찬 말라비Sebastian Mallaby는 1950년대에 그린스펀과 랜드가 인연을 맺은 후, 랜드의 소설『아틀라스Atlas Shrugged』의 일부 구절을 그린스펀이 편집하거나 심지어 집필했을 가능성이 있다고 주장했다.

오프라 윈프리Oprah Winfrey는 그린스펀의 정반대였다. 그녀는 더 적극적인 감정의 표출을 중요시했다. 전 국민의 대모처럼 모든 사람의 감정을 진심으로 배려하는 듯했지만, 때로는 개인의 책임감을 요구하는 쓴소리도 아끼지 않았다. 1994년 윈프리는 쇼 진행 중 "자기 어머니를 탓하는 사람들의 말은 차마 들을 수가 없네요. 다음으로 넘어가죠. 우리는 피해 의식에 빠진 분들의 이야기를 듣는 데 시간 낭비하지 않겠습니다"라고 말했다. 그러나 아무리 가끔 거침없는 언사를 내뱉는다 해도, 윈프리가 자신의 일일 토크쇼를 통해 외딴 교외의 시청자들에게 든든한 버팀목이 되어준다는 사실은 역시 감춰질 수 없다. 윈프리는 사람들이 어떤 감정을 느끼는지가 그 감정을 일으키는 상황 못지않게 중요하다는 믿음을 수면 위로 끌어올리는 데 그 어떤 유명인보다 혁혁한 공을 세웠다.

윈프리는 빠르고 놀라운 속도로 명성을 쌓았다. 그 시작은 1984년 시카고의 지역 뉴스를 진행하면서부터였다. 1986년이 되자 그녀는 자신의 이름을 내건 쇼를 진행하기 시작했고, 이는 처음에 (토크쇼의 기틀을 마련한 장수 프로그램인) 〈필 도나휴 쇼〉의 대안으로 간주되었다. 몇 달 만에 윈프리는 도나휴의 평판을 능가하게 된다. 토크쇼의 일인자가 된 그녀는 1993년 9,000만 명의 시청자가 지켜보는 가운데 마이클 잭슨에게 숫총각이냐고 질문했다(참고로 잭슨은 "저는 예를 지키고 싶습니다(I'm a gentleman)"라고 답했다). 1995년 그녀의 순자산은 3억 4,000만 달러였으며, 그녀를 닮고자 하는 수많은 아류들은 아무도 적수가 되지 못했다. 1996년에는 광우병에 관한 에피소드를 방송하자, 즉시 쇠고기 가격은 폭락했다. 같은 해에 윈프리는 북클럽을 시작했고, 그녀의 책 선정 결과가 향후 10년간 출판계를 좌지우지할 정도였다(소설가 조너선 프랜즌Jonathan Franzen은 단지 그녀의 쇼에 출연을 거절했다는 이유로 논란에 휩싸였다. 비판자들은 그의 결정을 분수에 넘치고 오만하다고 보았다). 2000년에 그녀는 자신의 이름을 내건 월간지를 창간하고 20년 내내 모든 표지에 등장했다.

오프라는 지구 역사상 흑인 여성으로서 최초의 억만장자였다. 그러나 그녀의 비즈니스 통찰력보다 훨씬 컸던 것은 문화에 남긴 발자취였다.

1996년 8월 《월스트리트 저널》의 한 사설은 신조어 하나를 만들어 냈다. 이 글은 그해 여름 민주당 전당 대회를 주제로 서술하고는 미국 정치의 "오프라화Oprahfication"를 개탄했다. 구체적으로 말하자면 어떤 치부를 공개적으로 고백하는 것을 마치 만병통치약처럼 여기는 개념을 비판한 것이었고, 윈프리의 메시지에는 확실히 공개 고백을 옹호하는 면이 있는 게 사실이었다. 윈프리는 종종 자신의 신체적 고민과 어린 시절 성적 학대를 당한 경험을 이야기했고, 심지어 20대에 크랙을 피운 적 있다고 털어놓기도 했다(당시에는 크랙과 정제 코카인이 천지 차이로 인식되었다). 그러나 "오프라화"라는 용어는 훨씬 더 포괄적인 것을 의미하게 되었다. 당시 시대정신으로 "오프라화"의 예로 인용된 것은 그것이 무엇이 됐든 감정의 중시와 사회의 여성화를 가리켰다. 1997년 시사 주간지 《유에스 뉴스 앤드 월드 리포트》는 말 그대로 「여성이 좋아하는 여성A Woman's Woman」이라는 제목으로 오프라 윈프리의 이야기를 실었다.

작가 데브라 디커슨Debra Dickerson은 이렇게 말했다.

> 미국의 경제 호황과 전 세계의 비교적 평온한 정세 덕분에 사람들은 자기 자신에 관심을 쏟을 여유가 생겼다. 여성들이 윈프리를 좋아하는 이유는 감정의 배출구 역할을 해주기 때문이다. 짓궂은 사람들은 다른 누구에게나 그러듯 윈프리에게도 악담을 늘어놓는다. 윈프리도 여느 여성들과 마찬가지로 자신의 뚱뚱한 몸매를 싫어한다. 그녀가 다른 사람들과 다른 점은 그것을 입 밖으로 인정한다는 것이다. 그럼으로써 마찬가지로 자기 몸매를 불만스러워하고 묵묵히 화를 삭이는 평범한 여성들에게 충분히 이해한다는 메시지를 전달한다. 그렇게 그녀는 다른 여성들을 이해하고, 꾸짖고, 걱정하고, 애정을 나눠준다. 그렇기에 여성들은 윈프리가 수백만 달러를 벌어도 시기하지 않는다.

사회의 거물들을 시간이 흘러서는 정확하게 기억하기 어려운 것은 우리가 항상 현재 상황에 휘둘리는 경향이 크기 때문이다. 1997년 디커슨이 "미국의 경제 호황"을 언급했을 때, 그 안의 숨은 메시지에는 그린스펀의 공적이 담겨 있었을 것이다. 하지만 오늘날에는 아무리 그린스펀의 강력한 지지자라도 그를 평가하기가 '복잡하다'는 걸 부정하지 못한다. 전술한 《유에스 뉴스 앤드 월드 리포트》의 기사에서 기자는 "윈프리가 수백만 명의 대중에 끼친 영향력보다 유일하게 더 놀라운 현상은 아마 그녀의 통렬한 비평이 많은 비평가들에게 끼친 영향력일 것"이라고 지적했다. 수십 년이 지난 지금 윈프리는 더 이상 비난의 대상이 되지 않는 범접 불가의 위치에 올랐으며, 대선에 출마하라는 요구도 자주 받는다. 이제 어떤 식으로든 그녀를 비판하기 위험해졌다. 감정과 무감정 간의 선전 포고 없는 전쟁에서 어느 쪽이 이겼는지는 의문의 여지가 없다. 그 전쟁은 끝났다. 그러나 한때는 대통령을 포함해 모든 주요 인사들이 내면적으로나 외부적으로나 매일같이, 그리고 온갖 방식으로 감정과 무감정의 전쟁에 대처하느라 머리를 싸맸더랬다.

11장

이해한다고요, 곧 잊어 버리겠지만

"나는 살아 숨 쉬는 모순덩어리다."

_빌 클린턴, 미국의 제42대 대통령

스스로 겪어보지 않은 과거를 설명하기란 곤란한 일이다. 한
때 스치고 지나간 현실을 백미러 보듯 멀찍이서 바라보면 당시
겪어보지 않은 사람에게는 우스꽝스러워 보이는 일이 태반일 것
이다. 그들은 "어떻게 이런 일이?"라고 의아해할 테고, 이런 의심
은 당연하다. 그들의 질문에 딱히 대답할 방법은 없다. 그저 지
금 이상해 보이는 것이 당시에는 이상해 보이지 않았다는, 설명
불가능한 진실이 있을 뿐이다. 예를 들어 코미디언 폴리 쇼어Pauly
Shore가 90년대 거의 내내 잘나가는 영화배우였다는 사실은 그 시
대의 기억이 전혀 없는 사람에게는 황당해 보일지라도 당시에는
전혀 이상하지 않았다. 1990년 쇼어는 170cm의 키와 특이한 외
모의 22세 유대계 익살꾼이었다. 그는 선셋 스트립에 코미디 스
토어Comedy Store라는 유명하고 영향력 있는 클럽을 소유한 밋지 쇼
어Mitzi Shore의 아들이었다.* 이런 성장 배경, 그리고 스탠드업 코미
디 스타 샘 키니슨Sam Kinison과의 긴밀한 관계 덕분에 쇼어는 경력
을 순조롭게 시작할 수 있었다. 그러나 무엇보다 쇼어가 성공할
수 있었던 핵심 요인은 자신의 독창적 재능이었다. 그는 스스로

---

* 밋지 쇼어는 80~90년대 스탠드업 코미디의 지배적 스타일을 구축하는 데 큰 역할을 했다. 그녀의
개인 취향에 따라 코미디 스토어에서 공연할 출연자가 결정되었고, 코미디 스토어는 전국적 인물
을 배출하는 요람이었다. 밋지 쇼어는 일인칭 주인공 시점의 어두운 코미디를 선호했고, 제리 사
인필드와 같이 거리감 있는 관찰자 시점의 코미디를 싫어했다. 몇 년 후 사인필드는 이렇게 술회
했다. "쇼어는 나를 보자마자 싫어했다. 그녀는 날개가 부러지고 상처 입은 한 마리의 새 같은 캐
릭터를 찾고 있었다. 그렇지 않으면 웃길 수 없으니 이곳에 적합하지 않다는 것이다. (중략) 우리는
단박에 서로가 맘에 들지 않았다. 그녀는 내가 별로라고 내 면전에서 아주 거침없이 말했다."

를 "위즐the Weasel"라는 캐릭터로 설정하고 과장되게 "위즈~얼"이라고 발음했다.

그의 캐릭터에는 서로 자연스러운 공통분모가 없어 보이는 갖가지 천박한 특성이 합쳐져 있었다. 호색이 심한 괴짜이자 서핑하지 않는 서퍼, 항상 주머니에 돈이 없는 부잣집 아들, 록스타들과 파티에서 어울리기를 즐기지만 위험하거나 자아도취에 빠지지 않은 매력적인 부랑아였다. 그는 실제 나이보다 훨씬 철부지처럼 행동했고, 1980년대 밸리 걸Valley Girl(캘리포니아 지역의 부잣집 소녀들로, 과장되고 콧소리 섞인 특유의 말투와 억양, 단순하고 낮은 수준의 어휘 구사가 특징이다. - 옮긴이) 속어와 서부 한량의 성차별적 표현(이를테면 여성은 "너깃nugs", 가슴은 "원뿔cones", 음식은 "으깬 것 grindage")이 섞인 듯한 자신만의 어휘를 개발했다. 그가 전국구 스타가 된 계기는 MTV 비디오자키 활동을 통해서였고, 그 후로는 자신의 이름을 건 MTV 쇼 〈폴리의 모든 것Totally Pauly〉의 진행자로 활동했다. 1991년에는 〈The Future of America〉라는 제목의 코미디 앨범을 발표했고, 이 거창한 제목이 시선을 사로잡는 포인트였다. 고등학교 중퇴자치고는 자신만만한 제목에, 해석 불가능한 어휘와 공허한 세계관이 담긴 이 앨범은 소위 MTV가 미국 젊은이들의 마음에 주입했다는 모든 정신을 자체적으로 패러디한 것이었다. 그가 자초한 한량 캐릭터로는 더 이상 새롭게 보여줄 게 없었으므로 다음 행보는 필연적으로 영화계 진출밖에 없었다. 첫 작품은 1992년작 〈원시 틴에이저Encino Man〉로, 두 10대가 로스앤젤레스 교외에서 해동된 원시인을 발견해 친구가 된다는 이야기였다. 흥행 수익은 4,000만 달러를 기록했다. 1993년에는 사우스다코타주의 농장을 배경으로 한 〈못 말리는 사위Son in Law〉에 출연해 3,600만 달러의 수익을 기록했다. 1994년에는 빌 머레이Bill Murray 주연의 영화 〈괴짜들의 병영 일지Stripes〉의 나태한 표절인 〈쫄병 람보In the Army Now〉에서, 그리고 이어서 배심원단에 참여하게 된 한 남자의 이야기인 〈스트리퍼 배심원Jury Duty〉에서도 주연을 맡았다. 1996년에는 바이오스피어 2 프로젝트를 풍자한 화장실 코미디 〈바이오돔Bio-Dome〉에 출연했다. 다섯 편의 영화에서 쇼어는 모두 다양한 버전의 캐릭터를 연기했다. 즉, 다양한 버전의 자기 자신을 연기한 셈이다.

이 다섯 편의 영화는 처음 개봉했을 때도 시시하기 짝이 없었고, 지금 와서 봐도 굉장히 썰렁하다. 제작자 입장에서 배우도 아닌 MTV 출신 방송인을 주연으로 장편 코미디를 제작해 성공할 전망은 지금 보면 전혀 효과적인 전략으로 보이지 않는다. 그래도… 당시에는… 이상하게 보이지 않았다. 누가 봐도 전혀 이상해 보이지 않았다. 마치 누가 의도하지 않아도 대중문화가 반 세대 동안 향해 온 자연스러운 흐름의 귀결인 듯, 이 캐릭터의 출세에는 필연성이 있었다. '당연히' 폴리 쇼어는 여러 주류 영화에 출연할 수 있었고, '당연히' 그럴 만했다.

실제 "미국의 미래"를 살게 된 사람들에게는 전혀 말이 되지 않을 것이다. 그러나 미래는 현재가 과거가 되어야만 올 수 있는 법이다.

　미국 대통령은 '유명인celebrity'이다. 이 용어는 경멸과 폄하가 스
며 있어서 대통령에게 적용하기에는 꺼려지는 측면도 있긴 하다.
'유명인'이란 표현은 미국의 가장 중요한 위치에 있는 인물을 깎
아내리며, 깊이 없고 덧없다는 뉘앙스를 풍긴다. 그러나 이는 의
미론에 치우쳤을 때 가능한 반응이다. '유명인'은 말 그대로 단순
히 유명한 사람을 의미하며, 사실상 미국인 중 현직 대통령보다
더 유명한 사람은 없다. 게다가 역사의 흐름과 자동으로 맞물리
는 유일한 인물이라는 점에서, 유명인 중에서도 궁극의 유명인이
다. 대통령을 제외한 다른 유명인이 60년 이상 집단의 기억에 남
는 일은 극히 드물다.＊ 예를 들어 1975년에 로버트 레드포드Robert
Redford가 영화계의 가장 유명한 흥행 스타였다는 점, 그리고 그해
에 브루스 스프링스틴Bruce Springsteen의 기념비적 앨범 〈Born to Run〉
이 발매되었다는 점을 거의 아무도 기억하지 못할 날은 그리 머
지않아 보인다. 그러나 1975년에 제럴드 포드가 대통령이었다는
사실은 비록 그가 선거로 당선되지 않았고 변변한 업적이 없음에
도 항상 대중들에게 어렴풋이나마 인식될 것이다. 대통령은 사람
들이 국민의 의무처럼 기억하는 유일한 유명인이다. 그리고 이는

＊　다큐멘터리 작가 켄 번스Ken Burns가 비틀스를 논하는 글에서 이 점을 지적한 바 있다. 대중의 의
식 측면에서 볼 때, 어떤 문화 예술이 존재했음을 무심코 인지하는 인구수는 그 예술이 있은 지
40~50년 정도 지나고 나면 급감하고, 50~60년쯤 지나면 극적이고 기하급수적으로 대중의 머
릿속에서 지워지는 경향이 있다. 60년 전의 문화 중 현재 많은 사람들과 결부되어 있는 것은 거의
남아나지 않았다. 다만 번스는 비틀스를 이 현상의 예외에 해당하는 보기 드문 사례로 꼽았다.

대체로 대통령에게 유리하게 작용한다.

모든 대통령은 현직 시절에 존경과 경멸을 동시에 받으며 호불호가 갈리는 평을 듣는다. 직업상 어쩔 수 없는 현상이고, 집권하는 동안 적잖은 수의 인구를 화나게 만드는 건 불가피하다. 그러나 분노는 시간이 갈수록 잠잠해진다. 통상 한 전직 대통령에 대한 이미지는 대개 논리적으로는 설명할 수 없는 이유로 시간이 갈수록 호전된다. 잘못된 정책을 펼치고 공약을 저버렸어도 이는 다 지나간 일이고, 전직 대통령은 아직 살아 있는 한 그 살아 있다는 근본적 이유만으로 인간적 이미지로 계속 남게 된다. 바로 이 이유로 빌 클린턴의 유산을 그의 임기와 동시대를 살지 않은 사람들에게 설명하기란 어렵다. 전직 대통령으로서 보기 드물게 여전히 평가의 호불호가 갈리는 그는 자신을 향한 대중의 분노가 누그러지는 걸 경험했다가, 훗날 아직 살아생전에 대중의 분노가 다시 수면 위로 떠오르고 치솟는 걸 경험하기도 했다. 그것도 애초에 사람들이 그를 좋아했던 바로 그 이유에서 말이다.

빌 클린턴을 피해자로 분류한다면 어폐가 있다. 오히려 가해자였다고 주장하기가 더 쉽다. 그러나 사실 그는 누구도 예상하지 못한 면에서 피해자가 되었다. 클린턴은 지나간 시대에서 현대로 건너온 대통령 중 마지막 남은 생존 인물이다. 그리고 그의 시대는 아무도 깨닫지 못한 사이 저물고 있었고, 그 결과 왠지 최근인 것도 같고 아주 오래된 것도 같은 그의 일대기의 왜곡이 발생했다. 클린턴의 자기 평가는 아직 대통령 시절 초기에 머물러 있다. 그는 2011년 한 연설에서 대통령으로 재직한 8년 동안 이

메일을 단 두 번(하나는 우주 비행사 출신 상원 존 글렌^{John Glenn}에게, 다른 하나는 아드리아해에 주둔한 군대에) 보내 봤다고 주장했다. 그는 단순히 그리 오래되지 않은 과거와 비교해 요즘 세상이 얼마나 달라졌는지를 표현하려는 의도였다. 그러나 2011년은 무심결에 뱉은 그의 발언이 더 이상 통하지 않는 시대였다. 연설이 있은 지 4년 후 시사 잡지 《디 애틀랜틱》이 이 악의 없는 일화가 거짓인지 아닌지 전담 기자를 지정해 조사할 만큼, 이미 시대의 패러다임이 달라져 있었던 것이다(그리고 클린턴은 1993년에 이미 AOL 계정을 가지고 있었음이 밝혀졌다). 그 후로도 계속 클린턴의 행동은 예전과 변함없었다. 그는 예나 지금이나 명석하고 비겁하고 자기 본위적인 1946년생 실용주의자였다. 그 점에서 그는 전형적인 90년대 인물이고, 카리스마는 넘치지만 동시에 진정 좋게는 평가될 수 없는 인물이다.

많은 사람에게 그렇듯 클린턴 하면 떠오르는 것 단 한 가지를 꼽는다면 당시 22세의 백악관 인턴 모니카 르윈스키^{Monica Lewinsky}와의 스캔들일 것이다. 또 많은 사람에게 그렇듯 클린턴의 총체적 이미지로 귀결된 그의 잘못된 결정들을 떠올린다면, 르윈스키 스캔들을 비롯해 원치 않는 (혹은 서로 합의하되 혼외의) 성관계를 요구했다고 알려진 두 자릿수에 달하는 여성 편력일 것이다. 이들 관점에서 보면 클린턴의 재임 기간에 대한 기억이 가물가물하거나 아예 없는 (특히 여성) 청년들 사이에서 그는 용서할 수 없는 악당이 된다. 폴리 쇼어가 영화에서 거둔 성공을 설명하는 어려움을 훨씬 넘어서 설명하기 불가능할 정도다. 49세 유부남인 '자유주의자liberal'(20세기 이후로는 미국에서 '진보주의'에 더 가까운 의미로 쓰이나 다음 문단에 언급할 '신자유주의'와도 연결되므로 여기서는 '자유주의'로 옮겼다. - 옮긴이) 대통령이 첫째, 자기 나이의 절반도 안 되는 무급 인턴을 수시로 유혹하고 둘째, 집무실에서 일방적으로 구강성교를 받고는 셋째, 발각되었다. 그리고는 넷째, 그것에 대해 거짓말을 하고 다섯째, 해당 여성에게 직접 사과하지 않았으며 여섯째, 그 성관계의 사실에 대해 위증했다는 혐의로 탄핵 소추되었으나 그 '직후' 가장 높은 지지율을 기록했다. 이게 어찌 된 일인가?

이 스캔들의 내막을 미투#MeToo 이후의 요즘 관점에서 보면 거부감을 일으키는 게 워낙 많아서, 당시 클린턴의 행동을 맥락화하거나 합리화하려는 중립적 자세를 시도하려다가는 그 자체로 돌팔매를 맞기에 십상이다. 이 이유로 클린턴 시대가 기억에 거의 존재하지 않는 요즘 세대들이 클린턴을 결코 곱게 볼 수 없다는 건 의심의 여지가 없다. 그러나 이유가 한 가지 더 있는데, 이 이유는 좀 더 복잡 미묘하다.

클린턴은 다른 어떤 정치인보다 신자유주의를 자신의 중심적인 통치 원칙으로 채택했다. 그의 신자유주의 버전(빈곤, 일자리 문제 등 민주당의 전통적인 관심 사안을 시장 논리로 해결하자는 주의)은 1982년 「신자유주의 선언문A Neoliberal's Manifesto」이라는 제목의 논설을 쓴 찰스 피터스Charles Peters로 거슬러 올라간다. 이 논설의 첫 문장이 클린턴의 세계관을 간결하게 정리한다. "신보수주의자가 자유주의를 비판하며 보수가 되기로 결심한 자유주의자라면, 우리는 마찬가지로 자유주의를 비판하고 기존의 목표를 유지하되 일부 편견을 버리기로 결심한 자유주의자다."

1992년 중도 우파에게는 그렇게 보이지 않았겠지만, 이는 중도주의적 접근 방식이었다. '신자유주의'도 역시 자유주의의 일종이었고, 징병 거부와 낙태 찬성 등 민주당원이 옹호하는 모든 기치는 좌파로 분류되었다. 클린턴의 중도 노선은 (글래스-스티걸법을 폐지하고* 파생 상품 시장의** 규제를 완화한) 두 번째 임기 말에서야 더욱 뚜렷해졌다. 그는 은연중 노동조합을 지지하기보다 자유무역을 더 강하게 지지했다. 그러나 다시 말하지만 당시에는 이 중 아무것도 해가 되지 않았다. 이를 통해 그는 우파의 끊임없는 냉소에 직면하면서도 자신이 다져 온 정치적 이미지를 입증하고 있었다. 클린턴은 항상 필요하면 타협점을 찾는 현실주의자였고, 주관적인 세계를 객관적 경제 지표를 통해 바라보았다. 사실 그는 (찰스 피터스의 지론대로) 자신의 편견을 버릴 수 있는 개방적인 정치 설계자였다. 클린턴이 예상할 수 없었던(그리고 예상하지 않은) 게 있다면 미래의 좌파들은 그가 버린 이데올로기적 편견을 신성시하게 된다는 것이었다.

비평가이자 과거 힐러리 클린턴의 연설문 작성자였던 스티븐

---

* 이로써 1999년 투자 은행에 규제가 철폐되었으며, 이것이 2007년 금융 위기의 발단이 되었다는 견해도 있다.

** 파생 상품은 둘 이상의 당사자 간 계약을 토대로 하는 복잡한 개념으로, 이 계약 상품의 가치는 상품을 구성하는 기초 자산에서 '파생'된다. 파생 상품은 (듣기로는) 위험을 완화하거나 위험 감수에 보상하는 기능이 있다지만, 이게 어떻게 가능한지는 나도 설명할 자신이 없다. 그러나 누구나 인정하는 한 가지는 파생 상품 시장의 규제 완화가 분명 2007년 금융 위기로 이어졌다는 사실이다.

메트칼프Stephen Metcalf는 2017년에 "처음에는 철저히 비정치적인 세계관에 뿌리를 둔 새로운 형태의 학문적 이론이 극도로 반동적인 정치사상으로 쉽게 변질되었다"라고 주장했다. 그와 같은 견지에서 보면 신자유주의는 전 세계 모든 문제의 근원이며, 따라서 빌 클린턴이 21세기에 생겨난 거의 모든 딜레마(결국 도널드 트럼프의 당선까지 포함하여)를 촉매했다고 간주한다. 그 결과 클린턴은 폄하되었고, 그가 의도적으로 중도주의를 수용했다는 사실은 그를 향한 반감에 한층 더 불을 지폈다.

* * *

클린턴의 대선 출마는 1992년 아이오와주 경선에서 시작되었고, 당시 2.81%의 득표율을 기록해 승산이 없어 보였다. 그리고 그해 9월, 〈먼데이 나잇 풋볼Monday Night Football〉에서 댈러스 카우보이스는 워싱턴 레드스킨스Washington Redskins를 23-10으로 꺾으며 NFL 시즌을 기분 좋게 시작했다. 이 경기를 시작으로 정규 시즌 13승 3패를 기록한 카우보이스는 그해를 포함해 향후 4년의 전성기 동안 세 번의 슈퍼볼 우승으로 정점에 이르게 된다. 얼핏 이 두 사건은 전혀 관련이 없어 보인다. 그러나 관련이 있다.

90년대 카우보이스의 승승장구는 기술 좋은 슈퍼스타 3인방의 역할이 컸다.* 지배적인 공격 라인, 팀 속도를 강조한 수비가

---

* 쿼터백 트로이 에이크먼Troy Aikman, 러닝백 에밋 스미스Emmitt Smith, 와이드 리시버 마이클 어빈 Michael Irvin이 있었다.

뒷받침되었다. 전략은 지미 존슨Jimmy Johnson 감독의 작품으로, 그는 자신을 임명한 제리 존스Jerry Jones 구단주의 대학 동창이기도 했다. 두 사람은 60년대에 아칸소 대학교에서 함께 선수로 활동한 바 있다.

존스는 1989년에 카우보이스를 1억 4,000만 달러에 인수했다. 그는 70년대에 석유 사업으로 처음 큰돈을 벌었지만 1980년경부터 천연가스 사업으로 훨씬 더 부자가 되었다. 그의 회사 아코마Arkoma는 아칸소주 전역에 천연가스를 공급하는 회사와 재빨리 독점 계약을 맺었다. 그 회사는 아클라Arkla로 더 잘 알려진 아칸소 루이지애나 가스Arkansas-Louisiana Gas Inc.였다. 아클라의 CEO는 존스의 오랜 지인인 셰필드 넬슨Sheffield Nelson이라는 사람이었다(이전에 그들은 부동산, 방송국, 경주마 등 다양한 고자본 벤처 사업에서 파트너십을 맺었다). 이 계약은 완전히 담합이었다. 천연가스 가격이 약 30세제곱미터당 50센트로 떨어졌을 때도 아클라는 같은 양에 4.50달러를 아코마에 지불하기로 약속했다. 초과 비용은 소비자 부담으로 전가했다.

1984년 셰필드는 정치적 야망에 눈을 뜨게 되면서 아클라에서 사임했다. 아클라의 신임 CEO가 아코마와의 끔찍한 계약에서 벗어날 유일한 방법은 존스의 회사를 1억 7,400만 달러에 완전히 인수하는 것이었다. 나중에 아칸소 주정부는 존스 및 아코마와 불공정 거래를 맺은 아클라를 사기 혐의로 제소했다. 셰필드 넬슨이 1990년 아칸소 주지사 선거에 출마했을 때, 그 해묵은 아코마의 부패가 캠페인에서 쟁점이 되었고 결국 현직 주지사가 압승하는 주요 원인이 되었다. 그렇게 민주당의 떠오르는 스타 빌 클린턴은 45번째 생일을 앞두고 주지사 선거에서 다섯 번째 승리를 거두었다.

이 연결성은 특별히 흥미롭다거나 신기하지 않다. 분명 우연의 일치도 아니며, 설령 우연의 일치라 해도 대단하지 않을 것이다. 그러나 이는 공인으로 살아야 하는 삶에 부과되는 상호 연결성을 보여준다. 마치 대망을 품은 사람들은 누구나 서로 자석처럼 끌리는 면이 있는 듯, 역사적으로 중요한 인물들은 경력 형성기에 다른 중요한 인물들의 삶과도 얽히게 되는 것처럼 보일 때가 많다. 그러나 더 그럴듯한 설명은 이러한 우연한 격돌을 기점으로 양 당사자가 각자의 목표를 추구하기 시작한다는 것이다. 그리고 그 후의 결과가 두 사람의 첫 인연과 얽히고 의미가 부여되면서 항상 놀랍다는 식으로 포장된다. 예를 들어 워터게이트 탄핵 청문회가 열리던 1974년 당시 힐러리 클린턴(그 시절엔 힐러리 로댐Hillary Rodham이었다)은 상근직 변호사였고, 이듬해에 약 25년 후 탄핵 소추될 남자와 결혼했다는 사실은 항상 놀라운 우연의 일치로 프레이밍된다. 힐러리 클린턴 입장에서는 나중에 "내 인생사를 멋대로 지어내지 말라"라며 농담할지 모른다. 마치 사소한 일화에 놀라운 연결 고리가 있는 듯하지만, 실은 아마도 정치적 위험을 무릅쓰기로 결심한 한 여자와 자신의 정치적 야망과 인간으로서 약점 사이의 위험한 모순을 직감한 한 남자가 서로 이끌린 경우라고 봐야 더 적절할 것이다.

다음은 빌 클린턴이 자신에 대해 쓴 글이다.

나는 살아 숨 쉬는 모순덩어리다. 독실한 신앙인이긴 하지만 내 믿음이 기대만큼 신실한지 정확히 확신하지 못하겠다. 책임 있는 위치를 원하면서도 책임감을 회피하려 하고, 진리를 사랑하지만 거짓에 굴복할 때가 많다. (중략) 이기심을 혐오하지만 매일 거울에서 이기적인 내 모습을 본다. (중략) 인생 사는 법을 배운 적이 없는 사람들을 마주하곤 하지만, 그중에는 내게 매우 소중한 사람들도 있다. 그들과 달라지려 애를 써도 나 역시 거의 다를 바 없다. (중략) 정직한 사람이 되기 위해 내가 싫어하는 위선자는 되지 않을 것이다. 정직한 남자로 성장하기 위해 노력하면서 지금이라도 혹시 내게 위선의 낌새가 나타난다면 이를 받아들이고 책임감 있게 대처할 것이다.

이 구절은 클린턴의 2004년 자서전 『빌 클린턴의 마이 라이프My Life』에서 발췌했으나 그 시점에 쓰인 글은 아니다. 클린턴이 고등학교 3학년 때 영어 숙제로 쓴 글이고, 나중에 자신이 무얼 쓰고자 했고 무얼 전달하고자 했는지 완전히 이해하지 못했다고 시인했다. 어떤 사람을 16세에 스스로 묘사한 표상에 붙박아 두고 평가한다면 명백히 비합리적이다. 그렇지만 위의 대목은 의도적으로 건조하게 쓰인 듯한 1,008페이지 분량의 『빌 클린턴의 마이 라이프』중 다른 페이지에서는 찾기 힘든 솔직담백한 자기 인식이 담겨 있다. 조숙한 10대들의 일기가 으레 그렇듯, 이 글에도 의지와 내면이 항상 불일치한다는 깨달음과 그에 따른 고민이 엿

보인다. 그러나 클린턴의 남다른 점은 이러한 모순을 완벽히 균형 잡힌 세계관과 구별하는 비상한 능력이 있다는 것이다. 그는 이 모순 때문에 감정적으로 괴로워하지만, 그로 인해 자신이 이성적으로 추구하는 목표가 지장받지는 않는다. 그가 10대에 표현한 자화상은 놀라우리만치 평생 변함없이 유지되었다. 클린턴이 가장 잘 이해한 사람들은 항상 자신과 가장 닮은 사람들, 즉 도덕적, 심리적으로 양가감정에 빠진 사람들이었다.

이러한 그의 특성을 가장 확실히 보여주는 사례는 임기 초나 말이 아니라 임기 중에 나타났다. 1994년 중간 선거는 턱이 휘청일 정도로 민주당을 강타했다. 공화당은 "공화당 혁명"이라는 호기로운 모토를 들고나와 의회의 양원을 장악했지만 "예상 가능한 혁명"이 더 정확한 설명이었을 것이다. 1992년에 클린턴은 진보 진영을 대표하는 젊은 대항마로 출전해 3자 구도 레이스에서 승리했지만, 그의 핵심 메시지는 전통적인 중도 노선에 가까웠다. 다만 중도이긴 해도 중산층을 위한 감세와 복지 개혁을 단행하지는 않았다. 조지아주의 하원 의장 뉴트 깅리치는 공화당의 보수주의 의제를 구체적이고도 추상적으로 응축한 "미국과의 계약(the Contract with America)"을 슬로건으로 내세워 자신의 권력을 집결했다. 계약이 세부적으로 무슨 내용인지보다는 메시지를 전달하는 어조가 중요했다. 동시에 클린턴을 모든 면에서 실패한 이미지로 비치도록 했다. 깅리치에게 클린턴은 미성숙하고 지도자 자격이 없을 뿐 아니라, 좌파 거짓말쟁이에 국민의 의지에 반하여(이는 적어도 두 가지 이유로 사실이 아니다*) 부인에게 의료 서비스를 국유화하도록 맡긴 남부 출신 맥도날드광이었다. 소설가 스티브 에릭슨Steve Erickson은 논픽션 저서 『방랑하는 미국인American Nomad』에서 "1994년 중간 선거에서 클린턴 정부의 압도적 패배가 불안스러웠던 점은 이 선거가 개인적 성격을 띠었다는 것이다"라고 썼다. 깅리치는 중간 선거를 전국적 이슈로 만들고, 공화당의 중간 선거 압승을 1992년 대선 결과에 대한 반발의 증거로 제시하는 전략을 펼쳤다. 클린턴의 임기는 단임으로 끝날 운명처럼 보였다.

클린턴이 택한 전략적 해결책은 그의 전체 경력을 상징처럼 압축한다. 그는 위기의 순간에 항상 가장 믿음직한 조언자가 되어 주던 매우 가치중립적인 정치 컨설턴트 딕 모리스Dick Morris에게 조용히(어떻게 보면 은밀히) 손을 내밀었다.** 당시 모리스는 주로 공화당 편에서 일했으나 얼마든지 진영을 바꿀 수 있는 무당파였다. 그가 계획한 접근법은 미국 역사상 다른 어떤 정치 전략과도 달랐다. 여론 조사에 주안점을 두긴 했지만, 그 자체가 새로운 방법은 아니었다. 이미 클린턴은 1992년에 당선되었을 때도 여론 조사에 크게 의존했다. 대신 이번에 새롭게 바꾸기로 한 점은 유권자를 순전히 소비자처럼 바라보고, 부동층을 집중적으로 공략

---

* 클린턴식 의료 보험 제도는 사실 진보적이지도 보수적이지도 않은 중도 전략이었다(보편적 보장 시스템은 거부했으나 고용주가 전 직원들의 보험을 완전히 보장하거나 보험 미가입자들의 보장 범위를 확대하기 위한 세금을 납부하게끔 강제했다). 게다가 전 국민이 반대한 것도 아니었다. 1990년에 의료 서비스 혁신에 대한 국민 지지도는 40년 만에 가장 높았다.

** 그 후로 모리스가 기억하는 첫 재회는 클린턴 대통령이 미국의 아이티 침공에 따른 정치적 파급 효과에 대한 의견을 구하기 위해 뜻밖에 전화를 걸어 두 사람이 20분간 통화했을 때였다.

438

하는 것이었다.

2002년에 모리스는 이렇게 회상했다.

클린턴 대통령에게 가장 시급한 일은 비즈니스에서 통용되는 소비자 법칙과 철학을 정치 시스템에 똑같이 도입하는 것이었다. 나는 유권자의 변화한 관점을 반영하려면 이 모든 게 필요하다고 생각했다. 따라서 유권자들을 수혜자로 대하는 대신 주인으로 대해야 했다. 그들을 조작할 수 있는 대상으로 취급할 게 아니라 그들에게서 배우려는 자세가 필요했다.

그가 말한 표현들로 봐서는 자비로운 상식처럼 들린다. 그러나 그 안에 숨은 근본적 목표는 완전히 무자비했다.

모리스는 한마디로 정치와 명백한 관계가 없어 보이는 정치 여론 조사를 계획했다. 여론 조사 기관인 PSB 인사이트PSB Insights*는 잠재적 유권자를 대상으로 소위 "중도층 설문 조사"를 수행했다. 응답자의 이데올로기가 아닌 욕구에 기반한 심리적 특성을 파악하려는 의도였다. 그들은 어떤 TV 프로그램을 보았을까? 무엇을 걱정하고 있을까? 춤추는 것을 좋아할까? 일상에서 통제할 수 없다고 느끼는 문제는 무엇이었을까? 이처럼 규모나 사회적

---

* PSB는 마크 펜Mark Penn, 더글라스 숀Douglas Schoen, 마이클 벌랜드Michael Berland가 운영하는 펜, 숀, 벌랜드 어소시에이츠Penn, Schoen & Berland Associates의 약자다. 펜과 숀은 70년대 사립 고교와 하버드 대학교 동창 사이다.

중요성과 관계없이 개인의 욕구를 '정확히' 분리하는 것이 관건이었다. 여기까지가 1단계였다. 2단계는 누구에게 투표할 것인지 이미 결정했다고 답한 설문 응답자의 필요와 욕구를 무시하는 것이었다. 이미 지지나 반대의 마음을 굳힌 사람들의 생각은 고려해봤자 부질없었다. 중요한 유권자는 마음을 정하지 못한 부동층뿐이었다.

그 결과 클린턴 측근을 당황스럽게 한 새로운 유형의 "점진적 전략small ball"이 탄생했다. 이에 따라 클린턴은 제도적 변화를 추구하는 대신, 세속적이고 가치 지향적인 중도·중산층 부모들을 겨냥한 일련의 구체적인 조치들, 즉 교복 정책, 담배 규제, 아이들의 텔레비전 음란물 접근을 막는 브이칩V-chip 삽입 기술 등을 공약으로 내세웠다. 어떤 전략도 허투루 운에 맡기지 않았다. 새로운 캠페인 모토를 정할 때도 "21세기를 향한 다리를 놓자(Building a Bridge to the 21st Century)"라는 문구가 61%의 찬성표를 얻어 "2000년을 향한 다리를 놓자"(54%)와 "두 번째 임기를 위한 다리를 놓자"(39%)를 제치고 최종 모토로 결정되었다. 아무리 까다로운 세부 사항이라도 빠짐없이 계산을 거쳤다. 여론 조사 자료에 따르면 평범한 유권자들은 너무 긴 연설을 싫어하는 것으로 나타났기 때문에, 1996년 클린턴의 국정연설은 40분을 넘기지 않았다.

마이클 월드먼Michael Waldman은 2000년 저서 『대통령의 언어POTUS Speaks』에서 이렇게 썼다. "모리스의 핵심 전략(즉, 클린턴 대통령의 특성을 간파하고 그가 자기주장을 설득력 있게 펼치도록 도운 능력)은 그가 정치권에서 현실로 받아들여지는 통념에 얽매이지 않았다는 점일 것이다." 월드먼은 클린턴의 정책 보좌관이었고, 나중에 그의 연설문 작성 책임자로 재직했다. 월드먼의 지적에 따르면, 클린턴은 (예를 들어) 균형 예산에 찬성하는 인상을 계속해서 비추고자 했다. 조지 스테퍼노펄러스^{George Stephanopoulos}와 리언 패네타^{Leon Panetta} 등 클린턴 측의 기존 참모들은 그러한 시도를 이해하기 어려워했고 효과가 없으리라 보았다. "모리스가 한 일은 단순히 여론 조사를 확인하고, 휴대용 컴퓨터로 질문을 입력하고, '대통령은 균형 예산을 지지한다고 밝힐 것으로 보인다'라고 사방에 알리는 것"이었다. 그러나 모리스는 아직 존재하지 않는 상품을 광고해도 아무런 문제가 없다고 생각했다. 계획이 의도한 대로 먹히지 않으면 나중에 똑같은 방식으로 수정하면 그만이었다. 핵심은 클린턴의 포지션을 중도로 설정하는 것이었고, 그때그때 필요에 따라 좌우로 쉽게 이동하면 되었다.

96년 선거 운동에서 모리스가 재직한 기간은 온갖 잡음 끝에 그해 8월 민주당 전당 대회를 끝으로 짧게 마무리되었다. 그는 자신이 고용한 컨설팅 팀과 끊임없이 충돌했고, 매춘부와 오랫동안 관계를 맺은 사실이 타블로이드 잡지 《스타》에 폭로되면서 결국 짐을 싸야 했다. 깜짝 놀랄 일은 아니었지만 어색한 결별이었다. 그래도 모리스의 전략은 효과가 있었다. 밥 돌과 일대일 대결에서 클린턴은 절대 뒤처지지 않았다. 94년의 암울한 전망은 기우로 판명되었고, 빠르게 기억의 저편으로 밀려났다. 대신 빌 클린턴의 성격과 지성이 부각되었다. 그는 대중이 있는 곳이면 어디든 그에 맞춰 계속 초점을 이동했다. 그는 대중이 완고한 소비주의적 관점에 따라 세상을 바라보는 데 익숙해져 있다는 것을 잘 이해했다.

1980년대는 제2차 세계 대전 이후 가속화되고 20세기 전반에 걸쳐 일어난 진화가 끝나갈 무렵이었다. 이제 사람들의 평범한 일상이라는 개념과 광범위한 문화를 압축 포장하여 언제 어디서나 보여주는 미디어 사이에는 간극이 없었다. 그리고 이것이 여러 면에서 X세대가 처한 딜레마의 핵심이었다. 예를 들어 진본성authenticity 개념을 오직 광고를 통해서만 배우며 자란 그들이 어떻게 광고가 제공하는 환상을 거부할 수 있겠는가? 또 어려서부터 배우 출신 대통령을 보고 성장한 그들이 어떻게 정치와 엔터테인먼트를 별개로 볼 수 있겠는가? 21세기 성인들이 자신의 개성을 '브랜드'로 표현하는 데 익숙해졌듯, 20세기 후반 성인들은 자신의 주된 사회적 기능이 소비자 역할을 하는 것임을 별생각 없이 받아들였다. 딕 모리스는 이 점을 클린턴이 이지적으로 깨닫도록 도왔다. 그러나 클린턴은 누가 깨우쳐주지 않아도 타고난 성향상 이를 인지하고 있었다. 그는 단순한 물질적 욕구를 넘어, 사람들의 전반적인 욕구를 잘 알았다. 그의 정적들은 마치 클린턴이 계속 중고차를 팔려고 애쓴다는 듯, 그에게 "약삭빠른 윌리(Slick Willy)"라는 별명을 붙였다. 하지만 클린턴이 실제로 팔고 있던 것은 그보다 무형의 상품, 즉 공감의 기표였다. 그렇다. 그는 어떻게 보면 세일즈맨이었고, 이는 포스트모더니즘 사회의 요구를 따른 것이었다.

　클린턴을 피상적으로 (그리고 특히 게으르게) 이해하는 사람들이 그를 희화화할 때 항상 거론했던 문장은 남부 특유의 느릿한 억양으로 상대방에게 공감을 표하던 "당신의 고통을 이해합니다(I feel your pain)"였다. 이 말은 클린턴의 트레이드마크가 되었지만, 사실 그 기원은 훗날 클린턴을 정의하게 되는 '공감'과는 거리가 멀다. 클린턴이 문자 그대로 "당신의 고통을 이해합니다"라고 말한 것은 딱 한 번으로 보인다. 1992년 봄 에이즈 모금 행사에서 밥 라프스키^{Bob Rafsky}라는 에이즈 활동가가 클린턴이 에이즈 위기에 충분히 관심을 쏟지 않는다고 비난하자, 이에 화를 내며 응수한 것이었다.[*] 클린턴은 이 문장을 큰소리로 단호하게 말했고, 자신의 진심을 의심하는 라프스키에게 약간 화난 감정이 묻어났다. 클린턴은 절대 가식적인 공감을 내비친 적이 없음에도, 나중에 이 말이 그의 가식적 공감을 압축한 한마디로 사람들 머릿속에 자리 잡게 된 것은 기묘하다. 하지만 기억의 본질이란 게 원래 그렇다. 어쨌든 사람들이 기억하는 이 문장은 두 가지 일화에 잘못 결부되었다. 하나는 1992년 대선 후보 토론회에서 클린턴이 경기 침체를 잘 인식하고 있음을 드러낸 순간이고, 또 하나는 1995년 오클라호마시티 폭탄 테러 직후에 했던 연설이었다.

---

　*　하지만 이 대면 후 클린턴이 라프스키에게 현 정부가 에이즈 위기에 대처하기 위한 바람직한 방안의 밑그림을 부탁했다는 점에 주목해야 한다. 그러나 라프스키는 문제의 모금 행사가 있은 지 1년도 안 되어 에이즈 합병증으로 사망했다.

오클라호마시티 참사 나흘 후 낭독한 9분짜리 추도사는 클린턴의 임기 중 최고의 연설이었다. 단어 하나하나도 꽤 좋았지만 그것은 부차적이었다. 원고에 적힌 연설문은 흔히 예상할 수 있는 연설과 크게 다를 바 없었기 때문이다. 914개의 단어로 이루어진 이 연설문은 여러 작성자가 공동 작업한 것으로, 워싱턴에서 오클라호마시티까지 이동하는 헬리콥터 안에서 초안이 작성되고 퇴고를 거쳤다. 예컨대 "우리는 희생자분들에게 이 악을 낳은 어두운 세력에 굴복하지 않아야 할 의무를 빚지고 있습니다" 같은 구절은 즉흥적으로 떠올릴 법한 문장이 아니다. 그러나 그가 빛을 발한 것은 말하는 방식에 있었다. 그는 종이에 공들여 작성된 문장을 적혀 있는 대로 읽었지만, 때로는 잠시 멈추고 때로는 호흡에 변화를 주며 마치 즉흥 연설을 하는 듯한 효과를 자아냈다. 그렇다고 그가 즉흥적으로 연설하는 듯 연기함으로써 청중을 눈속임하려 했다는 의미는 단연컨대 아니다. 분명 눈앞에 버젓이 놓인 연설문을 읽고 있었고, 공식 석상에서의 전형적 자세를 따랐다. 그런데도 그 순간 클린턴은 정치란 가식적 연출이라는 고정 관념을 잠시 잊게 만들었다. 국민이 연설의 진정성을 '느끼는' 동시에 진정성을 '평가'도 하는 미디어 여건 속에서 클린턴은 타의 추종을 불허했다.

1992년 사회 참여적 이미지로 거듭나기로 한 MTV는 여름 내내 대선 투표 독려 캠페인을 적극 펼쳤지만 사실상 클린턴 후보에 대한 지지를 숨기지 않았다. 6월에 클린턴은 MTV 방송에 출연해 젊은 층으로 구성된 방청객에게서 질문을 받았다. 이 쇼는

1987년 비스티 보이스Beastie Boys의 뮤직비디오에도 등장한 바 있는 24세의 점잖은 기자 타비사 소렌Tabitha Soren이 진행했다. 조지 H. W. 부시는 MTV를 무시했다가 (젊은 유권자들을 공개적으로 무시했다고 비판을 받고 나서야) 기차 안에서 소렌과의 짧은 인터뷰만 응했다. 그러나 클린턴은 방송 출연을 즐겼다. 1994년에는 "더 이상은 안 된다(Enough Is Enough)"라는 또 다른 캠페인 행사를 위해, 이번에는 후보가 아닌 현직 대통령으로서 MTV에 재출연했다. 중심 주제는 갱단의 폭력 문제였지만, 가장 기억에 남는 대화는 방청객 한 명이 클린턴에게 삼각팬티와 사각팬티 중 어떤 속옷을 선호하는지 물었을 때였다(참고로 그는 "보통 삼각팬티를 입는다"라고 답했는데, 괜히 놀랍게 다가왔다). 클린턴이 1992년 〈아세니오 홀 쇼The Arsenio Hall Show〉에 출연해 선글라스를 쓰고 색소폰을 연주했던 것과 다르지 않게, 이 출연 역시 눈살을 찌푸리게 하는 면이 다소 있었다. 이를 경박하게 바라보거나 그가 대중문화에 편승한다고 생각하는 사람들도 있었다. 그러나 결과는 거의 항상 클린턴에게 유리하게 나타났다. 당대의 대부분 정치인들과 달리 클린턴은 대중문화와 대립하려는 인상을 주지 않았다. 그는 대중문화를 말 그대로 대중이 좋아하는 문화로 받아들일 뿐이었고, 그 자체 의미에 충실하게 본인도 기꺼이 참여했다.

1994년 MTV는 샌프란시스코를 배경으로 〈리얼 월드〉 시즌 3을 방영했다. 이 시리즈는 10년 이상 방영되었지만, 특히 시즌 3은 쿠바계 미국인 동성애자이자 당시 에이즈 환자이던 페드로 자모라Pedro Zamora의 출연으로 사회 문화적으로 이슈가 되었다. 사모라는 극적이게도 시즌 마지막 방송이 끝나고 몇 시간 후 사망했다. 〈리얼 월드〉를 시청한 대부분 사람들에게 놀랍게도, 클린턴은 자모라의 죽음을 공개적으로 언급하면서 그의 행동주의를 칭찬하고 "이제 어떤 미국인도 에이즈 환자를 한 명도 모른다고 말할 수 없을 겁니다"라고 말했다. 물론 이는 문자 그대로나 비유적으로나 잘못된 말이다. 젊은 층을 겨냥한 특정 방송사의 특정 리얼리티 쇼를 봤어야만 자모라가 누군지 알 테고, 설령 이 쇼를 봤더라도 22분짜리로 짧게 편집된 프로그램을 통해서는 그가 어떤 사람인지 "알기"는 불가능하다. 게다가 〈리얼 월드〉가 가장 비판받은 점은 전혀 리얼하지 않다는 것이었다. 그러나 클린턴은 그 자리에서 자신을 지켜보는 모든 사람, 즉 MTV 방청객과 시청자의 눈높이에 맞게 발언했다. 텔레비전에 나오는 누군가를 안다고 말하는 것은 일상에서 누군가와 아는 사이라는 것과 의미가 다르다. 그리고 텔레비전에서 일어나는 모든 일은 어떤 사람들은 전혀 의식하지 못하겠지만 사회 전반에 일어나고 봐도 무방했다. 클린턴은 사람들이 MTV 쇼를 보면서 비록 한편으로는 화면 속에서 벌어지는 일을 의심하긴 해도, 이 역시 엄연한 삶의 간접 경험 중 하나라고 믿는다는 것을 알았다. 그리고 그는 젊은이들이 자신들의 고통을 실제로 대통령이 이해하리라고 기대하지 않는다는 것도 알고 있었다. 그들은 단지 누군가가 자신들에게 익숙한 언어와 매체를 통해 자기네 고통을 느끼려고 '노력'하는 모습을 원했다. 현실에서 공감의 기대치는 높지 않았고, 클린턴은 공감의 표본이었다. 단순히 그의 공감 능력 때문이었다기보다는, 텔

446

레비전상에서 그 공감을 잘 드러내는 방법을 알았기 때문이다. 그렇다고 그가 거짓말하거나 공감하는 척했다는 뜻은 아니다. 여기서는 그게 핵심이 아니다. 단지 중요한 것은 클린턴의 공감이 진심이고 아니고를 떠나서, 대중이 그의 모습에서 진실성을 발견하게 하는 그 어려운 일을 해냈다는 것이다.

* * *

클린턴이 처음으로 남녀노소 미국 대중 앞에 얼굴을 알린 것은 부인과 나란히 출연해 바람피운 적 있다고 인정한 한 텔레비전 인터뷰에서였다. 이 방송은 1992년 1월 26일자 〈60분〉으로, 약 1억 2,000만 명이 시청한 슈퍼볼 직후에 방송되었다. 성관계에 얽힌 그의 다른 여러 불찰이 그랬듯, 그 고백은 빌 클린턴 본인보다 부인에게 더 큰 타격을 입혔다. 이제 그 〈60분〉 인터뷰는 힐러리 클린턴의 다음 발언으로 다시 회자되고 있다.

저기요, 저는 태미 와이넷Tammy Wynette 노래 제목처럼 내 남자의 곁을 지키기 위해(stand by your man) 여기에 나온 여자가 아닙니다. 제가 이 자리에 있는 이유는 남편을 사랑하고 존경하기 때문이에요. 저는 그가 겪은 일과 우리가 함께 겪은 일을 소중히 여깁니다. 그걸로도 부족하다면, 까짓것 투표하지 마세요.

2008년과 2016년에 힐러리 클린턴이 대선에 출마했을 때 이 발언은 그녀를 따라다니며 괴롭혔다. 이 말은 그녀를 믿는 사람들을 실망시키는 동시에 그녀를 믿지 않는 사람들은 더욱 멀어지게 하는 것 같았다. 그러나 1992년에는 빌 클린턴에게 탁월한 효과를 발휘했다. 그는 여전히 승산 없는 대선 후보였기에, 어떤 이유로든(심지어 그것이 불륜이더라도) 막대한 시청자의 관심을 확보하는 것이 이해득실 측면에서 더 유리할 정도였다. 클린턴이 완벽하지 않은 결혼 생활을 인정함으로써, 사람들은 그도 남들과 똑같은 약점을 지닌 평범한 남자로 인식하게 되었는지도 모른다. 1991년 페미니즘 성교육자인 시어 하이트Shere Hite의 연구에 따르면 기혼 여성의 70%가 바람피운 적이 있다고 한다. 1993년 비슷한 연구에서는 기혼 남성의 약 72%가 바람피웠다고 인정했다. 물론 90년대는 청교도 시대가 아니었다.

그렇지만 클린턴은 눈앞의 한 문제를 회피하려다 더 큰 문제를 악화시켰다. 그는 자신이 결혼 생활에 "고통을 초래했다"라고 인정했지만, 아칸소주 출신 가수이자 70~80년대에 12년에 걸쳐 클린턴과 혼외정사 관계였다고 밝힌(그리고 결국 클린턴의 도움으로 주정부에 취업한) 제니퍼 플라워스Gennifer Flowers와 바람을 피웠다는 사실은 직접 부인했다. 여기서 클린턴은 상상할 수 있는 가장 위험한 방식으로 사실과 허구를 엮으려는 강박관념을 여실히 드러냈다. 그는 불륜을 저질렀다고 인정했고(참), 그것도 아마 여러 차례였겠지만(참), 그의 다른 불륜을 논하는 과정에서 들통난 특정 불륜은 부인했다(거짓). 그는 바람피웠다는 사실을 기꺼이 인정했

90년대

으면서, 왜 가장 강력한 증거를 들고나온 여성과는 그런 일이 없다고 주장했을까?

1995년에 클린턴은 "평판과 성격은 다르다. 나는 평판에 대한 통제력은 점점 줄어들고 있지만 여전히 성격은 온전히 내 힘으로 제어할 수 있다"라고 말했다. 이는 모든 사람에게 통할 법한 통찰력 있는 발언처럼 들리지만, 사실 클린턴 본인에게는 적용되지 않았다. 그는 살인 혐의를 포함해 역경에 직면했을 때마다 자신이 처한 상황에 비해 놀라울 정도로 노련하게 평판을 회복했다.* 다만 그가 제어하지 못한 게 있다면 자신이 어떤 사람이냐는 것이었다. 그는 대통령 전체 경력이 걸린 위험을 무릅쓰고 한 인턴과 진지하지도 않은 관계를 추구한 이유를 이후 25년 동안에도 전혀 거론하지 않았다. 힐러리 클린턴에 관한 다큐멘터리 시리즈에서 마침내 그가 이 문제를 언급했을 때, 가장 그럴듯한 설명은 자신의 '불안'을 제대로 '감당'할 방법을 몰랐다는 것이었다. 다큐멘터리 전반에 걸쳐 그는 뉘우치고 후회하는 모습을 보여주지만, 또 한편으로는 그가 이보다 더 추악하게 비칠 수 있을까 싶기도 했다.

르윈스키 사건의 생생한 반추는 저속하고도 불필요했다. 사건의 사실 관계는 케네스 스타Kenneth Starr 특별검사가 공식 조사 결과

---

* 1993년 백악관 법률 고문 빈스 포스터Vincent W. Foster가 38구경 권총으로 차 안에서 자살했다. 포스터가 화이트워터 부동산 스캔들을 은폐하기 위해 클린턴 측에 의해 살해되었다는 소문이 클린턴의 나머지 임기 동안 나돌았다. 텔레비전 전도사 제리 폴웰Jerry Falwell Sr.은 이 혐의를 제기한 〈클린턴 크로니클The Clinton Chronicles〉이라는 다큐멘터리에 제작비를 대주었다.

를 취합한 「스타 보고서The Starr Report」에 자세히 기술되었다.* 정황과 피해는 사건을 자세히 이야기한 르윈스키 본인이 가장 잘 설명하고 있다.

가장 기본적 사실을 설명하자면, 1995년 양당의 예산안 갈등으로 연방 정부가 임시 폐쇄됐을 때 한 무급 인턴에게 백악관의 더 중요한 임무가 주어졌다. 클린턴은 (자주 그랬듯) 토요일에도 출근해, 인턴 르윈스키에게 수작을 걸기 시작했다. 문제는 르윈스키가 장난스럽게 클린턴에게 자신의 속옷 끈을 보여준 후 더욱 심각해졌다. 결국 두 사람은 완전히 성관계를 맺지는 않았지만 백악관에서 아홉 번의 성적 행위를 주고받았다. 이후 르윈스키는 펜타곤으로 발령받았고 린다 트립Linda Tripp이라는 동료와 친해졌다. 트립은 르윈스키와의 대화를 다수 녹취했고, 르윈스키에게 두 사람이 친밀한 관계였다는 것을 증명하는 물적 증거(특히 정액이 묻은 파란 드레스)를 보관해 두라고 설득했다. 트립은 면책받는 대가로 스타에게 녹취록을 건넸다.** 1998년 클린턴이 탄핵 소추된 이유는 스캔들 자체 때문이 아니라, 폴라 존스Paula Jones라는 여성이

---

* 「스타 보고서」는 1998년 9월 9일 오후에 AP 통신을 통해 처음 발표되었다. 요즘으로 치면 트위터 팔로잉으로 뉴스 속보를 접하는 것과 약간 비슷했지만, 시간이 좀 더 오래 걸렸고 독자가 뉴스를 확인하기 위해 직접 뉴스 출처로 들어가야 했다. 내용은 아주 세부적이었다. 예를 들어 64페이지에는 구강성교를 하는 사람은 "성적 관계"에 연루되었다고 주장할 수 있지만 받는 사람은 엄격히 말해 관련이 없다는 개념에 대한 논쟁을 다루고 있다.

** 트립의 면책 조건은 이 모든 세부 사항 중 당혹스러운 측면으로 남아 있다. 그녀가 입 다물고 가만히 있었다면 개인적 위험에 전혀 직면하지 않았을 것이기 때문이다. 르윈스키와의 대화를 녹음하는 아이디어는 사실 출판 대리인인 루시앤 골드버그Lucianne Goldberg에게서 나왔다. 트립은 2020년 췌장암으로 사망했다. 르윈스키는 굉장히 품위 있는 자세로, 트립의 투병에 슬픔과 가족에 대한 애도를 표했다.

제소한 성추행 재판에서 선서 후 르윈스키와의 관계에 대해 위증했기 때문이다. 1991년에 아칸소 주정부에서 일했던 존스는 클린턴이 호텔 방에서 성기를 노출했다고 주장했다.

클린턴은 남이나 다름없는 사람이 제기한 합의 없는 성추행 혐의에서 벗어날 목적으로, 다른 부하 직원과의 합의에 따른 성적 행위에 대해 거짓말했다. 이렇게 그의 행위를 한 문장으로 정리해 놓고 보니, 당시의 여론보다 더욱 추해 보인다. 그러나 더욱 이해하기 어려운 것은 90년대에 이 사건이 어떻게 보였는지와 지금 어떻게 보이는지가 완전히 상반된다는 점이다. 무엇보다 가장 큰 차이점은 일반 대중이 이 사건을 판단할 때 자신을 사회에 동일시한 방식일 것이다.

탄핵 재판 직후인 1998년 크리스마스 무렵 클린턴의 지지율은 역대 최고치인 73%까지 치솟았다. 이는 호들갑을 좋아하는 언론들보다 대중이 더 성숙하고 냉정한 시각으로 스캔들을 바라보았다는 증거로 인식되었다. 클린턴은 선서 후 위증을 하고 (엄밀히 말해) 사법을 방해했지만, 그 이유로 대통령직에서 물러날 현실적 가능성은 결코 없었다. 진보 진영에서는 이러한 전 재판 과정이 극적으로 과장되었다고 간주했다.

대부분 사람들은 클린턴이 대통령직을 계속 이어 가길 바랐다. 그저 한 개인으로서 그를 믿지 못할 뿐이었다.

그 정도의 모순은 감수할 수 있었다.

미국 역사상 이 시기를 되돌아보자면 특정 세대에 대한 고정관념은 틀린 점보다 맞는 점이 더 많다는 결론을 내리지 않을 수 없다. 베이비 붐 세대는 섹스와 젠더 관련 문제에 있어서 위선적이라는 낙인이 흔히 찍혔고, 르윈스키 스캔들에 대해 그들이 받은 비난이 그 낙인을 뒷받침했다. X세대는 자신과 직접 관련되지 않은 일에는 관심 없는 초연한 게으름뱅이 집단이라는 낙인이 있었고, 클린턴의 성생활에 관해서는 역시 그 낙인을 부정하기 어려웠다. 르윈스키 스캔들이 터지기 직전에 〈왝 더 독Wag the Dog〉이라는 영화가 개봉했다. 더스틴 호프만Dustin Hoffman과 로버트 드 니로Robert De Niro 주연의 이 영화는 극 중 대통령의 성희롱 사건으로부터 대중의 관심을 돌리기 위해 알바니아와 가짜 전쟁을 고안하는 내용의 풍자극이었다. 영화는 별로였지만 타이밍은 기가 막혔다. 르윈스키 스캔들 동안 클린턴이 외국을 폭격할 때마다(정확히 세 번이었다*) 〈왝 더 독〉이 빠지지 않고 언급되었다. 그렇지만 그 함축된 관계는 안타깝다기보다는 당혹스러웠다. 정치적 은폐 수단으로 무고한 사람들을 살상한다는 발상을 개탄하는 목소리가 거의 없었다. 대신 사람들은 세상이 돌아가는 방식에 환멸을 느낄 뿐이었다. 세상에 믿기지 않을 만큼 터무니없는 것은 아무것도 없고, 그러한 어두운 동기가 사실이라 해도 증명할 수 없으며, 드라마 뺨치는 일상이 이제 미국인들에게는 워낙 식상해진 나머지 놀랍지도 않다는 증거였다.

---

* 가장 대표적으로 1998년 탄핵 재판 중에 일어난 이라크 폭격뿐 아니라, 1999년 유고슬라비아에 개시한 군사 행동, 스캔들이 처음 불거진 직후 수단을 경솔하게 공격해 한 제약 공장을 파괴한 사례 등이 있었다.

＊ ＊ ＊

92년 대선으로부터 25년 후, 뒤늦은 역사 재평가의 전형을 보여주는 한 논설이 《글로브 매거진》에 실렸다. 여기에는 「만약 빌 클린턴이 대통령이 아니었다면 민주당에 더 득이 되는 이유」라는 직설적인 헤드라인이 붙었다. 이 글은 역사적으로 보면 클린턴의 성적 스캔들이 그가 저지른 치명적 실수 중 빙산의 일각에 불과할 수 있다는 견해를 제시했다. 복지를 개악하는 법안에 (인종 차별적인 범죄 예방 법안과 총기 사용에 관대한 법안을 부주의하게 함께 묶어) 서명함으로써 무심코 수백만 명의 사회 안전망을 파괴하고, 폭스 뉴스 같은 사고관에 불을 지피고, 앨 고어의 앞날에 치명상을 입혔다는 것이다. 이 논설을 쓴 언론인 닐 스위디Neil Swidey는 "오늘날 좌파 지도층의 비판을 들어보라. 그 비판의 근원을 더듬다 보면 결국 클린턴을 이야기하고 있다는 것을 알 수 있다"라고 썼다. 그리고 클린턴이 실패한 대통령이라는 점은 오늘날 기정사실이며, 유일하게 남은 진정한 논점은 그 실패가 불가피했는지 피할 수 있었는지의 문제라고 주장했다.

하지만 당시에는 그렇게 보이지 않았다.

단연컨대 그렇지 않았다.

클린턴은 실수를 저질렀다. 그리고 세월이 흐르고 사회가 변하면서, 그의 실수를 바라보는 시선은 점점 더 싸늘해져 갔다. 90년대 내내 뉴트 깅리치, 극우 라디오 진행자 러시 림보Rush Limbaugh, 그리고 다른 보수 논객들은 클린턴을 부당하게 물고 늘어졌지만, 클린턴이 후대에 받을 평가도 갈수록 그들의 관점에 근접할 것이라는 징후가 짙어지고 있다. 그리 머지않은 미래에 새로운 사고관으로 세뇌된 진보적 청년들은 클린턴이 어떻게, 그것도 두 번씩이나 대통령에 선출되었는지 의아해할 것이다. 그러나 클린턴이 대통령이었을 '당시'에 미국은 경제적으로나 다른 면에서나 태평천하였다. 클린턴은 영리하고 유능했다. 또한 자신이 맡은 직무와 그에 따른 책임감을 즐겁게 받아들였다. 클린턴은 본의 아니게 이 시대의 양가감정을 낙관적으로 반영했다. 20세기의 다른 시기에 비해 90년대는 대통령직을 수행하기 좋은 시기였고, 클린턴 역시 호시절을 맞아 대통령직을 잘 수행했다.

레이지 어게인스트 더 머신Rage Against the Machine의 프런트맨이자 멕시코 혈통의 급진주의자인 잭 드 라 로차Zack de la Rocha는 이렇게 회상한다. "클린턴 행정부 때 흥미로운 현상이 일어났다. 사람들이 외부 사회가 아닌 내면으로 눈길을 돌리고 있었다." 이러한 발언이 드 라 로차의 입에서 나왔다면 가시가 돋쳐도 단단히 돋친 것이다. 현실에 무관심했던 당시 사람들의 고답적인 태도를 꼬집는 의도다. 하지만 이 말에서 놓친 것은 사람들이 팔자 좋게 내면을 들여다보는 행위가 반드시 의식적인 이기심의 발로는 아니라는 점이다. 어떻게 보면 삶의 여유가 무의식적으로 표출된 방증이기도 하며, 국민이 이런 여유를 누릴 수 있게 하는 것이 바로 정부의 의무다.

하지만 그게 무슨 소용이겠는가.

뒤늦은 역사 재평가 과정은 시대를 막론하고 언제나 나타난다. 워낙 빈번히 나타나기 때문에, 평론가가 현재의 어떤 문화 작품을 품평하는 유일한 목적은 후대의 평론가가 원래의 품평이 틀린 이유를 지적하게 하기 위한 것이 아닐까 싶을 정도다. 클린턴 정권의 말기이자 탄핵 소추안이 상원에서 부결된 지 7개월 후, 영화 〈아메리칸 뷰티^{American Beauty}〉가 개봉되어 평단의 극찬을 받았다. 거의 어떤 지표로 봐도 이 영화는 1999년 최고의 걸작이었다. 아카데미 작품상, 감독상, 각본상을 수상했고, 골든 글로브와 영국 아카데미 영화상도 휩쓸었다. 또한 박스 오피스에서 3억 5,000만 달러를 벌어들였고, 클린턴 대통령을 비롯해(그는 약간 '불편'하지만 대체로 '대단한' 영화라고 평했다) 평론가들의 찬사를 받았다. 그 찬사는 두 가지 이유로 놀랍다. 첫 번째 이유는 1999년이 영화 역사상 가장 경쟁이 치열한 해였기 때문이다. 두 번째 이유는 이제는 〈아메리칸 뷰티〉가 불쾌하고 당혹스러우며 문제의 소지가 많은 영화로 꾸준히 거론되기 때문이다.

2014년 자유 기고가 사라 폰더^{Sarah Fonder}는 "당시에는 아무도 문제의식이 없었기에 망정이지, 〈아메리칸 뷰티〉는 우리 사회가 더 이상 미화할 수 없는 영화다"라며, 그러한 미화가 여전히 현재진행형이라는 전제에서 이를 비판하는 글을 썼다. 〈아메리칸 뷰티〉는 1998년작 〈셰익스피어 인 러브^{Shakespeare in Love}〉나 2005년작 〈크래시^{Crash}〉와 같이, 단순히 그 위신에 비해 과대평가되었다는 이유로 논란이 된 게 아니다. 오히려 배우의 연기와 제작진의 기교가 뛰어난 탓에 사람들의 거부감을 부채질한 사례다. 비판받는 이유는 단 하나, 즉 영화가 상징하고 정당화하는 대상 때문이다.

단순히 지루한 영화였다면 아무도 신경 쓰지 않았겠지만, 이 영화의 화려한 영광이 나중에 더 독이 되었다. 이제 이 영화에 대해 새롭게 고려해야 할 점을 찾자면 대부분(또는 전부) 부정적인 것들 일색이다.

〈아메리칸 뷰티〉는 자기 삶에 염증을 느끼는 남자 레스터 버넘을 중심으로 전개된다. 케빈 스페이시Kevin Spacey가 이 역을 연기해 아카데미 남우 주연상을 수상했다. 그는 1995년 〈유주얼 서스펙트〉에서 이미 아카데미 남우 조연상을 수상했을 만큼 주류 남자 배우 중 가장 뛰어난 '연기파' 스타로 인정받았다. 그리고 20년 후, 스페이시는 여러 당사자로부터 성추행 혐의로 소송에 휘말리는 운명에 처한다. 이 사건이 〈아메리칸 뷰티〉를 더욱 먹칠하게 되는데, 특히 극 중 16세 소녀에게 성적으로 집착하는 스페이시가 공교롭게도 배우 앤서니 랩Anthony Rapp에게서 14세 때 자신을 성추행했다며 실제 고발을 당했기 때문이다. 그러나 그 스캔들이 드러나기 전부터 이미 〈아메리칸 뷰티〉는 치명타를 입은 상황이었다. 문제는 스페이시의 재능이나 연기력이 아니다. 문제는 이 영화가 욕정에 눈이 먼 이기적이고 약탈적인 중년 남성을 전혀 문제의식 없이 공감하는 시선으로 그리고 있다는 점이다.

교외의 근사한 집에 사는 레스터 버넘은 고연봉의 잡지사에서 일하지만 자기 일에 만족하지 못해 일부러 해고당한다. 그는 갑자기 늘어난 여유 시간을 건너편 집 아들에게서 구매한 대마초를 피우며 보낸다. 그 건너편 집 소년의 아버지는 동성애자임을 숨기고 사는 파시스트 군인이다. 레스터는 아내(마찬가지로 아카데미상 후보로 지명된 아네트 베닝(Annette Bening 분)와 틀어진 관계를 유지하고 있다. 게다가 딸(도라 버치Thora Birch 분)의 가장 친한 친구(미나 수바리Mena Suvari 분)와 섹스하는 환상을 떨치지 못하는 탓에, 딸과의 관계 역시 엉망이다. 레스터는 영화 중간에 "나는 한낱 잃을 것이 없는 인간일 뿐"이라고 말하지만, 마지막에 그는 동성애자 파시스트에게 살해당함으로써 이미 잃은 것이나 다름없는 남은 한 가지까지 완전히 잃게 된다. 그의 죽음은 막판에서나마 동정심을 유발하기 위한 장치였지만, 요즘 대중의 흔한 반응은 그래도 싸다는 것이다.

〈아메리칸 뷰티〉에 대한 뒤늦은 거부감은 작품성과는 관련이 없다. 1999년에도 이미 충분히 문제 있다고 여겨질 수 있었던 그 소재에 대한 거부감이다. 다소 우스꽝스럽게도 바로 그 점이 처음에 이 영화가 그토록 찬사를 받은 이유이기도 하다. 처음 개봉 당시 〈아메리칸 뷰티〉는 다른 영화들이 그간 꺼려 오던 가정불화라는 불편한 주제를 과감히 다루었다고 평가되었다. 레스터가 겪는 중년의 위기는 다면적인 실존 문제로 간주되었다. 그의 캐릭터는 많은 평범한 남자들이 남몰래 품을 법한 꿈을 좇는 인물로 그려졌다. 반면에 요즘은 그의 행동이 거저 생긴 자유를 만끽하려는 중년 남성이 내면의 철부지 근성을 표출하는 것으로 해석된다. 아네트 베닝의 캐릭터는 일에 열정적이고, 불륜을 저지르며, 사납고 냉정한 성격으로 묘사된다. 반면에 요즘 해석하는 관점은 이 묘사가 성차별적이고 그녀의 성격이 전투적이라는 것이다. 10대 소녀에 집착하는 레스터는 보기에 불편하면서 희극과 비극이 교차하는 캐릭터다. 하지만 지금은 희극적 요소로 쓰기에 부적절할 만큼 범죄적이고 역겹게 보인다. 또 레스터가 안정적인 사무직을 그만두고 패스트푸드점의 드라이브 스루 창구에서 행복하게 일한다는 설정은 계급 투쟁의 현실을 망각하고 모욕하는 것처럼 보인다. 〈아메리칸 뷰티〉에서 다루는 핵심적 딜레마, 즉 전통적 생계 수단인 직장 생활에 대한 권태, 부부 관계가 사라진 결혼 생활의 보이지 않는 외로움, 동성애자가 남몰래 느끼는 수치심, 과거에 대한 그리움, 심지어 대마초를 구입하는 우여곡절 등 대부분은 요즘 젊은 관객들 눈에는 팔자 좋은 부유층의 극히 사소하고 한심한 고민으로 보일 법하다. 1999년에 사람들이 〈아메리칸 뷰티〉를 좋아했던 이유와 같은 이유로 요즘 사람들은 이 영화를 싫어한다. 이 영화가 들여다보는 대상은 20세기 후반을 살아가던 백인 중상류층이었다. 그들은 빌 클린턴에게 두 번 투표했고, 클린턴이 자초한 문제들 안에서 (어쩌면) 자신들 삶의 단편을 발견했을 것이다. 그리고 아마도 그때가 그러한 자기 고찰을 해도 괜찮은 역사상 마지막 시기였을 것이다.

지금 보면 그렇다는 겁니다

2000년 가을 즈음에 자주 인용되던 유행어가 하나 있었다. 전 NBA 파워 포워드 찰스 바클리가 《뉴욕 포스트》에서 한 말이라는데(그러나 코미디언 크리스 록Chris Rock이 원조라는 주장도 있다), 그 인용문은 "세계 최고의 래퍼가 백인이고 최고의 골퍼가 흑인이라면 세상은 지옥 같을 것이다"였다. 이는 사회에서 통하는 고정 관념이 서서히 뒤집히고 있던 당시 분위기를 악의 없이 요약한 농담이었다. 그러나 20여 년이 지난 지금은 그 인용문의 의미가 다르게 느껴진다. 무엇보다 이러한 대조적인 역할 뒤바뀜은 세상이 지옥으로 되어 가는 게 아니라 진화하고 있다는 의미를 나타내는 것으로 보인다. 그리고 더 중요한 것은 90년대 후반에 침투하기 시작한 혼란스러운 사회적 정서, 즉 전에 불가능하던 것이 이제 완전히 가능해졌다는 짜릿한 가능성을 포착한다는 점이다.

젊은이들 특유의 낙관주의는 시대가 바뀌어도 변함없이 존재한다. 즉 이런 믿음은 그들이 몇 년생이든, 어느 시대에나 정치, 스포츠, 대중문화 등에 이제 막 처음 참여하거나 관심이 생긴 청년들이라면 통과의례처럼 경험하게 되는 감정이다. 그러나 20세기 말에는 그 믿음이 좀 더 강했던 타당한 이유가 있었다. 한 가지 이유는 인터넷이 성장하기 시작했고, 동시에 그 성장이 수반하는 미래가 모호하게 느껴졌기 때문이었다. 인터넷이 환경을 바꾸고 있다고 널리 추측되었지만, 그 변화가 어떤 양상이 될지는 여전히 안갯속이었다. 바꿔 말하면 모호한 만큼, 무엇이든 재창조될 가능성이 열려 있었다. 또 다른 이유는 상품성이 없어 팔리기 힘든 작품에 '얼터너티브'라는 꼬리표를 붙이면 팔리게 할 수 있게 된 새로운 시대사조 때문이었다. 이는 한때는 돈벌이가 되기에는 너무 비정형적이라고 여겨졌던 콘텐츠를 발굴해 제작하려는 진지한 의욕을 불러일으켰다.*

90년대 중반이 되자 얼터너티브 록은 주류 음악계의 지배적 위치로 변모했다. 다양한 무대로 구성된 여름 페스티벌 롤라팔루자Lollapalooza는 엔터테인먼트 산업 내에서 새로운 유형의 사고방식을 촉발하며 젊은 소비층의 정체성에 소용돌이를 일으켰다. 이 새로운 발상이란 만약 특이하고 비타협적 음악을 추구하는 아티스트들에게 그들 노래 중 그나마 가장 대중 친화적이고 타협적인 곡을 골라 상품화하도록 설득하면 어떨까 하는 것이었다. 예컨대 텍

---

* 이는 워낙 빈번하게 발생하여 더 이상 놀라운 일이 아니었다. 1996년에는 고용 불안에 시달리는 배우의 이야기를 잘 다룬 코미디 〈스윙어스Swingers〉가 개봉해 괜찮은 성공을 거두었다. 영화의 몇 장면은 로스앤젤레스 근처의 로스 펠리즈에 있는 바에서 촬영되었는데, 거기서 손님들은 스윙 밴드 빅 배드 부두 대디Big Bad Voodoo Daddy의 음악에 맞춰 춤을 추었다. 이를 계기로 몇 년 동안 전국에 스윙 댄스 열풍이 지속되었다.

사스주 출신의 아방가르드 노이즈록 밴드 버트홀 서퍼스^{The Butthole} Surfers는 신문에 실리기에는 너무 음란한 밴드명이지만, 1996년에 〈Pepper〉라는 싱글로 라디오에서 대박을 쳤다(보수적인 매체에서 이 노래가 언급될 때 밴드명은 대개 "BH 서퍼스"로 쓰였다). 약 기운이 충만 한 또 다른 사이키델릭 밴드 플레이밍 립스^{Flaming Lips}도 1993년 참신 한 싱글 〈She Don't Use Jelly〉로 만만찮은 성공을 거두었다. 마르 크스적 무정부주의를 평화주의 정신으로 설파한 영국 팝 그룹 첨 바왐바^{Chumbawamba}는 술에 취해 쓰러진다는 가사의 〈Tubthumping〉 을 싱글 차트 10위권에 올리며 대성공을 거뒀다. 또한 리드 보컬 이 노래나 랩을 하는 대신, 반주 위에 웅얼웅얼 실없이 읊조리는 형태의 곡들이 쏟아져 나와 중간급 히트를 기록했다.

얼터너티브 록은 더욱 포괄적인 얼터너티브 문화로 확장되었 다. 즉, "alt(얼터너티브)"라는 접두사가 이제 거의 어디에나 적용되 어, 갑자기 모든 문화에서 대안을 찾으려는 움직임이 시작되었다. 체계상 장르를 분류하기 곤란한 코미디야 언제나 있었지만, 이 제는 얼터너티브 코미디라는 분야를 만들어 집어넣으면 되었다. HBO의 콩트 시리즈 〈미스터 쇼^{Mr. Show}〉의 테마 확장으로 맨해튼의 루나 라운지^{Luna Lounge}와 웨스트할리우드의 루나 파크^{Luna Park} 같은 클럽을 거점 삼아 활동한 이들이 여기에 포함되었다. 이러한 소위 "얼터너티브 코미디언"들은 모두 저마다 스타일이 달랐지만, 청 중이 이해하기 편하게끔 다 같이 뭉뚱그려 얼터너티브로 분류되 었다. 기존 코미디의 한계와 기호학을 비판하면서 등장한 메타 코미디였다. 때로 그들의 개그는 핵심이 없다는 게 핵심이었다.

또한 아마추어가 제작한 듯하면서도 사람들을 끌어모으는 작품으로 성공하는 사례가 늘어났다. 1999년 공포 영화 〈블레어 위치The Blair Witch Project〉는 유명한 스타가 출연하지 않았고, 영화 전체의 콘셉트는 1994년 어느 미완성 다큐멘터리의 무편집 영상이라는 오해를 불러일으키게끔 착안되었다. 즉흥 대사에 산만한 카메라 워크가 특징이었음에도, 결국 2억 5,000만 달러의 수익을 기록했다. 이제 우연히 만들어진 것처럼 포장된 주류 영화를 만드는 것도 가능해졌다.

앞서 바클리가 언급한 백인 래퍼와 흑인 골퍼(즉, 에미넴Eminem과 타이거 우즈Tiger Woods)의 등장은 이해타산적인 홍보나 소비자의 취향 변화의 결과로 태동한 현상이 아니었다. 그들은 본인의 타고난 장점을 어려서부터 착실히 갈고닦아 최고의 위치에 올랐고, 어쩌다 보니 그들의 생김새가 지금까지 사람들에게 익숙했던 이미지와 달랐을 뿐이었다.

에미넴은 최초의 백인 래퍼도 아니고, 최초의 실력 있는 백인 래퍼도 아니다. 그러나 그는 랩의 예술적 한계를 뛰어넘은 최초의 백인 래퍼였으며, 그가 구사하는 언어적 기교는 듣는 이로 하여금 피부색을 잊게 만드는 그의 유일한(그리고 대표적인) 특성이었다. 그렇다고 에미넴은 자신이 백인이라는 사실을 사람들이 잊게 만들려고 애쓰지는 않았다. 오히려 백인이라는 정체성이 그의 모든 것을 설명했다. 그러나 비스티 보이스(음악적 진정성은 인정받

지만 부유층 출신임)나 바닐라 아이스(중산층 출신이지만 음악적 진정
성은 전혀 인정받지 못함)와 달리, 에미넴은 백인 랩 스타이면서도
힙합을 애초에 의도적인 퍼포먼스의 차별화 수단으로 차용하지
않았다. 그는 래퍼 외에는 직업 중에 다른 선택지도 없고 다른 관
심사도 없는 듯했다. 그는 소외되고 가난했으며 끔찍한 유년 시
절을 보냈다. 그가 (1972년이 아닌) 1962년에 태어났다면 스래시
메탈이나 하드코어 펑크에 끌렸거나, 아니면 그저 커서 범죄자가
됐을지도 모를 일이다. 그러나 에미넴은 80년대 후반에 성장기
를 보냈고, 당시 이 디트로이트 출신의 백인 소년에게 힙합은 즐
겨 듣는 음악을 넘어서 그의 삶 자체였다. 그 경험은 작사, 라임
구사, (그리고 무엇보다) 논쟁적, 자기 비하적 언어를 또렷한 발음으
로 속사포처럼 표출하는 그의 테크닉과 합쳐졌다. (종종 어린 시절
에 기반한) 가사는 폭력적이고 동성애 혐오를 드러냈지만, 의외로
직접적이고 유의미하게 현재 시제와 연결되었다. 결과야 어찌 되
든 에미넴은 과감하게도 주류 대중문화의 한가운데서 도전장을
던졌다. 그는 1996년에 첫 앨범을 발표했고, 5년 안에 역사상 가
장 성공한 랩 아티스트가 되었다.

에미넴의 출세작인 〈The Marshall Mathers LP〉는 2000년
5월에 발매되었다. 그리고 한 달 후, 타이거 우즈는 브리티시 오
픈에서 우승했다. 두 달 뒤에는 자신의 다섯 번째 메이저 타이틀
인 PGA 챔피언십에서 우승했다. 당시 그의 나이 스물네 살이었
다. 우즈가 역사상 가장 위대한 골퍼가 되는 것은 시간문제인 듯

했다. 이미 그 반열에 올랐다는 주장도 들렸다.

물론 시간이 흘러 이제는 우즈의 위상이 모호해졌다. 우즈는 스포츠 역사상 최고의 골퍼일지 몰라도, 여기에는 이견이 있을 수 있다. 그의 몸은 부상으로 예전 같지 않아졌고, 섹스 스캔들 이후 집중력도 흐트러졌다. 그의 경력에 대한 사람들의 기억은 항상 엇갈릴 것이다. 하지만 스물네 살 때의 우즈를 기억하자면 아무리 봐도 흠잡을 데 없었다. 2000년만 해도 타이거 우즈는 그저 '골프 선수 타이거 우즈'라는 표현이면 족했다. 그 외 그의 다른 어떤 특징도 골프 실력만큼 중요하지 않았다. 물론 골퍼 중에 흑인은 별로 없으니, 그가 흑인이라는 점도 중요했고 확실히 눈에 띄긴 했다.* 그의 주요 스폰서인 나이키는 우즈의 인종을 홍보 요소의 중심으로 활용했다. 그러나 그는 아시아인과 아메리카 원주민의 피도 섞였고, 스탠퍼드 대학교에 진학하기도 했다. 그러나 무엇보다 골프를 아주 잘 쳤다. 그리고 우즈는 빨간 셔츠를 즐겨 입었고, 이름도 멋있었으며, 완벽주의자이기도 했다. 그래도 역시, 결론은 골프를 '끝내주게' 잘 친다는 것이었다. 이렇게 골프를 잘 치는 사람이 있었나 싶었다. 1999년 한 텔레비전 광고에서 우

---

* 우즈를 타자화한 가장 도를 넘은 일화는 1997년 우즈가 마스터스에서 우승하기 직전에 동료 골퍼 퍼지 젤러Fuzzy Zoeller가 한 농담이었다. 마스터스 우승자는 다음 해 토너먼트 연회에서 역대 챔피언들에게 식사를 대접하는 '챔피언스 디너'의 메뉴를 선택할 수 있다. 젤러는 "저 친구는 실력도 제법이고 꽤 인상적이다. 장타도 퍼팅도 능하다. 승리에 필요한 모든 실력을 갖췄다. 아무튼 그가 여기 오면 당신들이 해야 할 일은 등을 토닥여주고 축하한다고 말하고 이 순간을 즐기라 하되, 내년에 프라이드 치킨, 콜라드 그린(케일 류의 녹색 채소), 뭐 그런 것들은 빼라고 말하는 것이다."우즈가 최종 고른 메뉴는 치즈버거, 치킨 샌드위치, 감자튀김, 밀크 셰이크였다.

90년대

즈는 골프공을 피칭 웨지 헤드에 28초 동안 말없이 튕긴 뒤 마치 야구공을 치듯 공중으로 날린다. 사람들이 조작된 영상이 아닌지 궁금해할 정도로, 우즈는 힘 안 들이고 묘기를 펼쳤다. 그의 성격은 개성이 강하지 않고 무난해서 더 이상적이었다. 돌출 발언이나 음담패설을 하는 법이 없었고, 오만방자하지도 않았다. 결정적 퍼팅에 성공한 후 주먹을 불끈 쥐는 것이 그나마 그의 대표적인 감정 표출 방식일 뿐이었다. 과거 1997년에 그는 《GQ》와의 심층 인터뷰에 응했고, 거기서 어린 마음에 몇몇 농담을 내뱉은 적이 있었다. 그 농담이 그대로 기사로 나간 후, 그는 적어도 공석에서나마 다시는 농담을 하지 않았다. 몇 년 지나 그의 사생활이 만신창이가 된 후 이 과묵함은 그를 따라다니며 괴롭히기 시작했다. 몸은 부상 후유증으로 뻣뻣하고 불편해 보였고, 평범한 친구 관계도 없었다. (어릴 때부터 그를 혹독하게 훈련시킨) 아버지와의 관계는 한때 의심스럽게 여겨졌으나 이제는 우즈가 거의 혹사를 당하며 자랐다는 것으로 재평가되었다. 수많은 우승 경력과 상상을 뛰어넘는 부를 쌓았지만, 결국 그의 인생사는 환멸을 불러일으켰고 어쩌면 조금은 안타깝기까지 했다.

그러나 지금 보니 그렇다는 얘기일 뿐이다. 그때는 그런 인식이 없었다. 그리 오래전은 아니지만 한때 우즈는 감정을 자제하는 완벽한 인간의 표상이었다. 우즈의 존재감이 골프라는 종목 자체와 동등했다고 말한다면 그에겐 모욕이겠으나, 골프에 대한 모욕은 아니었다.

12장

90년대의 끝, 세기의 끝

"나는 끔찍한 일을 볼 때마다
열아홉 살의 관점에서 바라보며
객관성을 유지하려 노력한다"
_랄프 네이더, 미국의 2000년 대통령 후보

살다 보면 처음에 한 번의 설명으로는 곧바로 이해되지 않는 사건들을 종종 마주하게 된다. 물론 설명된 정보가 너무 복잡해서 이해할 수 없을 때도 있다. 그러나 그에 못지않게, 아무리 단순하고 명료한 설명을 들어도 이성적 사고로는 도무지 믿기지 않는 상황이라 이해하지 못하는 경우도 있다. 통상 이때는 처음 설명이 아무리 직설적이었더라도, 정보를 거부하고 더 자세한 설명을 요구하는 게 인지상정이다. 그래서 1997년 마이크 타이슨Mike Tyson과 에반더 홀리필드Evander Holyfield의 복싱 재대결에 관한 일화를 전해 들은 사람들은 전부 다음과 같이 되물을 수밖에 없었다. "그런데 타이슨이 홀리필드를 '물었다'는 게 정확히 무슨 말이야?"

나중에 밝혀졌듯, 일어난 일은 정확히 문자 그대로였다. 설명은 은유가 아니었다. 90년대에 가장 기대를 모은 헤비급 경기의 세 번째 라운드에서 마이크 타이슨은 절박했고, 화를 주체하지 못했으며, 자신의 패배를 직감하고는 클린치 중 홀리필드의 몸에 기대 그의 오른쪽 귀를 깨물었다. 홀리필드는 목 위로 피를 줄줄 흘리며 괴로움에 펄쩍 뛰었고, 떨어져 나간 그의 살점은 여전히 링 위에 나뒹굴고 있었다.

이 사건은 모호한 수수께끼가 아니었다. 밀스 레인Mills Lane 심판을 포함한 수백만 명이 타이슨의 치아에 뜯겨 나간 홀리필드의 귀를 똑똑히 목격했기 때문이다. 상대의 살을 물어뜯는다는 것은 프로 복싱 경기에서 합리적 예상 범위를 심히 벗어났음에도 심판은 엉겁결에 이 공격을 우발적 반칙으로 처리하고 넘어갔다. 결국 타이슨은 감점 2점이 부과되었고, 경기는 재개되었다. 곧바로 타이슨은 홀리필드를 다시 깨물려 했지만, 이번에는 심판이 전혀 중재하지 않았다. 라운드 막바지에야 타이슨이 (꽤 명백하게도) 고의로 홀리필드를 물려고 했음이 인정되었고, 타이슨은 실격 처리되었다. 그러자 타이슨은 링을 가로질러 달려가 홀리필드든 주변의 누구든 마구 공격하면서 난동을 부렸다. 결국 링에 경찰이 들이닥쳤고, 거의 30분 이상 지나서야 공식적으로 실격 처리가 발표되었다. 경기를 생중계로 보지 않은 팬들로서는 통상 알고 있는 스포츠에 대한 상식과 어긋나는 이 일을 전해 들었을 때 순간적으로 회로가 정지되는 기분이었다. 사람들은 타이슨이 상상 가능한 무슨 짓이든 할 사람이라고 인식했지만, 상상의 범위에도 한계는 있었다. 거기에 상대의 귀를 물어뜯는 건 포함되지 않았다.

벵골 호랑이 구입이 취미인 사람에게는 어울리지 않는 표현이지만, 90년대는 마이크 타이슨에게 혹독한 시련기였다. 1989년 언론에 비친 그의 이미지는 1999년의 타이거 우즈와 비슷했다. 다시 말해 타이슨이 결국 복싱 역사상 가장 위대한 선수가 되리라는 것은 기정사실처럼 보였다. 그는 위협적인 신체 조건을 갖추기도 했지만, 뛰어난 헤비급 선수가 드물었던 당시에 세심한 훈련으로 숙련된 스킬도 보유했다. 코미디언 아세니오 홀은 한 스탠드업 코미디에서 타이슨이 인간과의 결투를 중단하고 코끼리와 결투를 시작하는 것이 더 공정할 것이라고 주장했다. 타이슨은 남다른 카리스마가 있었다. 브루클린 브라운스빌의 광폭한 전사이자, 혀 짧은 발음의 비둘기 수집광이었으며, 스스로 다재다

능한 르네상스 맨Renaissance man이라고 자칭했다. 그는 데뷔 후 서른
일곱 번의 프로 경기에서 쉽게 승리했으며, 그중 서른세 번이 KO
승이었다. 그러나 1990년 2월 집중력을 잃은 타이슨은 일본에서
개최된 타이틀 방어전에서 베팅 확률이 42대 1로 열세이던 무명
의 도전자 제임스 '버스터' 더글러스James 'Buster' Douglas에게 패했다. 그
때부터 악재가 겹쳤다. 1992년에 성폭행죄로 유죄 판결을 받더니
결국 인디애나주에서 10년형을 선고받고 3년을 복역했다.* 석방
되자마자 세계 헤비급 타이틀을 되찾았지만, 나이를 먹고 약해진
그는 예전의 모습이 아니었다. 그는 1996년 11월 홀리필드와 처
음으로 맞붙었고, 25대 1의 베팅으로 타이슨의 승리가 유력해 보
였다. 홀리필드는 심장이 심각하게 안 좋았고 전성기가 지났다고
평가되었지만, 11라운드에서 타이슨을 물리쳤다. 재대결(이자 귀
뜯긴 사건)이 벌어진 건 이듬해 여름이었다. 경력 내내 역경을 극
복하며 다양한 체급에서 챔피언 타이틀을 획득한 홀리필드가 타
이슨에게 물린 선수로 주로 기억된다는 사실은 안타깝지만 놀라
운 일은 아니다. 여기서도 타이슨은 약간 타이거 우즈와 비슷했
다. 권투라는 종목 자체보다 그의 유명세가 크게 느껴졌다.

타이슨은 90년대에 등장하여 리얼리티 쇼와 훗날 소셜 미디

---

* 지금 돌이켜 보건대 90년대의 많은 불가사의한 사실 중 하나는 타이슨이 성폭행 유죄 판결을 받
은 후에도 그를 뚜렷이 지지하는 사람이 많았다는 것이다. 1994년 MTV 비디오 뮤직 어워드에서
퍼블릭 에너미의 멤버 척 디Chuck D는 타이슨을 정치 사범political prisoner에 비유하며 그의 투옥이 부
당함을 내비쳤다. 같은 해 홀리 갱Holy Gang이라는 인더스트리얼 그룹은 〈Free Tyson Free!〉라는
제목의 EP를 발표하고는, 타이슨을 고발한 데지레 워싱턴Desiree Washington을 비난했다. 가석방 후
타이슨의 첫 경기는 유료 채널에서 방송되었음에도 150만 명이 넘는 사람들이 시청했다. 이 경기
는 89초 만에 타이슨의 승으로 끝났다.

어를 지배하게 될 일종의 모순된 캐릭터의 전형이었다. 즉, 그는 공인으로서 대중의 동정을 불러일으키지 않지만(또는 그럴 자격이 없지만) 또 한편으로는 안타까운 인물이었다. 그의 행동을 불우한 환경이라는 사회학적 외부 요소와 스스로 끔찍한 충동을 제어하지 못했다는 심리적 내부 요소 양쪽으로 나눠 설명하려는 시도가 있었다. 언젠가 타이슨은 경기에서 승리한 직후 "나는 성미가 급하다. 아무도 방어전에서 날 못 이긴다. 나는 야수처럼 매섭다"라고 자평한 적 있다. 홀리필드 사건 후 언론들은 이 사건에 대체로 놀라야 할지 웃어야 할지 갈팡질팡하는 듯했다(지역 신문들인 《필라델피아 데일리 뉴스》의 「잘 가요, 챔피언(Requiem for a Champion)」과 《테네시안》의 「귓불로 하는 복싱(Lobe Blow for Boxing)」 같은 다양한 헤드라인이 나왔다). 그해 여름, 이 사건은 타이슨이 결국 이성을 잃었다는 증거였다. 그러나 점점 불길한 방향으로 흘러가던 시간의 연대기에서 유독 눈에 띄는 이 사건은 이제 보면 타이슨을 포함해 모든 사람들에게 뭔가 다른 시대의 예고를 의미하는 것 같다.

90년대 초반은 그 직후에 돌이켜 봤을 때 예측 가능한 변화들이 복잡하게 합쳐져 형성되었다. 공산주의가 붕괴했고, 음악과 영화계의 판도가 바뀌었고, 유전 공학과 인터넷이 부상했고, 신자유주의가 사회의 중심을 차지했다. 과거 이 모든 것을 물리적으로 설명하려는 시도가 있었다. 즉, 현재 일어나고 있는 모든 일은 과거의 일에 대한 작용 반작용의 법칙으로 나타나는 정상적 현상이라는 무언의 합의가 있었다. 그러나 이번 사건은 그렇지 않았다. "개가 사람을 물었다"는 정상이고, "사람이 개를 물었다"는 뉴스감이라 치자. 그렇다면 타이슨 사건은 전자의 미세한 변형이자, 후자의 가능성이 곪아 터진 현실화였다. 오랜 세월 사람들은 웬만한 일에 감흥 없이 사는 데 익숙해져 있었다. 만사에 가장 흔한 반응은 심드렁한 표정으로 "당연하지"라고 말하는 것이었다. 그러나 갑자기 설명할 수 없는 이유로 한 남자가 텔레비전 속에서 상대방의 귓불을 물어뜯는 일이 벌어졌다. 아무렇지 않게 넘어가기에는 너무 극단적인 일이었다. 과거에서 현재를 추론하는 연결고리가 떨어져 나갔다.

* * *

Y2K는 전혀 일어나지 않은 재앙이었고, 그 결과 많은 사람들도 애초부터 불가능한 재앙으로 결론지었다. 돌이켜 보면 끊임없는 집단적 광분처럼 보인다. 이는 종말의 날을 달력에 표시해 두고 기다려 온 사람들에게 최적화된, 날짜와 시간이 예고된 디지털 버전의 심판이었다. 보통 Y2K 문제라 하면 순간적으로 언론의 장난질과 기술적 호들갑 사이의 어딘가쯤으로 기억하는 경향이 있으며, 이 결함을 수정하기 위해 약 3,000억 달러가 소요되었다는 점은 경제적 측면에서 현금을 아궁이로 던져 넣은 격이라는 것이 세간의 통념이었다. 하지만 이 모든 생각은 잘못되었다. 그러나 얼마나 잘못되었냐고 묻는다면, 이 질문은 더 대답하기 어렵다.

1999년 내내 사람들이 Y2K를 이해하는 방식은 아기가 형성

되는 원리를 이해하는 방식과 약간 비슷했다. 기본 원리는 누구
나 알지만, 그 원리가 진행되는 과정을 이해하는 사람은 거의 없
었다. 인터넷과 관련해 위기를 처음 공개적으로 언급한 사람은
1985년 1월 18일 디지털 기술 토론방에 다음의 질문을 게시한 오
리건주 리드 대학교의 스펜서 볼스Spencer Bolles 교수였다.

> 친구 중 한 명이 흥미로운 의문을 제기하기에 내가 즉시 반
> 증하려 한 적이 있다. 프로그래머인 그 친구는 2000년이 되
> 면 컴퓨터가 새로운 날짜를 인식하지 못할 것이라 생각했
> 다. 컴퓨터는 그때를 1900년이라고 인식할까, 즉 그로 인해
> 문제가 발생하게 될 것인가?

볼스가 설명한 친구의 가설이 나중에 모든 사람이 Y2K에
대해 알게 될 전부였다. 최초로 컴퓨터와 마이크로칩이 설계된
20세기 중반, 컴퓨터의 공간은 제한되어 있었다. 공간 부족을
해결할 한 가지 방법은 네 자리 날짜를 두 자리 숫자로 코딩하
는 것이었다. 즉, 프로그래머가 '1953' 대신 '53'을 사용하는 식이
다.* 이는 1999년까지는 전혀 문제가 되지 않았다. 그러나 새로
운 밀레니엄이 도래하면 2000년이 '00'으로 처리되어 컴퓨터가
1900년으로 인식한다는 것이었다. 듣자 하니 그다음에는 기술적
재앙이 펼쳐질 것이라 했다.

---

* 당시 프로그래머 중에는 자신들이 작성하는 코드가 미래에는 작동하지 않을 것이라고 오해하는
  경우도 있었다.

내가 "듣자 하니"를 덧붙인 이유는 이것이 사실인지 의심스러워서만은 아니다. Y2K 대격변을 열렬히 믿는 사람들조차 왜 이로 인해 전 세계 모든 컴퓨터가 동시에 고장 나는지 완전히 이해하지 못했기 때문이기도 하다. 컴퓨터가 작동하는 데 칩이 연도를 인식해야 할 이유는 무엇일까? 가령 애플 컴퓨터가 현재 연도를 1900년이라고 인식한다면, 본체가 아직 생산되기도 전의 시점으로 인식한다는 뜻인가? 이것이 네트워크를 초기화하는 원리를 기술적으로 설명하기엔 너무 복잡했으므로, 대신 언론들은 이론적으로 가능성 있는 결과에 초점을 맞췄다. 예를 들어 정전이 다발하여 생명 유지 장치에 의존하는 환자들이 숨을 거둘 것이다. 주유 펌프와 ATM 카드가 작동하지 않아 대혼란에 빠지고, 항공 운행 시스템이 먹통이 될지 모른다. 핵미사일이 오발될지 모른다는 가능성도 제기되었다. 1997년 《뉴스위크》 기사 「세상이 멈추는 날」에서는 한 데이터 전문가의 말을 인용해 "2000년 1월 1일이 되면 많은 건물에서 엘리베이터가 급강하할지도 모른다"라고 우려했다. 1999년 1월 《베니티 페어》 기사는 「Y2K 악몽」이라는 제목으로 "날짜가 정해진 재난이 전 세계를 덮칠 것"이라고 설명했다. 클린턴 대통령은 새천년 전환 전담 위원회를 구성하는 행정 명령에 서명해, 85억 달러의 비용을 들여 연방 정부의 회계용 컴퓨터 7,336대를 업데이트하게 했다. 또한 사람들이 현금을 비축하는 바람에, 중앙은행은 더 많은 화폐를 발행해야 했다. 문제의 본질은 마치 1950년대 공상 과학 소설 같은 특징을 띠고 있었다. 자신들의 절대적 힘을 깨닫지 못한 기술 전문가들이 가장 소소한 세부적 가능성을 간과한 탓에 조만간 미래 사회가 석기 시대로 되돌아가게 생겼다는 것이었다.

물론 여기서 주목할 점은 대부분 사람들이 이런 가능성을 진심으로 믿지 않았다는 것이다. 1999년 여름 〈CBS 뉴스 선데이 모닝CBS News Sunday Morning〉에서 실시한 여론 조사는 미국인의 56%가 Y2K를 준비하기 위해 아무것도 하지 않고 있다고 밝혔다. 응답자의 약 36%는 Y2K가 어디서도 누구에게 어떤 식으로든 문제를 일으키지 않을 것이라고 믿었다. 1999년 12월에 실시된 갤럽 설문 조사에 따르면 종말이 가까워질수록 Y2K에 대한 두려움은 역설적이게도 감소하고 있는 것으로 나타났다. 빌 게이츠가 Y2K 결함은 단지 불편을 초래할 뿐이라고 선언하자, 그의 예측이 곧 대세론이 되었다. 그러나 대부분 관련 보도는 Y2K가 파괴적 결과를 낳을 것이라고 더없이 진심으로 믿는 소수 의견에 더욱 치우쳤다. AP 통신 기사는 디트로이트에서 총기 거래가 급증했다고 보도했다. 미리 조리된 전투 식량을 판매하는 기업 크라운 포인트Crown Point는 매출이 500% 증가했다고 주장했다. 또한 실온 보관이 가능하고 다양하게 활용해 먹을 수 있는 꿀의 매출이 급증한 것으로 추정되었다.* 1980년대 초 토론토 북부의 땅 밑에 버스 마흔두 대를 묻어 핵 낙진 대피소를 만든 브루스 비치라는 캐나다인은 최

---

* 이 희한한 일화는 1999년 7월 영국 신문 《인디펜던트》의 기사에서 발췌했다. 리처드 애디라는 사우스다코타주의 양봉업자는 미국 전역을 돌아다녔고, 가장 꿀 수요가 많은 곳이 로키산맥이라는 사실을 알게 되었다. 그는 사람들이 30kg짜리 상자를 들고 다닌다며 "어떤 지역에서는 손님들이 상자 단위로 꿀을 사 갔다. 가정에서 소비하기에는 상당한 양이었다"라고 말했다. 또한 특히 우려스럽게도, 그는 "그리고 손님 중 상당수가 컴퓨터 전문가였다"라고 덧붙였다.

악의 상황이 도래할 시 50명까지는 이 대피소를 자기와 함께 이용해도 좋다고 발표했다. 수많은 지역 신문에서는 뒤뜰에 벙커를 만들고, 발전기를 구입하고, 종말을 기다리는 지역 시민들의 사연을 연거푸 내보냈다. 이러한 걱정꾼들은 비주류 소수일지언정, 그들의 과도한 반응은 진심이었다. 타라 웨스트오버Tara Westover는 2018년 회고록『배움의 발견Educated』에서 분리파 교도인 자신의 아버지가 환희에 들떠 세속의 종말을 준비했다는 일화를 설명했다.

Y2K가 재앙을 일으키지 않으리라는 확신은 맨해튼 타임스퀘어에서 새해 전야제가 열리기 전부터 이미 인식되었다. 런던은 뉴욕보다 다섯 시간 빠른데, 영국에서 이렇다 할 소식이 전해지지 않았다. 여기저기서 몇 가지 문제가 발생하긴 했으나, 요크셔 지역 임신부 150명의 임신 관련 데이터에 오류가 발생했다는 게 그나마 특이한 뉴스였다. 그러나 정전 사태는 발생하지 않았고, 비행기는 하늘에서 추락하지 않았으며, 엘리베이터 사고로 인한 사망자도 없었다. 게다가 미국의 결함 사례는 영국의 사례보다 한결 덜했다(유일하게 보고된 문제는 델라웨어주 카지노의 슬롯머신 몇 대가 오작동한 것이었다). 그러자 거의 기다렸다는 듯이 Y2K 위협이 과장되었다는 안이한 반응이 나타났다. 그러나 그러한 반응은 문제를 미연에 방지하기 위해 투자한 시간, 비용, 노력을 간과하는 처사였다.

2013년 기술 예측가인 폴 사포Paul Saffo는《뉴욕 타임스》와의 인터뷰에서 "재난이 무사히 넘어가면 그동안의 숨은 노고를 칭찬하는 이는 아무도 없다"라고 말했다.

2019년 영국의 기술 공학 교수 마틴 토머스Martyn Thomas는 "밀레니엄 버그는 사실이었다. 그리고 버그를 고치기 위한 국제적 공조는 대성공이었다"라고 썼다. 세월이 흐르면서 학자들 사이에서는 Y2K 대혼란이 어느 정도 '예정'된 건 사실이었으나 결국 과학계가 최선을 다해 선제적으로 노력한 덕에 무질서를 막았다는 쪽으로 견해가 모아졌다.* 이에 반론하자면, 이 문제를 완전히 무시했다면 어떤 일이 벌어졌을지 증명할 길이 없다. 특히 (한국과 같이) 아무 조치도 취하지 않은 국가나 버그 수정을 최우선 국책 과제로 삼은 국가나 일상의 풍경은 거의 같았기 때문이다. 또한 세탁기나 고급 토스터와 같이 마이크로칩이 내장되었으면서 각 가정 내에 틀어박혀 아무 조치가 취해지지 않은 모든 가정용품이 여전히 정상 작동했다는 점도 무시할 수 없었다.

Y2K가 왔다 갔고, 달라진 건 아무것도 없었다.

그리고 이는 나름 독특하고 색다른 유형의 실망을 불러일으켰다.

스탠리 큐브릭Stanley Kubrick 감독이 1968년에 〈2001: 스페이스 오디세이 2001: A Space Odyssey〉를 개봉했을 때와 프린스Prince가 1982년에 〈1999〉라는 노래를 발표할 때만 해도 21세기는 실제보다 더 요원하게 느껴졌다. 멀리서 본 21세기는 모든 것이 달라지고 어쩌면

* 또한 기후 변화 논거를 지지하는 사람이나 의심하는 사람이나 서로 모순된 이유로 Y2K를 유용한 예로 자주 사용하기 시작했다. 기후 변화 부정론자들은 밀레니엄 버그를 전문가가 존재하지 않는 재난을 잘못 주장한 대표적 사례로 인용한다. 반면에 환경 입법 추진자들은 밀레니엄 버그를 전문가들이 기존 시스템을 수정하려 노력한 덕에 돌이킬 수 없을 듯했던 재난을 막아 낸 사례로 거론한다.

90년대

더 나아질 미래가 약속된 듯했다. 그러나 21세기가 코앞으로 다가올수록 현재의 현실과 다를 바 없어 보이기 시작했다. 눈부시게 찬란한 미래가 도달했지만, 단지 지나간 현재의 업데이트 버전일 뿐이었다. 평범한 일상은 여전히 평범했고, 그렇다 보니 사람들은 Y2K 문제가 무사히 지나간 사실을 묘하게도 싱겁게 느끼게 되었다. 아무도 제트기가 추락하거나 핵탄두가 폭발하기를 '원하지' 않았지만, 단 몇 시간, 혹은 며칠, 몇 주 동안만이라도 19세기로 돌아가면 어떨지 상상하는 것이 갑자기 재미있게 느껴졌다(또는 상상한다고 해가 될 건 없어 보였다). 비극이 확실히 비껴갔다 싶어지자, 다시 전처럼 전혀 일어나지 않은 재난을 안심하고 비웃을 수 있었다.

2000년에 인터넷을 긍정적으로 보는 사람들은 인터넷을 가장 자주 사용하는 사람들이었고, 부정적으로 보는 사람들은 가장 적게 사용하는 사람들이었다. 특히 블루칼라 노동자라면 인터넷 없이도 생활하고 일하는 데 여전히 문제가 없었다. 비록 연구 결과마다 편차는 있었지만 2000년에는 미국 인구의 약 절반이 인터넷을 '전혀' 사용하지 않았고, 사용자 중에서도 상당수가 이메일을 주고받는 용도로만 썼다. 대부분 일상의 필수 활동은 여전히 아날로그였기 때문에 일시적으로 기술이 정지된 세상을 상상해도 별로 무서울 게 없었다(어쩌면 사람들은 더 낫다고 생각했을지도 모른다). 그리고 결과적으로 문제가 해결되었고 큰 탈은 없었음에도, Y2K에 대비하던 기간에는 갈수록 커지는 심리적 불안을 경험했다. 우리는 브레이크 없이 나날이 컴퓨터에 의존하게 되었고,

그에 따라 본의 아니게 사회를 더 취약하게 만들었다. 기술이 일상에 깊이 침투한 나머지, 컴퓨터 칩에서 두 자릿수 숫자가 잘못되면 일반 시민은 결코 예상할 수 없는 방식으로 다른 모든 것까지 바뀔지 모를 일이었다.

Y2K를 계기로 우리는 스스로 구축한 기술의 통제력을 잃었고, 이제 뒤로 한 발짝 물러나야 할 때라는 규범적이고 단호한 비판 의식이 무르익었다. 그러나 방금까지 우리가 걸어 왔던 길은 어느새 사라져 있었다. 이제는 무작정 앞으로 나아가는 수밖에 없었다.

* * *

2000년 대선의 기억은 파편처럼 남아 있다. 마치 늘 조각이 안 맞는 선형 직소 퍼즐과 같아서, 많은 사람들이 맞추기를 포기하고 포장 상자를 통째로 벽장에 다시 처박는다.

2000년 여름 내내 그리고 가을 대부분의 대선 기간은 머리가 멍할 만큼 지루하게 느껴졌다. 익숙한 듯하면서도 알려지지 않은 전통적인 두 후보가 나란히 출마했다. 둘 중 누구도 역동적이거나 변혁적인 이미지를 보여주지 못했다. 그들은 다르다기보다 서로 비슷했고, 혹은 다들 적어도 그렇게 결론 내리고 싶어 했다. 퓨 리서치 여론 조사에 따르면 지지 정당을 막론하고 등록 유권자의 44%가 "누가 당선되든 달라지는 건 거의 없을 것"이라고 믿었다. 선거일 몇 주 전부터 경합이 치열해졌고 선거 운동이 막바지에 이르렀다는 보도가 나오면서, 그나마 약간 관심 있는 뉴스 소비자들만이 마지못해 약간 눈길을 주었다. 득표수는 접전이 될 것으로 예상되었다. 그러나 결과는 예상보다 더 박빙이었다. 11월 7일 저녁은 대선 보도 역사상 당파를 막론하고 누구에게나 가장 심장 떨리는 밤이었다. 워낙 초박빙이어서 누가 되든 믿기지 않을(그러나 절대 상상 못할 바는 아닌) 상황이었다. 장장 36일 동안 누가 43대 대통령이 될지 미궁에 빠졌다. 그 질문의 답이 마침내 밝혀지자, 국민의 절반은 이 결과를 제도적 음모로 보았고, 한때 누가 되어도 상관없을 만큼 비슷해 보였던 두 사람은 이제 천지 차이로 보이기 시작했다.

2000년 대선 이후 10개월 동안은 대부분 미국 성인이 경험한 정치적으로 가장 어수선한 시기였다. 이보다 말도 안 되는 일은 있을 수 없어 보였다. 하지만 그때 더 말도 안 되는 일이 실제로 터졌고, 한때 잊지 못할 것만 같았던 그날 밤은 졸지에 잊어도 괜찮을 밤으로 전락했다. 2001년 9월 11일에 일어난 사건이 이제 2000년 11월 7일에 일어난 사건을 완전히 묻어 버렸다. 9·11 테러의 기억이 더 깊게 자리 잡았고 감정적 충격도 더 컸으며, (대선 결과에 대한 왈가왈부를 포함해) 직전 10년 동안 일어난 많은 일들이 한동안 덧없이 느껴졌다. 그러나 2000년 대선의 얄궂은 결과가 아마 더 은근하고 설명하기 까다로운 방식으로 미국인의 일상을 더 많이 변화시켰을 것이다. 이때가 정치와 조금이라도 연관된 모든 문제에 있어서 절대주의 이분법적 사고의 시발점이었고, 이후 타협하려는 어떤 시도도 부질없거나 가식이라는 생각이 기저에 깔리게 되었다. 이제 더 이상 사소한 차이란 없었다. 앞으로는 모든 차이 하나하나에 이데올로기적 의미가 깃들게 되었다. 그리고 이 부분적 이유는 2000년 분란의 중심에 있던 두 후보가 여러 재미없는 측면에서 비슷해 보였기 때문이다. 이제 새로운 대척점을 만들어내야 했다. 사람들은 이 현실이 믿기지 않았다. 이 선거 이후로는 해가 거듭될수록 조지 W. 부시와 앨 고어를 거기서 거기로 보는 관점이 점점 더 용납할 수 없게 되었다. 하지만 이는 2000년 대선의 최종 결과가 사람들로 하여금 대선 이전의 사건까지 포함해 세상 모든 문제를 똑같이 완고한 관점으로 해석하도록 조건화했기 때문이다.

2000년 5월 8일자 갤럽 뉴스 기사는 「대선이라는 중대사에서 고어와 부시의 사소한 차이」라는 헤드라인으로 여론을 분석해 정리했다. 기사와 함께 실린 여론 조사는 두 가지를 시사했으나 둘 다 놀랍지는 않았다. 첫째, 대부분 유권자들은 지지 정당에 따라 결정을 내렸다. 둘째, 부시가 범죄에 더 강경하여 약간 더 단호한 지도자로 여겨졌지만 평균적인 민주당 지지자들의 표심이 이탈할 만큼 단호하지는 않았다. 두 후보가 사람들에게 인식되는 이미지는 정치적 측면보다는 개인적 측면에서 비슷해 보였다. 이들은 50대 초반의 두 백인 남성으로, 마땅히 더 나은 후보가 없어서 출마한 것 같았다. 3선 상원의 아들인 고어는 8년의 호황기 동안 클린턴 행정부의 부통령을 역임했으므로 전 정권의 연장선이 될 것이 분명했다. 부시는 전 대통령의 아들이자 92년과 96년 대선 때 공화당의 아성이었던 텍사스주의 주지사였다. 고어는 하버드 대학교를, 부시는 예일 대학교를 졸업했다.* 경선 기간에 고어의 가장 강력한 맞수는 전 NBA 선수였던 뉴저지주 상원 빌 브래들리Bill Bradley 후보였다. 그가 자신이 더욱 진보적인 후보임을 자처하는 바람에 고어는 사실상 중도주의자로 비치게 되었다. 부시는 훗날 실제로 대통령직을 수행할 방식과는 다르게, 이때까지만 해도 자신을 공화당 강경파의 대안인 중도 우파라고 내세웠다.

1999년 12월 부시는 토론회에서 애리조나 주민들에게 이렇게 말했다.

> 이 주에는 많은 히스패닉계 미국인이 살고 있습니다. 저희 텍사스주에도 히스패닉이 많이 살고 있는 만큼, 이제 공화당은 지지 기반을 더욱 넓혀야 할 필요성을 인식하고 있습니다. 그러기 위해 저는 보수주의 메시지에 저의 공감을 담아 전달하려고 노력했습니다.

그는 연설의 포문을 여는 이 말을 스페인어로 했다. 부시의 노력은 의미 있게 여겨졌다. 부시는 스페인어를 구사하는 능력(및 의지)이 있다는 점에서 밥 돌, 뉴트 깅리치, 팻 뷰캐넌과 매우 달랐다. 완벽한 스페인어는 아니었지만 노력하는 모습을 보였고, 자신과 다른 성향의 사람들에게 다가가고자 했다. 그래서 그는 고어가 이미 선점한 중도 성향으로 선회해 기세를 몰기 시작

---

* 2000년 대선은 네 번 연속으로 하버드 대학교나 예일 대학교 학위를 가진 후보가 적어도 한 명 포함된 대통령 선거가 되었다. 이 추세는 2004년, 2008년, 2012년, 2016년 대선에도 이어진다.

했다. 현재까지 고어에 대해 남아 있는 기억은 그의 공직 시절보다는, 이후 특히 기후 변화를 중심으로 부단히 펼쳐 온 환경 운동에 더 눈길이 가는 경향이 있다. 그는 2007년 노벨 평화상을 받았고, 2006년 주목받은 다큐멘터리 〈불편한 진실An Inconvenient Truth〉로 아카데미상 두 개 부문을 수상하기도 했다. 그러나 그는 이처럼 환경에 관심이 많은 자신의 진보적 가치관을 2000년 대선 운동 때는 거의 활용하지 않았다.* 대신 감세를 약속하고, 건강보험을 "철통"에 꽁꽁 넣어 두겠다며 본뜻을 오해하기에 십상인 어색한 비유를 들었다. 러닝메이트로 선택된 조 리버먼Joe Lieberman은 민주당원치고는 보수적이었고, 결국 2006년에 스스로 무소속행을 결심하기에 이른다. 고어의 아내인 티퍼 고어Tipper Gore는 대중음악을 감시하는 학부모 단체Parents Music Resource Center, PMRC의 공동 창립자로서 1980년대 거의 내내 록 음악에 반대하는 캠페인을 벌였다. 그러니 정치에 무관심한 양비론자들로서는 고어를 더 보수적인 후보로 여겨도 무리가 아니었다.

그렇다고 '모든' 사람이 이렇게 생각했을까? 당연히 아니다. 칼럼니스트 에릭 얼터먼Eric Alterman이 9월 말 시사 잡지 《네이션》에 게재한 사설 제목은 「부시냐, 고어냐: 이것이 중요한가?」였다. 그리고 얼터먼의 대답은 "그렇다"였다. 근거는 "역사의 현시점에서 공화당은 정치적으로나 이데올로기적으로나 미국의 사회적 연

---

* 그러나 사실 이걸로 고어를 비난할 수는 없다. 2000년만 해도 기후 변화는 아직 심각한 문제로 인식되지 않았다. 앞서 언급한 5월 갤럽 여론 조사는 응답자들에게 열여섯 가지 정책 이슈와 관련해 두 후보를 판단하도록 요청했다. 그러나 환경 정책은 이 열여섯 항목에 포함되지도 않았다.

대를 기반 자체부터 파괴하는 데 여념이 없다"라는 그의 주장에 핵심적으로 나타나 있었다. 그러나 강성 진보 성향 잡지에 실린 이 단호한 논설은 두 후보의 차이점을 부각하려는 의도와는 달리, 대부분 사람들이 두 후보를 비슷하게 생각한다는 점을 상기시키는 문장으로 가득 차 있었다.

> 고어는 더 큰 목적을 위해서라면 진보주의자들의 희망을 포기할 수도 있는, 정치인 중 둘째가라면 서러울 실용주의자다. 친기업적 부통령으로서 그의 환경 정책은 자신의 주장에 비해 전혀 적극적이지 않았다. (중략) 클린턴이 그랬듯 고어도 군비 지출을 막대하게 늘리고 이미 실패한 콜롬비아 마약 전쟁을 계속 확대할 것이다. 시민의 인권에 대해 말하자면, 그는 테러리즘과 마약 밀매의 과장된 위협에 맞서기 위해 매정하게도 개인의 중요한 사생활을 침해할 공산이 크다. 무역과 세계화 문제에 관해서라면, 민주당 대통령이 공화당 대통령보다 더 나쁠지도 모른다.

2000년에는 이런 논조로도 고어를 지지할 수 있었다.

선거전은 도발도 없고 격정도 없는 평화 속의 수렁이었다. 부시와 고어의 양자 토론은 현대 대선 역사상 가장 시청률 낮은 토론 중 하나였다(폭스사는 3차 토론을 생방송하지도 않았으며, 그 시간에 제시카 알바Jessica Alba 주연의 사이버펑크 드라마 〈다크 엔젤Dark Angel〉의 새 에피소드를 내보냈다). 세 번의 방송 중 두 번은 시청자 수가

3,800만 명도 안 되었다.* 부시는 세 번의 토론 모두에서 형편없었고 정책에 대한 주관을 설득력 있게 피력하지 못했다. 그러나 고어가 하도 자주 한숨을 쉬어서 토론이 부시에게 유리했다는 저차원의 근거도 대체로 설득력을 얻었다. 고어의 과장된 한숨과 연출하는 듯 찡그린 표정은 부시의 무지를 공격할 의도였지만, 대체로 고어를 비호감으로 보이게 만들었다는 것이다. 고어의 태도는 재수 없었고, 보디랭귀지도 매력 없었으며, (소문에 따르면) 짜증 나는 고어보다 차라리 무식한 부시가 낫겠다는 게 사람들의 판단이었다. 이러한 결론은 모든 양자 대결 구도에서 빠지지 않게 될 하나의 정치적 관점을 만들어 냈지만, 2000년 당시에는 아직 생소한 개념이었다. 부시는 계속해서 유권자들에게 "함께 맥주 한잔하고 싶은" 후보로 묘사되었다.

이것이 어떤 문제에 접근하는 매우 90년대다운 방식이었다.

여기서 논리는 빈약했고, 논리가 아예 없다는 게 분명 더 정확할 것이다. 부시는 이미 1986년에 술을 끊었으니 말이다. 그는 사실 30세 때 음주 운전으로 기소된 적 있었다. 케네벙크포트의 술집에서 호주의 모 테니스 선수와 술을 마셨다가 밤에 거나하게 취한 채 경찰에게 적발되었다. 그러나 그 일은 오래전인 1976년이었으므로 150달러라는 소소한 벌금으로 매듭지어졌다. 그가 옛날에 체포된 전력은 선거 일주일 전에야 알려지기 시작했고,

---

* 참고로 2016년 도널드 트럼프와 힐러리 클린턴의 첫 번째 토론은 8,400만 명이 시청했다. 1960년에 리처드 닉슨과 존 F. 케네디의 네 차례 토론은 매번 6,000만 명 이상이 시청했고, 여기에 라디오 청취자 수도 만만찮았다.

어떤 사람들은 타이밍상 부시의 평판이 타격을 입고 이번 기회가 날아갈지 모른다고 생각했다. 그러나 그렇지 않았다.* 사실 조지 W. 부시가 앨 고어보다 같이 취하며 말동무하기 좋은 상대라는 평가를 검증한 꼴이었다. 맥주 회사 샘 아담스Sam Adams는 리서치 회사 로퍼 스타치Roper Starch에 전국 여론 조사를 의뢰해 미국인들이 어떤 후보랑 한잔하고 싶어 하는지 알아보았다. 사실 결과는 부시가 40% 대 37%로 우세여서, 의외로 근소한 차이였다(23%는 무응답**). 그러나 이 수치는 중요하지 않았다. 중요한 것은 질문 자체가 타당하냐는 것이었다. 그냥 부담 없이 호감도를 기준으로 투표해도 괜찮다는 뜻인가? 실수로 잘못된 후보를 선택하면 결과는 어떻게 될 것인가? 하지만 대중이 보기에 미국에는 사회 문제가 있었지만, 문제야 늘 있어 왔다. 그리고 백악관에 누가 거주하든 그 문제들은 항상 문제로 남을 것이다. 실직자가 발생하기도 했지만, 전체 실업률은 30년 만에 최저 수준이었다. 사람들은 범죄에 대해 불평했지만, 전년도에 비하면 강력 범죄도 경제 범죄도 감소했다. 대통령직에 너무 큰 의미를 부여하는 게 유치하게 느껴졌다. 대통령도 한낱 개인일 뿐, 딱히 누가 더 낫지도 못하지도 않았다. 대선에 너무 신경 쓰는 게 창피했고, 약간은 호들갑스러워 보였다. 대선은 만사를 너무 심각하게 받아들이고 정

---

* 그해 11월 3일과 4일에 실시된 여론 조사에 따르면 스스로 "부시의 음주 운전 사실을 알고 있다"라고 답한 응답자의 88%가 이를 중요한 변수로 고려하지 않았다.

** 누구를 택할지 의견도 없으면서 굳이 이런 설문 조사에 참여하는 사람은 과연 어떤 사람들일지 이해하기 어렵다.

의감에 불타는 사람들, 예컨대 랄프 네이더를 좋아하는 사람들이나 신경 쓸 일이었다.

* * *

2000년 선거에서 앨 고어의 패배를 제삼의 후보인 랄프 네이더와 그의 지지자들(그리고 네이더가 없었다면 거의 확실히 고어를 지지했을 사람들)의 탓으로 돌리는 것은 흔한 일이자 거의 의무가 되었다. 산술적으로 보면 간단히 답이 나온다. 부시는 유권자 투표에서 약 50만 표 차이로 졌지만, 선거인단 투표에서 271 대 266으로 가까스로 승리했다. 전체 향방의 열쇠는 플로리다주가 쥐고 있었으니, 이곳에서 유권자 득표수 차이는 겨우 537표였다. 당시 플로리다주에서는 약 600만 명의 유권자가 투표했다. 그중 녹색당의 네이더 후보가 9만 7,488표를 가져갔다. 따라서 네이더에게 표를 준 플로리다 주민의 1%만이 고어에게 투표했어도 고어가 대통령이 되었을 것이다(그리고 선거 후 이 모든 혼란도 발생하지 않았을 것이다). 어쨌든 이제 엎질러진 물이었다. 2000년 대선이 1992년 대선보다 훨씬 더 접전이었다는 점에서, 2000년 네이더가 고어에게 준 타격은 1992년 페로가 부시에게 준 타격보다 두말할 나위 없이 컸다.

그러나 이 비난은 합리적이기는 해도 완벽하지는 않다. 이는 두 가지 중요한 사실을 무시한다. 첫 번째는 어쨌든 플로리다주가 이번 대선 결과를 판가름했을 리가 없다는 것이다. 테네시주

488

는 고어가 과거 상원으로 당선된 지역구일 뿐 아니라 1992년과 1996년 대선에서 클린턴이 승리한 지역이었음에도, 고어는 안 방 단속에 실패했다. 테네시주 선거인단의 11표가* 고어로 갔더 라면 플로리다주에서 지더라도 고어가 당선되었을 것이다. 두 번 째 사실은 이 논리를 지지하는 사람들이 항상 노골적으로 민주주 의에 반하는 주장을 한다는 것이다. 즉 그들은 어떤 선거든 현실 적으로는 양자 대결로 좁혀질 수밖에 없으므로, 유권자가 자신이 좋아하는 후보에게 투표하는 게 능사는 아니라고 한다. 이 사고 방식은 2000년 이후 거의 모든 영역으로 확장되면서, 모든 문제 의 최우선적 잣대가 되었다.

1999년 전까지 네이더의 평판은 좌파 정치인으로서는 더 할 나위 없이 긍정적이었다. 자신의 세계관을 "도덕적 경험주의 moral empiricism"로 정의한 그는 특히 정부 투명성, 환경, 자동차 안전 을 강조하며 국내에서 으뜸가는 소비자 운동가로 활동했다. 그의 1965년 저서 『어떤 속도로도 안전하지 않다Unsafe at Any Speed』는 안전 벨트 의무화 법안을 광범위한 지역에서 채택하도록 하는 촉매제 역할을 했다. 네이더가 대부분 주제에 관해 표출한 견해는 진심 이었고 비타협적, 비상징적이었다. 마흔아홉 살이던 1983년 그는 "나는 끔찍한 일을 볼 때마다 열아홉 살의 관점에서 바라보며 객

---

* 유권자들이 자기 지역구의 후보자를 지지하지 않는 이유를 설명하자면 항상 복잡하다. 비평가들 은 일반적으로 지역 시민들이 그 후보의 됨됨이를 더 잘 알기 때문이라고 주장하지만, 너무 단순 한 대답이다. 선거가 끝나고 《뉴욕 타임스》의 한 기사는 고어가 미시간주와 위스콘신주 같은 접 전 지역에서 지나치게 많은 노력을 쏟아부은 탓에 등잔 밑에 있는 테네시주에 소홀했다고 주장했 다.

관성을 유지하려 노력한다"라고 말했다. 그는 외견상 연애에 관심이 없었으며,* 1년 생활비가 2만 5,000달러라고 주장했다. 네이더를 비롯해 특히 그의 지지자들에게 뚝심은 곧 미덕이었다.

1996년 네이더는 빌 클린턴을 부패한 실용주의자라 공격하며 대선에 출마했지만 유권자 득표율은 1%도 되지 않았다. 그는 완전히 관심 밖이었다. 그리고 2000년에 재출마하여 고어에게 집중 포화를 날리며 사람들이 고어에게 실망하게끔 유도했다. 이번에는 플로리다주의 9만 7,000표를 포함하여 거의 300만 표를 획득했고, 이때부터 그는 온건파와 전통적인 민주당원 사이에서 영원히 설 자리를 잃게 된다.

네이더가 2000년 대선에 출마한 이유는 영원히 미궁 속에 남을 것이다. 그를 가장 혹독하게 비판하는 사람들은 네이더의 출마 목적이 오직 고어의 승리를 막음으로써 자신의 정치적 영향력을 얻기 위한 이기심의 발로였다고 믿는다. 분명 가능성 있는 주장이긴 하나, 네이더의 인생 경로를 쭉 살펴보자면 신빙성이 낮다. 그보다 네이더의 고집스러운 동기는 녹색당의 존립을 위해 유권자 투표의 5%를 얻기 위해서였다는 게 더 그럴듯한 설명일 것이다. 그가 5%의 유권자 득표율을 달성했다면 녹색당은 선거 자금을 보전받아 다음번 2004년 대선 자금으로 사용할 수 있었을

---

* 네이더와 관련해 유명한 일화 중 하나로, 제너럴 모터스가 자동차 업계에 비우호적인 네이더에게 망신을 주고 그의 고고한 평판에 먹칠하기 위해 매춘부를 고용해 식료품점에서 그를 유혹하게 한 일이 있었다. 그러나 네이더는 미끼를 물지 않았고, 제너럴 모터스는 나중에 사과했다.

것이다.* 그러나 네이더에게 투표한 사람들은 네이더의 모토인 "이윤보다 사람(people before profits)"이라는 관점을 액면 그대로 받아들였을 가능성이 높다. 아무리 선거에서 승산이 없어 보이더라도 네이더는 미국이 현저히 왼쪽으로 이동하기를 바라는 유권자들에게 유일한 선택지로 보였다. 더욱이 어떤 후보를 "현실적 당선 가능성이 없다"라고 낙인찍는 것은 옳지 못한 예측이라는 믿음도 커지고 있었다. 예를 들어 1998년 전직 프로레슬러 제시 벤추라Jesse "the Body" Ventura는 개혁당 후보로 미네소타 주지사 선거에 출마했다. 대부분 선거 운동 기간에 그는 여론 조사에서 약 10% 지지율을 기록했다. 그러나 벤추라는 선거 당일에 승리했고, 이는 정치계의 예측 불가능성을 보여주는 해독 불가능한 사례로 남았다. 그는 네이더를 지지했고, 당선 가능성이 낮다는 이유로 원하는 후보에게 투표하지 않는다는 개념을 비판했다. 벤추라는 "내가 생각하는 사표란 자신의 마음과 양심을 따르지 않은 투표다"라고 말했다.

벤추라의 말은 이론상 옳았고 사실상 틀렸다. "마음과 양심"에 따라 네이더에게 투표한 290만 명은 자신의 표를 사표로 만들었을 뿐 아니라 능동적으로 자신들의 소망을 짓밟은 셈이었다. 그렇게 해서 당선된 부시는 8년의 임기 동안 미국을 오른쪽으로 돌

---

* 배리 버든Barry C. Burden 하버드 대학교 교수가 2005년 「2000년 미국 대선에서 랄프 네이더의 선거 전략」이라는 논문에서 이 가설을 집요하게 파고들었다. 그는 네이더의 다양한 캠페인 전략이 단지 5%의 유권자 득표율이라는 임계점에 도달하기 위한 노력이었음을 강력하게 시사한다고 결론지었다. 그리고는 "안타깝게도 5%의 득표율을 얻으려는 네이더의 전략은 실패했다. 그는 자신이 추구하지 않은 목표를 달성했고 가장 소중히 여긴 목표 달성에 실패했다. 이로써 이번 이례적인 선거는 얄궂은 아이러니로 남았다"라고 덧붙였다.

렸고, 네이더의 핵심 관심사(선거 자금 개혁, 최저 임금제, 환경 문제)를 대부분 등한시했기 때문이다(실은 아예 인식하지도 못했다). 그렇지만 네이더 지지자들이 네이더를 찍기로 결정한 이유를 이해 못 할 바는 아니었다. 이번 판은 로스 페로가 세 번째 선택지로서 자신의 비전을 제시한 1992년과 달랐다. 2000년에 네이더는 근본적으로 다를 바 없는 두 거대 후보에 반대하는 제3당의 '두 번째' 선택지로 간주되었다. 부시와 고어의 역사적 평가는 갈수록 서로 다른 방향으로 나아갔지만, 당시만 해도 두 후보의 차이점은 각 당의 열렬한 지지자들 눈에만 의미 있다는 게 통설이었다.* 또한 사표가 되더라도 소신 투표가 나름 의미 있는 행위라고 생각되었다. 유권자 투표에서 지더라도 선거인단 투표에서 이길 수 있다는 사실은 고등학교 3학년 정도면 다들 아는 사실이고, 그런 상황은 이전에도 세 번 있었다. 그러나 가장 최근의 사례가 미국 전체 인구가 6,000만 명이고 투표권 있는 남성이 1,100만 명에 불과했던 1888년 선거였다. 1980년 이후로는 승자와 패자의 표 차이가 항상 500만 표 이상이었다. 한낱 개인의 행동이 자신의 삶을 넘어 사회를 바꾸기엔 엄연히 한계가 있어 보였다. 세상이 돌아가는 방식은 어차피 정해진 질서대로 돌아가곤 했다. 그러나 이번 선거는 제도에 동참하면서 체제를 비판할 기회였다. 네이더에

---

* 사소하지만 확실한 예가 있다. 2000년 여름, 랩 메탈 밴드인 레이지 어게인스트 더 머신은 좌파 다큐멘터리 감독 마이클 무어를 섭외해 〈Testify〉라는 곡의 뮤직비디오를 제작했다. 이 비디오에는 자유 무역과 사형에 같은 견해를 취하는 부시와 고어의 몽타주가 등장하며, 결국 두 사람의 얼굴은 하나의 얼굴로 합성된다. 비디오의 마지막에는 네이더가 "당신이 정치에 관심이 없다면 정치는 당신을 배신할 것"이라고 말하는 장면이 나온다.

90년대

게 투표하는 것은 일종의 자기표현이었다.

11월 7일 밤 전까지만 해도 네이더 지지자들은 자신들이 이처럼 소신 투표를 하는 사람이라는 걸 세상에 열심히 알리고 싶어 했다. 10월에 〈새터데이 나이트 라이브〉에 출연한 라디오헤드의 톰 요크는 공연 후 "네이더를 토론회에 포함하라(LET RALPH DEBATE)"라고 적힌 녹색 풋말을 들었다.* 네이더 지지자들은 자신들이 투표일에 내릴 도덕적 결정을 자랑스러워했다. 그러나 11월 8일 오후에 그 도덕의 고원지대는 산사태처럼 무너졌고, 갑자기 290만 명의 도덕주의자들은 더는 찾아볼 수 없게 되었다.

* * *

삼자 대결 구도로 치러진 대선이 끝나고, 예상대로 시민들의 대화에서는 선거인단 투표제의 폐지가 화두에 올랐다. 하지만 이는 2000년 대선을 둘러싼 상황이 원래 선거인단 제도가 생겨난 주요 이유 중 하나였기 때문에 부적절했다. 최초 헌법을 제정한 건국의 아버지들이 두려워한 한 가지는 인구가 많은 지역이 선거 동안 지리적 불균형을 초래할 것이라는 점이었다.** 그리고 정확

---

* 물론 요크는 예나 지금이나 미국 시민권자가 아니다.

** 이 제도는 1787년에 생겨났는데, 진짜 문제는 남부 인구의 다수가 노예라는 것이었다(그리고 노예는 투표권이 없었다). 건국의 아버지들은 이 점을 우회할 방법을 찾아야 했다. 또한 그 당시에는 제대로 된 정당도 존재하지 않았고, 인구수가 약 400만 명밖에 되지 않았으며, 대부분 유권자들은 어쨌든 자기 표가 누구에게 갈지 전혀 모른다고 추정되었다.

히 이번 대선에서 이런 현상이 나타났다. 고어는 전체 유권자 투표에서 앞섰으나 승리를 따낸 주는 20개 주에 불과했다. 그중 두 곳은 캘리포니아주와 뉴욕주였다. 플로리다주는 거의 동률이었다. 다음 두 달 동안 《워싱턴 포스트》와 《팜비치 포스트》는 기계 오작동으로 무효표 논란이 있었던 플로리다주 유권자를 대상으로 설문 조사를 실시했다. 두 조사 모두 고어가 실제로 플로리다주에서 승리할 수 있었고, 부시가 더 받은 537표가 정확하지 않다고 결론지었다. 《마이애미 헤럴드》와 《USA 투데이》의 또 다른 조사는 실제 플로리다주에서 부시가 고어보다 더 가져간 표는 애초 예상보다 큰 1,665표라고 결론지었다. 그러나 사실 2000년 플로리다주의 결과를 중립적으로 해석하자면 아무리 봐도 막상막하였다는 결론을 내릴 수밖에 없다. 표 차이는 상상할 수 없을 만큼 작았고, 낮은 투표율 때문에 그 후폭풍은 더욱 거셌다. 600만 명이 넘는 플로리다 주민들이 투표했지만, 플로리다주의 인구수는 1,530만 명이었다. '공식적'인 최종 표 차이가 1,530표였다 해도 대부분의 플로리다 주민들이 진정 누가 대통령이 되기를 원했는지 알 길은 없다. 이 선거는 산술적으로 역사상 다시 없을 특이한 결과를 낳았다.

11월 7일 초저녁 NBC, ABC, CBS는 모두 부정확한 출구 조사 정보를 근거로 고어가 플로리다주에서 승리했다고 발표했다. 그러나 발표는 나중에 번복되었고, 부시가 새벽 2시 15분경 플로리다주를 차지하여 전체 승리를 확정 짓고 대통령에 당선되었다. 고어는 부시에게 전화로 패배를 인정했지만, 다시 전화를 걸어 이를 철회했다. 이 일시적 혼란이 가장 큰 문제였던 것 같지만, 진짜 문제는 따로 있었다. 바로 해결 과정이었다. (많은 역사가들이 생각하듯) 조지 W. 부시가 부통령에게 불필요한 전쟁을 시킨 역사적으로 형편없는 지도자라고 생각하는 사람이라면, 2000년 대선 '결과'는 여전히 문제로 남는다. 그러나 부시 행정부의 여러 결정들은 2001년 9월 11일 사건이 도화선이었으며, 고어가 대통령이 되었다고 해도 어떻게 대처했을지는 아무도 알 수 없다. 9·11 테러 직후는 대혼란에 가까웠던 국민주의 광풍이 일던 시기였지만 아직 미국 역사에서 충분한 평가가 유보된 채 남아 있고, 이 시기를 겪은 대부분 사람들은 기꺼이 그 기억을 머리에서 지웠다 (당시 부시가 아프가니스탄을 침공하기 전까지 26일이나 참았다는 사실은 놀라운 자제력의 징표로 여겨졌다). 미국의 대통령 선출 방식이 특이하다 보니, 부시 대 고어의 대결은 구조적으로 접전과 잡음을 일으킬 수밖에 없었다. 늘 불씨가 도사리고 있다가, 2000년에 기어코 현실이 되고 말았다. 그러나 갈등 자체보다 갈등을 해결한 방식이 국민의 심리에 더 큰 내상을 입혔다. 수술은 성공적이었지만 환자는 결국 사망한 셈이었다.

최종 승자가 결정되기까지는 36일이 걸렸다. 복잡한 전문 지식은 법학자들에게 맡기는 것이 좋겠다. 또 문제 중 일부는 특이한 기표 방식(부재자 투표용지의 날짜, 유권자들이 헷갈리기 쉬운 나비형 투표용지butterfly ballots의 후보자 배열 등)과 관련 있기도 하다. 그러나 핵심을 정리하자면 다음과 같다. 고어는 매우 정당하게 수동 재검표를 원했고 거의 원하는 바를 얻을 뻔했다. 12월 9일 재검표가

시작되었다. 그러나 연방 대법원은 재검표가 위헌이며 플로리다*
주무장관인 캐서린 해리스Katherine Harris가 이미 11월 26일에 부시를
승자로 선언했기 때문에 부시의 당선을 무력화할 수 없다는 근거
로(혹은 주장으로) 재검표를 중단했다.

여기서 특히 문제는 양분된 대법원 판결이었다. 결과는 5대
4였다. 부시의 편을 든 보수파 법관 다섯 명은 윌리엄 렌퀴스트
William H. Rehnquist 대법원장을 비롯해 안토닌 스칼리아Antonin Scalia, 앤서
니 케네디Anthony M. Kennedy, 클래런스 토머스, 샌드라 데이 오코너Sandra
Day O'Connor였다(오코너는 공화당원이면서도** '부동표'를 쥐고 있다고 간
주되었다). 반대편 네 명은 모두 진보 진영이었다. 그중 존 폴 스티
븐스John Paul Stevens 대법관은 반대 의견문에서 이렇게 썼다. "이번 대
통령 선거의 진정한 승자가 누구였는지는 확실히 알 길이 없겠지
만, 패자가 누구인지는 완벽히 밝혀졌다. 사법부는 공정한 법치의
수호자로서 국민의 신뢰를 잃었다."

그의 의견은 옳았지만 그걸로는 충분하지 않았다.

선거일 전까지 부시 대 고어의 대결 양상과 대중이 전반적으
로 정치를 바라보는 속마음은 따로 놀았다. 두 후보가 서로 다르
고(사람들 눈에는 사실상 비슷했다), 대선 결과는 중요하며(사람들 눈
에는 크게 중요하지 않았다), 승자는 맥주를 함께 하고픈 친근한 남
자나 조리 있게 자기주장을 펼치되 고지식한 남자 중 한 명이 될

*   당시 플로리다 주지사는 조지 W. 부시의 동생 젭 부시Jeb Bush였다.

** 오코너는 자신의 후임이 보수파가 되기를 원했기 때문에 공화당 대통령이 집권하고 있지 않은 한
    물러나지 않겠다고 여러 차례 말했다. 그녀는 부시 대통령의 두 번째 임기인 2006년에 은퇴했다.

것이다(사람들 눈에는 아마 누가 되든 세상은 돌아갈 것 같았다). 당시 여론 조사에서는 민주당원과 공화당원의 40%가 '상대' 정당을 "호의적이고 따뜻한" 시선으로 바라보는 것으로 나타났다. 양당이 서로 논쟁을 벌여도 위태로워 보이지 않았던 이유는 항상 최종 결과가 타협으로 수렴될 것이기 때문이었다. 정부는 논쟁으로 시끄러운 곳이지만 동시에 또한 안전했다. 예측할 수 없었지만 항상 균형을 향해 나아갔다. 대통령 선거에서 누가 이겼는지 알 수 없다면(실제로 알 수 없었다), 이 분란 사태를 놓고 전국이 패닉에 빠지지 않았다면(빠지지 않았다), 재검표가 가능했다면(재검표는 언제든 가능했다), 사법부가 그 재검표를 막는 건 얼토당토않을 터였다. 그리고 '행여나' 대법원이 재검표를 중단한다 해도 그들은 학문적인 반박의 근거로 해명할 것이며 분명 당파성에 기반한 결정은 아니었어야 했다. 누가 진짜 대통령인지 밝히는 것은 미국 민주주의의 핵심 요소다. 대법원의 헌법 해석이 어떤 방향으로든 합치되었다면 판결은 9 대 0 또는 0 대 9가 되었을 것이다. 8 대 1 또는 7 대 2였다면 철학적 논쟁이 제기되었을 것이다. 아홉 명의 대법관들 사이에 어떤 예상치 못한 의견 불일치가 나오더라도, 그 결과는 국민의 의문을 해소할 수 있어야 했다.

하지만 의외의 판결은 전혀 없었고, 그들은 각자의 당파심을 굳이 감추려 하지도 않았다. 보수 성향의 대법관 다섯 명은 비판을 무릅쓰고 자신들의 뜻을 밀어붙였다.

이 대선이 많은 대중에게는 카리스마 없는 두 엇비슷한 후보의 소심한 경쟁이었다면, 대법원에는 미래의 통제권을 차지하기 위한 노골적인 전쟁이었다. 그 외의 다양한 정치적 관점은 모두 무의미해졌다. 보수파 대법관이 한 명 더 많아서 과반수를 차지했고, 그걸로 지도자를 결정하기에 충분했다. 이미 결정을 내렸는데 뭐 하러 괜히 꼬치꼬치 따지는 척한단 말인가? 대법관들의 판결은 예견돼 있었고, 그렇게 결정된 연유는 누구나 알았으며, 다시 결과를 돌이킬 수도 없었다. 이 거국적 후폭풍이 지나고, 이제 21세기에는 모든 사회정치적 사안이 이분법적 스펙트럼에서 숫자 놀음으로 결정되는 관행이 확립되기에 이른다. 정의되지 않고 어디에도 얽매이지 않던 나의 X세대 세계관도 즉시 쓸모없는 것으로 판명 났다. 그걸로 끝났다. 이제 모든 세상만사에는 흑백논리만 남았다.

* * *

승자를 결코 알 수 없을 정도로 치열했던 대선은 정신 사나운 포스트모던 시대의 종말을 고하는 듯했다. 기분 탓이었는지 모르지만, 이보다 더 파란만장할 수 없었다. 부시 2세는 아버지가 걸프전을 개시한 지 약 10년 후 대통령 집무실에 입성했다(비록 아버지의 오랜 숙적인 사담 후세인이 여전히 왕좌를 지키고 있었지만 말이다). 그간의 과정을 지켜본 사람들은 이 상황을 이성적으로 받아들이기가 힘들었다. 부시를 정당한 대통령으로 예우해서는 안 된다거나, 딕 체니Dick Cheney 부통령이 사실상 배후에서 국정을 운영하고 있다는 주장이 널리 퍼졌다. 부시 대통령 취임식 때 시위가 일어나기도 했는데, 만약 그로부터 20년 전이나 20년 후에 이 같은 대선 결과가 나왔다면 시위자 수는 더 많았을 것이다. 많은 시위자들은 네이더에 대해 변함없는 지지를 표명했으며, 이는 그들 스스로 당선에 일조한 대통령을 향해 시위를 벌인 셈이었다.

그러나 이 모든 불만이 금세 증발한 걸 보면 소름 끼칠 정도다. 대선은 거사였고, 실제로 거사로 취급되었다. 다시 말해 그 중요성이 무시된 것은 아니다. 그러나 여전히 이 또한 지나가리라는 확신이 있었고, 평행 우주 속 두 세계의 차이점은 유사점에 비하면 미미했다. 그리고 무엇보다, 현재 이 상황이 어차피 그렇게 될 운명이었다는 믿음이 강했다. 의회를 기습하고 당선 확정 선언을 막는다는 건 상상 속에서나 가능할 법한 급진적 발상으로 여겨져 거론도 되지 않았다(누군가 이를 실행에 옮기려 했다면 그는 비웃음을 샀을 것이다). 겉보기에 집권 패턴은 대칭을 이루고 있었다. 과거 조지 H. W. 부시가 대통령이었고, 이제 그의 아들 조지 W. 부시가 대통령이 되었다. 혈연관계 중에 또 다른 부시가 있었으니, 그는 플로리다 주지사 젭 부시였다. 그도 아마 대선에 출마할지 모를 일이었다. 그렇다면 상대는 독자적으로 당당히 대선을 준비 중인 뉴욕주 상원 힐러리 클린턴이 될 터였다. 이처럼 대통령은 부시나 클린턴 가족 중 한 명이 주고받는 무한 반복이 될 것 같았다.

평균적인 미국인이라는 개념은 존재하지 않는다. 다만 특정한 누구에게 적용되지 않는 통계상 중앙값이 있을 뿐, 명시적으로 모든 사람의 대푯값에 해당하는 사람은 아무도 없다. 21세기 초 미국 인구수는 2억 8,200만 명을 조금 웃돌았다. 그 2억 8,200만 명이 같은 시간에 같은 신념을 유지하고 같은 감정을 느꼈을 리는 없다. 설령 그랬다 하더라도, 세월이 흘러 과거의 관점을 정확히 그대로 재구성하기는 불가능하다. 생리학적으로 뇌에서 의미 기억을 처리하는 부분(왼쪽 관자극)과 감정 기억을 처리하는 부분(오른쪽 관자극)은 서로 연결되어 있기 때문이다. 사람들은 과거에 자신의 가치관이 어땠는지 기억하는 줄 알지만, 거기에는 현재의 가치관이 주입되어 있다. "인생이란 늘 이렇다"라고 객관적으로 증명할 방법은 없다. "인생이란 늘 이런 것 같다"라고 주관적으로 주장할 수 있을 뿐이다. 그리고 당시 사람들의 주관적 생각에 따르면 현실에 안주하는 게 최고였다.

Y2K가 눈앞에 다가올 때는 온 세상이 한바탕 들썩였으나, 결국 아무 일도 일어나지 않았다. 재난을 잘 예방한 건지 재난이 애초에 전혀 없었던 건지 모르지만, 어쨌든 지나친 걱정이었다는 것으로 결론이 났다. 회의론자들이 옳았다는 것이 입증되었다. 그 후 대선을 치렀고, 누가 진짜 승자인지 아무도 몰랐으며, 국민의 절반은 잘못된 후보를 자리에 앉혔다고 믿었다. 그러나 그간 사회 전체적으로 부시나 고어나 거기서 거기라고 주장하는 데 워낙 많은 에너지가 소모된 탓에, 새삼 이러한 결과를 납득할 수 없다는 식으로 반응하는 것도 위선적이었다. 저항해 봤자 소용없고, 귀찮기도 했다.

미국이 (부분적으로나마) 자초한 경우를 제외하면, 꽤 오랫동안 미국에서는 끔찍한 사건이 일어나지 않고 있었다. 무서운 일들은 모두 추상적으로 느껴졌다. 세계적 팬데믹이 일어날 가능성은 없을까? 없진 않았다. 1995년 에볼라 바이러스가 창궐하여 감염자의 81%가 사망했다. 그러나 그건 콩고에서 일어난 문제였고, 총 희생자는 약 300명에 불과했다(그리고 5년 후 우간다에서 재발했을 때 사망률은 53%로 떨어졌다). 소련의 붕괴가 세계 판도를 불안정하게 바꿔 놓지 않았을까? 그럴지도 모른다. 1997년 시사 프로그램 〈60분〉은 전 러시아 국가 안보 회의 서기인 알렉산드르 레베디Aleksandr Lebed와 인터뷰했다. 레베디는 러시아가 냉전 당시 제작한 "여행 가방 폭탄(한 사람이 단독으로 처리할 수 있는 작은 핵무기)" 80개의 행방을 모른다고 밝혔다. 그러나 러시아 정부가 애초에 폭탄은 없었다며 레베디의 주장을 일축했고, 그 보도는 이제 3년 이상 지난 데다가, 미국인들은 가방 폭탄이 터지지 않은 날이 하루하루 쌓여 갈수록 위기 가능성에 점점 무뎌지게 되었다. 전 세계의 많은 국가들이 미국의 막대한 영향력과 내정 간섭을 싫어하면 어쩌나? 그건 확실히 사실이었다. 2000년 10월 미 해군 구축함 콜Cole호가 예멘에 정박해 연료를 공급하는 동안, 두 명의 자살폭탄 테러범이 배를 공격하여 일곱 명의 미군을 사망하게 했다. 테러리스트 조직 알카에다가 이 공격의 배후로 지목되었으며, 그와중에 이듬해 여름에는 구성원을 모집하는 비디오 영상도 공개되었다. 이 테이프에는 알카에다 지도자 오사마 빈 라덴이 자폭임무를 찬양하는 시를 낭독하는 영상을 포함해 구성원들이 콜호 폭파를 축하하는 모습이 담겨 있다. 그러나 변방국의 지원을 받는 테러리스트가 워싱턴에서 동쪽으로 7,000마일 떨어져 미국 군인을 무작위로 공격하더라도, 최후에 살아남은 초강대국으로서 미국이 짊어져야 할 어쩔 수 없는 대가로 여겨졌다.

이들은 분명 심각한 문제였지만, 사회 문제란 언제나 추상적이었다. 일반인들에게는 굳이 다 읽지 않아도 되는 《뉴요커》의 기삿감일 뿐이었다. 2001년 국내 문제는 한층 더 연성뉴스의 성격을 띠었고, 뉴스거리는 여전히 90년대 사고방식다운 관심사를 반영했다.

미국인들이 여름 내내 집착한 관심사가 무엇이었는지 엿볼 수 있는 기본 사례가 두 가지 있다. 하나는 상어의 습격에 대한 공포였다. 7월 30일자 《타임》의 표제는 2001년을 「상어가 몰려온 여름Summer of the Shark」으로 규정했다. 별것 아닌 주제를 자극적으로 부풀린 동시에 사실을 왜곡한(사실 2001년 상어 습격 사건 수는 전년도 대비 감소했다) 제목이었다. 다른 하나는 또 한 명의 인턴이 얽힌 불륜 스토리였는데, 이번에는 더 어두운 반전이 있었다. 5월 1일, 워싱턴에서 24세의 찬드라 레비Chandra Levy라는 여성이 원인 불명으로 실종되었다(그녀는 연방 교도국에서 인턴으로 근무 중이었다). 그녀가 사는 아파트의 이웃들은 새벽 4시 30분에 레비의 비명을 들었다고 주장했다. 레비의 아버지는 마침 레비의 부모가 살았던 캘리포니아주 지역구 하원이자 53세의 유부남 게리 콘딧Gary Condit과 레비가 불륜 관계였다고 경찰에 진술했다. 콘딧은 석연찮게 불륜을 부인했고 그들의 은밀한 관계는 공식적으로 실종과 무관했으나 단연 화제의 중심이었다. 어떻게 보면 클린턴-르윈스키 스캔들을 연상시켰지만 이번에는 전형적인 현실 범죄 요소가 가미되었다. 레비는 실종되기 이틀 전, 평소 콘딧과의 관계를 비롯해 속 깊은 얘기도 자세히 털어놓는 사이인 이모에게 전화를 걸었다. 통화에서 레비는 다음에 만나면 이모에게 "놀라운 소식"을 알려 주겠다고 말했다. 그 소식이란 무엇일까? 이 말은 무슨 의미를 함축했던 걸까?

돌이켜 보면 이 두 이야기를 비중 있게 보도한 것은(나아가 지금 이 책에서의 언급을 포함해) 뉴스를 위한 억지 뉴스였다. 이 사례들을 통해 당시 미국인들은 곧 찾아올 위기의 불길한 징후는 인식하지 못한 채, 기사 같지 않은 사소한 기사나 소비하며 지내고 있었음을 알 수 있다. 2001년 여름은 모르는 게 약이라는 나태한 자세로 해맑고 속 편히 지낼 수 있었던 순진한 시기, 즉 "전환기 이전the Before Time"으로 표현될 수 있는 시기였다. 물론 이는 세월이 흘러 뒤늦은 재평가를 통해서만 가능한 표현이다. 《타임》의 상어 관련 기사가 자극적으로 부풀리고 사실을 왜곡하지 않았다면 사람들의 주목을 덜 받았을 것이다(많은 사람들이 멍청하고 잘못되었다고 지적한 탓에 이 기사는 욕을 먹어 가며 더욱 화제가 되었다).

레비의 뉴스는 한 정치인과의 내연이 얽힌 것으로 추정되는 가운데 살해당한 한 여성의 이야기였다(뉴스는 선정적이었지만 절대 불필요하지는 않았다). 실제 이 뉴스들은 물리학자이자 철학자 토머스 쿤Thomas Kuhn이 1962년에 발표한 논쟁적 저서 『과학혁명의 구조The Structure of Scientific Revolutions』에서 처음 언급한 "정상 과학normal science" 개념의 미디어 버전이었다. 쿤은 "정상 과학"을 보편적으로 수용된 기존 패러다임 내에서 과학자들이 수행하는 일상적 연구라고 정의했다. 다시 말해 대부분 과학 연구에는 모두가 명백히 사실이라고 받아들이는 더 폭넓은 상위 개념 내에서 작은 세부 사항을 조금씩 수정하는 과정이 따른다는 주장이다. 이 과정은 패러다임이 바뀔 때까지 계속된다. 2001년 여름도 비슷한 맥락이었다. 대전환이 일어나기 전 "정상 저널리즘$^{normal\ journalism}$"이 존재한 마지막 몇 달이었다.

21세기 전체를 뭉뚱그려 인터넷 시대라고 부르지만 2001년의 시대정신은 아직 20세기에 머물렀다. 그해 일간지 발행 부수는 5,560만 부로 40년 전과 비슷한 수치였다. 그 수치는 이후 20년 동안 절반으로 줄어들게 된다. 2001년 3대 공중파 방송의 심야 세계 뉴스는 3,300만 명이 시청해 23.4%의 시청률을 기록했다(2020년 아카데미 시상식의 시청률보다 항상 높았다). 저널리즘 구조는 1960년대와 크게 다르지 않았으나 정보 전달 모델이 훨씬 다르게 형성되었다. 뉴스 편성 시간은 한정되었고, 정보는 독립된 단위로 쪼개어 전달되었다. 뉴스 생성 주기는 고정되고 예측 가능했다. 신문 기사의 크기와 내용은 신문사가 미리 판매한 광고 수에 따라 결정되었다. ABC 〈월드 뉴스 투나잇$^{World\ News\ Tonight}$〉 1회분에 방송되는 뉴스의 분량은 중간에 삽입되는 광고를 감안한 30분 내에서 각각 우선순위가 정해지고 배열되었다. 오늘날의 미디어 환경(어떤 사건이 단계적으로 보도될 때마다 곧바로 양 당파의 정치적 내러티브에 각자 흡수되는 형태)은 당시에는 겨우 막 시작 단계였고 그것도 케이블 방송에 한해서였다. 사소한 뉴스거리가 사소하게 남을 수 있었던 이유는 다른 모든 뉴스거리와 자동으로

90년대

뒤섞이는 일이 없었기 때문이다.

세상이 빠르고 극적으로 변할 때마다 직관적으로 사회가 붕괴한다고 생각하기 쉽다. 국가에 충격적인 대사건이 터지면 기존의 현상 유지가 산산이 부서지고, 안보라는 환상에 사로잡혀 상호 연결성이 분열된다는 오랜 통념이 있었다. 그러나 9월 11일 이후 미국에 일어난 일은 그 반대였다. 어쨌든 사회는 붕괴하지 않았다. 대신 허겁지겁 응집성이 생겨났고, 이는 돌이킬 수 없게 되었다. 모든 대화가 같은 대화의 반복이었다. 이념적 차이가 불붙었지만 지적 관점이 양분되었기 때문은 아니었다. 그보다 사소한 차이에 각자 더 깊이 도취하게 되면서 그 차이가 더 이상 사소하다고 볼 수 없을 만큼 증폭된 결과였다. 타인의 삶과 분리되어 자율적인 삶을 살 수 있다는 환상은 산산조각 났다.

2001년 9월 10일자 신문 중 무작위로 골라 첫 페이지를 보노라면 다양한 현실, 즉 다섯 시간도 안 되는 시차로 발생하는 다중 우주 속의 단절된 경험들을 보는 듯하다. 신문마다 지역 소식만 다른 게 아니라, 전국 소식도 가지각색이었다. 《로스앤젤레스 타임스》는 1면에 조 바이든 상원이 부시 행정부의 미사일 방어 시스템을 직설적으로 비판한 사실을 보도하는 한편, 또 같은 면 한쪽에는 KFC의 중국 진출 전략에 지면을 할애하기도 했다. 《포트워스 스타 텔레그램》은 다가오는 경기 침체의 징후와 복지 재정의 파탄 우려를 분석했다. 《테네시안》의 헤드라인은 연방 정부의 농업 지원이 과하다고 지적했고, 《세인트루이스 포스트 디스패치》는 시골 거주민들의 전반적인 건강 상태가 교외 거주민보다 안 좋아졌다고 보도했다.《시카고 트리뷴》의 헤드라인은 멕시코 국경 통제를 다루었다.《호놀룰루 스타 불레틴》은 미국 아동이 약 100명 중 1명꼴로 성매매에 연루될 수 있다는 연구 결과를 전면에 내보냈다.《디모인 레지스터》는 독감 백신 수급의 위기에 대해 우려를 표명했다.《디트로이트 프리 프레스》의 톱기사는 1975년 지미 호파Jimmy Hoffa의 실종 사건의 조사 현황을 다뤘고,《리노 가제트-저널》의 톱기사는 배리 본즈가 70홈런 기록을 향해 본격 시동을 걸었다는 내용이었다. 새크라멘토 총격 사건, 이스라엘의 자살 폭탄 테러, NFL 경기 일정 등 약간 겹치는 보도도 있었지만, 모두의 관심이 한꺼번에 쏠렸다고 할 만한 뉴스를 콕 집어낼 순 없었다. 어떤 이야기가 바이럴 콘텐츠가 되거나, 어떤 유명인이 유튜브 트렌딩에 오르는 일도 없었다.

그때만 해도 세상은 끝없는 망망대해 같았고, 미국도 광활하게만 느껴졌다. 우리는 각자 하찮은 생각을 품고 자신의 하찮은 삶을 살아가는 일개 개인일 뿐이었다. 개인의 의견은 필요 없었고, 의견이 있거나 말거나 신경 쓰는 사람조차 없었다. 또한 군중 속에서 일부러 고독을 선택할 수도 있었다.

다음날 아침에도 어김없이 신문 배달부가《뉴욕 타임스》를 문 앞에 툭 던져 놓고 갔다. 1면에는 줄기세포 공급, 학교 복장 규정 논란, 치열한 아침 방송 경쟁, 그 외 다섯 가지 기사 등 전혀 공통점 없는 기사들이 섞여 있었다. 이 종이 신문이 구독자들의 집에 배달되던 그 무렵, 커터 칼을 든 남자 열아홉 명이 서로 다른 공항 네 곳에서 허술한 보안 검색대를 통과하고 각각 국내선 네

편에 탑승했다. 그 후 비행기가 납치되고, 비행기는 세계무역센터에 충돌했으며, 2,977명이 사망했다. 빌딩이 폭삭 주저앉던 그날, 1990년대도 함께 막을 내렸다.

참고 문헌

이 책은 대중문화 비평서이며, 학술지에 실리기에는 엄격한 기준을 충족하지 못할 것이라고 생각한다. 그래도 나는 가능한 한 정확한 사실을 쉽게 쓰려고 최선을 다했다. 나는 언론인으로서 몸에 밴 습관 탓에 해당 정보를 언급한 문장 안에서 바로 출처를 밝혀야 직성이 풀린다. 그러나 나는 쉽게 찾을 수 있거나 익히 잘 알려진 정보의 경우에는 출처나 부연 설명을 생략했다(이를테면 O.J. 심슨 재판을 텔레비전에서 시청할 수 있었다는 사실 등). 때로는 반대로 내가 기억한다고 생각하는 것을 재확인할 용도로 원자료를 검색하기도 했다. 이 과정이 집필 시간의 거의 절반을 차지했다.

그 외의 자료는 아래 목록을 참조하면 된다. 또한 콜린 해리슨 Colin Harrison의 『1990년대 미국 문화American Culture in the 1990s』, W. 조셉 캠벨의 『1995년: 미래가 시작된 해』, 브라이언 래프터리Brian Raftery의 1999년 영화에 관한 저서 『그해, 영화의 최고 전성기Best. Movie. Year. Ever.』, 『스핀 얼터너티브 음반 가이드Spin Alternative Record Guide』, 톰 로스턴의 『비디오 가게에서 넋을 잃고』, 기타 등등 본문에서 스쳐 가듯 (혹은 나도 모르게) 직접 언급한 책도 몇 권 있다. 그러나 이 책들도 본서 내용에 직접적인 영향을 미친 경우에는 마찬가지로 아래 목록에 포함했다.

1장_ 쿨함이 세상의 전부였을 때

Sorgatz, Rex, The Encyclopedia of Misinformation. Abrams Image, 2018.

Wonacott, Peter, "The Mystery of Mandela's Arrest." The Wall Street Journal, Dec. 21, 2012.

Ortiz-Ospina, Esteban and Roser, Max, "Happiness and Life Satisfaction." Our World in Data, 2013, revised May 2017. ourworldindata.org/happiness-and-life-satisfaction.

Baby Boomer Headquarters: Prices—Then and Now. http://www.bbhq.com/prices.htm. [Inactive.]

Kessler, Sarah, "The Incredible Story of Marion Stokes." Fast Company, Nov. 21, 2013.

"Millennials Projected to Overtake Baby Boomers as America's Largest Generation." Pew Research Center, March 1, 2018.

Etzioni, Amitai, "The Fast-Food Factories: McJobs Are Bad for Kids." The Washington Post, Aug. 24, 1986.

Douglas Coupland interview, Nov. 2019.

Fitzgerald, Jim, SlamNation interview. YouTube clip, posted July 10, 2013. https://www.youtube.com/watch?v=d2YfJdmVQHU.

Board of Governors of the Federal Reserve System, "Distribution of Household Wealth in the U.S. since 1989." https://www.federalreserve.gov/releases/z1/dataviz/dfa/distribute/table/.

Gross, David M. and Scott, Sophfronia, "Living: Proceeding with Caution." Time, July 16, 1990.

Daly, Steven and Wice, Nathaniel, Alt.Culture: An A-to-Z Guide to the '90s—Underground, Online, and Over-the-Counter. HarperPerennial, 1995.

Jubera, Drew, "Twentysomething: No Image in the Mirror—The 'Lost Generation' Attempts to Find Its Way in the Boomers' Wake." The Atlanta Journal-Constitution, June 10, 1991.

Gowen, Anne and Piccoli, Sean, "A Generation Lost in Time—Rebellion? Twentysomethings Find It's Too Much Trouble." The Washington Times, Oct. 15, 1991.

Nicolay, Franz, "The Rise and Decline of 'Sellout.'" Slate, July 28, 2017.

Turner, Gustavo, "Reality Bites: The Ultimate Sellout?" LA Weekly, Jan. 5, 2012.

Chaney, Jen, "Friends Is a Gen X Show. Why Don't We Ever Call It That?" New York, Sept. 17, 2019.

Jon Wurster email interview, Nov. 25, 2019.

Harrison, Colin, American Culture in the 1990s. Edinburgh University Press, 2010.

Grimes, William, "The Ridiculous Vision of Mark Leyner." The New York Times Magazine, Sept. 13, 1992.

"The Liars Club." The New York Observer, March 6, 2006.

Wurtzel, Elizabeth, Prozac Nation. Riverhead Books, 1994. (한국어판: 엘리자베스 워첼, 『프로작 네이션』 민음인, 2011)

Leyner, Mark, Et Tu, Babe. Vintage, 1993.

2장_ 모두가 회의주의에 빠졌다

Birzer, Bradley J., "The Optimism of Ronald Reagan." The Imaginative Conservative, Feb. 6, 2015.

Yarm, Mark, Everybody Loves Our Town: An Oral History of Grunge. Crown Archetype, 2011.

Azerrad, Michael, Come As You Are: The Story of Nirvana. Main Street Books, 1993.

Cross, Charles R., Heavier Than Heaven: A Biography of Kurt Cobain. Hyperion, 2001. (한국어판: 찰스 R. 크로스, 『평전 커트 코베인』 이룸, 2006)

Rothenberg, Randall, Where the Suckers Moon: The Life and Death of an Advertising Campaign. Alfred A. Knopf, 1994.

Marks, Craig, "Let's Get Lost." Spin, Jan. 1995.

Tarver, Clay, "The Rock 'n' Roll Casualty Who Became a War Hero." The New York Times Magazine, July 2, 2013.

Rock Is Dead?, documentary directed by Daniel Sarkissian, 2020.

Harris, Chris, "Filter's Richard Patrick Reflects . . ." Billboard, May 8, 2020.

Katz, Ian, "Death Wish." The Guardian, Sept. 20, 1996.

Case, Wesley, "Tupac Shakur in Baltimore: Friends, Teachers, Remember the Birth of an Artist." The Baltimore Sun, March 31, 2017.

"Tupac Interview at 17 Years Old—1998." YouTube clip, posted Feb. 3, 2017.

"Tupac's Police Records—Arrests & Charges." 2PacLegacy, June 16, 2019.

Kenner, Rob and Aguilar, Eliva, "Rappers Talking about Kurt Cobain." Complex, April 4, 2014.

Phillips, Chuck, "Who Killed Tupac Shakur?" Los Angeles Times, Sept. 6, 2002.

Malnic, Eric and Phillips, Chuck, "Possible Suspect in Tupac Shakur Death Killed in Shootout." Los Angeles Times, May 30, 1998.

3장_19%의 지지율이 향한 곳

Menendez, Albert, The Perot Voters and the Future of American Politics. Prometheus Books, 1996.

Gulf War from Iraq's Perspective. Animated documentary by the Armchair Historian, YouTube, posted July 19, 2019. https://www.youtube.com/watch?v=Wxj-xCiiay0.

Clymer, Adam, "War in the Gulf: Public Opinion; Poll Finds Deep Backing While

Optimism Fades." The New York Times, Jan. 22, 1991.

"Excerpts from Iraqi Document on Meeting with U.S. Envoy." The New York Times International, Sept. 23, 1990.

HyperNormalization, BBC documentary directed by Adam Curtis, 2016.

Hale, John F., "The Making of the New Democrats." Political Science Quarterly 110, no. 2 (Summer 1995), 207-32.

Harris, John, "Ross Perot—the Father of Trump." Politico, July 9, 2019.

Kolbert, Elizabeth, "The 1992 Campaign: Media; For Perot, What TV Gives It Can Also Take Away." The New York Times, May 9, 1992.

Kolbert, Elizabeth, "The 1992 Campaign: The Media; Perot's 30- Minute TV Ads Defy the Experts, Again." The New York Times, Oct. 27, 1992.

Daley, Steve, "Perot's Dig at Persian Gulf War Exposes Soft Underbelly of Bush's Victory." Chicago Tribune, June 14, 1992.

Martin, Jonathan, "Ross Perot and Donald Trump: Presidential Candidates and Outsiders, Looking In." The New York Times, July 9, 2019.

Druke, Galen, "Long Before Trump, There Was Ross Perot." FiveThirtyEight.com, Oct. 24, 2016.

The Perot Myth. Documentary short, FiveThirtyEight.com.

"Ross Perot: On the Issues." OntheIssues.org. www.ontheissues.org/ross_perot.htm.

Helfand, Zach, "The Economist Who Believes the Government Should Just Print More Money." The New Yorker, Aug. 20, 2019.

"How Groups Voted in 1992." Roper Center for Public Opinion Research. http://ropercenter.cornell.edu/how-groups-voted-1992.

Mann, James, Rise of the Vulcans: The History of Bush's War Cabinet. Penguin Books, 2004.

Dillin, John, "Election by Equation: 2 Analysts See a Bush Win." The Christian Science Monitor, April 22, 1992.

Lichtman, Allan J., The Keys to the White House. Madison Books, 1996.

"Displaced Companies Finding Temporary Shelter." Hackensack, NJ, Record/Associated Press, March 1, 1993.

"World Trade Center Plagued by Fire and Safety Codes." Los Angeles Times, Feb. 27, 1993.

National Gypsum Heritage Archives. "Operations: Ships."

Forecasting the "Storm of the Century." National Oceanic and Atmospheric Administration, 2007.

Plushnick, Jared, "25 Years Ago: Remembering the 1993 Superstorm." wkrn.com (Nashville), March 13, 2018.

Moore, Tom, "The Great Superstorm of March 1993 Will Be Long Remembered." Weather Concierge, March 8, 2019.

Gates, David, "White Male Paranoia." Newsweek, March 28, 1993.

"Publicity Falls Down on Job of Promoting Douglas Film." Odessa, TX, American/ Associated Press, Feb. 28, 1993.

4장_ 중심에서 바라보는 가장자리

Pinker, Steven, "The Game of the Name." The New York Times, April 5, 1994.

Kurtz, Howard, "You Don't Say." The Washington Post, Nov. 29, 1993.

Novack, Robert, "Political Correctness Has No Place in the Newsroom." USA Today, March 1995.

Fischer, Paul, "2 Live Crew." The First Amendment Encyclopedia. mtsu.edu/first-amendment/article/1447/2- live-crew.

Keppler, Nick, "The Time the Supreme Court Ruled in Favor of 2 Live Crew." Mental Floss, March 5, 2016.

Wallenfeldt, Jeff, "Los Angeles Riots of 1992." The Encyclopædia Britannica, updated April 22, 2020.

Smith, Jessie Carney, ed., Encyclopedia of African American Popular Culture. Greenwood, 2010.

Walker, Meg, "2 Live Crew Singer Arrested after Show Deputies Cite Lyrics, Obscenity." South Florida Sun-Sentinel, June 11, 1990.

Mock, Brentin, "What Was Lost in the Fires of the L.A. Riots." Bloomberg CityLab, April 25, 2017.

Clifford, Frank and Ferrell, David, "The Times Poll: L.A. Strongly Condemns King Verdict, Riots." Los Angeles Times, May 6, 1992.

"Cartoon on MTV Blamed for Fire." Associated Press, Oct. 10, 1993.

"A ROC Exclusive: Ice- T Speaks Out on Censorship . . . ," interview by Mike Heck. THE ROC, 2008. http://theroc.org/roc-mag/textarch/roc-11/roc11-09.htm.

Rule, Sheila, "'Cop Killer' to Be Cut from Ice- T Album." The New York Times, July 29, 1992.

"Ice- T Controversy During the L.A. Riots." YouTube clip, posted Nov. 29, 2013.

Newport, Frank, "In U.S., 87% Approve of Black-White Marriage, vs. 4% in 1958." Gallup, July 25, 2013.

Ricker, John R., "What Is Ebonics (African American English)." Linguistic Society of America.

O'Neil, Wayne, "Ebonics in the Media." The Radical Teacher, Fall 1998.

Mufwene, Salikoko Sangol, "African American English." Encyclopædia Britannica.

Queers Read This! Anonymous leaflet, June 1990.

Queer Nation, "Queer Nation NY: Our History." QueerNationNY.org, 2016.

Tamanna, Yusuf, "When Did We Start Referring to Ourselves as Queer?" Vice, June 19, 2018.

Detrick, Ben, "Kids, Then and Now." The New York Times, July 21, 2015.

Spin, April 1993.

Levine, Robert and Hochman, Steve, "Deal Has Spin in a Phair-Sized Snit." Los Angeles Times, Oct. 9, 1994.

Spin, Sept. 1998.

Hermes, Will and Michel, Sia, eds., Spin: 20 Years of Alternative Music. Three Rivers Press, 2005.

Rolling Stone, Nov. 1995.

Schilt, Kristen, "'A Little Too Ironic': The Appropriation and Packaging of Riot Grrl Politics by Mainstream Female Musicians." Popular Music and Society 26, no. 1 (2003).

Maerz, Melissa, Alright, Alright, Alright: The Oral History of Richard Linklater's Dazed and Confused. HarperCollins, 2020.

5장_영화적인, 너무나 영화적인

Roston, Tom, I Lost It at the Video Store: A Filmmakers' Oral History of a Vanished Era. CreateSpace, 2017.

Roberts, Johnnie L., "The VCR Boom: Prices Drop as Their Popularity Continues to Grow." Chicago Tribune, Sept. 22, 1985.

Harmetz, Aljean, "Wearing Spielberg Down to Put 'E.T.' on Cassette." The New York Times, May 17, 1988.

Harmetz, Aljean, "Marketing 'Top Gun' Cassette." The New York Times, Jan. 15, 1987.

Berman, Marc, "Orion, McDonald's Dance with 'Wolves' Deal." Variety, Nov. 16, 1992.

"How the VCR Defined Home Entertainment." The 8 Percent, July 25, 2016.

"Television Audience 2008." The Nielsen Company, 2009.

National Association of Theater Owners (2020)

Quentin Tarantino: Hollywood's Boy Wonder. BBC Television documentary, 1994.

Movie Body Counts. http://www.moviebodycounts.com/contact.htm.

Seal, Mark, "Cinema Tarantino: The Making of Pulp Fiction." Vanity Fair, Feb. 13, 2013.

Ebert, Roger, "Tarantino's 'Pulp Fiction' Goes Heavy on the Violence." Chicago Sun-Times, May 20, 1994.

Kempley, Rita, "Pulp Fiction: A Slay Ride." The Washington Post, Oct. 14, 1994.

Turan, Kenneth, "'Fiction': Quentin Tarantino's Gangster Rap: Sure, the Director Can

Write. But Does He Deserve All the Hype?" Los Angeles Times, Oct. 14, 1994.

Kauffmann, Stanley, "Shooting Up." The New Republic, Oct. 14, 1994.

Delmont, Jim, "Tarantino's 'Pulp Fiction' Strikes False Note about Gangsters: Bizarre Comedy Is Too Violent and Too Long." Omaha World-Herald, Oct. 17, 1994.

Urschel, Joe, "Playing Violence Just for Laughs." USA Today, Oct. 18, 1994.

Chavez, Linda, "Pulp Fiction: Violence as Art?" USA Today, Jan. 18, 1995.

Gayle, Tim, "Is It Time for College Playoffs?" Prattville Progress, Dec. 11, 1990.

Ingold, David and Pearce, Adam, "March Madness Makers and Takers." Bloomberg News, March 18, 2015.

6장_CTRL + ALT + DELETE

Wolchover, Natalie, "Why It Took So Long to Invent the Wheel." Live Science, March 2, 2012.

"Vint Cerf." Internet Hall of Fame. internethalloffame.org/inductees/vint-cerf.

Negroponte, Nicholas, Being Digital. Alfred A. Knopf, 1995. (한국어판: 니콜라스 네그로폰테, 『디지털이다』 커뮤니케이션북스, 1995)

Gates, Bill, The Road Ahead. Viking Press, 1995. (한국어판: 빌 게이츠, 『미래로 가는 길』 삼성, 1995)

Rushkoff, Douglas, Cyberia: Life in the Trenches of Hyperspace. HarperCollins, 1994.

"The Strange New World of the Internet." Time, July 25, 1994.

Lundby, Knut, ed., Mediatization of Communication. De Gruyter Mouton, 2014.

Imagining the Internet: A History and Forecast. Elon University. https://www.elon.edu/u/imagining/.

Garber, Megan, "Our Numbered Days: The Evolution of the Area Code." The Atlantic, Feb. 13, 2014.

Cooke, Kevin and Lehrer, Dan, "The Whole World Is Talking." The Nation, July 12, 1993.

Luff, Jonathan, "The Battle for the Soul of the Internet Has Well and Truly Begun." Wired, June 5, 2017.

Bellis, Mary, "The History of Google and How It Was Invented." ThoughtCo., Feb 11, 2020.

Brandt, Richard L., The Google Guys. Penguin/Portfolio, June 28, 2011. (한국어판: 리처드 브랜트, 『구글 웨이』 북섬, 2010)

Takahashi, Dean, "Multimedia Masters." Los Angeles Times, Feb. 6, 1994.

Beck, Rachel, "Girls Turn On to PC Games Tailored for Them." Associated Press, Nov. 7, 1997.

Crider, Gene, "With Instant Access via the Net, Who Knows What You're Missing?" The Times and Democrat, Jan. 11, 2000.

Latham, Tyger, "The Google Effect." Psychology Today, July 16, 2011.

Leslie, Jacques, "The Cursor Cowboy." Wired, Feb. 2, 1993.

"Sales of Fax Machines in the United States: 1990 to 2010." Statista.com, July 31, 2009.

Wagstaff, Keith, "The Good Ol' Days of AOL Chat Rooms." Time, July 6, 2012.

"'Caller ID' Stirs Debate on Phone Privacy." The New York Times, Feb. 11, 1990.

Wisehart, Bob, "1 in 4 Has Unlisted Number." The Charlotte News, July 9, 1974.

American Dialect Society, www.americandialect.org.

Campbell, W. Joseph, 1995: The Year the Future Began. University of California Press, 2015.

Richardson, John H., "Children of Ted." New York, Dec. 11, 2018.

Boldrin, Michele and Levine, David K., "Economic and Game Theory: Why Napster Is Right." dklevine.com/general/intellectual/napster.htm.

"Mark Fisher: The Slow Cancellation of the Future." YouTube clip, posted May 21, 2014.

Barlow, John Perry, "A Declaration of the Independence of Cyberspace." Electronic Frontier Foundation, Feb. 8, 1996. eff.org/it/cyberspace-independence.

Welty, Gordon, "Theodor Adorno and the Culture Industry." Presented to the annual meeting of the Popular Culture Association, March 30, 1984.

Strauss, Neil, "Pennies That Add Up to $16.98: Why CD's Cost So Much." The New York Times, July 5, 1995.

Kessler, Glenn, "A Cautionary Tale for Politicians: Al Gore and the 'Invention' of the Internet." The Washington Post, Nov. 4, 2013.

"1997 Long Distance Phone Rates Pricing Survey." Consumer Action, Feb. 1, 1997.

The Internet Show, directed by Phillip Byrd for PBS, 1995.

Downloaded, directed by Alex Winter, 2013.

Unabomber: In His Own Words, directed by Mick Grogan, 2018.

Kaczynski, Ted, "Industrial Society and Its Future" (manifesto), 1995.

Kava, Brad, "Ghosts, Flying Saucers: Bell Knows Entertainment." San Jose Mercury News, June 2, 1995.

"Going to X- Tremes." Los Angeles Daily News, March 29, 1996.

Dickensheets, Scott, "Art Bell's Strange Universe." Las Vegas Sun, March 4, 1997.

7장_지금 보면 말도 안 되는 일들

"Sports" (1937-2017), Gallup. https://news.gallup.com/poll/4735/sports.aspx.

Bradbury, Ray, The Stories of Ray Bradbury. Introduction by Christopher Buckley. Alfred A. Knopf, 2010.

Perry, Dayn, "1994 MLB Strike 20th Anniversary: Who Was to Blame?" CBS Sports, Aug. 11, 2014.

Corcoran, Cliff, "The Strike: Who Was Right, Who Was Wrong and How It Helped Baseball." SI.com, Aug. 12, 2014.

Gaines, Cork, "Sports Chart of the Day: The Cost of Air Jordans and LeBrons Through the Years." Business Insider, Aug. 24, 2012.

Berkow, Ira, "A Humbled Jordan Learns New Truth." The New York Times, April 11, 1994.

O'Kane, Dan, "NBC's Longtime Baseball Spotlight Beginning to Dim." Tulsa World, July 7, 1989.

Moser, Zack, "Andre Dawson and the Overlooked Collusion Cases of the 1980s." Wrigleyville, Sept. 21, 2015.

Neyer, Rob, Rob Neyer's Big Book of Baseball Blunders. Touchstone Books, 2006.

"Average Median Household Income in the United States from 1990 to 2018." Statista.com, 2020.

Lauria, Mickey, ed., Reconstructing Urban Regime Theory: Regulating Urban Politics in a Global Economy. Sage Publications, 1997.

"Cleveland Indians Franchise Value from 2002 to 2020." Statista.com, 2020.

Verducci, Tom, "The Best Years of Their Lives." Sports Illustrated, July 29, 1996.

Bamberger, Michael, "Brady Hits 'em in Bunches: After Surpassing All Expectations with an Unworldly 50- Home-Run Season, What on Earth Can Brady Anderson Do for an Encore?" Sports Illustrated, April 14, 1997.

"Lance." 30 for 30, ESPN Films, 2020.

Selig, Bud, For the Good of the Game: The Inside Story of the Surprising and Dramatic Transformation of Major League Baseball. William Morrow, 2019.

Haupert, Michael, "MLB's Annual Salary Leaders Since 1874." Society for American Baseball Research, 2019.

"Bag It, Michael: Jordan and the White Sox Are Embarrassing Baseball." Sports Illustrated, March 14, 1994.

The Last Dance, episode 7. ESPN, 2020.

Lauletta, Tyler, "Michael Jordan's Minor League Manager Terry Francona Says He Could Have Made the Majors with a 3- Year Commitment to Baseball." Insider, May 13, 2020.

"Long Gone Summer." 30 for 30, ESPN Films, 2020.

Kramer, Michael, "Rescuing Boris." Time, July 15, 1996.

Shimer, David, "Election Meddling in Russia: When Boris Yeltsin Asked Bill Clinton for Help." The Washington Post, July 26, 2020.

Thomas Graham interview. Frontline, 2014.

Guillory, Sean, "Dermokratiya, USA." Jacobin, March 13, 2017.

Crowley, Michael, "Putin's Revenge." Politico, Dec. 16, 2016.

8장_모든 가능성이 펼쳐지는 극장

Leib, Jeffret, "Coors Chases Seagram with Own Malt Spritzer." The Denver Post, July 22, 1992.

Chavez, Lorenzo, "Coors Malt Spritzer Gets Plaudits, Pans Zima." Rocky Mountain News, Aug. 7, 1992.

Savan, Leslie, "Zecrets of Zima." The Village Voice, June 3, 1994.

Koerner, Brendan, "The Long, Slow, Torturous Death of Zima." Slate, Nov. 26, 2008.

Elliott, Stuart, "Tough Old-Style Campaign for Pepsi's 'New Age' Drink." The New York Times, June 12, 1992.

Scott, Jeffrey, "Tapping a Trend: Coca-Cola to Test Clear Soft Drink." The Atlanta Journal-Constitution, Sept. 2, 1992.

"New Pepsi: Unclear." USA Today, Dec. 21, 1992.

Bryant, Adam, "Coke Adds a Clear Cola to Its 'New Age' Stable." The New York Times, Dec. 15, 1992.

Annetta, Miller and Springen, Karen, "Clear, and Cashing In." Newsweek, Feb. 15, 1993.

Heller, Karen, "A Clear Trend Has Emerged, Can't You See?" The Philadelphia Inquirer, Aug. 4, 1993.

Kelley, Michael, "Colorless Drinks Are Just a Fad, Experts Clearly See." The Commercial Appeal, June 4, 1993.

Casuso, Jorge, "Biosphere, Alternative to Earth, to Open Soon in Arizona." Las Vegas Review-Journal, Aug. 23, 1991.

Nelson, Mark, "Biosphere 2: What Really Happened." Dartmouth Alumni Magazine, May/June 2018.

Biosphere 2: Story of Original Design and Building. Documentary short, Institute of Ecotechnics, Sept. 25, 2015.

"Biosphere 2: An American Odyssey." Retro Report, The New York Times, June 10, 2013.

Conway, Erik, "What's in a Name? Global Warming vs. Climate Change." NASA, Dec. 5, 2008.

Nisbet, Matthew C. and Myers, Teresa, "Twenty Years of Public Opinion about Global Warming." Public Opinion Quarterly 71, no. 3 (Fall 2007).

Reider, Rebecca, Dreaming the Biosphere: The Theater of All Possibilities. University of New Mexico Press, 2009.

Achenbach, Joel, "Biosphere 2: Bogus New World." The Washington Post, Jan. 8, 1992.

Zimmer, Carl, "The Lost History of Biosphere 2." The New York Times, March 31, 2019.

Suplee, Curt, "Brave Small World." The Washington Post, Jan. 21, 1990.

Broad, William J., "After 10,000 Mistakes, Biosphere Is in Hot Pursuit of Credibility." The New York Times, Sept. 22, 1992.

Spaceship Earth, documentary directed by Matt Wolf, 2020.

Broad, William J., "As Biosphere Is Sealed, Its Patron Reflects on Life." The New York Times, Sept. 24, 1991.

Broad, William J., "Biosphere Gets Pure Oxygen to Combat Health Woes." The New York Times, Jan. 26, 1993.

Broad, William J., "Too Rich a Soil: Scientists Find the Flaw That Undid the Biosphere." The New York Times, Oct. 5, 1993.

Erickson, Jim, "The Man Who Ran the Biosphere: Co- founder Allen Called Guru; 'A Commune Became a Cult.'" The Arizona Daily Star, July 17, 1994.

Stern, Eric, "Manager Vowed Revenge on Alling, Her Lawyer Says." Tucson Citizen, May 24, 1996.

Jane Poynter interview ("Biosphere 2 crewmember & author Jane Poynter interview"), YouTube clip, posted Sept. 19, 2006. https://www.youtube.com/watch?v=bPK05evoFHw.

Heaven's Gate: The Cult of Cults. HBO/CNN miniseries, 2020.

Corcos, Christine, Corcos, Isabel and Stockoff, Brian, "Double-Take: A Second Look at Cloning, Science Fiction and Law." Louisiana Law Review 59 (Summer 1999).

Maio, Giovanni, "Cloning in the Media and Popular Culture." EMBO Reports, March 7, 2006.

"The Story of Dolly the Cloned Sheep." Retro Report, The New York Times, Oct. 14, 2013.

Weintraub, Karen, "20 years after Dolly the Sheep Led the Way—Where Is Cloning Now?" Scientific American, July 5, 2016.

Kolata, Gina, "Scientist Reports First Cloning Ever of Adult Mammal." The New York Times, Feb. 23, 1997.

"President Proposes Human Cloning Ban." Science, June 8, 1997.

Curtis, Bryan, "The Cult of Jurassic Park." Grantland, Nov. 7, 2011.

"So Who Exactly Is Richard Seed?" New Scientist, Jan. 17, 1998.

"Cloning Dolly the Sheep." AnimalResearch.Info, Nov. 3, 2014.

Fricke, David, "People of the Year: Thom Yorke of Radiohead." Rolling Stone, Dec. 14, 2000.

Manchester, William, A World Lit Only by Fire: The Medieval Mind and the Renaissance. Little, Brown, 1992. (한국어판: 윌리엄 맨체스터, 『불로만 밝혀지는 세상』 이론과실천, 2008)

Smith, Andy, "Shoulders to Hold Party for CD Release." Austin American-Statesman, Sept. 30, 1993.

Daley, David, "Young Author's Call for Sincerity Strikes a Nerve." The Hartford Courant, Jan. 2, 2000.

"The New Sincerity?" The Des Moines Register, Aug. 14, 1991.

Kaplan, Peter W. and Stevenson, Peter, "Wipe That Smirk off Your Face." Esquire, Sept. 1, 1991.

Collins, James C., Film Theory Goes to the Movies. Psychology Press, 1993.

9장_평범해 보이는 것이 사랑받는다

Boaz, David, "Young People Like 'Socialism,' but Do They Know What It Is?" National Review, Oct. 25, 2018.

Gstalter, Morgan, "7 in 10 Millennials Say They Would Vote for a Socialist: Poll." The Hill, Oct. 28, 2019.

Paulson, Dave, "Story Behind the Song: 'Achy Breaky Heart.'" The Tennessean, May 3, 2019.

Przybylo, Robert, "Collected Wisdom: How Milt Bassett Changed Garth Brooks' Life." The Oklahoman, July 24, 2010.

Billy Ray Cyrus interview, MTV News, 1992.

"Billy Ray's Big Check." Set It Straight with Midland podcast, episode 10, Nov. 27, 2019.

"Kurt Cobain on Identity." Blank on Blank, interview with Jon Savage, July 22, 1993.

DeCurtis, Anthony, "Garth Brooks: Ropin' the Whirlwind." Rolling Stone, April 1, 1993.

Weisbard, Eric, "Review: Garth Brooks, Fresh Horses." Spin, Feb. 1996.

Garth Brooks: The Road I'm On, Netflix documentary miniseries, 2020.

Duffy, Mike, "Sitcoms' Lack of Diversity Obvious as Black and White." Knight-Ridder Tribune, March 6, 1996.

Nededog, Jethro, "How the Friends Cast Nabbed Their Insane Salaries of $1 Million per Episode." Business Insider, Oct. 6, 2016.

Eggert, Brian, review of Titanic. Deep Focus Review, Sept. 8, 2019.

Cima, Miguel, "17 Behind-the-Scenes Secrets You Didn't Know about Titanic." Business Insider, April 2, 2018.

Marshall, Sarah, "The Incredible True Story of How Titanic Got Made." BuzzFeed, Dec. 17, 2017.

Grainge, Paul, Brand Hollywood: Selling Entertainment in a Global Media Age. Routledge, 2008.

Rampton, James, "James Cameron: My Titanic Obsession." The Independent, Aug. 9, 2005.

Goodwin, Christopher, "James Cameron: From Titanic to Avatar." The Times (London), Nov. 8, 2009.

Brueggemann, Tom, "Gamechangers in Box Office History." IndieWire, March 29, 2020.

Winston, Sherri, "Leomania." Fort Lauderdale Sun Sentinel, May 5, 1998.

Cobb, Nathan, "Loving Leo." The Boston Globe, April 22, 1998.

Yenisey, Zeynep, "The Untold Story of Don's Plum." Maxim, Aug. 13, 2019.

Harrison, Colin, American Culture in the 1990s. Edinburgh University Press, 2010.

Cubitt, Sean, The Cinema Effect. MIT Press, 2004.

Nielsen Media Research. 2020.

McCarthy, Anna, Ambient Television: Visual Culture and Public Space. Duke University Press, 2001.

"National Television Penetration Trends." Television Bureau of Advertising, 2016.

"Television." AdAge Encyclopedia, Sept. 15, 2003.

Bark, Ed, "30 Seconds on Seinfeld? That Will be $490,000." Dallas Morning News, reprinted in Chicago Tribune, Oct. 2, 1995.

Adalian, Josef, "The Architects of NBC's Classic Must-See Lineup Reveal How Friends and ER Became Legends." Vulture, Sept. 18, 2019.

Craughwell, Kathleen, "It's a Long Time to Go for a Movie Far, Far Away." Los Angeles Times, April 10, 1999.

Weinraub, Bernard, "Now Playing: Two New Minutes of Star Wars." The New York Times, Nov. 23, 1998.

10장_2차원적 4차원

Marriott, Stephanie, Live Television: Time, Space and the Broadcast Event. SAGE, 2007.

Scannell, Paddy, Television and the Meaning of "Live." Polity Press, 2014.

Campbell, W. Joseph, 1995: The Year the Future Began. University of California Press, 2015.

Haring, Bruce, "'The Matrix' Trilogy Is about Being Transgender, Says Co-Director Lilly Wachowski." Deadline, Aug. 8, 2020.

Orlean, Susan, "Keanu Reeves (in Theory)." The New Yorker, March 14, 1994.

"What Did Baudrillard Think about The Matrix?" YouTube clip, posted Sept. 10, 2019, by Jones Ceika.

Bernstein, Richard, Dictatorship of Virtue. Vintage Books, 1995.

Cohen, Andrew, "Tyranny, from Tim McVeigh to Ginny Thomas." The Atlantic, March 18, 2010.

Schwartz, Jeremy, "Lessons for Media Still Echo from Waco Tragedy." Austin American-Statesman, April 18, 2018, updated Sept. 25, 2018.

Lynch, Michael, "What Happened at Waco?" Reason, Oct. 4, 1999.

Waco: The Rules of Engagement, documentary directed by William Gazecki, 1997.

Ronson, Jon, Them: Adventures with Extremists. Picador Press, 2001.

"Clarence Thomas: Supreme Court Nomination Hearings from PBS NewsHour and EMK Institute." YouTube clip, no date.

"Other Voices." News Herald, Oct. 16, 1991.

"Polls Find Most Back Thomas." Associated Press, Oct. 14, 1991.

Raftery, Brian, Best. Movie. Year. Ever.: How 1999 Blew Up the Big Screen. Simon & Schuster, 1999.

"Nomination of Judge Clarence Thomas to Be Associate Justice of the Supreme Court of the United States," hearing transcript, U.S. Committee on the Judiciary, Oct. 11, 12, and 13, 1991. U.S. Government Printing Office, 1993.

Velenica, Janie, "Americans Didn't Believe Anita Hill." FiveThirtyEight, Sept. 17, 2018.

Roberts, Barry S. and Mann, Richard A.; "Sexual Harassment in the Workplace: A Primer." Akron Law Review 29, no. 2 (1996).

Bialik, Carl, "Most Black People Now Think O.J. Was Guilty." FiveThirtyEight, 2016.

Brown, Jasmine, Muldowney, Katie and Effron, Lauren, "What OJ Simpson Juror Thinks of Simpson Now, Two Decades after Criminal Trial." ABC News, July 19, 2017.

Cohen, Robyn L., "Prisoners in 1990." U.S. Department of Justice, May 1991.

Beck, Allen J. and Harrison, Paige M., "Prisoners in 2000." U.S. Department of Justice, August 2001.

Mueller, Christopher B., "Introduction: O. J. Simpson and the Criminal Justice System on Trial." University of Colorado Law Review, 1996.

"Turner-Murdoch Feud Escalates into Lawsuit." Tallahassee Democrat, Oct. 10, 1996.

Moore, Frazier, "Cable's MSNBC Off to a Fast Start." Associated Press, Aug. 8, 1996.

"Cable News Prime Time Viewership." Pew Research Center, March 13, 2006.

DellaVigna, Stefano and Kaplan, Ethan, "The Fox News Effect: Media Bias and Voting." NBER Working Paper 12169, April 2006. nber.org/papers/w12169.

Brockell, Gillian, "Bullies and Black Trench Coats: The Columbine Shooting's Most Dangerous Myths." The Washington Post, April 20, 2019.

Hartman, Trinity, "Nationwide, Teens Who Don't Fit In Now Live in Fear." The Charlotte Observer, April 24, 1999.

Retrontario, Sept. 11, 2020.

Mallaby, Sabastian, The Man Who Knew: The Life and Times of Alan Greenspan. Penguin Press, 2016. (한국어판: 세바스찬 말라비, 『앨런 그린스펀의 삶과 시대』, 다산출판사, 2018)

"Was Alan Greenspan a Hero or a Villain?" Sebastian Mallaby interview. Conversations with Jim Zirin. PBS, July 6, 2017.

Pollack, Alex, "Alan Greenspan's 'Irrational Exuberance': Then and Now." Real Clear Markets, Aug. 16, 2017.

Skrebneski, Dana, "Oprah, Act Two." Entertainment Weekly, Aug. 9, 1994.

Taraborrelli, Randy J., "How Oprah Does It All." Redbook, Aug. 1996.

"Bathos and Credibility." The Wall Street Journal, Aug. 30, 1996.

Dickerson, Debra, "A Woman's Woman." U.S. News & World Report, Aug. 29, 1997.

Michael Jackson Talks to Oprah . . . Live. ABC TV special, Feb. 10, 1993.

11장_이해한다고요, 곧 잊어버리겠지만

Martel, Jay, "The Perils of Pauly." Rolling Stone, July 9, 1992.

WTF with Marc Maron (podcast), guest Jerry Seinfeld, June 8, 2020.

Andelic, Patrick, "Unlike Most Former Presidents, Bill Clinton Is Becoming Increasingly Unpopular." Quartz, January 18, 2018.

Jones, Jeffrey M., "Hillary Clinton Favorable Rating at New Low." Gallup, Dec. 19, 2017.

Lafrance, Adrienne, "The Truth About Bill Clinton's E- mails." The Atlantic, March 12, 2015.

Peters, Charles, "A Neoliberal's Manifesto." Washington Monthly, May 1983.

Metcalf, Stephen, "Neoliberalism: The Idea That Swallowed the World." The Guardian, Aug. 18, 2017.

Geismer, Lily, "Democrats and Neoliberalism." Vox, July 11, 2019.

Wren, Christopher S., "McVeigh Is Executed for Oklahoma City Bombing." The New York Times, June 11, 2001.

Collins, Michael, "Hillary Clinton's Ties to Impeachment Inquiries against Three Presidents." USA Today, Oct. 26, 2019.

Salvanto, Anthony and DePinto, Jennifer, "George H. W. Bush: The Public's View of Him During His Presidency." CBS News, Dec. 4, 2018.

Clinton, Bill, luncheon address to American Society of Newspaper Editors. Transcript, April 13, 1994.

"The History of Campaign Spending." Metrocosm, August 2, 2015.

"The Rise and Resounding Demise of the Clinton Plan." Health Affairs, Spring 1995.

Dick Morris interview with Chris Bury, "The Clinton Years," Frontline, June 2000.

A Century of the Self. BBC documentary miniseries, 2002.

Erickson, Steve, American Nomad. Henry Holt, 1997.

Stengel, Richard and Pooley, Eric, "Master of the Message." Time, Nov. 6, 1996.

Berke, Richard L., "Call-Girl Story Costs President a Key Strategist." The New York Times, Aug. 30, 1996.

Clinton, Bill, Oklahoma Bombing Memorial Prayer Service Address, April 23, 1995.

Swidey, Neil, "How Democrats Would Be Better Off If Bill Clinton Had Never Been President." Globe Magazine, July 10, 2018.

Cotton, Tom, "Clinton's Politicking Is Sincere." The Harvard Crimson, Oct. 19, 1996.

Kruse, Michael, "The TV Interview That Haunts Hillary Clinton." Politico Magazine, Sept. 23, 2016.

Anderson, Eric, "Five Myths about Cheating." The Washington Post, Feb. 13, 2012.

"Declaration of Gennifer G. Flowers." The Washington Post, March 13, 1998.

Public Papers of the Presidents of the United States, William J. Clinton. Federal Register, National Archives and Records Administration, 1995.

Riley, Russell L., "Bill Clinton: Life before the Presidency." U.S Presidents. Miller Center, University of Virginia.

Jerome, Jim, "A Place Called Home." People, Jan. 11, 1993.

Waldman, Michael, POTUS Speaks: Finding the Words That Defined the Clinton Presidency. Simon & Schuster, 2000.

Baer, Robert S. V., "The Making of Bill Clinton." U.S. News & World Report, March 3, 1992.

Wills, Garry, "Clinton's Forgotten Childhood." Time, June 8, 1992.

Will, George, "When Private Behavior Becomes a Public Matter." Austin American-Statesman, August 15, 1991.

Interview with Bill and Hillary Rodham Clinton, 60 Minutes, Jan. 26, 1992.

Cooper, Matthew and Baer, Donald, "Bill Clinton's Hidden Life: An Interview with Bill Clinton." U.S. News & World Report, Oct. 14, 1992.

Branch, Taylor, "Clinton without Apologies." Esquire, Sept. 1996.

Morrison, Toni, "On the First Black President." The New Yorker, Oct. 5, 1998.

Sebold, Karen, "How the Social Context of Bill Clinton's Childhood Shaped His Personality: Using Oral History Interviews of His Childhood Peers and Relatives." Master's thesis, University of Arkansas, 2008.

Maraniss, David, First in His Class: A Biography of Bill Clinton. Simon & Schuster, 1995.

Li, Stephanie, "The Parallel Lives of Bill Clinton." American Literary History 24, no. 3 (Fall 2012), 509-22.

Clinton, Bill, My Life. Alfred A. Knopf, 2004. (한국어판: 빌 클린턴, 『빌 클린턴의 마이 라이프』 물푸레, 2004)

The Starr Report. Prima Publishing, 1998.

Patoski, Joe Nick, The Dallas Cowboys. Little, Brown, 2012.

Larson, Jeremy D., review of The Battle of Los Angeles. Pitchfork, Aug. 9, 2020.

Voeltz, Richard Andrew, "How Well Has American Beauty Aged? A Critical Review of the Suburban Film Genre." 49th Parallel 39 (2017).

Ebert, Roger, "A Seat in the Balcony with Bill Clinton." RogerEbert.com, Feb. 3, 2000.

Fonder, Sarah, "Fifteen Years Later, 'American Beauty' Is Just a Bad, Pretty Movie." Decider, Sept. 8, 2014.

Florence, Mal, "Morning Briefing." Los Angeles Times, Oct. 25, 2000.

Mindich, David T. Z., The Mediated World: A New Approach to Mass Communication and Culture. Rowman & Littlefield, 2020.

Bozza, Anthony, "Eminem Blows Up." Rolling Stone, April 29, 1999.

Pierce, Charles P., "Tiger Woods, the Man. Amen." GQ, April 1997.

Benedict, Jeff and Keteyian, Arman, Tiger Woods. Simon & Schuster, 2019.

Sollie, Emily, "Masters Champions Meals." The Augusta Chronicle, 1999.

12장_90년대의 끝, 세기의 끝

Knapp, Gwen, "Reaction Shows Boxing Industry's Hypocrisy." San Francisco Examiner, July 1, 1997.

"Chasing Tyson." 30 for 30, directed by Steve Cantor, ESPN Films, 2015.

"The Y2K Bug: Much Ado About Nothing." Retro Report, The New York Times, May 30, 2013. youtube.com/watch?v=SoGNiHVO9BU.

Rose, Ted, "Who Invented Y2K and Why Did It Become So Universally Popular?" Slate/ The Baltimore Sun, Dec. 22, 1999.

Dutton, Dennis, "It's Always the End of the World as We Know It." The New York Times, Dec. 31, 2009.

"CBS Poll: Y2K Bug Only a Pest." CBS News, July 20, 1999.

Newport, Frank, "American Concern About Y2K Continues to Drop." Gallup News Service, Dec. 22, 1999.

Anson, Robert Sam, "The Y2K Nightmare." Vanity Fair, January 1999.

Loeb, Zachary, "The Lessons of Y2K, 20 Years Later." The Washington Post, Dec. 30, 2019.

Marshall, Andrew, "America Stocks Up on Guns and Honey for Y2K." The Independent, July 18, 1999.

Thomas, Martyn, "The Millennium Bug Was Real—and 20 Years Later We Face the Same Threats." The Guardian, Dec. 31, 2019.

Cellan-Jones, Rory, "Millennium Bug—Was It a Myth?" BBC News, Aug. 6, 2018.

"Minor Bug Problems Arise." BBC News, Jan. 1, 2000.

Pollack, Andrew, "Chips Are Hidden in Washing Machines, Microwaves and Even Reservoirs." The New York Times, Jan. 4, 1999.

"Y2K Bug," updated by Adam Augustyn. Encyclopædia Britannica.

Perrin, Andrew and Duggan, Maeve, "Americans' Internet Access: 2000-2015." Pew Research Center, June 26, 2015.

Moore, David W., "Little Difference Between Gore and Bush on Important Dimensions in Election." Gallup News Service, May 8, 2000.

"More Voters Say It Really Matters . . ." Pew Research Center, Aug. 13, 2020.

Mann, Thomas E., "Reflections on the 2000 Presidential Election." Brookings Institution, Jan. 1, 2001.

Cox, Gary W. and Rodden, Jonathan, "Demonization." Research Group on Political Institutions and Economic Policy, Harvard University, 2019.

Scher, Bill, "Nader Elected Bush: Why We Shouldn't Forget." RealClear Politics, May 31, 2016.

"The 2000 Presidential Election—A Mid-Year Gallup Report." Gallup News Service, June 22, 2000.

Pomper, Gerald M., "The 2000 Presidential Election: Why Gore Lost." Political Science Quarterly 116, no. 2 (Summer 2001).

Rutenberg, Jim, "The 2000 Campaign: The Viewers—Number of Debate Viewers Rises from the First but Remains Low." The New York Times, Oct. 19. 2000.

Desilver, Drew, "5 Facts about Presidential and Vice Presidential Debates." Pew Research: Fact Tank, Aug. 20, 2020.

Kettle, Martin, "Florida 'Recounts' Make Gore Winner." The Guardian, Jan. 28, 2001.

Mounk, Yascha, "The Inverted Likability Test." The Atlantic, Jan. 2, 2020.

"Bush Acknowledges 1976 DUI Charge." CNN, Nov. 2, 2000.

Seifert, Erica J., The Politics of Authenticity in Presidential Campaigns, 1976-2008. McFarland, 2012.

"Crime in the United States, 2000." Federal Bureau of Investigation press release, 2000.

Pérez-Peña, Richard, "The 2000 Elections: Tennessee; Loss in Home State Leaves Gore Depending on Florida." The New York Times, Nov. 9, 2000.

Burden, Barry C., "Ralph Nader's Campaign Strategy in the 2000 U.S. Presidential Election." American Politics Research 33, no. 5 (Sept. 2005).

Germond, Jack W. and Witcover, Jules, "Ventura Knows of Voting for Spoilers." The Baltimore Sun, Nov. 8, 2000.

"Media Recount: Bush Won the 2000 Election." PBS: Nation, April 3, 2001.

Foley, Edward, "George W. Bush vs. Al Gore, 15 Years Later: We Really Did Inaugurate the Wrong Guy." Salon, Dec. 19. 2015.

Blakemore, Erin, "How Sandra Day O'Connor's Swing Vote Decided the 2000 Election." The History Channel, Oct. 28, 2018.

Lindsey, Darryl, "Thousands Protest Bush's Inauguration." Salon, Jan. 21, 2000.

Dr. Luijkx, Tim and Dr. Di Muzio, Bruno, "Temporal Pole." Radiopaedia.

Parrish, Scott, "Are Suitcase Nukes on the Loose?" Middlebury Institute of International Studies at Monterey, Nov. 1997.

"Ebola Virus Disease." World Health Organization, Sept. 2014.

"Video Shows bin Laden Urging Muslims to Prepare for Fighting." CNN World, June 21,

2001.

Brod, William J., "Scientists Say Frenzy over Shark Attacks Is Unwarranted." The New York Times, Sept. 5, 2001.

Thrasher, John, "11 Things to Know About the Chandra Levy Murder." Oxygen, March 22, 2018.

"Newspapers Fact Sheet." Pew Research Center, July 9, 2019.

Carter, Bill, "Nightly News Feels Pinch of 24- Hour News." The New York Times, April 14, 2003.

"Nightly Evening News Ratings." Pew Research Center, March 13, 2006.

옮긴이 임경은

부산대학교 경제학 학사 및 서강대학교 경제대학원 석사를 마쳤다. 법무부, 관세청 등에서 공직생활을 했으며 현재 바른번역 소속 번역가로 활동하고 있다. 옮긴 책으로는 『회복탄력 사회』, 『생각을 바꾸는 생각들』, 『100만 팔로워 마케팅』, 『레이 달리오의 금융 위기 템플릿』(공역) 등이 있다.

90년대

초판 1쇄 발행 2023년 8월 10일
초판 2쇄 발행 2023년 8월 31일

지은이 척 클로스터만
옮긴이 임경은

발행인 이정훈
콘텐츠개발총괄 김남연
편집 김남혁
마케팅 최준혁
디자인 thiscover

브랜드 온워드
주소 서울 마포구 월드컵로13길 19-14, 101호

발행처 (주)웅진북센
출판신고 2019년 9월 4일 제406-2019-000097호
문의전화 02-332-3391
팩스 02-332-3392

한국어판 출판권 ⓒ웅진북센, 2023
ISBN 979-11-6997-731-9(03300)